JAN ASSMANN

Das kulturelle Gedächtnis

Schrift, Erinnerung und politische Identität in frühen Hochkulturen

VERLAG C.H.BECK MÜNCHEN

Die Deutsche Bibliothek – CIP-Einheitsaufnahme

Assmann, Jan:
Das kulturelle Gedächtnis : Schrift, Erinnerung und politische Identität in frühen Hochkulturen / Jan Assmann. – 2., durchges. Aufl. – München : Beck, 1997
ISBN 3 406 42375 2

ISBN 3 406 42375 2

Zweite, durchgesehene Auflage. 1997
Umschlagbild: Thot, schreibend (Foto Uni Dia 37862)
Umschlaggestaltung: Uwe Göbel, München

Gesamtherstellung: Appl, Wemding
Gedruckt auf säurefreiem, alterungsbeständigem Papier
(hergestellt aus chlorfrei gebleichtem Zellstoff)
Printed in Germany

Für Aleida Assmann
la miglior fabbra

Inhalt

ZWEITER TEIL
FALLSTUDIEN

ANHANG

Vorwort

Seit einigen Jahren erleben wir die Virulenz des Themas *Gedächtnis und Erinnerung.* Vor ungefähr 10 Jahren hat es begonnen, von den Köpfen in Ost und West Besitz zu ergreifen. Ich halte das nicht für einen Zufall. Vielmehr glaube ich, daß wir eine Epochenschwelle überschreiten, in der mindestens drei Faktoren die Konjunktur des Gedächtnisthemas begründen. Zum einen erleben wir mit den neuen elektronischen Medien externer Speicherung (und damit: des künstlichen Gedächtnisses) eine kulturelle Revolution, die an Bedeutung der Erfindung des Buchdrucks und vorher der der Schrift gleichkommt. Zum anderen, und damit zusammenhängend, verbreitet sich gegenüber unserer eigenen kulturellen Tradition eine Haltung der „Nach-Kultur" (George Steiner), in der etwas Zu-Ende-Gekommenes – „Alteuropa" nennt es Niklas Luhmann – allenfalls als Gegenstand der Erinnerung und kommentierender Aufarbeitung weiterlebt. Drittens, und hier liegt vielleicht das entscheidende Motiv, kommt gegenwärtig etwas zu Ende, was uns viel persönlicher und existentieller betrifft. Eine Generation von Zeitzeugen der schwersten Verbrechen und Katastrophen in den Annalen der Menschheitsgeschichte beginnt nun auszusterben. 40 Jahre markieren eine Epochenschwelle in der kollektiven Erinnerung: wenn die lebendige Erinnerung vom Untergang bedroht und die Formen kultureller Erinnerung zum Problem werden. Auch wenn die Debatte um Geschichte und Gedächtnis, Memoria und Mnemotechnik teilweise höchst abstrakte und gelehrte Formen annimmt, scheint mir doch dies der existentielle Kern des Diskurses zu sein. Alles spricht dafür, daß sich um den Begriff der Erinnerung ein neues Paradigma der Kulturwissenschaften aufbaut, das die verschiedenen kulturellen Phänomene und Felder – Kunst und Literatur, Politik und Gesellschaft, Religion und Recht – in neuen Zusammenhängen sehen läßt. Mit anderen Worten: die Dinge sind im Fluß, und dieses Buch hat auf seine Weise an diesem Fluß Anteil. Es kann nicht den Anspruch erheben, irgendwo angekommen zu sein, sondern seinen Sinn nur darin erblicken, Fingerzeige zu geben und Zusammenhänge aufzuzeigen.

Ausgangspunkt dieser Untersuchungen sind Studien, die der Verfasser zusammen mit Aleida Assmann während eines gemeinsamen einjährigen Aufenthalts am Wissenschaftskolleg zu Berlin 1984/85 durchgeführt hat. Dieser Institution gebührt daher sein besonderer Dank. Ohne die Gelegenheit zu Lektüren, Gesprächen und Diskussionen in den verschiedensten Richtungen, wie sie das Kolleg bietet, hätte er die Grenzen seines Faches, der Ägyptologie, nie so weit zu überschreiten gewagt wie das in diesem Versuch geschieht. Dabei gebührt ein besonderer Dank Christian Meier, Peter Machinist und Michel Strickman, den Mitgliedern der engeren Gesprächsrunde, die sich der Frage nach einer komparativen Kulturwissenschaft gewidmet hatte.

Die Frage nach dem „kulturellen Gedächtnis" ist hervorgegangen aus den Aktivitäten des Arbeitskreises *Archäologie der literarischen Kommunikation*, die in den Bänden *Schrift und Gedächtnis* (1983), *Kanon und Zensur* (1987) sowie *Weisheit* (1991) dokumentiert sind und auch in verschiedenen Heidelberger Kolloquien und Ringvorlesungen aufgegriffen und weitergeführt wurden. Aus der Vorbereitung und Auswertung dieser Kolloquien, besonders aber des im Januar 1985 am Wissenschaftskolleg zu Berlin veranstalteten zweiten Kolloquiums über *Kanon und Zensur*, ging dieses Buch hervor. Eine erste Fassung, zusammen mit Aleida Assmann als Einleitung zu dem Band projektiert, wurde, noch in Berlin, beim Stande von 150 Seiten abgebrochen, weil eine sinnvolle Behandlung des Themas im engen Rahmen einer Einführung nicht möglich schien. Nach einigen weiteren Jahren vielfach unterbrochener Zusammenarbeit erschien es sinnvoller, die zwar vom selben Interesse geleiteten, aber in zu verschiedene Richtungen führenden Forschungen getrennt auszuarbeiten. Aleida Assmann wird ihre Untersuchungen unter dem Titel *Erinnerungsräume. Zur Konstruktion kultureller Zeit* vorlegen. Sie beziehen sich auf Formen und Funktionen des kulturellen Gedächtnisses von der Antike bis in die (Post-)Moderne und stellen daher gewissermaßen die Fortsetzung des hier vorgelegten Buches dar, das seine Schwerpunkte in den frühen Schriftkulturen des Nahen Ostens und der Mittelmeerwelt hat.

Ein Freisemester 1987/88 ermöglichte die Ausarbeitung der Fallstudien des Zweiten Teils; die Vorbereitung der Ringvorlesungen über *Kultur und Gedächtnis* (1986/1988), zusammen mit Tonio Hölscher, *Kultur und Konflikt* (1988/1990), sowie *Revolution und My-*

thos (1990), zusammen mit Dietrich Harth, und der Kolloquien *Kultur als Lebenswelt und Monument* (1987/1991) sowie *Mnemosyne* (1989/1991), zusammen mit Aleida Assmann und Dietrich Harth, förderte die Ausarbeitung des ersten, theoretisch orientierten Teils. Allen Arbeitsgefährten verdankt dieses Buch unendliche Anregungen und Belehrungen. Vorträge am SFB Freiburg *Mündlichkeit und Schriftlichkeit,* am Stuttgarter Zentrum für Kulturtheorie, am Freiburger Graduiertenkolleg *Vergangenheitsbezug antiker Gegenwarten,* am Essener Kulturwissenschaftlichen Institut, zumeist zusammen mit A. Assmann, boten die willkommene Gelegenheit zur Diskussion zentraler Thesen. Aber schließlich war es das ermutigende Drängen E.-P. Wieckenbergs, das aus den tastenden Vorstößen – vielleicht immer noch voreilig – ein Buch werden ließ.

Einleitung

Viermal begegnet im Pentateuch die Aufforderung, die Kinder über den Sinn von Riten und Gesetzen zu belehren:

„Wenn dich dann künftig dein Sohn fragt: ‚Was sollen denn die Verordnungen, die Satzungen und Zeugnisse, die euch der Herr, unser Gott, gegeben hat?‘, so sollst du zu deinem Sohne sagen: ‚Wir waren Sklaven des Pharao in Ägypten. Da führte uns der Herr mit starker Hand heraus . . .‘ (Dt. 6.20 ff.)

Wenn eure Kinder euch dann fragen: ‚Was bedeutet denn der heilige Brauch, den ihr da übt?‘, so sollt ihr sagen: ‚Das ist das Passaopfer für den Herrn, weil er an den Häusern Israels vorüberschritt in Ägypten, als er die Ägypter schlug . . .‘ (Ex 12.26 f.)

Wenn dich dann künftig dein Sohn fragt: ‚Was hat das zu bedeuten?‘ so sollst du ihm antworten: ‚Mit starker Hand hat uns der Herr aus Ägypten, aus dem Sklavenhause, herausgeführt . . .‘ (Ex 13.14 f.)

Und du sollst das deinem Sohn an jenem Tage erklären und sagen: ‚(Es geschieht) um dessen willen, was der Herr für mich getan hat, als ich aus Ägypten zog . . .‘ “ (Ex 13.8)

Was wir hier vor uns haben, ist ein kleines Drama um Personalpronomina und Geschichtserinnerung. Bald sagt der Sohn „ihr“, bald „uns“ (unser Gott), bald antwortet der Vater mit „wir“, bald mit „ich“. In der Liturgie des jüdischen Sedermahls, das nichts anderes ist als eine große Belehrung der Kinder über den Auszug aus Ägypten, wird daraus der Midrasch der vier Kinder. Die vier Fragen (auch die nichtgestellte in Ex. 13.8) werden auf vier Kinder verteilt: das kluge, das böse, das einfältige Kind und das Kind, das noch nicht zu fragen versteht. Die Klugheit des klugen Kindes zeigt sich in der differenzierten Begrifflichkeit („die Verordnungen, die Satzungen und Zeugnisse“) und in der Ergänzung des „euch“ durch „unser Gott“. Ihm erzählt der Vater die Geschichte mit einem „Wir“, das den Frager einbezieht. Die Bosheit des Bösen äußert sich in dem exklusiven Ihr:

„Wie fragt das böse Kind? ‚Was soll euch dieser Dienst?‘ ‚Euch‘, nicht auch ihm selbst! Nun, so wie er sich aus der Gesamtheit ausschließt, so mache auch du ihm die Zähne stumpf und antworte ihm: ‚Deswegen hat Gott es mir getan, als ich aus Ägypten zog': mir, nicht ihm." (Pessach-Haggadah)

Drei Themen unserer Untersuchung klingen in diesem kleinen Drama an: das Thema der Identität im „Wir", „Ihr" und „Ich", das Thema der Erinnerung in der Geschichte vom Auszug aus Ägypten, die dieses „Wir" fundiert und konstituiert, und das Thema der Kontinuierung und Reproduktion in der Konstellation von Vater und Sohn. In der Feier des Seder lernt das Kind „wir" sagen, indem es hineingenommen wird in eine Geschichte und in eine Erinnerung, die dieses Wir formt und füllt.[1] Es handelt sich dabei um ein Problem und einen Prozeß, der jeder Kultur zugrunde liegt, aber nur selten in so klarer Form anschaulich wird.

Die vorliegenden Studien handeln vom Zusammenhang der drei Themen „Erinnerung" (oder: Vergangenheitsbezug), „Identität" (oder: politische Imagination) und „kulturelle Kontinuierung" (oder: Traditionsbildung). Jede Kultur bildet etwas aus, das man ihre *konnektive Struktur* nennen könnte. Sie wirkt verknüpfend und verbindend, und zwar in zwei Dimensionen: der Sozialdimension und der Zeitdimension. Sie bindet den Menschen an den Mitmenschen dadurch, daß sie als „symbolische Sinnwelt" (Berger/Luckmann) einen gemeinsamen Erfahrungs-, Erwartungs- und Handlungsraum bildet, der durch seine bindende und verbindliche Kraft Vertrauen und Orientierung stiftet. Dieser Aspekt der Kultur wird in den frühen Texten unter dem Stichwort „Gerechtigkeit" verhandelt. Sie bindet aber auch das Gestern ans Heute, indem sie die prägenden Erfahrungen und Erinnerungen formt und gegenwärtig hält, indem sie in einen fortschreitenden Gegenwartshorizont Bilder und Geschichten einer anderen Zeit einschließt und dadurch Hoffnung und Erinnerung stiftet. Dieser Aspekt der Kultur liegt den mythischen und historischen Erzählungen zugrunde. Beide Aspekte: der normative und der narrative, der Aspekt der Weisung und der Aspekt der Erzählung, fundieren Zugehörigkeit oder Identität, ermöglichen dem Einzelnen, „wir" sagen zu können. Was einzelne Individuen zu einem solchen Wir zusammenbindet, ist die *konnektive Struktur* eines gemeinsamen Wis-

1 Zur Katechese als Form der Geschichtserinnerung und Identitätsstiftung s. de Pury/Römer 1989.

sens und Selbstbilds, das sich zum einen auf die Bindung an gemeinsame Regeln und Werte, zum anderen auf die Erinnerung an eine gemeinsam bewohnte Vergangenheit stützt.

Das Grundprinzip jeder konnektiven Struktur ist die Wiederholung. Dadurch wird gewährleistet, daß sich die Handlungslinien nicht im Unendlichen verlaufen, sondern zu wiedererkennbaren Mustern ordnen und als Elemente einer gemeinsamen „Kultur" identifizierbar sind. Auch dieses Prinzip läßt sich am Beispiel des Seder-Mahls deutlich machen. Das hebräische Wort „seder" heißt „Ordnung" und bezieht sich auf die Vorschrift der Festfeier, die einer streng festgelegten Ordnung zu folgen hat. Die Stichworte „Vor"-Schrift und „folgen" verweisen bereits auf den Kern der Sache: die Zeit. Damit wird zum einen die interne zeitliche Ordnung der einzelnen Begehung festgelegt und zum anderen jede Begehung an die vorhergehende geknüpft. Indem jede Begehung derselben „Ordnung" folgt, wiederholt sie sich wie ein Tapetenmuster in der Form eines „unendlichen Rapports". Dieses Prinzip wollen wir „rituelle Kohärenz" nennen. Nun wiederholt aber ein Seder-Abend nicht nur die Feier des Vorjahres, indem er derselben Vorschrift folgt, sondern er vergegenwärtigt auch ein viel weiter zurückliegendes Geschehen: den Auszug aus Ägypten. „Wiederholung" und „Vergegenwärtigung" sind zwei grundsätzlich verschiedene Formen eines Bezugs. Der Begriff „Seder" bezieht sich nur auf den Aspekt der Wiederholung. Der Aspekt der Vergegenwärtigung kommt in dem Wort „Haggadah" zum Ausdruck, mit dem man das am Seder-Abend gelesene Büchlein bezeichnet. Es handelt sich um eine oft reich illustrierte Sammlung von Segenssprüchen, Liedern, Anekdoten, Homilien, die alle um den Auszug aus Ägypten kreisen. Sie verstehen sich als eine Auslegung der biblischen Überlieferung, die vor allem den Kindern die Bedeutung dieser Vorgänge erklären will. Die Haggadah ist auch eine Vorschrift; hier aber liegt der Akzent auf der „Schrift". Es ist die Auslegung eines Textes. Die vergegenwärtigte Erinnerung vollzieht sich in der Deutung der Überlieferung.

Alle Riten haben diesen Doppelaspekt der Wiederholung und der Vergegenwärtigung. Je strenger sie einer festgelegten Ordnung folgen, desto mehr überwiegt der Aspekt der Wiederholung. Je größere Freiheit sie der einzelnen Begehung einräumen, desto mehr steht der Aspekt der Vergegenwärtigung im Vordergrund. Mit diesen beiden Polen ist der Spielraum einer Dynamik umrissen, innerhalb dessen die

Schrift für die konnektive Struktur von Kulturen bedeutsam wird. Im Zusammenhang mit dem Schriftlichwerden von Überlieferungen vollzieht sich ein allmählicher Übergang von der Dominanz der Wiederholung zur Dominanz der Vergegenwärtigung, von „ritueller" zu „textueller Kohärenz". Damit ist eine neue konnektive Struktur entstanden. Ihre Bindekräfte heißen nicht Nachahmung und Bewahrung, sondern Auslegung und Erinnerung. An die Stelle der Liturgie tritt die Hermeneutik.

Die in diesem Band vereinigten Studien versuchen diesen Kulturbegriff für eine typologische Analyse fruchtbar zu machen. Was uns hier interessiert, sind Wandlungen und Ausprägungen der konnektiven Struktur in ihrer Verschiedenheit und Vergleichbarkeit. Gefragt wird nach der Dynamik des kulturellen Prozesses, nach Steigerungen und Verfestigungen, Lockerungen und Auflösungen der konnektiven Struktur. Mit dem Begriff „Kanon" soll ein Prinzip identifiziert werden, das die konnektive Struktur einer Kultur in Richtung Zeitresistenz und Invarianz steigert. Kanon ist die „mémoire volontaire" einer Gesellschaft, die geschuldete Erinnerung, im Gegensatz zum freier fließenden „Traditionsstrom" der frühen Hochkulturen, aber auch zur selbstregulativen, autopoietischen „memoria" postkanonischer Kultur, deren Inhalte ihren verpflichtenden Charakter und ihre bindende Kraft aufgegeben haben. Gesellschaften imaginieren Selbstbilder und kontinuieren über die Generationenfolge hinweg eine Identität, indem sie eine Kultur der Erinnerung ausbilden; und sie tun das – dieser Punkt ist für uns entscheidend – *auf ganz verschiedene Weise.* Diese Studien gehen der Frage nach, *wie* sich Gesellschaften erinnern, und wie sich Gesellschaften imaginieren, indem sie sich erinnern.

Obwohl die gegenwärtige Debatte um „posthistoire" und Postmoderne genug Anhaltspunkte für diese Fragestellung böte, beschränken sich die folgenden Studien auf die Alte Welt. Das liegt zum einen an der eingeschränkten Fachkompetenz des Verfassers, zum anderen an der Tatsache, daß sie in enger Arbeitsgemeinschaft mit Aleida Assmanns Untersuchungen zum kulturellen Gedächtnis der Neuzeit entstanden sind und sich im Hinblick auf ihr Buch *Erinnerungsräume. Zur kulturellen Konstruktion von Zeit und Identität* (Habil.-Schr. 1991) auf die Ursprünge und Anfänge beschränken können. Aber auch in dieser Beschränkung überschreitet dieses Buch den Fachhorizont eines Ägyptologen in einer Weise, die mancher als unzulässig empfinden mag und die jedenfalls ein Wort der Erklärung erfordert. Denn die Thesen und Begriffe, die der erste Teil entfaltet, werden im zweiten Teil anhand von Fallstudien illustriert, in die Mesopotamien, die Hethiter, Israel und Griechenland ebenso wie das Alte Ägypten einbezogen werden. Zu meiner Entschuldigung möchte ich betonen, daß es diesem Buch nicht um die Darlegung von Forschungsarbeiten im eigentlichen Sinne geht, die sich natürlich auf mein eigentliches Fachgebiet, die Ägyptologie, beschränken, sondern um die Rekonstruktion kultureller Zusammenhänge, näherhin um den Zusammenhang von (kollektiver) Erinnerung, Schriftkultur und Ethnogenese, also um einen Beitrag zur allgemeinen Kulturtheorie.

Beiträge zur allgemeinen Kulturtheorie wurden und werden von Wissenschaftlern höchst unterschiedlicher Observanz geliefert. Hierzu gehören Johann Gottfried Herder und Karl Marx, Jacob Burckhardt, Friedrich Nietzsche, Aby Warburg, Max Weber und Ernst Cassirer, Johan Huizinga und T. S. Eliot, Arnold Gehlen und A. L. Kroeber, Clifford Geertz, Jack Goody und Mary Douglas, Sigmund Freud und René Girard – die Reihe ließe sich endlos fortsetzen. Dichter und Literaten, Soziologen, Ökonomen, Historiker, Philosophen, Ethnologen ... nur die Altertumswissenschaftler haben sich in dieser Debatte auffallend selten zu Wort gemeldet. Dabei dürfte es ohne weiteres einleuchten, daß sich gerade in der Erforschung der frühen Hochkulturen besonders reiche Aufschlüsse für das Wesen und Funktionieren, die Entstehung, Vermittlung und Veränderung von Kultur gewinnen ließen. Damit wollen diese Studien einen Anfang machen.

Definitionen stehen gewöhnlich am Anfang einer Untersuchung. Daher hat der Leser ein Recht auf Erläuterung, was mit dem Begriff des „kulturellen Gedächtnisses" gemeint ist, warum dieses Konzept legitim und sinnvoll ist, welche Phänomene mit seiner Hilfe angemessener als sonst beschrieben werden können und worin er über den eingebürgerten Begriff der Tradition hinausgeht. Der Begriff des „kulturellen Gedächtnisses" bezieht sich auf eine der Außendimensionen des menschlichen Gedächtnisses. Das Gedächtnis denkt man sich zunächst als ein reines Innenphänomen, lokalisiert im Gehirn des Individuums, ein Thema der Gehirnphysiologie, Neurologie und Psychologie, aber nicht der historischen Kulturwissenschaften. Was dieses Gedächtnis aber inhaltlich aufnimmt, wie es diese Inhalte organisiert, wie lange es was zu behalten vermag, ist weitestgehend eine

Frage nicht innerer Kapazität und Steuerung, sondern äußerer, d.h. gesellschaftlicher und kultureller Rahmenbedingungen. Darauf hat als erster Maurice Halbwachs mit Nachdruck hingewiesen, dessen Thesen sich das erste Kapitel widmet. Ich möchte vier Bereiche dieser Außendimension des Gedächtnisses unterscheiden, von denen das „kulturelle Gedächtnis" nur eine ist:

1. *Das mimetische Gedächtnis.* Dieser Bereich bezieht sich auf das Handeln. Handeln lernen wir durch Nachmachen. Die Verwendung von schriftlichen Handlungsanleitungen wie Gebrauchsanweisungen, Kochbüchern, Bauanleitungen ist eine verhältnismäßig späte und nie vollständig durchgreifende Entwicklung. Handeln läßt sich nie vollständig kodifizieren. Noch immer beruhen weite Bereiche des Alltagshandelns, von Brauch und Sitte auf mimetischen Traditionen. Den Aspekt des mimetischen Gedächtnisses hat übrigens René Girard in zahlreichen Büchern zum Zentrum einer Kulturtheorie gemacht, die aus solcher Vereinseitigung einen Großteil ihrer Durchschlagskraft bezieht.[2]

2. *Das Gedächtnis der Dinge.* Von den alltäglichen und intimen Gerätschaften wie Bett und Stuhl, Eß- und Waschgeschirr, Kleidung und Werkzeug bis hin zu Häusern, Dörfern und Städten, Straßen, Fahrzeugen und Schiffen ist der Mensch seit alters von Dingen umgeben, in die er seine Vorstellungen von Zweckmäßigkeit, Bequemlichkeit und Schönheit, und damit in gewisser Weise sich selbst investiert. Daher spiegeln die Dinge ihm ein Bild seiner selbst wider, erinnern ihn an sich, seine Vergangenheit, seine Vorfahren usw. Die Dingwelt, in der er lebt, hat einen Zeitindex, der mit der Gegenwart zugleich auch auf verschiedene Vergangenheitsschichten deutet.

3. Sprache und Kommunikation: *das kommunikative Gedächtnis.* Auch die Sprache und die Fähigkeit, mit anderen zu kommunizieren, entwickelt der Mensch nicht von innen, aus sich heraus, sondern nur im Austausch mit anderen, im zirkulären oder rückgekoppelten Zusammenspiel von Innen und Außen. Bewußtsein und Gedächtnis sind individualphysiologisch und -psychologisch nicht zu erklären und erfordern eine „systemische" Erklärung, die die Interaktion mit anderen Individuen einbezieht. Denn Bewußtsein und Gedächtnis

2 *La violence et le sacré,* Paris 1972; *Des choses cachées depuis la fondation du monde,* Paris 1978, dt. *Das Ende der Gewalt,* Freiburg 1983; *Le bouc émissaire,* Paris 1982.

bauen sich im Einzelnen nur kraft seiner Teilnahme an solchen Interaktionen auf. Diesen Aspekt brauchen wir hier nicht weiter auszuführen, denn wir gehen im Zusammenhang mit der Gedächtnistheorie von Maurice Halbwachs näher darauf ein.

4. Die Überlieferung des Sinns: *das kulturelle Gedächtnis.* Das kulturelle Gedächtnis bildet einen Raum, in den alle drei vorgenannten Bereiche mehr oder weniger bruchlos übergehen. Wenn mimetische Routinen den Status von „Riten" annehmen, d. h. zusätzlich zu ihrer Zweckbedeutung noch eine Sinnbedeutung besitzen, wird der Bereich des mimetischen Handlungsgedächtnisses überschritten. Riten gehören in den Bereich des kulturellen Gedächtnisses, weil sie eine Überlieferungs- und Vergegenwärtigungsform des kulturellen Sinnes darstellen. Dasselbe gilt für Dinge, wenn sie nicht nur auf einen Zweck, sondern auf einen Sinn verweisen: Symbole, Ikone, Repräsentationen wie etwa Denksteine, Grabmale, Tempel, Idole usw. überschreiten den Horizont des Dinggedächtnisses, weil sie den impliziten Zeit- und Identitätsindex explizit machen. Diesen Aspekt des von ihm sogenannten „Sozialen Gedächtnisses" hat Aby Warburg ins Zentrum seiner Forschungen gestellt. In welchem Umfang ähnliches für den dritten Bereich, Sprache und Kommunikation, gilt und welche Rolle die Schrift dabei spielt, ist das eigentliche Thema dieses Buches.

Hierfür möchte ich etwas weiter zurückgreifen und auf die Geschichte der Fragestellung eingehen. Ende der siebziger Jahre hatte sich ein Kreis von Kulturwissenschaftlern – Alttestamentler, Ägyptologen, Assyriologen, Altphilologen, Literatur- und Sprachwissenschaftler – zusammengefunden, der sich die Erforschung einer Archäologie des Textes, näherhin: des *literarischen* Textes, zur Aufgabe gemacht hatte. Damals wurden diese Fragen auf einer sehr abstrakten und theoretischen Ebene verhandelt. Die Devise dieses Arbeitskreises lautete: heraus aus den theoretischen Konzepten, und zwar in zwei Richtungen: in die zeitliche Tiefe und in die kulturelle Ferne. Unter dem Titel *Archäologie der literarischen Kommunikation* sind aus diesen Forschungen mehrere Bände hervorgegangen. Bereits auf der allerersten Tagung dieses Kreises zum Thema „Mündlichkeit und Schriftlichkeit" kamen die Phänomene und Fragestellungen in den Blick, die einen Begriff wie „kulturelles Gedächtnis" nahelegten. Dabei ging es um den Textbegriff. In diesem Zusammenhang definierte Konrad Ehlich Text als „wiederaufgenommene Mitteilung" im Rahmen einer „zerdehnten Situation". Die Urszene des Textes ist das Boteninstitut.[3]

Aus dem Begriff der zerdehnten Situation entwickelte sich, was Aleida Assmann und ich später im Anschluß an Jurij Lotman und andere Kulturtheoretiker das „kulturelle Gedächtnis" bezeichnet haben.[4] Worum es hier geht, läßt sich am einfachsten in einer technischen Terminologie beschreiben. Zerdehnung der Kommunikationssituation erfordert Möglichkeiten externer Zwischenspeicherung. Das Kommunikationssystem muß einen Außenbereich entwickeln, in den Mitteilungen und Informationen – kultureller Sinn – ausgelagert werden können, sowie Formen der Auslagerung (Kodierung), Speicherung und Wiedereinschaltung („retrieval").[5] Das erfordert institutionelle Rahmen, Spezialistentum und im Normalfall auch Notationssysteme wie Knotenschnüre, „churingas", Zählsteine – mit Diapositiven frühsumerischer „calculi" illustrierte Konrad Ehlich seinen Vortrag über den Textbegriff – und schließlich Schrift. Die Schrift ist überall aus solchen Notationssystemen hervorgegangen, die im Funktionszusammenhang zerdehnter Kommunikation und notwendiger Zwischenspeicherung entwickelt worden waren. Drei Felder oder Funktionsrahmen symbolischer Repräsentation treten dabei als typisch hervor: Wirtschaft (hierher gehören die vorderasiatischen Zählsteine), politische Macht (Ägypten) und identitätssichernde Mythen (dafür mögen die australischen „churingas" und „songlines" stehen). Es sind typische Bereiche der Zirkulation kulturellen Sinns.

Mit der Erfindung der Schrift ist die Möglichkeit einer umfassenden revolutionierenden Transformation dieses Außenbereichs von Kommunikation gegeben und in den meisten Fällen auch eingetreten. Im Stadium reiner Gedächtniskultur oder vorschriftlicher Notationssysteme bleibt der Zwischenspeicher und Außenspeicher der Kommunikation eng auf das Kommunikationssystem bezogen. Das kulturelle Gedächtnis deckt sich weitestgehend mit dem, was innerhalb der

3 Ehlich 1983.

4 A. u. J. Assmann 1988; J. Assmann 1988 a.

5 Unter dem Stichwort der extériorisation beschreibt Leroi-Gourhan 1965 die technologische Evolution externer Datenspeicher zur Retention von Kommunikation von den primitiven Werkzeugen über die Schrift, den Zettelkasten, die Lochkarte bis zum Computer, und bezeichnet sie als ein „externalisiertes Gedächtnis" (mémoire extériorisée: 1965, 64), dessen Träger nicht das Individuum, noch (wie bei den Tieren) die Gattung, sondern das ethnische Kollektiv (la collectivité ethnique) ist.

Gruppe an Sinn zirkuliert. Erst mit der Schrift im strengen Sinne ist die Möglichkeit einer Verselbständigung und Komplexwerdung dieses Außenbereichs der Kommunikation gegeben. Erst jetzt bildet sich ein Gedächtnis aus, das mehr oder weniger weit über den Horizont des in einer jeweiligen Epoche tradierten und kommunizierten Sinns hinausgeht und den Bereich der Kommunikation ebenso überschreitet wie das individuelle Gedächtnis den des Bewußtseins. Das kulturelle Gedächtnis speist Tradition und Kommunikation, aber es geht nicht darin auf. Nur so erklären sich Brüche, Konflikte, Innovationen, Restaurationen, Revolutionen. Es sind Einbrüche aus dem Jenseits des jeweils aktualisierten Sinns, Rückgriffe auf Vergessenes, Repristinationen von Tradition, Wiederkehr des Verdrängten – die typische Dynamik der Schriftkulturen, die Claude Lévi-Strauss dazu veranlaßte, sie als „heiße Gesellschaften" einzustufen. Wie bei allen komplexeren Werkzeugen ergibt sich auch bei der Schrift, und hier in ungleich schärferer Form, eine Dialektik von Ausdehnung und Entäußerung. Das Automobil ermöglicht als Externalisierung des natürlichen Bewegungsapparats eine ungeahnte Ausdehnung des menschlichen Bewegungsradius, führt aber bei übermäßigem Gebrauch zugleich zu einer Verkümmerung seiner natürlichen Beweglichkeit. Ähnliches gilt für die Schrift: sie ermöglicht als externalisiertes Gedächtnis eine ungeahnte Ausdehnung zur Wiederaufnahme gespeicherter Mitteilungen und Informationen, führt aber gleichzeitig zu einer Verkümmerung der natürlichen Gedächtniskapazität. Dieses schon von Platon aufgezeigte Problem beschäftigt die Psychologen noch heute.[6] Von den Möglichkeiten externer Speicherung ist aber nicht nur das Individuum, sondern vor allem die Gesellschaft und die sie konstituierende Kommunikation betroffen. Hier eröffnet sich mit der Externalisierung des Sinns eine Dialektik ganz anderer Art. Den positiven neuen Formen der Retention und des Rückgriffs über die Jahrtausende hinweg entsprechen die negativen Formen eines Vergessens durch Auslagerung und eines Verdrängens durch Manipulation, Zensur, Vernichtung, Umschreibung und Ersetzung.

Um diese Dynamik beschreiben und in Beziehung setzen zu können zu geschichtlichen Wandlungen in der Technologie der Aufzeichnungssysteme, der Soziologie der Trägergruppen, der Medien und Organisationsformen von Speicherung, Tradition und Zirkulation

6 F. H. Piekara/K. G. Ciesinger/K. P. Muthig 1987.

kulturellen Sinns, kurz: als Oberbegriff für den mit den Stichwörtern „Traditionsbildung", „Vergangenheitsbezug" und „politische Identität bzw. Imagination" umrissenen Funktionsrahmen brauchen wir den Begriff des kulturellen Gedächtnisses. Dieses Gedächtnis ist kulturell, weil es nur institutionell, artefiziell realisiert werden kann, und es ist ein Gedächtnis, weil es in bezug auf gesellschaftliche Kommunikation genauso funktioniert wie das individuelle Gedächtnis in bezug auf Bewußtsein. Der Vorschlag von Cancik/Mohr 1990, anstelle der „Metapher" des kollektiven Gedächtnisses den eingebürgerten Begriff der Tradition zu verwenden, läuft auf eine ähnliche Verkürzung der kulturellen Phänomenologie und Dynamik hinaus wie es die Reduzierung des individuellen Gedächtnisbegriffs auf den des Bewußtseins bedeutete. Dabei wollen wir keinen Streit um Worte entfachen. Wie immer man dieses Außen der gesellschaftlichen Tradition und Kommunikation bezeichnen will: wichtig ist nur, daß es als ein Phänomen sui generis in den Blick tritt, als eine kulturelle Sphäre, in der sich Tradition, Geschichtsbewußtsein, „Mythomotorik" und Selbstdefinition verknüpfen und die – dieser Punkt ist entscheidend – vielfältig bedingten geschichtlichen Wandlungen, unter anderem: medientechnologisch bedingten Evolutionsprozessen, unterworfen ist.

Im Grenzfall gewinnt dieser umfassende, über den Bereich des jeweils kommunizierten und tradierten Sinns weit hinausgreifende Raum der Erinnerung eine so feste Konsistenz, daß er in Widerspruch treten kann zu der sozialen und politischen Wirklichkeit einer Gegenwart. Diesen Fall kennzeichnen wir mit den Begriffen der „kontrapräsentischen Erinnerung" (G. Theißen) und der „anachronen Strukturen" (M. Erdheim). Hier haben wir es mit gesteigerten, artefiziellen Formen der kulturellen Erinnerung, mit kultureller Mnemotechnik zur Erzeugung und Aufrechterhaltung von *Ungleichzeitigkeit* zu tun.

Auf solche Prozesse der Transformation und der Steigerung konzentrieren sich unsere Studien zum kulturellen Gedächtnis. Gefragt wird jeweils nach den entscheidenden Wandlungen der konnektiven Struktur einer Gesellschaft. Dabei kommt es uns vor allem darauf an, zwei Ansätze aufzugreifen und weiterzuführen, die solche Wandlungen in den Blick bekommen haben, aber in ihrer Erklärung unseres Erachtens zu kurz greifen. Der eine Ansatz, der auf das 18. Jahrhundert zurückgeht, von A. Weber ins Zentrum einer umfassenden Kulturtheorie gestellt, von K. Jaspers auf die griffige Formel der „Achsenzeit" gebracht und von S. N. Eisenstadt in seinen soziologischen Konsequenzen ausgeleuchtet wurde, führt diese Wandlungen auf Innovationen rein geistesgeschichtlicher Art zurück: Visionen einer transzendenten Fundierung von Lebensordnungen und Deutungen, die von großen Einzelnen wie Konfuzius, Laotse, Buddha und Zoroaster, Mose und den Propheten, Homer und den Tragikern, Sokrates, Pythagoras, Parmenides, Jesus und Mohammad vorgetragen, von neuen intellektuellen Eliten aufgenommen und in einer durchgreifenden Umgestaltung der Wirklichkeit zum Tragen gebracht wurden. Der andere Ansatz, wesentlich neueren Datums und in unseren Tagen vor allem durch den Gräzisten Eric A. Havelock und den Anthropologen Jack Goody sowie eine wachsende Gruppe von Evolutions- (Niklas Luhmann) und Medientheoretikern (Marshall McLuhan) vertreten, sieht in diesen und anderen Transformationen vor allem die Auswirkungen medientechnologischer Veränderungen wie Schriftgebrauch und Buchdruck. Beide Ansätze haben das Verdienst, unser Augenmerk auf diese Wandlungen gerichtet und wichtige Zusammenhänge aufgedeckt zu haben. Beide leiden andererseits darunter, die vom jeweils anderen Ansatz hervorgehobenen Zusammenhänge nicht gebührend zu berücksichtigen. Die mediengeschichtliche Deutung läuft Gefahr, die Prozesse monokausal auf einen reinen Mediendeterminismus zu verkürzen, während die geistesgeschichtliche Deutung für die zweifellos zentrale Bedeutung der Schrift und ihrer wachsenden Einbeziehung in kulturelle Traditionen und gesellschaftliche Institutionen in erstaunlicher Weise blind geblieben ist.

Über diese Aporien möchten unsere Studien zum kulturellen Gedächtnis hinauskommen, indem sie die Fragen der Schriftkultur einstellen in den größeren Horizont der „Konstruktion kultureller Zeit" (Aleida Assmann) einerseits und kollektiver Identitätsbildung bzw. politischer Imagination andererseits. Was sich in diesem erweiterten Horizont als Wandlungen des kulturellen Gedächtnisses beschreiben läßt, versuchen wir an vier Beispielen aufzuzeigen. Diese Auswahl ist weder systematisch noch repräsentativ. Es handelt sich vielmehr um den Anfang einer offenen Reihe, die sich durch beliebig viele andere Studien fortsetzen ließe. Ich habe mich aber bemüht, in der Konfiguration von Ägypten, Israel und Griechenland, mit einem Seitenblick auf die Keilschriftkulturen, möglichst verschiedenartige und typische Transformationsprozesse des kulturellen Gedächtnisses in den Blick treten zu lassen.

ERSTER TEIL

THEORETISCHE GRUNDLAGEN

ERSTES KAPITEL

ERINNERUNGSKULTUR

Vorbemerkungen

Gedächtniskunst und Erinnerungskultur

Der Begriff der „Gedächtniskunst", „ars memoriae" oder „memorativa", ist fest in der abendländischen Tradition verankert. Als ihr Erfinder gilt der griechische Dichter Simonides, der im 6. Jahrhundert v. Chr. lebte. Die Römer kodifizierten diese Kunst als eines von fünf Gebieten der Rhetorik und überlieferten sie dem Mittelalter und der Renaissance. Das Prinzip dieser Mnemotechnik besteht darin, „bestimmte Orte auszuwählen und von den Dingen, die man im Bewußtsein behalten will, geistige Bilder herzustellen und sie an die bewußten Orte zu heften. So wird die Reihenfolge dieser Orte die Anordnung des Stoffs bewahren, das Bild der Dinge aber die Dinge selbst bezeichnen." (Cicero, *De Oratore* II 86, 351–354). Der Verfasser der *Rhetorica ad Herennium* aus dem 1. Jahrhundert v. Chr., des bedeutendsten antiken Textes zur Gedächtniskunst, hat zwischen „natürlichem" und „artefiziellem Gedächtnis" unterschieden. Die Gedächtniskunst ist die Grundlage des „artefiziellen" Gedächtnisses. Mit seiner Hilfe vermag der Einzelne, ein ungewöhnliches Maß von Wissen aufzunehmen und bereitzuhalten, z. B. für die rhetorische Argumentation. Diese bis weit ins 17. Jahrhundert hinein mächtige Tradition hat die englische Kulturwissenschaftlerin Frances Yates in einem inzwischen klassisch gewordenen Werk aufgearbeitet, auf dem wiederum zahlreiche neuere und neueste Arbeiten aufbauen.[1] Mit dieser Gedächtniskunst hat das, was wir unter dem Begriff der Erinnerungskultur zusammenfassen wollen, kaum etwas gemein. Die Gedächtniskunst ist auf den Einzelnen bezogen und gibt ihm Techniken an die Hand, sein Gedächtnis

1 Blum, 1969; D. F. Eickelmann 1978; A. Assmann/D. Harth 1991, darin besonders Teil II „Kunst des Gedächtnisses – Gedächtnis der Kunst"; A. Haverkamp und R. Lachmann 1991.

auszubilden. Es handelt sich um die Ausbildung einer individuellen Kapazität. Bei der Erinnerungskultur dagegen handelt es sich um die Einhaltung einer sozialen Verpflichtung. Sie ist auf die Gruppe bezogen. Hier geht es um die Frage: „Was dürfen wir nicht vergessen?" Zu jeder Gruppe gehört, mehr oder weniger explizit, mehr oder weniger zentral, eine solche Frage. Dort, wo sie zentral ist und Identität und Selbstverständnis der Gruppe bestimmt, dürfen wir von „Gedächtnisgemeinschaften" (P. Nora) sprechen. Erinnerungskultur hat es mit „Gedächtnis, das Gemeinschaft stiftet", zu tun. Im Unterschied zur Gedächtniskunst, die eine antike Erfindung – wenn auch keine exklusiv abendländische Erscheinung – darstellt, ist die Erinnerungskultur ein universales Phänomen. Es läßt sich schlechterdings keine soziale Gruppierung denken, in der sich nicht – in wie abgeschwächter Form auch immer – Formen von Erinnerungskultur nachweisen ließen. Daher läßt sich ihre Geschichte auch nicht in der Weise schreiben, wie dies für Frances Yates mit der Gedächtniskunst möglich war. Es lassen sich nur einige allgemeine Aspekte aufzeigen und dann an ziemlich willkürlich herausgegriffenen Beispielen illustrieren. Allerdings möchte man einem bestimmten Volk in der Geschichte der Erinnerungskultur einen ähnlichen Platz einräumen, trotz der Universalität des Phänomens, wie den Griechen für die Gedächtniskunst: den Israeliten. Bei ihnen hat sie eine neue Form gewonnen, die dann für die abendländische – und nicht nur für diese – Geschichte mindestens so bestimmend wurde wie die antike Gedächtniskunst. Israel hat sich als Volk unter dem Imperativ „Bewahre und Gedenke!"[2] konstituiert und kontinuiert. So ist es zu einem Volk in einem ganz neuen, emphatischen Sinne geworden, zum Prototyp der Nation. Max Weber, der im Gegensatz zum Geist seiner Epoche einen klaren Blick für das „Geglaubte", heute würden wir sagen: das *Imaginäre* des Volksbegriffs hatte, schrieb: „Hinter allen ‚ethnischen' Gegensätzen steht ganz naturgemäß irgendwie der Gedanke des ‚auserwählten Volks'" (Weber 1947, 221) und gab damit der Einsicht Ausdruck, daß Israel aus dem Prinzip des ethnischen Gegensatzes eine Form entwickelt hatte, die als Modell oder „Idealtyp" gelten kann. Jedes Volk, das sich als solches und im Gegensatz zu anderen Völkern sieht, imaginiert sich „irgendwie" als auserwählt. Dieser in der Blütezeit des Nationalismus niedergeschriebene

2 „shamor ve zakhor be-dibur echad", „Gedenke und Bewahre, in einem einzigen Gebot", heißt es in dem Sabbatlied *Lekha Dodi*.

Gedanke wird in seiner Tragweite erst heute so recht sichtbar. Aus dem Prinzip der Auserwähltheit folgt das der Erinnerung. Denn Auserwähltheit bedeutet nichts anderes als einen Komplex von Verpflichtungen höchster Verbindlichkeit, die auf keinen Fall in Vergessenheit geraten dürfen. Daher entwickelt Israel eine gesteigerte Form der Erinnerungskultur, die man geradezu als „artefiziell" im Sinne der *Rhetorica ad Herennium* auffassen kann.

Vergangenheitsbezug

Was der Raum für die Gedächtniskunst, ist die Zeit für die Erinnerungskultur. Vielleicht darf man noch einen Schritt weitergehen: wie die Gedächtniskunst zum Lernen, so gehört die Erinnerungskultur zum Planen und Hoffen, d. h. zur Ausbildung sozialer Sinn- und Zeithorizonte. Erinnerungskultur beruht weitgehend, wenn auch keineswegs ausschließlich, auf Formen des Bezugs auf die Vergangenheit. Die Vergangenheit nun, das ist unsere These, entsteht überhaupt erst dadurch, daß man sich auf sie bezieht. Ein solcher Satz muß zunächst befremden. Nichts erscheint natürlicher als das Entstehen von Vergangenheit: sie entsteht dadurch, daß Zeit vergeht. So kommt es, daß das Heute morgen „der Vergangenheit angehört". Es ist zum Gestern geworden. Zu diesem natürlichen Vorgang können sich aber Gesellschaften auf ganz verschiedene Weise verhalten. Sie können, wie es Cicero von den „Barbaren" behauptete, „in den Tag hinein leben" und das Heute getrost der Vergangenheit anheimfallen lassen, die in diesem Fall Verschwinden und Vergessen bedeutet, sie können aber auch alle Anstrengungen darauf richten, das Heute auf Dauer zu stellen, etwa dadurch, daß sie, wie Ciceros Römer, „alle Pläne auf die Ewigkeit ausrichten" (*De Oratore* II 40.169) und wie der ägyptische Herrscher „sich das Morgen vor Augen stellen" und sich „die Belange der Ewigkeit ins Herz setzen". Wer in dieser Weise schon im „Heute" auf das „Morgen" blickt, muß das „Gestern" vor dem Verschwinden bewahren und es durch Erinnerung festzuhalten suchen. In der Erinnerung wird Vergangenheit rekonstruiert. In diesem Sinne ist die These gemeint, daß Vergangenheit dadurch entsteht, daß man sich auf sie bezieht. Mit diesen beiden Begriffen, *Erinnerungskultur* und *Vergangenheitsbezug*, wollen wir das Programm dieser Studie eingrenzen und von dem absetzen, was demgegenüber dem Komplex der „Gedächtniskunst" zugeordnet werden kann.

Damit man sich auf die Vergangenheit beziehen kann, muß sie als solche ins Bewußtsein treten. Das setzt zweierlei voraus:

a) sie darf nicht völlig verschwunden sein, es muß Zeugnisse geben;

b) diese Zeugnisse müssen eine charakteristische *Differenz* zum „Heute" aufweisen.

Die erste Bedingung versteht sich von selbst. Die zweite kann man sich am besten am Phänomen des Sprachwandels klarmachen. Wandel gehört zu den natürlichen Bedingungen des Sprachlebens. Es gibt keine natürlichen, lebenden Sprachen, die sich nicht wandelten. Dieser Wandel ist „schleichend", d. h. er wird den Sprechern normalerweise nicht bewußt, weil er sich in zu langsamen Rhythmen vollzieht. Er tritt erst dann ins Bewußtsein, wenn ältere Sprachstadien unter bestimmten Bedingungen erhalten bleiben, d. h. als Sondersprachen, etwa im Kult, oder als Sprachen bestimmter Texte, die in der Überlieferung von Generation zu Generation *wortlautgetreu* weitergegeben werden, z. B. heilige Texte, und wenn die *Differenz* des solchermaßen bewahrten Sprachstadiums zur gesprochenen Sprache hinreichend groß geworden ist, um es als eigene Sprache und nicht lediglich als eine Variante des vertrauten Idioms ins Bewußtsein treten zu lassen. Solche Dissoziation ist gelegentlich schon in der mündlichen Überlieferung nachweisbar. Typischerweise tritt sie aber erst in Schriftkulturen auf: wenn die Sprache der heiligen und/oder klassischen Texte im Schulunterricht eigens erlernt werden muß.[3]

Die Differenz zwischen dem Alten und dem Neuen kann aber auch durch viele andere Faktoren und auf ganz anderen Ebenen als der sprachlichen ins Bewußtsein treten. Jeder tiefere Kontinuitäts- und Traditionsbruch kann zur Entstehung von Vergangenheit führen, dann nämlich, wenn nach solchem Bruch ein Neuanfang versucht wird. Neuanfänge, Renaissancen, Restaurationen treten immer in der Form eines Rückgriffs auf die Vergangenheit auf. In dem Maße, wie sie Zukunft erschließen, produzieren, rekonstruieren, entdecken sie Vergangenheit. Man könnte das bereits am Beispiel der frühesten „Renaissance" aufzeigen, die die Menschheitsgeschichte kennt: der „neosumerischen" programmatischen Wiederanknüpfung der Ur III-Zeit an die sumerische Tradition nach dem akkadischen Zwischenspiel der Sargonidenkönige. Dem Ägyptologen freilich liegt der nur etwas spätere Fall des Mittleren Reichs näher, der auch deshalb bedeutsam ist, weil er sich selbst als „Renaissance" versteht. Der programmatische Name, den sich der Gründer

3 Diesen Fall habe ich für Ägypten dargestellt in: Verf. 1985.

der 12. Dynastie, Amenemhet I., im Sinne eines Regierungsprogramms gibt, *whm mswt* „Wiederholer der Geburten", bedeutet nichts anderes als „Renaissance".[4] Die Könige der 12. Dynastie greifen Formen der 5. und 6. Dynastie wieder auf,[5] stiften Kulte königlicher Vorgänger,[6] kodifizieren die literarischen Überlieferungen der Vergangenheit,[7] nehmen sich in der Person des Snofru einen König der frühen 4. Dynastie zum Vorbild[8] und schaffen dadurch das „Alte Reich" im Sinne einer Vergangenheit, deren Gedächtnis Gemeinschaft, Legitimität, Autorität und Vertrauen stiftet. Dieselben Könige legen in ihren Bauinschriften jenes Ewigkeitspathos an den Tag, von dem schon die Rede war.

Die ursprünglichste Form, gewissermaßen die Ur-Erfahrung jenes Bruchs zwischen Gestern und Heute, in der sich die Entscheidung zwischen Verschwinden und Bewahren stellt, ist der Tod. Erst mit seinem Ende, mit seiner radikalen Unfortsetzbarkeit, gewinnt das Leben die Form der Vergangenheit, auf der eine Erinnerungskultur aufbauen kann. Man könnte hier geradezu von der „Urszene" der Erinnerungskultur sprechen. Der Unterschied zwischen dem natürlichen oder auch technisch ausgebildeten bzw. implementierten Sich-Erinnern des Einzelnen, der von seinem Alter her einen Rückblick auf sein Leben wirft, und dem Andenken, das sich nach seinem Tode von seiten der Nachwelt an dieses Leben knüpft, macht das spezifisch *kulturelle* Element der kollektiven Erinnerung deutlich. Wir sagen, daß der Tote in der Erinnerung der Nachwelt „weiterlebt", so als handele es sich um eine fast natürliche Fortexistenz aus eigener Kraft. In Wirklichkeit handelt es sich aber um einen Akt der Belebung, den der Tote dem entschlossenen Willen der Gruppe verdankt, ihn nicht dem Verschwinden preiszugeben, sondern kraft der Erinnerung als Mitglied der Gemeinschaft festzuhalten und in die fortschreitende Gegenwart mitzunehmen.

Die sprechendste Veranschaulichung dieser Form von Erinnerungskultur ist der römisch-patrizische Brauch, die Ahnen in Gestalt von Porträts und Masken (lat. „persona": der Tote als „Person") in

4 In *Das Heiligtum des Heqaib auf Elephantine. Geschichte eines Provinzheiligtums im Mittleren Reich*, Heidelberg 1994 begründet Detlef Franke ausführlich und zwingend diese Deutung des Horusnamens Amenemhets I.

5 Der „Archaismus" der 12. Dynastie ist besonders durch die Grabungen Dieter Arnolds auf dem Residenzfriedhof in Lischt zutage getreten.

6 Redford 1986, 151 ff.

7 Verf. 1990, 2. Kap.

8 E. Graefe 1990.

Familienprozessionen mitzuführen.[9] Besonders eigenartig erscheint in diesem Zusammenhang der ägyptische Brauch, diese Erinnerungskultur, die nur die Nachwelt einem Verstorbenen in bewußter Überbrükkung des durch den Tod bewirkten Bruchs angedeihen lassen kann, schon zu Lebzeiten selbst zu stiften. Der ägyptische Beamte legt sich sein Grab selbst an und läßt sich seine eigene Biographie darin aufzeichnen, und zwar nicht im Sinne von „Memoiren", sondern im Sinne eines vorweggenommenen Nekrologs.[10] Der Fall des Totengedenkens als der ursprünglichsten und verbreitetsten Form von Erinnerungskultur macht zugleich deutlich, daß wir es hier mit Phänomenen zu tun haben, die mit dem herkömmlichen Begriff der „Tradition" nicht angemessen erfaßbar sind. Denn der Begriff Tradition verschleiert den Bruch, der zum Entstehen von Vergangenheit führt, und rückt dafür den Aspekt der Kontinuität, das Fortschreiben und Fortsetzen, in den Vordergrund. Gewiß läßt sich manches von dem, was hier mit den Begriffen *Erinnerungskultur* oder *kulturelles Gedächtnis* beschrieben wird, auch Tradition oder Überlieferung nennen. Aber dieser Begriff verkürzt das Phänomen um den Aspekt der Rezeption, des Rückgriffs über den Bruch hinweg, ebenso wie um dessen negative Seite: Vergessen und Verdrängen. Daher brauchen wir ein Konzept, das beide Aspekte umgreift. Tote bzw. das Andenken an sie werden nicht „tradiert". Daß man sich an sie erinnert, ist Sache affektiver Bindung, kultureller Formung und bewußten, den Bruch überwindenden Vergangenheitsbezugs. Dieselben Elemente prägen das, was wir das kulturelle Gedächtnis nennen und heben es über das Geschäft der Überlieferung hinaus.

I. Die soziale Konstruktion der Vergangenheit: Maurice Halbwachs

In den 20er Jahren entwickelte der französische Soziologe Maurice Halbwachs seinen Begriff der „mémoire collective", den er vor allem in drei Büchern entfaltet hat: *Les cadres sociaux de la mémoire*

9 Ein auffallend entsprechender Brauch entwickelte sich nach dem Alten Reich auch in Ägypten, s. H. Kees 1926, 253 ff. An den großen Prozessionsfesten zogen hölzerne Statuen bedeutender Vorfahren mit.
10 S. hierzu Verf. 1983; 1987.

(1925, im folgenden 1985 a);[11] *La topographie légendaire des évangiles en terre sainte. Étude de mémoire collective* (im folgenden 1941) und *La mémoire collective* (1950, nachgelassenes Werk, dessen Abfassung weitgehend in die 30er Jahre zurückgeht; im folgenden: 1985 b).[12] Halbwachs war auf dem Lycée Henri IV Schüler von Bergson, in dessen Philosophie das Thema Gedächtnis einen zentralen Platz einnimmt (H. Bergson 1896), und studierte bei Durkheim, dessen Begriff des Kollektivbewußtseins ihm die Grundlagen für sein Bemühen lieferte, den Bergsonschen Subjektivismus zu überwinden und das Gedächtnis als ein soziales Phänomen zu interpretieren. Halbwachs lehrte Soziologie zunächst in Straßburg, dann an der Sorbonne. 1944, gleichzeitig mit seiner Berufung an das Collège de France, wurde er von den Deutschen deportiert und am 16. 3. 1945 im Konzentrationslager Buchenwald umgebracht.[13]

1. Individuelles und kollektives Gedächtnis

Die zentrale These, die Halbwachs in all seinen Werken durchgehalten hat, ist die von der sozialen Bedingtheit des Gedächtnisses. Er sieht vollkommen ab von der körperlichen, d. h. neuronalen und hirnphysiologischen Basis des Gedächtnisses[14] und stellt statt dessen die sozialen Bezugsrahmen heraus, ohne die kein individuelles Gedächtnis sich konstituieren und erhalten könnte. „Es gibt kein mögliches Gedächtnis außerhalb derjenigen Bezugsrahmen, deren sich die in der Gesellschaft lebenden Menschen bedienen, um ihre Erinnerungen zu fixieren und wiederzufinden." (1985 a, 121) Ein in völliger Einsamkeit aufwachsendes Individuum – so seine allerdings nirgends in solcher Deutlichkeit formulierte These – hätte kein Gedächtnis. Gedächtnis wächst dem Menschen erst im Prozeß seiner Sozialisation zu. Es ist zwar

11 Die Übersetzung von Lutz Geldsetzer erschien erstmals als Bd. 34 der *Soziologischen Texte* (hg. v. H. Maus und Fr. Fürstenberg, Berlin/Neuwied 1966). Hierzu gibt es eine ausführliche Besprechung von R. Heinz 1969 (Hinweis Georg Stötzel). Für eine ausführliche Würdigung der Halbwachsschen Gedächtnistheorie s. G. Namer 1987.

12 Für eine Bibliographie der Schriften von Maurice Halbwachs s. W. Bernsdorf (Hrsg.), *Internationales Soziologen-Lexikon*, Stuttgart 1959, 204.

13 Zur Biographie von M. Halbwachs vgl. V. Karady 1972.

14 Und damit von dem Bergsonschen Geist-Körper-Dualismus, s. H. Bergson 1896.

immer nur der Einzelne, der Gedächtnis „hat", aber dieses Gedächtnis ist kollektiv geprägt. Daher ist die Rede vom „kollektiven Gedächtnis" nicht metaphorisch zu verstehen. Zwar „haben" Kollektive kein Gedächtnis, aber sie bestimmen das Gedächtnis ihrer Glieder. Erinnerungen auch persönlichster Art entstehen nur durch Kommunikation und Interaktion im Rahmen sozialer Gruppen. Wir erinnern nicht nur, was wir von anderen erfahren, sondern auch, was uns andere erzählen und was uns von anderen als bedeutsam bestätigt und zurückgespiegelt wird. Vor allem erleben wir bereits im Hinblick auf andere, im Kontext sozial vorgegebener Rahmen der Bedeutsamkeit. Denn „es gibt keine Erinnerung ohne Wahrnehmung" (1985 a, 364).

Der Begriff der „sozialen Rahmen" („cadres sociaux"), den Halbwachs eingeführt hat, berührt sich in erstaunlicher Weise mit der von E. Goffman entwickelten Theorie der „Rahmenanalyse", die die sozial vorgeprägte Struktur bzw. „Organisation" von Alltagserfahrungen untersucht (Goffman 1977). Was Halbwachs (1985 a) unternimmt, ist eine „Rahmenanalyse" des Erinnerns – in Analogie zu Goffmans Rahmenanalyse der Erfahrung – und das unter Verwendung derselben Terminologie, denn die „cadres", die nach Halbwachs die Erinnerung konstituieren und stabilisieren, entsprechen den „frames", die bei Goffman die Alltagserfahrungen organisieren. Halbwachs ging so weit, das Kollektiv als Subjekt von Gedächtnis und Erinnerung einzusetzen und prägte Begriffe wie „Gruppengedächtnis" und „Gedächtnis der Nation", in denen der Gedächtnisbegriff ins Metaphorische umschlägt.[15] So weit brauchen wir ihm nicht zu folgen; Subjekt von Gedächtnis und Erinnerung bleibt immer der einzelne Mensch, aber in Abhängigkeit von den „Rahmen", die seine Erinnerung organisieren. Der Vorteil dieser Theorie liegt darin, daß sie zugleich mit der Erinnerung auch das Vergessen zu erklären vermag. Wenn ein Mensch – und eine Gesellschaft – nur das zu erinnern imstande ist, was als Vergangenheit innerhalb der Bezugsrahmen einer jeweiligen Gegenwart rekonstruierbar ist, dann wird genau das vergessen, was in einer solchen Gegenwart keine Bezugsrahmen mehr hat.[16]

Mit anderen Worten: das individuelle Gedächtnis baut sich in einer

15 Gegen diesen Wortgebrauch hat sich (bei im übrigen ähnlichen Ansätzen) F. C. Bartlett (1932) energisch gewandt.

16 Einen Fall von Vergessen durch Rahmenwechsel werden wir im 5. Kapitel besprechen.

bestimmten Person kraft ihrer Teilnahme an kommunikativen Prozessen auf. Es ist eine Funktion ihrer Eingebundenheit in mannigfaltige soziale Gruppen, von der Familie bis zur Religions- und Nationsgemeinschaft. Das Gedächtnis lebt und erhält sich in der Kommunikation; bricht diese ab, bzw. verschwinden oder ändern sich die Bezugsrahmen der kommunizierten Wirklichkeit, ist Vergessen die Folge.[17] Man erinnert nur, was man kommuniziert und was man in den Bezugsrahmen des Kollektivgedächtnisses lokalisieren kann (1985 a, Kap. 4: „Die Lokalisierung der Erinnerungen"). Vom Individuum aus gesehen stellt sich das Gedächtnis als ein Agglomerat dar, das sich aus seiner Teilhabe an einer Mannigfaltigkeit von Gruppengedächtnissen ergibt; von der Gruppe aus gesehen stellt es sich als eine Frage der Distribution dar, als ein Wissen, das sie in ihrem Innern, d. h. unter ihren Mitgliedern verteilt. Die Erinnerungen bilden jeweils ein „unabhängiges System", dessen Elemente sich gegenseitig stützen und bestimmen, sowohl im Individuum als auch im Rahmen der Gruppe. Daher ist es für Halbwachs wichtig, individuelles und kollektives Gedächtnis zu unterscheiden, auch wenn das individuelle Gedächtnis immer schon ein soziales Phänomen ist. Individuell ist es im Sinne einer je einzigartigen Verbindung von Kollektivgedächtnissen als Ort der verschiedenen gruppenbezogenen Kollektivgedächtnisse und ihrer je spezifischen Verbindung (1985 b, S. 127). Individuell im strengen Sinne sind nur die Empfindungen, nicht die Erinnerungen. Denn „die Empfindungen sind eng an unseren Körper geknüpft", während die Erinnerungen notwendig „ihren Ursprung im Denken der verschiedenen Gruppen haben, denen wir uns anschließen".

2. *Erinnerungsfiguren*

So abstrakt es beim Denken zugehen mag, so konkret verfährt die Erinnerung. Ideen müssen versinnlicht werden, bevor sie als Gegenstände ins Gedächtnis Einlaß finden können. Dabei kommt es zu

17 „Das Vergessen erklärt sich aus dem Verschwinden dieser Rahmen oder eines Teiles derselben, entweder weil unsere Aufmerksamkeit nicht in der Lage war, sich auf sie zu fixieren, oder weil sie anderswohin gerichtet war ... Das Vergessen oder die Deformierung bestimmter Erinnerungen erklärt sich aber auch aus der Tatsache, daß diese Rahmen von einem Zeitabschnitt zum anderen wechseln" (1985 a, 368). Nicht nur Erinnern, sondern auch Vergessen ist daher ein soziales Phänomen.

einer unauflöslichen Verschmelzung von Begriff und Bild. „Eine Wahrheit muß sich, um sich in der Erinnerung der Gruppe festsetzen zu können, in der konkreten Form eines Ereignisses, einer Person, eines Ortes darstellen“ (1941, 157). Umgekehrt muß sich aber auch ein Ereignis, um im Gruppengedächtnis weiterzuleben, mit der Sinnfülle einer bedeutsamen Wahrheit anreichern. „Jede Persönlichkeit und jedes historische Faktum wird schon bei seinem Eintritt in dieses Gedächtnis in eine Lehre, einen Begriff, ein Symbol transponiert; es erhält einen Sinn, es wird zu einem Element des Ideensystems der Gesellschaft“ (1985 a, 389 f.). Aus diesem Zusammenspiel von Begriffen und Erfahrungen[18] entstehen, was wir *Erinnerungsfiguren* nennen wollen.[19] Ihre Besonderheit läßt sich an drei Merkmalen näher bestimmen, dem konkreten Bezug auf Zeit und Raum, dem konkreten Bezug auf eine Gruppe und der Rekonstruktivität als eigenständigem Verfahren.

a) Raum- und Zeitbezug

Erinnerungsfiguren wollen durch einen bestimmten Raum substantiiert und in einer bestimmten Zeit aktualisiert sein, sind also immer raum- und zeit-konkret, wenn auch nicht immer in einem geographischen oder historischen Sinn. Die Angewiesenheit des Kollektivgedächtnisses auf konkrete Orientierung schafft Kristallisationspunkte. Zeithaltig sind die Erinnerungsgehalte sowohl durch das Anklammern an urzeitliche oder hervorragende Ereignisse als auch durch den periodischen Rhythmus des Erinnerungsbezugs. Der Festkalender etwa spiegelt eine kollektiv *erlebte Zeit,* ob es sich nun, je nach Gruppenzugehörigkeit, um das bürgerliche und kirchliche, das bäuerliche oder militärische Jahr handelt. Eine entsprechende Verankerung der Erinnerung gilt für den *belebten Raum.* Was das Haus für die Familie ist, sind Dorf und Tal für die bäuerliche, Städte für bürgerliche, die Landschaft für landsmannschaftliche Gemeinschaften: räumliche Erinnerungsrahmen, die die Erinnerung auch noch und gerade in absen-

18 Das Paar erinnert natürlich an „Begriff“ und „Anschauung“ bei Kant.

19 Halbwachs selbst spricht in diesem Zusammenhang von „Erinnerungsbildern“, s. bes. 1985 a, 25 ff.; unter „Erinnerungsfiguren“ verstehen wir demgegenüber kulturell geformte, gesellschaftlich verbindliche „Erinnerungsbilder“ und ziehen den Begriff der „Figur“ dem des „Bildes“ deshalb vor, weil er sich nicht nur auf ikonische, sondern z. B. auch auf narrative Formung bezieht.

tia als „Heimat“ festhält. Zum Raum gehört auch die das Ich umgebende, ihm zugehörige Dingwelt, sein „entourage matériel“, das ihm als Stütze und Träger seines Selbst angehört. Auch diese Dingwelt – Geräte, Möbel, Räume, ihre spezifische Anordnung, die „uns ein Bild von Permanenz und Stabilität bieten“ (1985 b, 130)[20] – ist sozial geprägt: ihr Wert, ihr Preis, ihre status-symbolische Bedeutung sind soziale Fakten (Appadurai 1986). Diese Tendenz zur Lokalisierung gilt für jegliche Art von Gemeinschaften. Jede Gruppe, die sich als solche konsolidieren will, ist bestrebt, sich Orte zu schaffen und zu sichern, die nicht nur Schauplätze ihrer Interaktionsformen abgeben, sondern Symbole ihrer Identität und Anhaltspunkte ihrer Erinnerung. Das Gedächtnis braucht Orte, tendiert zur Verräumlichung.[21] Halbwachs hat diesen Punkt am Beispiel der „Legendentopographie des Heiligen Landes“ illustriert, ein Werk, auf das wir in anderem Zusammenhang noch näher eingehen werden. Gruppe und Raum gehen eine symbolische Wesensgemeinschaft ein, an der die Gruppe auch festhält, wenn sie von ihrem Raum getrennt ist, indem sie die heiligen Stätten symbolisch reproduziert.

b) Gruppenbezug

Das Kollektivgedächtnis haftet an seinen Trägern und ist nicht beliebig übertragbar. Wer an ihm teilhat, bezeugt damit seine Gruppenzugehörigkeit. Es ist deshalb nicht nur raum- und zeit-, sondern auch, wie wir sagen würden: *identitätskonkret*. Das bedeutet, daß es ausschließlich auf den Standpunkt einer wirklichen und lebendigen Gruppe bezogen ist. Die Raum- und Zeitbegriffe des kollektiven Gedächtnisses stehen mit den Kommunikationsformen der entsprechenden Gruppe in einem Lebenszusammenhang, der affektiv und wertbesetzt ist. Sie erscheinen darin als Heimat und Lebensgeschichte, voller Sinn und Bedeutung für das Selbstbild und die Ziele der Gruppe. Erinnerungsfiguren „sind

20 Nach Auguste Comte; vgl. auch den von A. Gehlen eingeführten Begriff des „Außenhalts“, in: *Urmensch und Spätkultur* (1956), 25 f. und öfter.

21 Vgl. schon Cicero: „tanta vis admonitionis inest in locis, ut non sine causa ex iis memoriae ducta sit disciplina“. (*de finibus* 5,1–2: „Eine so große Kraft der Erinnerung ist in den Orten, daß nicht ohne Grund von ihnen die Mnemotechnik abgeleitet ist“ nach Cancik/Mohr 1990, 312.). Diese Ansätze führt P. Nora in seinem großangelegten Werk *Les lieux de mémoire* (1984); (1986); (1992) weiter.

gleichzeitig Modelle, Beispiele und eine Art Lehrstücke. In ihnen drückt sich die allgemeine Haltung der Gruppe aus; sie reproduzieren nicht nur ihre Vergangenheit, sondern sie definieren ihre Wesensart, ihre Eigenschaften und ihre Schwächen" (1985 a, 209 f.). Den Zusammenhang von Kollektivgedächtnis, Selbstbild einer Gruppe und sozialer Funktion illustriert Halbwachs an der Hierarchie des mittelalterlichen Feudalsystems. Dessen System von Wappen und Titeln symbolisiert einen Anspruch auf Rechte und Privilegien. In diesem Falle ist der Rang einer Familie in hohem Maße „von dem bestimmt, was sie selbst und die anderen Familien von ihrer Vergangenheit wissen" (1985 a, 308). Hier hat man „an das Gedächtnis der Gesellschaft appellieren (müssen), um Gehorsam zu finden, den man später unter Hinweis auf den Nutzen der geleisteten Dienste oder auf die Kompetenz der Beamten und Funktionäre fordern wird" (1985 a, 294).

Die soziale Gruppe, die sich als eine Erinnerungsgemeinschaft konstituiert, bewahrt ihre Vergangenheit vor allem unter zwei Gesichtspunkten auf: der Eigenart und der Dauer. Bei dem Selbstbild, das sie von sich erstellt, wird die Differenz nach außen betont, die nach innen dagegen heruntergespielt. Zudem bildet sie „ein Bewußtsein ihrer Identität durch die Zeit hindurch" aus, so daß die erinnerten Fakten stets auf Entsprechungen, Ähnlichkeiten, Kontinuitäten hin ausgewählt und perspektiviert zu werden pflegen. In dem Augenblick, in dem eine Gruppe sich eines entscheidenden Wandels bewußt würde, hörte sie auf, als Gruppe zu bestehen und machte einer neuen Gruppe Platz. Da aber jede Gruppe nach Dauer strebt, tendiert sie dazu, Wandlungen nach Möglichkeit auszublenden und Geschichte als veränderungslose Dauer wahrzunehmen.

c) Rekonstruktivität

Mit der Gruppenbezogenheit hängt ein weiteres Merkmal des Kollektivgedächtnisses engstens zusammen: seine Rekonstruktivität. Damit ist gemeint, daß sich in keinem Gedächtnis die Vergangenheit als solche zu bewahren vermag, sondern daß nur das von ihr bleibt, „was die Gesellschaft in jeder Epoche mit ihrem jeweiligen Bezugsrahmen rekonstruieren kann" (1985 a, 390). Es gibt, mit den Worten des Philosophen H. Blumenberg, „keine reinen Fakten der Erinnerung".

Nichts zeigt eindrucksvoller die Originalität und Vielseitigkeit des Halbwachsschen Denkens als die Tatsache, daß er als Philosoph und

Soziologe diese These an einem so entlegenen Material wie der Geschichte der heiligen Stätten des Christentums in Palästina demonstriert. Die christliche Topographie ist eine reine Fiktion. Die heiligen Stätten kommemorieren nicht durch Zeitzeugen gesicherte Fakten, sondern Glaubensideen, die in ihnen „nachträglich" Wurzeln schlagen (1941, 157). Das authentische, auf lebendigem Umgang beruhende Kollektivgedächtnis der Jüngergemeinschaft, heute würden wir sagen: der Jesus-Bewegung (G. Theißen 1977), als einer „communauté affective", hat sich in der typischen Selektivität der affektiven Betroffenheit auf die Logien, die Parabeln, Aussprüche und Lehrsätze des Meisters beschränkt. Die biographische Elaboration des Erinnerungsbildes setzt erst später ein, nach dem Verblassen der apokalyptischen Naherwartung. Nun galt es, die erinnerten Logien in biographische Episoden einzubetten und in Zeit und Raum zu verorten. Es gab keine Orte, an denen sich die Erinnerung von sich aus erhalten hätte, so wurde sie nachträglich, um 100 n. Chr., von Kennern der galiläischen Geographie mit Orten verbunden. Mit dem Auftreten des Paulus verlagert sich jedoch das Schwergewicht der Erinnerung von Galiläa nach Jerusalem. Hier gibt es überhaupt „keine authentischen Erinnerungen", weil sich Prozeß und Hinrichtung Christi in Abwesenheit der Jünger abgespielt haben werden. Jerusalem tritt ins Zentrum, weil jetzt unter verändertem theologischem Fokus das Leben Jesu von Passion und Auferstehung als den entscheidenden Ereignissen her neu rekonstruiert wird und das ganze Wirken in Galiläa als vorbereitende Vorgeschichte in den Hintergrund drängt.

Die neue Idee, die sich mit dem Konzil von Nicaea als verbindlich durchsetzt, ist die Entsühnung der Welt durch den Opfertod des menschgewordenen Gottes. Sie gewinnt memorierbare Gestalt, wird zur „Erinnerungsfigur" als Passionsgeschichte. Von Kreuz und Auferstehung her wird die Jesuserinnerung rekonstruiert und Jerusalem als kommemorativer Raum aufgebaut. Diese neue Lehre und die sie verkörpernde neue Jesuserinnerung konkretisiert sich in einem „système de localisation", das ihr in Kirchen, Kapellen, heiligen Stätten, Denktafeln, Kalvarienbergen usw. räumlichen Anhalt gibt und das seinerseits von späteren Lokalisationssystemen palimpsestartig überbaut und erweitert wird, in denen die Wandlungen der christlichen Lehre ihren Ausdruck finden.

Das Gedächtnis verfährt also rekonstruktiv. Die Vergangenheit vermag sich in ihm nicht als solche zu bewahren. Sie wird fortwährend von den sich wandelnden Bezugsrahmen der fortschreitenden Gegenwart her reorganisiert. Auch das Neue kann immer nur in der Form rekonstruierter Vergangenheit auftreten. Traditionen sind nur gegen Traditionen, Vergangenheit nur gegen Vergangenheit austauschbar (1985 a, 385). Die Gesellschaft übernimmt nicht neue Ideen und setzt diese an die Stelle ihrer Vergangenheit, sondern sie übernimmt die Vergangenheit anderer als der bisher bestimmenden Gruppen. „Es gibt in diesem Sinne keine soziale Idee, die nicht zugleich die Erinnerung der Gesellschaft wäre“ (1985 a, 389). Das kollektive Gedächtnis operiert daher in beiden Richtungen: zurück und nach vorne. Das Gedächtnis rekonstruiert nicht nur die Vergangenheit, es organisiert auch die Erfahrung der Gegenwart und Zukunft. Es wäre also unsinnig, dem „Prinzip Erinnerung“ ein „Prinzip Hoffnung“ entgegenzusetzen: beide bedingen sich gegenseitig, sind eines ohne das andere nicht denkbar (D. Ritschl 1967).

3. Gedächtnis versus Historie

Halbwachs ist der Ansicht, daß eine Gruppe sich ihre Vergangenheit in einer Form appräsentiert, aus der jeder Wandel ausgeschaltet ist. Es liegt nahe, hier an die Charakteristik jener Gesellschaften zu denken, die C. Lévi-Strauss die „kalten“ genannt hat.[22] In der Tat spielt die Ausblendung von Veränderung für Halbwachs' Kollektivgedächtnis eine so zentrale Rolle, daß er ihm pauschal „die Geschichte“ als Oppositionsbegriff gegenüberstellen kann. Die „Geschichte“ verfährt nach Halbwachs genau umgekehrt wie das kollektive Gedächtnis. Schaut dieses nur auf die Ähnlichkeiten und Kontinuitäten, so nimmt jene nur Differenzen und Diskontinuitäten wahr. Während das kollektive Gedächtnis die Gruppe „von innen“ sieht und bestrebt ist, ihr ein Bild ihrer Vergangenheit zu zeigen, in dem sie sich in allen Stadien wiedererkennen kann und das daher tiefgreifendere Veränderungen ausblendet, blendet die „Geschichte“ wiederum solche wandlungslosen Zeiten als „leere“ Intervalle aus

22 Vgl. Cl. Lévi-Strauss 1973, 270; 1975, 39–42. Im Licht dieser Unterscheidung, auf die wir in anderem Zusammenhang noch zurückkommen, stellt sich die Frage, ob es nicht auch Gruppen gibt – die „heißen“ Gesellschaften –, die ein Bewußtsein ihres eigenen Wandels ausbilden und mit ihrem Selbstbild vereinen können.

ihrem Tableau aus und läßt nur das als historisches Faktum gelten, was als Prozeß oder Ereignis Veränderung anzeigt. Während aber umgekehrt das Gruppengedächtnis, wie schon erwähnt, die Differenz der eigenen Geschichte und der darin begründeten Eigenart zu allen anderen Gruppengedächtnissen betont, nivelliert die Geschichte alle derartigen Differenzen und reorganisiert ihre Fakten in einem vollkommen homogenen historischen Raum, in dem nichts einzigartig, sondern alles mit allem vergleichbar, jede Einzelgeschichte an die andere anschließbar und vor allem alles gleichermaßen wichtig und bedeutsam ist.[23] Denn es gibt zwar viele Kollektivgedächtnisse, aber nur eine Historie, die jeden Bezug auf eine Gruppe, eine Identität, einen spezifischen Bezugspunkt abgestreift hat und die Vergangenheit in einem „identitätsabstrakten" Tableau rekonstruiert, in dem alles, wie Ranke sagt, „gleich unmittelbar zu Gott" ist, weil „unabhängig von jedem Gruppenurteil", das immer das Profil selbstbezogener Parteilichkeit annimmt. Der Historiker dagegen, der von solchen Loyalitäten und Betroffenheiten frei ist, „tendiert zu Objektivität und Unparteilichkeit" (1985 b, 74).[24]

Daher ist für Halbwachs die Historie kein Gedächtnis, weil es kein universelles, sondern immer nur ein kollektives und d. h. gruppenspezifisches, „identitätskonkretes" Gedächtnis gibt: „Jedes Kollektivgedächtnis hat als Träger eine in Raum und Zeit begrenzte Gruppe.

23 Halbwachs 1950, 75: „malgré la variété des lieux et de temps, l'histoire réduit les évenements à des termes apparement comparables, ce qui lui permet de les relier les uns aux autres, comme des variations sur un ou quelques thèmes."

24 Es ist klar, daß Halbwachs hier einen positivistischen Begriff von Geschichte vertritt, von dem die neuere Geschichtswissenschaft längst abgerückt ist. Jede Geschichtsschreibung ist ihrer Zeit und den Interessen ihrer Schreiber oder deren Auftraggeber verhaftet. Daher würde man die Unterscheidung zwischen „Gedächtnis" und „Geschichte" (i. S. von Geschichtsschreibung), wie Halbwachs sie zieht, heute nicht mehr aufrecht erhalten und die Geschichtsschreibung vielmehr als eine besondere Art des sozialen Gedächtnisses einstufen, wie dies P. Burke, „Geschichte als soziales Gedächtnis", in: A. Assmann/D. Harth 1991, 289 ff. vorgeschlagen hat. Damit geht aber eine wichtige Kategorie verloren: die der Identitätsneutralität wissenschaftlicher Geschichtsschreibung. Ganz unbeschadet aller zeit- und interessenbedingten Abhängigkeiten gibt es doch seit Herodot eine Beschäftigung mit der Vergangenheit aus „theoretischer Neugierde" und reinem Erkenntnisdrang, die sich deutlich von den Formen von Vergangenheitsbezug unterscheidet, die wir als Erinnerungskultur bezeichnen und die immer auf die Identität der sich erinnernden Gruppe bezogen sind. Im Sinne einer weiter unten eingeführten Unterscheidung gehört wissenschaftliche Geschichtsschreibung zu den Formen einer „kalten" Erinnerung.

Man kann die Gesamtheit der Ereignisse nur unter der Bedingung in einem einzigen Tableau versammeln, daß man sie vom Gedächtnis der Gruppen ablöst, die die Erinnerung daran bewahrt haben, daß man die Bindungen löst, mit denen sie an das geistige Leben der sozialen Milieus geknüpft waren, in denen sie stattfanden, daß man von ihnen nichts zurückbehält als das chronologische und räumliche Schema" (1985 b, 75).

Auf der einen Seite stehen die vielen Geschichten, in denen ebensoviele Gruppen ihre Erinnerungen und ihr Selbstbild ansiedeln, auf der anderen Seite die eine Geschichte, in der Historiker die aus den vielen Geschichten abgezogenen Fakten ansiedeln. Aber diese Fakten sind leere Abstraktionen, die niemandem etwas bedeuten, an die sich niemand erinnert, die von jedem Bezug auf Identität und Erinnerung gereinigt sind. Abstrakt ist vor allem die Zeit, in die die Historie ihre Daten einfügt. Die historische Zeit ist eine „durée artificielle", die von keiner Gruppe als „durée" erlebt und erinnert wird. Damit steht sie für Halbwachs außerhalb der Wirklichkeit. Sie ist ein funktionsloses Artefakt, ausgelöst aus den Bindungen und Verbundenheiten, die durch das Leben, und zwar das soziale raum- und zeit-konkrete Leben gestiftet werden.

Das Verhältnis von Gedächtnis und Geschichte ist in den Augen von Halbwachs eines der Abfolge. Wo die Vergangenheit nicht mehr erinnert, d. h. gelebt wird, hebt die Geschichte an. „Die Geschichte beginnt im allgemeinen erst an dem Punkt, wo die Tradition aufhört und sich das soziale Gedächtnis auflöst." Die Domäne des Historikers beginnt dort, wo die Vergangenheit nicht mehr „bewohnt", d. h. nicht mehr vom kollektiven Gedächtnis lebender Gruppen in Anspruch genommen wird. „Die eigentliche Vergangenheit ist für die Historie das, was nicht mehr einbegriffen ist in den Bereich, in den sich noch das Denken aktueller Gruppen erstreckt. Es scheint, daß sie warten muß, bis die alten Gruppen verschwunden sind, bis ihre Gedanken und ihr Gedächtnis erloschen sind, damit sie sich damit beschäftigen kann, das Bild und die Abfolge der Fakten festzulegen, die sie allein zu bewahren in der Lage ist" (1985 b, 103).[25]

25 Genau für dieses Abwartenmüssen hat der Historiker Ernst Nolte das einschlägige Wort vom „Nicht-vergehen-Wollen" der Vergangenheit geprägt. Der neuralgische Punkt, den Nolte getroffen hat, berührt die im sog. Historikerstreit ununterbrochene Konfusion der Sphären von Gedächtnis und Historie.

Nach Halbwachs ist das kollektive Gedächtnis aber nicht nur gegen die Geschichte abgegrenzt, sondern auch gegen jene organisierten und objektivierten Formen der Erinnerung, die er unter dem Begriff der „Tradition" zusammenfaßt. Tradition ist für ihn keine Form, sondern eine Verformung der Erinnerung. Dies ist der Punkt, an dem wir Halbwachs nicht folgen können. Die Übergänge zwischen „mémoire" und „tradition" können so fließend sein, daß es wenig sinnvoll erscheint, hier allzu scharfe begriffliche Unterscheidungen einzuführen. Daher verwenden wir den Begriff des (kollektiven) Gedächtnisses als Oberbegriff, innerhalb dessen wir zwischen dem „kommunikativen" und dem „kulturellen" Gedächtnis unterscheiden. Diese Unterscheidung wird im zweiten Abschnitt erläutert. Dabei werden wir auch auf Halbwachs' Traditionsbegriff zurückkommen.

4. *Zusammenfassung*

Es besteht eine gewisse Ironie des Schicksals darin, daß der Theoretiker des sozialen Gedächtnisses nahezu vollständig vergessen worden ist.[26] Auch wenn der Name Halbwachs inzwischen bekannter geworden ist, gilt dies jedoch noch keineswegs für sein Œuvre. Wenn wir den Gedanken von Maurice Halbwachs hier einen gewichtigen Platz einräumen, so geschieht das nicht in Verkennung mancher Schwächen, die im Rückblick unweigerlich mit deutlich werden. So fehlt es ihm beispielsweise an der begrifflichen Schärfe, die seine Anstöße erst wirklich übertragbar macht.[27] Außerdem muß heute erstaunen, daß er dic Rolle, die gerade die Schrift für die Verfaßtheit kollektiver Er-

26 Inzwischen – dieser Satz wurde im September 1986 niedergeschrieben – erschien G. Namer 1987, ein ausschließlich der Gedächtnislehre von M. Halbwachs gewidmetes Werk.

27 Das gilt besonders für die Behandlung, die er der „Religion" im 6. Kapitel von 1985 a zuteil werden läßt und die auf die These hinausläuft, daß die Religion als solche, also *jede* Religion, eine Art institutionalisierter Erinnerung ist und „darauf aus ist, die Erinnerung an eine längst vergangene Zeit unberührt und ohne jede Beimischung späterer Erinnerungen durch die Zeit zu erhalten" (1985 a, 261). Genau an diesem Punkt wird einerseits die Unterscheidung zwischen „Kultur" und „Religion" fragwürdig, andererseits die Notwendigkeit zur Unterscheidung sehr verschiedener Typen von Religion unausweichlich. Wir gehen deshalb hier auf die religionstheoretischen Erwägungen in 1985 a nicht näher ein.

innerung spielt, nirgends systematisch einbezieht oder auch nur irgendwo zusammenhängend erwägt. Vielmehr steht er weithin im Bannkreis Bergsonscher Zauberworte wie „Leben“ und „Wirklichkeit“. Was ihn (mit vielen seiner Zeitgenossen) faszinierte, war eine Soziologie, die dem Geheimnis eines lebendigen Zusammenhangs mit einem „temps vécu“ (im Gegensatz zum „temps conçu“ und einer „durée artificielle“) auf die Spur kommen sollte.

All das läßt natürlich an Nietzsche denken, und umso überraschender ist es, daß dieser Name bei ihm kaum je auftaucht (etwa in ganz anderem Zusammenhang 1985 a, 297). Im Gegensatz zu Nietzsche ist Halbwachs aber kein Kulturkritiker. Er denunziert nicht automatisch alles, was das Format organischer Lebenszusammenhänge übersteigt, als funktionsloses oder gar lebensfeindliches Artefakt. Sein Interesse bleibt analytisch. Für die Grundstrukturen kollektiver Erinnerung interessiert er sich in erster Linie als Sozialpsychologe. Seine bahnbrechende Entdeckung des Kollektivgedächtnisses beruht auf der Zuordnung von Gedächtnis und Gruppe. An verschiedenen Beispielen vermag er zu illustrieren, wie Gruppenerinnerung und Gruppenidentität unauflöslich in gegenseitiger Bedingung verknüpft sind. (Den Begriff der Identität verwendet Halbwachs sparsam, der der Wir-Identität, wie ihn etwa Georges Gurvitch, sein engster Arbeitskollege im Paris der 30er und 40er Jahre, entwickelt hat, kommt bei ihm nicht vor. Die Sache selbst jedoch ist omnipräsent.)

Halbwachs hat als Sozialpsychologe an der Grenze der Gruppe haltgemacht und keine Verallgemeinerung seiner Gedächtnistheorie in Richtung Kulturtheorie erwogen. Auch die Perspektive kultureller Evolution bleibt bei ihm ausgeklammert. Dennoch sind und bleiben die von ihm erarbeiteten Grundstrukturen gerade auch für die Kulturanalyse fundamental, können sie doch auf weite Strecken für Mechanismen kultureller Überlieferung überhaupt gelten. Gewiß wird man dabei den Übergang von gelebter, kommunizierter Erinnerung zu institutionalisierter, kommemorierter Erinnerung noch schärfer herausarbeiten und dabei vor allem auch auf die (r)evolutionäre Errungenschaft der Schrift explizit eingehen müssen.

Vermutlich hätte Halbwachs selbst im Übergang auf die Kultur als ein hochkomplexes System, das viele Gedächtnisse und viele Gruppen umgreift, einen illegitimen Übergang ins Metaphorische erblickt. Vielleicht hat er aber auch die Ausweitung seiner sozialpsychologischen Erkenntisse in den Raum der Kulturwissenschaft und Kulturtheorie späteren Arbeiten vorbehalten. Vergessen wir nicht, daß sein Vorhaben Fragment geblieben ist, sein zusammenfassendes Hauptwerk von seiner Tochter, Jeanne Alexandre, aus dem Nachlaß ediert wurde und sein Buch über die Legendentopographie des Heiligen Landes, das eine solche Ausweitung in Angriff nimmt, als seine späteste Arbeit in diesem Rahmen zu gelten hat.

Was Halbwachs am schärfsten zum Vorwurf gemacht wurde, ist die Verwendung des Gedächtnisbegriffs für sozialpsychologische Phänomene, die als unzulässige „Individualmetaphorik" abgelehnt wird. Sie verdecke „die besondere Art, wie Vergangenheit in menschlicher Kultur und Kommunikation vorhanden ist".[28] Nun ist aber für Halbwachs der Begriff des kollektiven Gedächtnisses gerade *keine* Metapher, da es ihm ja auf den Nachweis ankommt, daß auch die individuellen Erinnerungen ein soziales Phänomen sind. Die Tatsache, daß nur Individuen auf Grund ihrer neuronalen Ausstattung ein Gedächtnis haben können, ändert nichts an der Abhängigkeit dieser individuellen Gedächtnisse von sozialen „Rahmen". Man darf diesen Begriff des Kollektiven nicht verwechseln mit Theorien eines kollektiven Unbewußten, etwa in der Jungschen Archetypenlehre, die der Halbwachsschen Gedächtnistheorie diametral entgegengesetzt ist. Denn für Jung ist dieses kollektive Gedächtnis 1. biologisch vererbbar und 2. eine „mémoire involontaire", die sich z. B. in Träumen äußert, während Halbwachs im Bereich des nur kommunikativ Verbreitbaren, nicht biologisch Vererbbaren, und im Bereich einer „mémoire volontaire" verbleibt. Nicht die sozial-konstruktivistische Ausweitung, sondern im Gegenteil die individualpsychologische Verengung des Gedächtnisbegriffs verdeckt in unseren Augen die besonderen Formen kommunikativer und kultureller Vergegenwärtigung von Vergangenheit. Gruppen „bewohnen" ihre Vergangenheit ebenso wie Individuen und formen daraus Elemente ihres Selbstbilds. Pokale, Urkunden und Medaillen schmücken die Clubräume eines Sportvereins ebenso wie das Vertico des einzelnen Sportlers, und es hat wenig Sinn, das eine „Tradition", das andere „Gedächtnis" zu nennen.

Was wir von Halbwachs übernehmen wollen, ist eine Konzeption der Vergangenheit, die man „sozial-konstruktivistisch" nennen kann.

28 H. Cancik/H. Mohr 1990, 311.

Was P. L. Berger und Th. Luckmann für die Wirklichkeit im Ganzen gezeigt haben, hat Halbwachs, 40 Jahre vorher, für die Vergangenheit behauptet: sie ist eine soziale Konstruktion, deren Beschaffenheit sich aus den Sinnbedürfnissen und Bezugsrahmen der jeweiligen Gegenwarten her ergibt. Vergangenheit steht nicht naturwüchsig an, sie ist eine kulturelle Schöpfung.

II. Formen kollektiver Erinnerung Kommunikatives und kulturelles Gedächtnis

1. *„The Floating Gap": zwei Modi Memorandi*

In seinem 1985 erschienenen Buch *Oral Tradition as History*[29] beschreibt der Ethnologe Jan Vansina ein ebenso eigentümliches wie typisches Phänomen schriftloser Geschichtserinnerung:

„Ursprungsberichte von Gruppen sowohl wie von Individuen sind sämtlich verschiedenartige Manifestationen desselben Vorgangs *[nämlich des „dynamischen Prozesses mündlicher Überlieferung", J. A.]* in verschiedenen Stadien. Wenn das gesamte Corpus solcher Berichte zusammen genommen wird, erscheint regelmäßig ein dreigeteiltes Ganzes. Für die jüngste Vergangenheit gibt es reichliche Informationen, die umso spärlicher werden, je weiter man in die Vergangenheit zurückgeht. Für frühere Zeiten findet man entweder einen Sprung oder ein oder zwei zögernd genannte Namen. Wir stoßen hier auf eine Lücke in den Berichten, die ich ‚die fließende Lücke' *[the floating gap]* nennen möchte. Für noch frühere Perioden dagegen stößt man wiederum auf eine Fülle von Informationen und hat es mit Überlieferungen des Ursprungs zu tun. Die Lücke ist den Menschen in der betreffenden Gemeinschaft oft nicht bewußt, aber sie ist dem Forscher unverkennbar. Manchmal, besonders in Genealogien, stoßen jüngste Vergangenheit und Ursprungszeit in der Abfolge einer einzigen Generation aufeinander. [...] Das historische Bewußtsein arbeitet nur auf zwei Ebenen: Ursprungszeit und jüngste Vergangenheit. Weil die Grenze zwischen beiden sich mit der Generationen-

29 Zuerst erschienen 1961 unter dem Titel *De la tradition orale,* engl. London 1965.

folge fortbewegt, habe ich die zwischen den beiden Ebenen klaffende Lücke ‚the floating gap' genannt. Für die Tio im Kongo lag 1880 die Lücke um 1800, während sie sich 1960 auf 1880 fortbewegt hat."[30]

Vansinas ‚floating gap' ist allen Historikern wohlvertraut, die es mit Überlieferungen zu tun haben, in denen Mündlichkeit eine tragende Rolle spielt.[31] Es handelt sich um das Phänomen der „dark ages", das vor allem aus der altgriechischen Überlieferung bekannt ist. Die griechische Mythologie wirft ein helles, wenn auch nicht im strengen Sinne historiographisches Licht auf das heroische Zeitalter der mykenischen Kultur, das die Archäologen als „späthelladisch" klassifizieren. Die griechische Historiographie der klassischen Zeit geht exakt um jene 80–100 Jahre zurück, die Vansina als „recent past" bezeichnet und die typischerweise von einem zeitgenössischen Gedächtnis durch Erfahrung und Hörensagen erfaßt werden können. Herodot beginnt seine Geschichtsschreibung mit Kroisos als „dem Mann, von dem ich sicher weiß, daß er mit den Feindseligkeiten gegen die Hellenen den Anfang gemacht hat", und markiert damit genau den Horizont der durch Zeitzeugen beglaubigten Erinnerung.[32] Dazwischen klafft das „floating gap", das die Archäologen als „dark age" bezeichnen und das sich durch Bodenfunde auf die Jahrhunderte von 1100 bis 800 eingrenzen läßt. Der Begriff des „dark age" ist allerdings aus der Forscherperspektive geprägt. Uns dagegen kommt es unter dem Stichwort „Gedächtnis" vielmehr auf die Innenperspektive der betroffenen Gesellschaften an, eine Unterscheidung, die bei Vansina eine nur beiläufige Rolle spielt.

Hier zeigt sich nun, daß von einer Lücke, ob fest oder fließend, gerade keine Rede sein kann. Im kulturellen Gedächtnis der Gruppe stoßen die beiden Ebenen der Vergangenheit vielmehr nahtlos aufeinander. Das zeigt sich nirgends klarer als an der typischsten und ursprünglichsten Form kultureller Mnemotechnik, den Genealogien, auf die ja auch Vansina verweist. Der verstorbene Althistoriker Fritz Schachermeyr hat in seinem letzten Werk, *Die griechische*

30 J. Vansina 1985, 23f. (Übersetzung J. A.).

31 J. v. Ungern-Sternberg/H. Reinau 1988; darin bes. M. Schuster, „Zur Konstruktion von Geschichte in Kulturen ohne Schrift", 57–71.

32 Für diesen Hinweis danke ich T. Hölscher.

Rückerinnerung (1984), die Genealogien der griechischen Adelsgeschlechter untersucht und stieß hier auf dieselben Srukturen,[33] die Vansina aus afrikanischen und sonstigen Stammesgesellschaften berichtet. Ähnlich äußert sich Keith Thomas über das England der frühen Neuzeit. „Zahllose Genealogien sprangen direkt von den mythischen Ahnherrn in die Moderne und waren, wie ein Antiquar sich ausdrückte, wie Kopf und Füße ohne einen Körper, zwei Enden ohne Mitte."[34] Die Genealogie ist eine Form, den Sprung zwischen Gegenwart und Ursprungszeit zu überbrücken und eine gegenwärtige Ordnung, einen gegenwärtigen Anspruch, zu legitimieren, indem er naht- und bruchlos an Ursprüngliches angeschlossen wird. Das heißt aber nicht, daß zwischen den beiden Zeiten, die auf diese Weise vermittelt werden, gleichwohl kein kategorialer Unterschied besteht. Die beiden Vergangenheitsregister, diese beiden Enden ohne Mitte, entsprechen zwei Gedächtnis-Rahmen, die sich in wesentlichen Punkten voneinander unterscheiden. Wir nennen sie das *kommunikative* und das *kulturelle Gedächtnis.*[35]

Das *kommunikative* Gedächtnis umfaßt Erinnerungen, die sich auf die rezente Vergangenheit beziehen. Es sind dies Erinnerungen, die der Mensch mit seinen Zeitgenossen teilt. Der typische Fall ist das Generationen-Gedächtnis. Dieses Gedächtnis wächst der Gruppe historisch zu; es entsteht in der Zeit und vergeht mit ihr, genauer: mit seinen Trägern. Wenn die Träger, die es verkörperten, gestorben sind, weicht es einem neuen Gedächtnis. Dieser allein durch persönlich verbürgte und kommunizierte Erfahrung gebildete Erinnerungsraum entspricht biblisch den 3–4 Generationen, die etwa für eine Schuld einstehen müssen. Die Römer prägten dafür den Begriff des „saeculum" und verstanden darunter die Grenze, bis zu der auch der letzte überlebende Angehörige einer Generation (und Träger ihrer spezifischen Erinnerung) verstorben ist. Tacitus bemerkt in seiner Beschreibung des Jahres 22 den Tod der letzten Zeitzeugen, die die Republik

33 Die Genealogien umfassen typischerweise 10–15 Generationen. Sie beginnen mit den wohlbekannten und wenn nicht historisch, dann doch mythologisch („systemimmanent") gesicherten Namen der griechischen Heldensage und enden mit historisch gesicherten Personen 2–4 Generationen vor dem jeweiligen Namensträger. Dazwischen füllen Phantasienamen die Kette auf, für deren Länge offenbar gewisse Vorgaben bestehen.

34 K. Thomas 1988, S. 21. Ich verdanke dieses Zitat Aleida Assmann.

35 Zu dieser Unterscheidung vgl. A. u. J. Assmann (1988) und Verf. (1988).

noch erlebt haben.[36] Die Hälfte des Grenzwerts von 80 Jahren, nämlich 40 Jahre scheint eine kritische Schwelle zu bilden. Darauf werden wir im 5. Kapitel im Zusammenhang des Deuteronomiums noch näher eingehen. Nach 40 Jahren treten die Zeitzeugen, die ein bedeutsames Ereignis als Erwachsene erlebt haben, aus dem eher zukunftsbezogenen Berufsleben heraus und in das Alter ein, in dem die Erinnerung wächst und mit ihr der Wunsch nach Fixierung und Weitergabe. In diese Situation kommt seit ungefähr 10 Jahren jene Generation, für die Hitlers Judenverfolgung und -vernichtung Gegenstand persönlich traumatischer Erfahrung ist. Was heute noch lebendige Erinnerung ist, wird morgen nur noch über Medien vermittelt sein. Dieser Übergang drückt sich schon jetzt in einem Schub schriftlicher Erinnerungsarbeit der Betroffenen sowie einer intensivierten Sammelarbeit der Archivare aus. Auch hier bedeuten jene 40 Jahre, auf die sich schon das Deuteronomium bezieht, einen wichtigen Einschnitt. Genau vierzig Jahre nach Kriegsende, am 8. Mai 1985, setzte Richard von Weizsäcker mit seiner vor dem deutschen Bundestag gehaltenen Gedenkrede einen Erinnerungsprozeß in Gang, der dann ein Jahr später zu der als „Historikerstreit“ bekanntgewordenen Krise führte.

Dieser unmittelbare Erfahrungshorizont bildet neuerdings den Gegenstand der „Oral History“, eines Zweiges der Geschichtsforschung, die nicht auf den üblichen Schriftzeugnissen des Historikers beruht, sondern ausschließlich auf Erinnerungen, die in mündlichen Befragungen erhoben wurden. Das Geschichtsbild, das sich in diesen Erinnerungen und Erzählungen konstituiert, ist eine „Geschichte des Alltags“, eine „Geschichte von unten“. Alle Untersuchungen der „Oral History“ bestätigen, daß auch in literalen Gesellschaften die lebendige Erinnerung nicht weiter als 80 Jahre zurückreicht (L. Niethammer 1985). Hier folgen dann, durch ein „floating gap“ getrennt, anstelle der Ursprungsmythen die Daten der Schulbücher und Monumente, d. h. die offizielle Überlieferung.

Es handelt sich hier um zwei Modi des Erinnerns, zwei Funktionen der Erinnerung und der Vergangenheit – „uses of the past“ –, die man zunächst einmal sorgfältig unterscheiden muß, auch wenn sie in der Realität einer geschichtlichen Kultur sich vielfältig durchdringen. Das kollektive Gedächtnis funktioniert bimodal: im Modus der *fundie-*

36 Tacitus, *Annales* III 75; s. H. Cancik-Lindemaier/H. Cancik 1987, 175.

renden Erinnerung, die sich auf Ursprünge bezieht, und im Modus der *biographischen Erinnerung,* die sich auf eigene Erfahrungen und deren Rahmenbedingungen – das „recent past" – bezieht. Der Modus der fundierenden Erinnerung arbeitet stets – auch in schriftlosen Gesellschaften – mit festen Objektivationen sprachlicher und nichtsprachlicher Art: in Gestalt von Ritualen, Tänzen, Mythen, Mustern, Kleidung, Schmuck, Tätowierung, Wegen, Malen, Landschaften usw., Zeichensystemen aller Art, die man aufgrund ihrer mnemotechnischen (Erinnerung und Identität stützenden) Funktion dem Gesamtbegriff „Memoria" zuordnen darf. Der Modus der biographischen Erinnerung dagegen beruht stets, auch in literalen Gesellschaften, auf sozialer Interaktion. Die fundierende Erinnerung hat immer mehr von Stiftung als von natürlichem Wachstum (und ist durch ihre Verankerung in festen Formen gleichsam artefiziell implementiert), mit der biographischen Erinnerung verhält es sich umgekehrt. Das kulturelle Gedächtnis, im Unterschied zum kommunikativen, ist eine Sache institutionalisierter Mnemotechnik.

Das *kulturelle* Gedächtnis richtet sich auf Fixpunkte in der Vergangenheit. Auch in ihm vermag sich Vergangenheit nicht als solche zu erhalten. Vergangenheit gerinnt hier vielmehr zu symbolischen Figuren, an die sich die Erinnerung heftet. Die Vätergeschichten, Exodus, Wüstenwanderung, Landnahme, Exil sind etwa solche Erinnerungsfiguren, wie sie in Festen liturgisch begangen werden und wie sie jeweilige Gegenwartssituationen beleuchten. Auch Mythen sind Erinnerungsfiguren: Der Unterschied zwischen Mythos und Geschichte wird hier hinfällig. Für das kulturelle Gedächtnis zählt nicht faktische, sondern nur erinnerte Geschichte. Man könnte auch sagen, daß im kulturellen Gedächtnis faktische Geschichte in erinnerte und damit in Mythos transformiert wird. Mythos ist eine fundierende Geschichte, eine Geschichte, die erzählt wird, um eine Gegenwart vom Ursprung her zu erhellen. Der Exodus ist, völlig unabhängig von der Frage seiner Historizität, der Gründungsmythos Israels: als solcher wird er im Pessach-Fest begangen und als solcher gehört er ins kulturelle Gedächtnis des Volkes. Durch Erinnerung wird Geschichte zum Mythos. Dadurch wird sie nicht unwirklich, sondern im Gegenteil erst Wirklichkeit im Sinne einer fortdauernden normativen und formativen Kraft.

Die Beispiele haben gezeigt, daß der kulturellen Erinnerung etwas Sakrales anhaftet. Die Erinnerungsfiguren haben einen religiösen Sinn, und ihre erinnernde Vergegenwärtigung hat oft den Charakter des Festes. Das Fest dient – neben vielen anderen Funktionen – auch der Vergegenwärtigung fundierender Vergangenheit. Fundiert wird durch den Bezug auf die Vergangenheit die Identität der erinnernden Gruppe. In der Erinnerung an ihre Geschichte und in der Vergegenwärtigung der fundierenden Erinnerungsfiguren vergewissert sich eine Gruppe ihrer Identität. Das ist keine Alltagsidentität. Kollektiven Identitäten haftet etwas Feierliches, Außeralltägliches an. Sie sind gewissermaßen „überlebensgroß", überschreiten den Alltagshorizont und bilden den Gegenstand zeremonieller, nicht Alltags-Kommunikation. Diese Zeremonialität der Kommunikation ist als solche schon eine Formung. Sie setzt sich fort in der Formung der Erinnerung, die zu Texten, Tänzen, Bildern und Riten gerinnt. Man könnte also die Polarität zwischen dem kommunikativen und dem kulturellen Gedächtnis der Polarität zwischen Alltag und Fest gleichsetzen und geradezu von Alltags- und Festtagsgedächtnis sprechen. So weit wollen wir aber diese Beziehung nicht festlegen. Auf die Beziehung des kulturellen Gedächtnisses zum Heiligen kommen wir noch zurück.

Die Polarität zwischen kommunikativer und kultureller Erinnerung prägt sich auch soziologisch aus, in dem, was wir die *Partizipationsstruktur* nennen wollen. Sie ist für beide Formen kollektiver Erinnerung ebenso verschieden wie deren Zeitstruktur. Die Teilhabe der Gruppe am kommunikativen Gedächtnis ist diffus. Zwar wissen die einen mehr, die anderen weniger, und das Gedächtnis der Alten reicht weiter zurück als das der Jungen. Aber es gibt keine Spezialisten und Experten solcher informellen Überlieferung, auch wenn Einzelne mehr und besser erinnern als andere. Das Wissen, um das es hier geht, wird zugleich mit dem Spracherwerb und der Alltagskommunikation erworben. Jeder gilt hier als gleich kompetent.

Im Gegensatz zur diffusen Teilhabe der Gruppe am kommunikativen Gedächtnis ist die Teilhabe am kulturellen Gedächtnis immer differenziert. Das gilt auch für schriftlose und egalitäre Gesellschaften. Der Dichter hatte ursprünglich die Funktion, das Gruppengedächtnis zu bewahren. In dieser Funktion tritt noch heute in mündlichen Gesellschaften der Griot hervor. Einer von ihnen, der Senegalese Lamine Konte, hat die Rolle des Griot folgendermaßen beschrieben:[37]

37 Zur Funktion des Griot in Afrika vgl. auch C. Klaffke, „Mit jedem Greis stirbt eine Bibliothek", in: A. u. J. Assmann 1983, 222–230; P. Mbunwe-Samba 1989.

„Zu jener Zeit, in der es praktisch nirgends in Afrika Aufzeichnungen gab, mußte die Aufgabe des Erinnerns und des Nacherzählens der Geschichte einer besonderen Gesellschaftsgruppe übertragen werden. Man glaubte, daß eine erfolgreiche Übermittlung der Geschichte einer musikalischen Untermalung bedürfe, damit wurde die mündliche Überlieferung den Griots oder Stegreifsängern, dem Stand der Musiker anvertraut. So wurden diese die Bewahrer gemeinsamer Erinnerung der afrikanischen Völker. Griots sind auch Dichter, Schauspieler, Tänzer und Mimen, die alle diese Künste in ihren Darbietungen anwenden" (*Unesco-Kurier* 8, 1985, S. 7).

Das kulturelle Gedächtnis hat immer seine speziellen Träger. Dazu gehören die Schamanen, Barden, Griots ebenso wie die Priester, Lehrer, Künstler, Schreiber, Gelehrten, Mandarine und wie die Wissensbevollmächtigten alle heißen mögen. Der Außeralltäglichkeit des Sinns, der im kulturellen Gedächtnis bewahrt wird, korrespondiert eine gewisse Alltagsenthobenheit und Alltagsentpflichtung seiner spezialisierten Träger. In schriftlosen Gesellschaften hängt die Spezialisierung der Gedächtnisträger von den Anforderungen ab, die an das Gedächtnis gestellt werden. Als höchste Anforderungen gelten diejenigen, die auf wortlautgetreuer Überlieferung bestehen. Hier wird das menschliche Gedächtnis geradezu als „Datenträger" im Sinne einer Vorform von Schriftlichkeit benutzt. Das ist typischerweise dort der Fall, wo es um Ritualwissen geht. Das Ritual hat ja strikt einer „Vorschrift" zu folgen, auch wenn diese Vorschrift gar nicht in schriftlicher Form niedergelegt ist. Die Rgveda sind das bekannteste Beispiel einer Gedächtniskodifikation von Ritualwissen. Der Größe dieser Gedächtnisanforderung und der Verbindlichkeit dieses Wissens entspricht die soziale Führungsstellung der Gedächtnisspezialisten. Die Brahmanen rangieren im indischen Kastensystem vor dem Kschatriya-Adel, dem die Herrscher angehören. In Rwanda werden die Texte, die den 18 Königsritualen zugrunde liegen, von Spezialisten auswendig gelernt, die die höchsten Würdenträger des Reiches bilden. Irrtümer können mit dem Tode bestraft werden. Drei dieser Würdenträger kennen die vollständigen Texte aller 18 Rituale; sie haben sogar an der Göttlichkeit des Herrschers Anteil (Ph. Borgeaud 1988, 13).

Nicht diffus ist die Partizipation am kulturellen Gedächtnis aber noch in einem anderen Sinne. Im Gegensatz zum kommunikativen Gedächtnis spricht sich das kulturelle nicht von selbst herum, sondern bedarf sorgfältiger Einweisungen. Dadurch kommt eine Kontrolle der Verbreitung zustande, die einerseits auf Pflicht zur Teilhabe dringt und andererseits das Recht auf Teilhabe vorenthält. Um das kulturelle Gedächtnis sind immer mehr oder weniger strikte Grenzen gezogen. Während die einen ihre Kompetenz (oder Zugehörigkeit?) durch förmliche Prüfungen ausweisen (wie z. B. im klassischen China) oder durch Beherrschung einschlägiger Kommunikationsformen unter Beweis stellen müssen (vom Griechischen in der hellenistischen Ökumene, dem Französischen im Europa des 18. Jahrhunderts bis hin zur Reproduktion von Wagner-Opern auf dem hauseigenen Flügel und zur Kenntnis des „Citatenschatzes des deutschen Volkes" im 19. Jahrhundert), bleiben andere von solchem Wissen ausgeschlossen. Im Judentum und im alten Griechenland sind dies z. B. die Frauen, in der Blütezeit des Bildungsbürgertums die unteren Schichten.

Der Polarität der kollektiven Erinnerung entspricht also in der Zeitdimension die Polarität zwischen Fest und Alltag, und in der Sozialdimension die Polarität zwischen einer wissenssoziologischen Elite, den Spezialisten des kulturellen Gedächtnisses, und der Allgemeinheit der Gruppe. Wie haben wir uns diese Polarität der Erinnerung vorzustellen? Als zwei selbständige Systeme, die – nach dem Muster von Umgangssprache und Hochsprache – nebeneinander existieren und sich gegeneinander abgrenzen, oder, wie Wolfgang Raible vorgeschlagen hat, als Extrempole auf einer Skala mit fließenden Übergängen? Die Frage ist möglicherweise immer nur von Fall zu Fall zu entscheiden. So gibt es zweifellos Kulturen, in denen die kulturelle Erinnerung scharf gegen das kommunikative Gedächtnis abgehoben ist, so daß man geradezu von einer „Bikulturalität" sprechen kann. Das Alte Ägypten etwa würde in diesem Sinne einzustufen sein (Verf. 1991). Anderen Gesellschaften, zu denen man unsere eigene rechnen wird, wird das Modell der Skalierung besser gerecht. Auch der Gegensatz von Hochsprache und Umgangssprache ist ja keineswegs immer und überall in Form regelrechter Diglossie ausgeprägt; auch hier läßt sich die Polarität in vielen Fällen besser im Bilde von Extrempolen auf einer Skala beschreiben. Darüber hinaus ist allerdings ein gewisses Maß an innerer Abgrenzung zwischen dem einen und dem anderen Erinnerungstyp durch die Assoziation mit dem Festlichen und dem Sakralen gegeben, deren Gegensatz nicht auf einer Skala definiert ist. Mit dieser Einschränkung wollen wir uns das

Skalenmodell zu eigen machen und die Pole folgendermaßen zusammenfassen:

	kommunikatives Gedächtnis	kulturelles Gedächtnis
Inhalt	Geschichtserfahrungen im Rahmen indiv. Biographien	mythische Urgeschichte, Ereignisse in einer absoluten Vergangenheit
Formen	informell, wenig geformt, naturwüchsig, entstehend durch Interaktion, Alltag	gestiftet, hoher Grad an Geformtheit, zeremonielle Kommunikation, Fest
Medien	lebendige Erinnerung in organischen Gedächtnissen, Erfahrungen und Hörensagen	feste Objektivationen, traditionelle symbolische Kodierung/Inszenierung in Wort, Bild, Tanz usw.
Zeitstruktur	80–100 Jahre, mit der Gegenwart mitwandernder Zeithorizont von 3–4 Generationen	absolute Vergangenheit einer mythischen Urzeit
Träger	unspezifisch, Zeitzeugen einer Erinnerungsgemeinschaft	spezialisierte Traditionsträger

2. *Ritus und Fest als primäre Organisationsformen des kulturellen Gedächtnisses*

Ohne die Möglichkeit schriftlicher Speicherung hat das identitätssichernde Wissen der Gruppe keinen anderen Ort als das menschliche Gedächtnis. Drei Funktionen müssen erfüllt sein, um seine einheitsstiftenden und handlungsorientierenden – normativen und formativen – Impulse zur Geltung bringen zu können: Speicherung, Abrufung, Mitteilung, oder: poetische Form, rituelle Inszenierung und kollektive Partizipation. Daß poetische Formung vor allem den mnemotechnischen Zweck hat, identitätssicherndes Wissen in haltbare Form zu bringen, darf als bekannt gelten.[38] Ebenso vertraut ist uns inzwischen die Tatsache, daß dieses Wissen in der Form einer multimedialen Inszenierung aufgeführt zu werden pflegt, die den sprachlichen Text unablösbar einbettet in Stimme, Körper, Mimik,

38 Vgl. auch hierfür v. a. E. Havelock 1963, der von „preserved communication" spricht.

Gestik, Tanz, Rhythmus und rituelle Handlung.[39] Worauf es mir hier vor allem ankommt, ist der dritte Punkt: die Partizipationsform. Wie gewinnt die Gruppe Anteil am kulturellen Gedächtnis, dessen Pflege ja auch auf dieser Stufe bereits Sache einzelner Spezialisten (Barden, Schamanen, Griots) ist? Die Antwort lautet: durch Zusammenkunft und persönliche Anwesenheit. Anders als durch Dabeisein ist in schriftlosen Kulturen am kulturellen Gedächtnis kein Anteil zu gewinnen. Für solche Zusammenkünfte müssen Anlässe geschaffen werden: die Feste. Feste und Riten sorgen im Regelmaß ihrer Wiederkehr für die Vermittlung und Weitergabe des identitätssichernden Wissens und damit für die Reproduktion der kulturellen Identität. Rituelle Wiederholung sichert die Kohärenz der Gruppe in Raum und Zeit. Durch das Fest als primäre Organisationsform des kulturellen Gedächtnisses gliedert sich die Zeitform schriftloser Gesellschaften in Alltagszeit und Festzeit. In der Festzeit oder „Traumzeit" der großen Zusammenkünfte weitet sich der Horizont ins Kosmische, in die Zeit der Schöpfung, der Ursprünge und großen Umschwünge, die die Welt in der Urzeit hervorgebracht haben. Die Riten und Mythen umschreiben den Sinn der Wirklichkeit. Ihre sorgfältige Beachtung, Bewahrung und Weitergabe hält – zugleich mit der Identität der Gruppe – die Welt in Gang.

Das kulturelle Gedächtnis erweitert oder ergänzt die Alltagswelt um die andere Dimension der Negationen und Potentialitäten und heilt auf diese Weise die Verkürzungen, die dem Dasein durch den Alltag widerfahren. Durch das kulturelle Gedächtnis gewinnt das menschliche Leben eine Zweidimensionalität oder Zweizeitigkeit, die sich durch alle Stadien der kulturellen Evolution erhält. In schriftlosen Gesellschaften prägt sich die kulturelle Zweizeitigkeit am klarsten aus: im Unterschied zwischen Alltag und Festtag, alltäglicher und zeremonieller Kommunikation. So hat die Antike die Funktion des Festes und der Musen als eine Heilung vom Alltag gedeutet. Platon beschreibt in den *Gesetzen,* wie die kindliche und jugendliche Bildung im späteren Leben wieder zugrunde geht, durch die Mühsal der Alltagsgeschäfte: „Aber da haben nun die Götter aus Mitleid mit dem mühegeplagten Menschengeschlecht uns Pausen zur Erholung von den Mühen eingesetzt. Dies ist die wechselnde Folge der religiösen Feste. Und dazu haben sie den Menschen die Musen und ihren Chor-

39 Vgl. z. B. P. Zumthor, *Introduction à la poésie orale,* Paris 1983.

führer Apollon samt Dionysos noch als Festgäste gegeben, damit sie ihre alten angestammten Sitten wieder in Ordnung bringen."[40]

Das Fest beleuchtet den im Alltag ausgeblendeten Hintergrund unseres Daseins, und die Götter selbst frischen die zur Selbstverständlichkeit abgesunkenen und vergessenen Ordnungen wieder auf. Diese Platon-Stelle macht aber auch klar, daß es nicht zwei Ordnungen gibt, die Ordnung des Festes und die Ordnung des Alltags, die Ordnung des Heiligen und die Ordnung des Profanen, die beziehungslos nebeneinanderstehen. Es gibt vielmehr ursprünglich nur eine einzige Ordnung, die als solche festlich und heilig ist und die orientierend in den Alltag hineinwirkt. Die ursprüngliche Funktion der Feste besteht darin, die Zeit überhaupt zu gliedern, nicht etwa eine der „Alltagszeit" entgegengesetzte andere, „Heilige Zeit" zu stiften. Indem die Feste den Zeitfluß strukturieren und rhythmisieren, stiften sie die allgemeine Zeitordnung, in der auch der Alltag erst seinen Platz bekommt. Bestes Beispiel dieser ursprünglichen Nichtunterscheidung von heiliger und profaner Ordnung ist die australische Vorstellung der Ahnengeister, deren Wanderungen und Tätigkeiten auf Erden die Modelle liefern für *alle* regelgebundenen menschlichen Tätigkeiten, vom Festritus bis zum Zubinden der Schuhe. Erst auf einer entwickelteren Kulturstufe, wenn sich die Alltagsroutinen zu einer Ordnung eigener Prägung ausdifferenziert haben, wird das Fest zum Ort einer spezifisch anderen Ordnung, Zeit und Erinnerung.[41]

Wir haben gesehen, daß die Unterscheidung zwischen dem kommunikativen und dem kulturellen Gedächtnis zusammenhängt mit der zwischen Alltag und Fest, dem Profanen und dem Heiligen, dem Ephemären und dem Bleibend-Fundierenden, dem Partikularen und dem Allgemeinen, und daß diese Unterscheidung selbst eine Geschichte hat. Das kulturelle Gedächtnis ist ein Organ außeralltäglicher Erinnerung. Der Hauptunterschied gegenüber dem kommunikativen Gedächtnis ist seine Geformtheit und die Zeremonialität seiner Anlässe. Wir wollen nun nach solchen *Formen* kultureller Erinnerung fragen. Das kulturelle Gedächtnis heftet sich an Objektivationen, in denen der Sinn in feste Formen gebannt ist. Wir können uns die polare Struktur des Kollektivgedächtnisses am besten mithilfe der Meta-

40 Platon, *leg.* 653 d nach Übersetzung von E. Eyth, Heidelberg 1982, 253 f. Vgl. R. Bubner, „Ästhetisierung der Lebenswelt", in: W. Haug/R. Warning 1989.
41 Vgl. hierzu ausführlicher Verf. 1991 a.

phorik des Flüssigen und des Festen vor Augen führen.[42] Das kulturelle Gedächtnis haftet am Festen. Es ist nicht so sehr ein Strom, der von außen das Einzelwesen durchdringt, als vielmehr eine Dingwelt, die der Mensch aus sich heraus setzt.

Es liegt nahe, in diese Polarität zwischen dem Flüssigen und dem Festen, dem kommunikativen und dem kulturellen Gedächtnis auch den Unterschied zwischen Mündlichkeit und Schriftlichkeit einzustellen. Das wäre jedoch ein grobes Mißverständnis, das wir zunächst ausräumen wollen. Eine mündliche Überlieferung gliedert sich genau so nach kommunikativer und kultureller, alltäglicher und feierlicher Erinnerung wie die Erinnerung einer Schriftkultur. Die Methode der Oral History hat es in schriftlosen Kulturen schwerer, weil sie erst lernen muß, aus der mündlichen Überlieferung das auszusondern, was auf die Seite der kulturellen und nicht der alltagsbezogenen Erinnerung gehört. In Schriftkulturen ist das klarer sortiert, denn – das verkennen wir nicht – das kulturelle Gedächtnis hat eine Affinität zur Schriftlichkeit.[43] In schriftlosen Kulturen haftet das kulturelle Gedächtnis nicht so einseitig an Texten. Hier gehören Tänze, Spiele, Riten, Masken, Bilder, Rhythmen, Melodien, Essen und Trinken, Räume und Plätze, Trachten, Tätowierungen, Schmuck, Waffen usw. in sehr viel intensiverer Weise zu den Formen feierlicher Selbstvergegenwärtigung und Selbstvergewisserung der Gruppe.

3. Erinnerungslandschaften. Das „Mnemotop" Palästina

Das ursprünglichste Medium jeder Mnemotechnik ist die Verräumlichung.[44] Auf diesen Techniken beruht die von Frances Yates untersuchte abendländische Gedächtniskunst (*The Art of Memory*, 1966), ebenso wie antike (H. Blum 1969) und islamische (D. F. Eickelmann 1978) Mnemotechniken. Bezeichnenderweise spielt der Raum auch in der kol-

42 Vgl. hierzu Aleida Assmann 1991 b.

43 Allerdings wirkt die Schrift nicht unbedingt verfestigend. Sie kann auch verflüssigend wirken: dadurch, daß sie den engen Bezug der Gelegenheiten kollektiver Erinnerung an bestimmte, ausgesonderte Anlässe zeremonieller Kommunikation aufhebt und den Wechsel zwischen beiden *modi memorandi* entokkasionalisiert.

44 Vgl. auch Anm. 21 sowie „die Felder und weiten Paläste der memoria", von denen Augustin, *Confessiones* 10. 8. 12 ff., spricht.

lektiven und kulturellen Mnemotechnik, der „Erinnerungskultur", die Hauptrolle. Hierfür bietet sich der Begriff der „Gedächtnisorte" an, der im Französischen nicht ungewöhnlich ist und dem Projekt von Pierre Nora (*Les lieux de mémoire*) als Titel dient. Die Gedächtniskunst arbeitet mit imaginierten Räumen, die Erinnerungskultur mit Zeichensetzungen im natürlichen Raum. Sogar und gerade ganze Landschaften können als Medium des kulturellen Gedächtnisses dienen. Sie werden dann weniger durch Zeichen („Denkmäler") akzentuiert, als vielmehr als Ganze in den Rang eines Zeichens erhoben, d. h. *semiotisiert.* Das eindrucksvollste Beispiel dafür geben die *totemic landscapes* der australischen Aborigines. An den hohen Festen vergewissern sie sich dadurch ihrer Gruppenidentität, daß sie zu bestimmten Plätzen pilgern, an denen die Erinnerung an die Ahnengeister haftet, von denen sie abstammen (T. G. H. Strehlow 1970). Die Städte des Alten Orients waren durch Feststraßen strukturiert, auf denen die Hauptgottheiten an den großen Festen in Prozession einherzogen (Verf. 1991 b). Vor allem Rom bildete schon in der Antike eine „heilige Landschaft" (H. Cancik 1985/6). Es handelt sich um topographische „Texte" des kulturellen Gedächtnisses, um „Mnemotope", Gedächtnisorte. In diesem Sinne hat Maurice Halbwachs in seinem letzten Werk die *topographie légendaire* des Heiligen Landes als eine Ausdrucksform des kollektiven Gedächtnisses beschrieben (s. oben, S. 41). Was Halbwachs am Beispiel Palästinas als einer kommemorativen Landschaft zeigen möchte, ist, daß nicht nur jede Epoche, sondern vor allem jede Gruppe, d. h. jede Glaubensrichtung ihre je spezifischen Erinnerungen auf ihre je eigene Weise lokalisiert und monumentalisiert. Die Untersuchung kann als Einlösung einer Metaphorik gelten. Denn es fällt ins Auge, wie sehr räumliche Metaphern Halbwachs' Beschreibung von Gedächtnisfunktionen beherrschen: „Rahmen", „Räume" („espace"), „Orte" („lieux"), „verorten" („localiser", „situer") sind immer wiederkehrende Schlüsselbegriffe. Da liegt es nahe, die konkrete Verortung von Erinnerungen in einer erinnerungsträchtigen, bedeutungsgeladenen Landschaft wie der Palästinas zu untersuchen: das Heilige Land als „Mnemotop".

4. *Übergänge*

a) Totengedenken

Wir haben das Phänomen des Totengedenkens schon dort kurz gestreift, wo es hingehört, nämlich am Anfang. Denn es handelt sich hier sicher um Ursprung und Mitte dessen, was Erinnerungskultur heißen soll. Wenn Erinnerungskultur vor allem Vergangenheitsbezug ist, und wenn Vergangenheit entsteht, wo eine Differenz zwischen Gestern und Heute bewußt wird, dann ist der Tod die Ur-Erfahrung solcher Differenz und die an den Toten sich knüpfende Erinnerung die Urform kultureller Erinnerung. Im Zusammenhang unserer Unterscheidung zwischen dem „kommunikativen" und dem „kulturellen" Gedächtnis müssen wir aber auf das Totengedenken noch einmal unter einem etwas anderen Blickwinkel zurückkommen. Denn es nimmt offenbar eine Zwischenstellung ein zwischen diesen beiden Formen des sozialen Gedächtnisses. Das Totengedenken ist „kommunikativ", insofern es eine allgemein menschliche Form darstellt, und es ist „kulturell" in dem Maße, wie es seine speziellen Träger, Riten und Institutionen ausbildet.

Die Erinnerung an die Toten gliedert sich in eine retrospektive und in eine prospektive Erinnerung. Das retrospektive Totengedenken ist die universalere, ursprünglichere und natürlichere Form.[45] Es ist die Form, in der eine Gruppe mit ihren Toten lebt, die Toten in der fortschreitenden Gegenwart gegenwärtig hält und auf diese Weise ein Bild ihrer Einheit und Ganzheit aufbaut, das die Toten wie selbstverständlich miteinbegreift (O. G. Oexle 1983, 48 ff.). Je weiter wir in der Geschichte zurückgehen, desto dominierender tritt diese Rückbindung der Gruppe an die Toten und Ahnen hervor (K. E. Müller 1987). In der prospektiven Dimension geht es um den Aspekt der *Leistung* und *fama,* der Wege und Formen, sich unvergeßlich zu machen und Ruhm zu erwerben. Dabei kann jedoch das, was den Einzelnen unvergeßlich macht, von Kultur zu Kultur sehr verschieden sein. In Ägypten wird Leistung gemessen an der Erfüllung sozialer Normen, in Griechenland an der kompetitiven Überbietung. Hier sind solche Taten erinnerungswürdig, die gerade nicht das bloße Maß, sondern nur das Übermaß menschlichen Könnens bezeugen: Pindar hat die Sieger in den panhellenischen Spielen in Oden verewigt, die Gründer von Kolonien lebten in Heroenkulten fort. In der retrospektiven Dimension geht es um den Aspekt der *Pietät,* der Wege und Formen, das Seine beizutragen zur Unvergessenheit der anderen.

45 Vgl. hierzu K. Schmidt 1985, und darin besonders den Beitrag von O. G. Oexle, 74–107. Dazu O. G. Oexle 1976; K. Schmidt/J. Wollasch 1984.

In seiner Verbindung der prospektiven und der retrospektiven Dimension des Totengedenkens stellt das Alte Ägypten einen Sonderfall dar. Diese Verbindung wurde nicht nur dadurch hergestellt, daß der Einzelne, soweit und sobald ihn ein hohes Staatsamt dazu in die Lage versetzte, sich ein Monumentalgrab anlegte und dadurch – „prospektiv" – sein eigenes Andenken stiftete.[46] Vielmehr stand hinter diesen Aufwendungen ein besonderes Konzept von Gegenseitigkeit: man darf für sich soviel Pietät von der Nachwelt erwarten, wie man sie seinerseits seinen Vorfahren entgegenbringt. Das soziale Netz der Reziprozität ist hier auf Ewigkeitsformat verzeitlicht. Daher stellt das Alte Ägypten einen Extremfall dar. Das bezieht sich nicht nur auf die ausgedehnten Totenstädte mit ihren gewaltigen Grabmonumenten. Das monumentale Grabdenkmal ist nur das äußere Symbol einer unvergeßlichen Lebensleistung, wie sie ein nach den Weisungen der Ethik geführtes Leben darstellt: „Das (wahre) Denkmal eines Mannes ist seine Tugend", lautet das ägyptische Sprichwort. Die entsprechenden Tugenden der Reziprozität, also Dankbarkeit, Familien- und Bürgersinn, Solidarität, Loyalität, Verantwortungs- und Verpflichtungsbewußtsein, Treue und Pietät spielen daher auch in der ägyptischen Ethik eine zentrale Rolle. Diese Tugenden bestimmen bereits das Leben vor dem Tode und werden nur, indem sie auch die Toten miteinbeziehen, ins Nachleben verlängert.[47] Die Imperative der ägyptischen Ethik, durch Aneinander-Denken das soziale Netz nicht zerreißen zu lassen, werden ergänzt durch den Appell „Gedenket!", den die ägyptischen Grabmonumente zehntausendfach an das kommemorative Gedächtnis richten.

46 „Ich habe überdies dieses Grab vervollständigt und seine Beschriftung veranlaßt, und zwar persönlich, während ich noch lebte", betont ein Priestervorsteher in seinem Grab in Assiut aus der 11./12. Dynastie (nach Franke, Heqaib, 23).

47 Der ägyptische Ausdruck für dieses Prinzip lautet allerdings nicht „Aneinander-Denken" sondern „Füreinander-Handeln". Ein Text definiert damit geradezu den Grundbegriff der ägyptischen Ethik, nämlich Ma'at (= Wahrheit-Ordnung-Gerechtigkeit-Richtigkeit): „Der Lohn des Handelnden liegt darin, daß für ihn gehandelt wird: das bedeutet ‚Ma'at' im Herzen der Gottheit." Daß aber mit diesem Füreinander-Handeln nichts anderes als das Aneinander-Denken des kommemorativen Gedächtnisses gemeint ist, machen Sätze deutlich wie jene Klage:

> „Zu wem soll ich heute noch reden?
> Man erinnert sich nicht mehr des Gestern.
> Man handelt nicht mehr für den, der gehandelt hat heutzutage."
> Vgl. Verf. 1990, 60–69.

Aber es sind nicht notwendigerweise nur materielle Monumente, es kann auch der bloße Laut der Stimme sein, in dem ein Name weiterlebt. „Ein Mann lebt, wenn sein Name genannt wird“, heißt ein ägyptisches Sprichwort.

In mehr oder weniger abgeschwächter Form ist das Prinzip der „memoria“ in den beiden Dimensionen der Erinnerung einfordernden Leistung und der sich erinnernden Pietät in allen Gesellschaften wirksam. Die Hoffnung, im Andenken der Gruppe weiterzuleben, die Vorstellung, seine Toten in eine fortschreitende Gegenwart hinein mitnehmen zu können, gehört wohl zu den universalen Grundstrukturen der menschlichen Existenz (M. Fortes 1978 a).

Totengedenken ist in paradigmatischer Weise ein Gedächtnis, „das Gemeinschaft stiftet“ (K. Schmidt 1985). In der erinnernden Rückbindung an die Toten vergewissert sich eine Gemeinschaft ihrer Identität. In der Verpflichtung auf bestimmte Namen steckt immer auch das Bekenntnis zu einer soziopolitischen Identität. Denkmäler sind, wie der Bielefelder Historiker R. Koselleck gezeigt hat, „Identitätsstiftungen der Überlebenden“ (R. Koselleck 1979). Wo, wie bei Kriegerdenkmälern, die Namen in die Tausende gehen oder, wie beim Grabmal des Unbekannten Soldaten, der kommemorative Bezug anonym bleibt, steht das identifikatorische Moment eindeutig im Vordergrund. „Void as these tombs are“, schreibt B. Anderson, „of identifiable mortal remains or immortal souls, they are nonetheless saturated with ghostly national imaginings“ (1983, 17). Auch der Reliquienkult gehört in diesen Zusammenhang eines gemeinschaftstiftenden oder stabilisierenden Totengedenkens. Wir dürfen nicht vergessen, daß die Dome mittelalterlicher Städte als zentrale bürgerschaftliche Identitätssymbole über den Reliquien möglichst bedeutender Heiliger (am besten Apostel) errichtet wurden, um deren Besitz teilweise hart gekämpft wurde (B. Kötting 1965). Ähnlich liegt der Fall bei der Gedenkhalle für Mao Tse Tung, wo sich der Nachfolger durch den Kult, den er seinem Vorgänger gestiftet hat, legitimiert. Die Sicherung der Mumie Mao Tse Tungs, die durch komplizierte technische Vorkehrungen gegen Raub oder Attentat anläßlich eines möglichen politischen Umsturzes geschützt ist, ist zugleich ein Beispiel für die einseitig identifikatorische Funktion jedes Reliquienkults. Wer die bedeutsame Reliquie an sich zu bringen vermag, dem ist damit ein wesentliches Element der Legitimation an die Hand gegeben.

b) Gedächtnis und Tradition

Im kommunikativen Gedächtnis sind Erinnerungen naturgemäß nur begrenzt haltbar. Das hat niemand deutlicher gezeigt als Maurice Halbwachs, dessen Gedächtnistheorie ja den unschätzbaren Vorzug hat, zugleich auch eine Vergessenstheorie zu sein. Wir werden dem Problem kommunikativ gefährdeter und daher kulturell verfestigter Erinnerung am Beispiel des Deuteronomiums eine eigene Fallstudie widmen (Kap. 5, Abschnitt 2). Hier wollen wir noch einmal auf Halbwachs und seine theoretischen Grundlegungen eingehen.

Halbwachs unterscheidet „Gedächtnis" und „Tradition" in einem Sinne, der unserer Unterscheidung zwischen biographischer und fundierender Erinnerung bzw. zwischen dem kommunikativen und dem kulturellen Gedächtnis nahekommt. Was ihn interessiert, ist der Übergang von lebendiger Erinnerung, „mémoire vécue", in zwei verschiedene Formen der schriftlichen Fixierung, die er „histoire" und „tradition" nennt. Neben der kritischen Sichtung und unparteiischen Archivierung der von der Erinnerung geräumten Bezirke („histoire") gibt es auch das vitale Interesse, den Abdruck einer unweigerlich verblassenden Vergangenheit mit allen Mitteln zu verfestigen und zu bewahren. Statt immer wieder neuer Rekonstruktionen entsteht in diesem Fall eine feste Überlieferung. Diese löst sich aus den kommunikativen Lebensbezügen heraus und wird zu einem kanonischen kommemorativen Gehalt.

Das Beispiel, an dem Halbwachs die Phasen der Überlieferung darstellt, von der gelebten, d.h. kommunizierten, zur gepflegten, konservierten Erinnerung, ist die Frühgeschichte des Christentums. In der ersten Phase, der „Bildungsperiode", sind Vergangenheit und Gegenwart im Bewußtsein der Gruppe eins: „Zu jener Zeit unterschied man in dem seiner Ursprünge noch ganz nahen Christentum schwerlich zwischen dem, was Erinnerung, und dem, was Bewußtsein der Gegenwart war. Vergangenheit und Gegenwart verschmolzen, weil das Drama des Evangeliums noch nicht beendet schien" (1985 a, 263).

In der Phase der lebendigen, affektiven Betroffenheit, im Naturzustand des Kollektivgedächtnisses stellt das Urchristentum den tpyischen Fall einer kommunizierenden Gruppe dar, die nicht der Erinnerung, sondern ihren Zielen lebt, dies aber im Bewußtsein ihrer geschichtlichen Gemeinsamkeit. In dieser Periode ist das Christentum „weit davon entfernt, die Vergangenheit gegenüber der Gegenwart zu repräsentieren“, es fehlt noch am eindeutigen Kurs, der sich erst in der frühen Kirche herausbildet. In dieser Phase „gelten wenige Situationen als unvereinbar mit dem Christentum“. Da es selbst noch in der Gegenwart verhaftet ist, integriert es zeitgenössische Strömungen und setzt sich ihnen noch nicht dogmatisch entgegen. Das läßt sich zusammenfassen in dem Satz, daß alle seine Vorstellungen und Erinnerungen „durch das soziale Milieu gesättigt“ sind (1985 a, 287). Schließlich besteht in dieser Phase eine Einheit von Gesellschaft und Gedächtnis. Noch gibt es keine Unterscheidung zwischen Klerikern und Laien: „Bis dahin wirkt und lebt das religiöse Gedächtnis in der ganzen Gruppe der Gläubigen; es verschmilzt zu recht mit dem Kollektivgedächtnis der Gesellschaft insgesamt“ (1985 a, 268).

Alles ändert sich in der zweiten Phase, die Halbwachs mit dem 3./4. Jahrhundert beginnen läßt. Nun erst „zieht die religiöse Gesellschaft sich auf sich selbst zurück, fixiert sie ihre Tradition, legt sie ihre Lehre fest und erlegt den Laien eine Klerikerhierarchie auf, die nicht mehr einfach aus den Funktionären und Verwaltern der christlichen Gemeinde besteht, sondern eine geschlossene, von der Welt abgesonderte und gänzlich der Vergangenheit zugewandte Gruppe bildet, die einzig und allein damit befaßt ist, das Gedächtnis der Vergangenheit zu bewahren“ (1985 a, 269).

Mit dem unvermeidlichen Wandel der sozialen Milieus setzt Vergessen der in sie eingebetteten Erinnerungen ein. Die Texte verlieren damit ihre (Selbst-)Verständlichkeit und werden auslegungsbedürftig. An die Stelle kommunikativer Erinnerung tritt fortan organisierte Erinnerungsarbeit. Der Klerus übernimmt die Auslegung der Texte, die nicht mehr von selbst in ihre Zeit sprechen, sondern zu ihr in kontrapräsentische Spannung geraten sind. Eine Dogmatik muß den Rahmen der möglichen Interpretationen abstecken und sichern, die wiederum die Erinnerungen der herrschenden Lehre anverwandelt. Genau wie der Historiker erst auf den Plan treten kann, wenn das kollektive Gedächtnis der Betroffenen schwindet, kann auch der Exeget erst auftreten, wenn das lebendige Textverständnis verlorengegangen ist. „Da man den Sinn der Formen und Formeln teilweise vergessen hat, muß man sie deuten“, schreibt Halbwachs (1985 a, 293), ganz im Sinne des protestantischen Theologen Franz

Overbeck, der schärfer formuliert hatte: „Die Nachwelt hat darauf verzichtet, sie zu verstehen, und sich vorbehalten, sie auszulegen.“[48]

III. Optionen des kulturellen Gedächtnisses: „Heiße“ und „kalte“ Erinnerung

1. Der Mythos vom „historischen Sinn“

Vor 20 Jahren war es an der Zeit, dem verbreiteten Klischee entgegenzutreten, daß schriftlose Völker kein Geschichtsbewußtsein – ja: keine Geschichte hätten. In seiner inzwischen berühmt gewordenen Münsteraner Antrittsrede über das *Geschichtsbewußtsein schriftloser Völker* hat Rüdiger Schott (1968) einer sehr viel differenzierteren Sicht zum Durchbruch verholfen. Inzwischen hat das Konzept der „Oral History“ den Nexus zwischen Schrift und Geschichte aufgelöst. Geschichtsbewußtsein ist zu einer anthropologischen Universalie geworden. In diesem Sinn hatte sich der Kulturanthropologe E. Rothacker schon 1931 geäußert, der „das historische Bewußtsein“ bzw. den „historischen Sinn“ geradezu als einen Urtrieb verstanden hat, „Ereignisse und Gestalten der Vergangenheit festzuhalten, sich zu erinnern und zu erzählen“.[49] „Der historische Sinn“, definiert Schott, „ist eine elementare Eigenschaft des Menschen, die mit seiner Kulturfähigkeit schlechthin zusammenhängt.“ Schott hat diesen *Urtrieb* funktional dingfest gemacht. Er konnte zeigen, daß „mündliche Geschichtsüberlieferungen mehr noch als schriftliche Aufzeichnungen an die Gruppen gebunden sind, über deren Schicksale sie berichten“. Sie sind nicht nur an diese Gruppen gebunden, sie üben selbst eine Bindekraft aus. Sie bilden das ver-bindlichste Bindemittel, weil sie von den Ereignissen berichten, auf die diese Gruppe „das Bewußtsein ihrer Einheit und Eigenart stützt“. Was Schott als „historischen

48 F. Overbeck 1919, 24. Wie bei der Unterscheidung von Historie und Gedächtnis mit Nietzsche, so berührt sich Halbwachs bei der Unterscheidung von Schrift und Gedächtnis mit dem Nietzsche-Freund Franz Overbeck und seiner Unterscheidung von „Urgeschichte“ und „Geschichte“, „Urliteratur“ und „Literatur“.

49 E. Rothacker, „Das historische Bewußtsein“. In: *Zeitschrift für Deutschkunde* 45, 1931. Nach Schott 1968, 170.

Sinn" identifizierte, nennt der amerikanische Soziologe E. Shils, dem wir den bedeutendsten Beitrag zu einer Soziologie der Überlieferung verdanken (E. Shils 1981), „Vergangenheitssinn" („sense of the past", a. a. O., 51 f.): „Wissen von der Vergangenheit, Ehrfurcht, Anhänglichkeit, Nachahmung, Ablehnung der Vergangenheit könnte es nicht geben ohne ein solches geistiges Organ."

Das ist unzweifelhaft richtig, so richtig, daß es heute nicht weiter betont zu werden braucht. Heute wird vielmehr wiederum die Frage interessant, warum dieser menschliche „Urtrieb" bei manchen Gesellschaften bzw. Kulturen soviel entwickelter ist als bei anderen.[50] Außerdem scheinen manche Gesellschaften diesen Trieb oder Sinn, wenn es denn einer ist, nicht nur weniger weit auszubilden, sondern ihm geradezu entgegenzuarbeiten. Ich möchte daher bezweifeln, ob es so etwas wie einen historischen Sinn wirklich gibt und halte den Begriff des kulturellen Gedächtnisses hier für vorsichtiger und angemessener. Ich möchte davon ausgehen – übrigens ganz im Sinne von Nietzsche –, daß die Zeichen der natürlichen Grundausstattung des Menschen eher auf Vergessen als auf Erinnern stehen und die Tatsache der Erinnerung, des Interesses an der Vergangenheit, der Nachforschung und Durcharbeitung das eigentlich erklärungsbedürftige Problem darstellt. Anstelle des Rekurses auf einen besonderen Sinn oder Trieb halte ich es für sinnvoll, in jedem Einzelfall die Frage zu stellen, was den Menschen dazu gebracht hat, mit seiner Vergangenheit etwas anzufangen. Vor allem kommt es mir auf die Feststellung an, daß bis in verhältnismäßig späte Zeit hinein dieses Interesse an der Vergangenheit kein spezifisch „historisches" Interesse war, sondern ein zugleich umfassenderes und konkreteres Interesse an Legitimation, Rechtfertigung, Versöhnung, Veränderung usw., und in jenen Funktionsrahmen gehört, den wir mit den Begriffen Erinnerung, Überlieferung und Identität abstecken. In diesem Sinne fragen wir nach Quietiven und Inzentiven der geschichtlichen Erinnerung, d. h. blockierenden und entzündenden Faktoren. Zu einer solchen Betrachtung lädt die altägyptische Kultur in besonderem Maße ein. Denn hier haben wir es mit einer Gesellschaft zu tun, der ihre Vergangenheit in überwältigend eindrücklicher Weise vor Augen stand, die sie mit Hilfe von An-

50 „Außerordentlich verschieden ist allerdings von Volk zu Volk der Grad, bis zu welchem sich dieser ‚historische Sinn' entfaltet und die Art und Weise, auf die er sich entwickelt hat", Schott 1968, 170.

nalen und Königslisten ausgemessen hatte und die trotzdem so gut wie nichts mit ihr angefangen hat.

2. *Die „kalte" und die „heiße" Option*

Eine solche Fragestellung hat ihren Ausgang zu nehmen bei Cl. Lévi-Strauss und seiner berühmten Unterscheidung „kalter" und „heißer" Gesellschaften, auf die sich auch R. Schott beruft. Nach Lévi-Strauss sind kalte Gesellschaften solche, die danach streben, „kraft der Institutionen, die sie sich geben, auf quasi automatische Weise die Auswirkungen zum Verschwinden zu bringen, die die geschichtlichen Faktoren auf ihr Gleichgewicht und ihre Kontinuität haben könnten".[51] An anderer Stelle spricht er in diesem Zusammenhang von „Weisheit". Die „kalten" Gesellschaften „scheinen eine besondere Weisheit erworben oder bewahrt zu haben, die sie veranlaßt, jeder Veränderung ihrer Struktur, die ein Eindringen der Geschichte ermöglichen würde, verzweifelt Widerstand zu leisten". „Heiße" Gesellschaften dagegen sind durch ein „gieriges Bedürfnis nach Veränderung" gekennzeichnet und haben ihre Geschichte („leur devenir historique") verinnerlicht, um sie zum Motor ihrer Entwicklung zu machen. „Kälte" ist nun aber nicht lediglich ein anderes Wort – und überdies eine Metapher – für das, was andere „Geschichtslosigkeit" und „fehlendes Geschichtsbewußtsein" nennen. Mit dem, was Lévi-Strauss „Kälte" nennt, ist nicht ein Fehlen von etwas gemeint, sondern eine positive Leistung, die einer besonderen „Weisheit" und speziellen „Institutionen" zugeschrieben wird. Kälte ist nicht der Nullzustand der Kultur, sie muß erzeugt werden. Es geht also nicht nur um die Frage, in welchem Umfang und in welchen Formen Gesellschaften ein Geschichtsbewußtsein ausgebildet haben, es geht zugleich auch um die Frage, in welchem Umfang und in welchen Formen, mit Hilfe welcher Institutionen und Sozialmechanismen, eine Gesellschaft den Wandel „eingefroren" hat. „Kalte" Kulturen leben nicht in der Vergessenheit von etwas, was „heiße" Kulturen erinnern, sondern in einer anderen Erinnerung. Um dieser Erinnerung willen muß das Eindringen von Geschichte verhindert werden. Dazu dienen die Techniken „kalter" Erinnerung.

51 C. Lévi-Strauss 1962, 309 = *Das wilde Denken,* Frankfurt 1973, 270. Vgl. Ders., 1960, 39.

Für Lévi-Strauss ist die Unterscheidung „kalt" und „heiß" lediglich eine angemessenere Bezeichnung für die „ungeschickte Unterscheidung zwischen den ‚Völkern ohne Geschichte' und den anderen" (1962, 309). Sie ist für ihn gleichbedeutend mit der zwischen primitiv und zivilisiert, schriftlos und literal, akephal und staatlich organisiert. Kälte und Hitze bezeichnen also für ihn nur die idealtypischen Pole des Zivilisationsprozesses, der notwendig von Kälte zu Hitze führt. Mit dieser Einschränkung hat er sich um den eigentlichen Ertrag seiner Einsicht gebracht. Daher hat er auch, über das Aperçu als solches hinaus, soweit ich sehe, nicht besonders viel mit ihr angefangen. Ich möchte von dieser Unterscheidung einen sehr viel weitergehenden Gebrauch machen, und stütze meine Interpretation auf zwei Beobachtungen:

1. Es gibt Gesellschaften, die zivilisiert, literal und staatlich organisiert und trotzdem kalt sind in dem Sinne, daß sie „dem Eindringen der Geschichte verzweifelt Widerstand leisten". Ich nenne hier nur zwei klassische Fälle: das Alte Ägypten und das mittelalterliche Judentum. In beiden Fällen sieht man sehr deutlich, daß die Verweigerung gegenüber der Geschichte im Dienst einer anderen Erinnerung steht. Für Ägypten habe ich diese Erinnerung als „das monumentale Gedächtnis" beschrieben,[52] für das mittelalterliche Judentum hat Y. H. Yerushalmi 1982 geradezu den Imperativ „Zakhor!" „Erinnere dich!" als Titel seiner eindrucksvollen Analyse gewählt. Viel ergiebiger als die bloße Umbenennung primitiver und zivilisierter Kulturen in kalte und heiße, unter Beibehaltung des evolutionären Schemas, scheint es mir daher, sich von diesem Schema zu trennen und Kälte und Hitze im Sinne kultureller Optionen bzw. gedächtnispolitischer Strategien zu verstehen, die jederzeit, unabhängig von Schrift, Kalender, Technologie und Herrschaft, gegeben sind. Es handelt sich um Optionen des kulturellen Gedächtnisses. Im Zeichen der „kalten" Option können auch Schrift und Herrschaftsinstitutionen zu Mitteln werden, Geschichte einzufrieren.

2. Gesellschaften bzw. Kulturen müssen nicht als Ganze „kalt" oder „heiß" sein: Man kann in ihnen kalte und heiße Elemente, bzw., mit den Begriffen des Ethnopsychologen M. Erdheim, Kühl- und Heizsysteme unterscheiden. Kühlsysteme sind einerseits

52 Verf. 1988, 107–110.

jene Institutionen, mit deren Hilfe kalte Kulturen geschichtlichen Wandel einfrieren – Erdheim untersucht als solche z. B. Initiationsriten[53] –, andererseits aber auch ausdifferenzierte Bereiche im Kontext ansonsten heißer Gesellschaften, wie z. B. das Militär[54] oder die Kirche.

Im Licht der Unterscheidung zwischen der kalten und der heißen Option im Umgang mit der Geschichte läßt sich nun unsere Frage nach den Quietiven und Inzentiven des Geschichtsbewußtseins und der Erinnerung präziser formulieren. Quietive stehen im Dienst der kalten Option. Hier geht es darum, Wandel einzufrieren. Der Sinn, der hier erinnert wird, liegt im Wiederkehrenden, Regelmäßigen, nicht im Einmaligen, Außerordentlichen. Er liegt in der Kontinuität, nicht in Bruch, Umschwung und Veränderung. Inzentive dagegen stehen im Dienst der heißen Option. Sinn, Bedeutsamkeit, Erinnerungswürdigkeit kommen hier dem Einmaligen, Besonderen zu sowie dem Umschwung, der Veränderung, dem Werden und Wachsen oder auch der Depravation, dem Abstieg, der Verschlimmerung.

3. Die Allianz zwischen Herrschaft und Gedächtnis

Ein starkes Inzentiv für Erinnerung ist Herrschaft. In akephalen Gesellschaften „reicht das geschichtliche Wissen . . . selten über wenige Generationen hinaus, um sich dann sehr bald in eine unbestimmte, ‚mythische' Vorzeit zu verlieren, in welcher alle Ereignisse auf der gleichen Zeitebene vorgestellt werden" (Schott 1968, 172). Das ist das „floating gap", von dem Jan Vansina (1985) spricht: zwischen der lebendigen Erinnerung der Zeitgenossen (im Zeithorizont von ca. 80 Jahren), der sich in der Tat bei den Forschungen der „Oral History" als eine Universalie des kollektiven Gedächtnisses erwiesen hat, und den geheiligten Überlieferungen über die „Ursprünge". Wenn irgendwo, dann haben wir hier den Naturzustand kollektiven Geschichtsbewußtseins. Dagegen eröffnet sich „eine stärker gegliederte zeitliche Perspektive erst bei denjenigen Völkern, die ein Häuptlingtum oder andere zentrale politische Institutionen ausgebildet haben". Klassische Beispiele sind die polynesischen Häuptlingsdynastien mit

53 M. Erdheim, „Adoleszenz und Kulturentwicklung", in: 1984, 271 ff.
54 „‚Heiße' Gesellschaften und ‚kaltes' Militär", in: 1988, 331–344.

ihren Genealogien über 22 Generationen, oder die Tallensi in Afrika, deren vergleichbar umfangreiche Stammbäume jeden Einzelnen mit seinen Rollen und Rechten im Ganzen eines politischen Systems verorten (M. Fortes 1945). Man könnte für diese Form der Allianz zwischen Herrschaft und Erinnerung auch die sumerischen und ägyptischen Königslisten anführen. Ohne Zweifel: Herrschaft braucht Herkunft. Wir wollen dies die *retrospektive* Seite des Phänomens nennen.

Die *Allianz zwischen Herrschaft und Erinnerung* hat auch eine *prospektive* Seite. Die Herrscher usurpieren nicht nur die Vergangenheit, sondern auch die Zukunft, sie wollen erinnert werden, setzen sich in ihren Taten Denkmäler, sorgen, daß diese Taten erzählt, besungen, in Monumenten verewigt oder zumindest archivarisch dokumentiert werden. Herrschaft „legitimiert sich retrospektiv und verewigt sich prospektiv“. In diesen offiziellen, politisch-ideologischen Funktionszusammenhang gehört fast alles, was aus dem Alten Orient an Geschichtsquellen auf uns gekommen ist. In einem ägyptischen Text des Mittleren Reichs (um 1900 v. Chr.), der die Heraufkunft einer Heilszeit nach vorausgehendem Chaos ankündigt, erscheint unter den Merkmalen des Heils und der wiederhergestellten Ordnung auch, daß der „Sohn eines Mannes (= edler Abkunft) sich einen Namen wird machen können bis in alle Ewigkeit und Dauer“.[55] Die Literatur des Mittleren Reichs suchte die Überzeugung zu verbreiten, daß nur durch den pharaonischen Zentralstaat soziale Ordnung möglich ist (G. Posener 1956; Verf. 1990). Dazu gehört als wichtigster Aspekt dieser Ordnung auch die Unsterblichkeit des Einzelnen, die auf dem Gedächtnis der Gruppe beruht. Ohne den Staat zerfallen die Rahmenbedingungen sozialer Erinnerung; damit sind auch die Wege zur Unsterblichkeit blockiert.

4. *Die Allianz zwischen Herrschaft und Vergessen*

Die *Allianz zwischen Herrschaft und Gedächtnis* läßt sich noch auf eine dritte Weise konstatieren. Dazu müssen wir auf Lévi-Strauss und seine Theorie zurückkommen, daß Herrschaft im Sinne politisch or-

55 Neferti P 61–62 ed. Helck, 52 f.: „Freut euch, ihr Menschen seiner Zeit: Der Sohn eines Mannes wird seinen Namen machen in Ewigkeit und Dauer.“

ganisierter Ungleichheit Hitze erzeugt. Die heißen Kulturen funktionieren in Lévi-Strauss' Metaphorik wie „Dampfmaschinen", in denen das Energiegefälle der Klassenunterschiede zum Wandel antreibt (Erdheim 1988, 298). Erdheim hat diese Beziehung zwischen Staatlichkeit und heißer Option mit der Bevorzugung linearer Geschichtskonstruktionen in Verbindung gebracht: „Heiße Kulturen tendieren zum Staat und Staaten zur Zentralisierung der Macht. Die Linearisierung der Geschichte ist der zeitliche und die Zentralisierung der räumliche Aspekt ein und desselben Prozesses, nämlich der Konstituierung von Herrschaft" (Erdheim 1988, 327).

Hier hat nun Erdheim allerdings ganz offensichtlich die Dinge auf den Kopf gestellt. Nicht heiße Kulturen tendieren zum Staat, sondern staatlich organisierte Kulturen tendieren zu kultureller Hitze. Diese geht aber gerade nicht von den Herrschenden aus. Nach Wandel und Veränderung streben naturgemäß die Beherrschten, Unterdrückten und Unterprivilegierten. Die Linearisierung der Geschichte ist eher ein Unterschicht-Syndrom. Das zeigt sich deutlich in ihrer extremsten Form, der Apokalyptik, die sich in der gesamten Alten (und Neuen?) Welt als Ideologie revolutionärer Widerstandsbewegungen artikuliert (s. Hellholm 1983). Unterdrückung ist ein Inzentiv für (lineares) Geschichtsdenken, für die Ausbildung von Sinngebungsrahmen, in denen Bruch, Umschwung und Veränderung als bedeutungsvoll erscheinen (Lanternari 1960). Wir haben es also hier vielmehr mit einer *Allianz von Herrschaft und Vergessen* zu tun. In der Tat gab und gibt es Formen von Herrschaft, die mit allen ihnen zur Verfügung stehenden Mitteln der Kommunikationskontrolle und Technologie „dem Eindringen der Geschichte ebenso verzweifelt Widerstand leisten" wie Lévi-Strauss' „sociétés froides". Tacitus beschreibt solche Formen verordneten Vergessens für die römische Kaiserzeit (H. Cancik-Lindemaier/H. Cancik 1987). Für die Moderne hat vor allem G. Orwell diese Strategie in seinem Roman *1984* aufgedeckt: „Die Geschichte ist zum Stillstand gekommen. Es gibt nur die ewige Gegenwart, in der die Partei immer recht hat."[56]

Die Methoden entsprechen, wie A. Assmann nachweisen konnte, bis in Einzelheiten der „strukturellen Amnesie" mündlicher Überlieferung und können als das exakte Äquivalent zur Funktionsweise „kalter Kulturen" gelten – unter den Bedingungen der Moderne: „Er-

56 Nach A. Assmann, in: A. u. J. Assmann 1988, 35.

eignisse, Einbrüche von Kontingenz lassen sich nicht eliminieren, aber es läßt sich verhindern, daß sie sich zur Geschichte verdichten."[57] Unter den Bedingungen der Unterdrückung kann Erinnerung zu einer Form des Widerstands werden. Auf diesen Aspekt des kulturellen Gedächtnisses werden wir im siebten Abschnitt (S. 78 ff.) näher eingehen.

5. Dokumentation – Kontrolle oder Sinngebung der Geschichte?

Nichts liegt näher als die Annahme, daß die Ägypter als das Volk mit dem (nächst den Sumerern) längsten Gedächtnis aufgrund ihrer lückenlosen, in die Jahrtausende zurückreichenden Tradition ein ganz besonders differenziertes und ausgeprägtes Geschichtsbewußtsein entwickelt hätten. Hier, wenn irgendwo, erwartet man ein großes Interesse an der Vergangenheit, eine Fülle von Erzählungen über große Könige der Frühzeit, die in ihren Denkmälern ja allen vor Augen standen, vielleicht epische Dichtungen über die Großleistungen der Staatsgründer, Erzählungen von Kriegen, Eroberungen, technischen Ingenieurleistungen usw. Nichts von alledem hat sich in den Quellen erhalten. Manches dieses Typs findet sich bei Herodot und war demnach in der „Oral History" der Spätzeit lebendig. Die offiziellen Quellen jedoch fangen mit der Vergangenheit etwas ganz anderes an. Um die These vorwegzunehmen: Die Königslisten und Annalen erweisen sich als ein Quietiv, nicht als ein Inzentiv der Geschichtsschreibung. Man könnte auch von einem „kalten Gedächtnis" sprechen.

Der Topos des Volks mit dem längsten Gedächtnis geht auf Herodot zurück. Er beziffert die Länge dieses Gedächtnises mit 341 Generationen, nach seiner Rechnung 11 340 Jahre. So weit in die Vergangenheit soll sich in Ägypten dokumentierte Geschichte erstrecken. „Während dieses Zeitraums", schreibt Herodot, „sei die Sonne viermal außerhalb ihres gewöhnlichen Orts aufgegangen. Wo sie jetzt untergeht, dort sei sie zweimal aufgegangen, und wo sie jetzt aufgeht, dort sei sie zweimal untergegangen. In Ägypten hätte sich dadurch nichts verändert, weder in Bezug auf die Pflanzenwelt noch in Bezug auf die Tätigkeit des Flusses, weder in Bezug auf die Krankheiten noch in Bezug auf den Tod der Menschen." (Herodot II 142)

57 A. Assmann, in: A. u. J. Assmann 1988, 35 f.

Auf die abstruse Astronomie wollen wir hier nicht näher eingehen; da hat Herodot offenbar etwas verwechselt.[58] Viel interessanter ist die Schlußfolgerung. Was ergibt sich für die Ägypter aus ihrem wohldokumentierten Rückblick in die Jahrtausende?: daß sich nichts verändert hat. Diesem Nachweis dienen die Königslisten, Annalen und sonstigen Dokumente.[59] Sie beweisen nicht die Bedeutsamkeit, sondern im Gegenteil die Trivialität der Geschichte. Die Königslisten erschließen die Vergangenheit, aber sie laden nicht dazu ein, sich mit ihr zu beschäftigen. Indem sie sie dokumentieren, entziehen sie sie der Phantasie. Sie zeigen, daß sich nichts Erzählbares ereignet hat.

Die Trivialität der Geschichte ergibt sich für die Ägypter – immer nach Herodot – daraus, daß sie von Menschen gemacht ist. „In einem Zeitraum von 11 340 Jahren haben nur menschliche Könige, nicht Götter in Menschengestalt, in Ägypten geherrscht (...) Vor diesen Menschen allerdings hätten Götter über Ägypten geherrscht, die zusammen mit den Menschen lebten; und einer von ihnen sei immer der Mächtigste gewesen. Der letzte dieser Könige sei Horos, der Sohn des Osiris gewesen, der bei den Hellenen Apollon heißt. Er habe den Typhon vom Thron gestürzt" (143).

Erst bei den Göttern fängt die Geschichte an, interessant zu werden. Aber da hört sie auch schon auf, in unserem Sinne Geschichte zu sein und wird Mythologie. Die Zeit der Götter ist die Zeit der großen Ereignisse, der Umschwünge und Veränderungen, aus denen die Welt, wie wir sie seit 12 000 Jahren kennen, hervorgegangen ist. Das ist die Zeit, von der man erzählen kann, weil es etwas zu erzählen gibt. Diese Erzählungen nennen wir Mythen. Sie beziehen sich auf das Gewordensein der Welt sowie der Mechanismen, Riten und Institutionen, die dafür zu sorgen haben, daß sie nicht wieder vergeht, und die daher weitere Veränderungen und Diskontinuitäten von ihr fernzuhalten haben.

Das war in Mesopotamien nicht grundsätzlich anders. C. Wilcke beginnt zwar seine Analyse der sumerischen Königsliste mit der allgemeinen Feststellung: „Die Vergangenheit war den Menschen des Alten Orients sehr wichtig; auf vergangenem Geschehen fußte ihr

58 Wahrscheinlich handelt es sich um 4 Zyklen, 2 mit W-O-Bewegung und 2 mit O-W-Bewegung der Sonne, die innerhalb des 341-Generationen-Zeitraums unterzubringen sind. Die ägyptischen Quellen wissen von nichts dergleichen.

59 Vgl. hierzu Redford 1986. Zum Vergangenheitsstolz der Ägypter in der Spätzeit vgl. Verf. 1985.

Jetzt und Heute“ (Wilcke 1988, 113). Aber der Gebrauch, den diese Menschen von der Vergangenheit machten, war, ähnlich wie in Ägypten, der Nachweis, daß alles immer schon so war, wie es ist, wenn es nicht in die „Gründerzeit“ der Götter gehört. Die Königslisten sind ein Instrument der Orientierung und Kontrolle, nicht der Sinnstiftung. Wir wollen daher festhalten: Diese ganze intensive Beschäftigung mit der Vergangenheit, wie sie sich in der altorientalischen Zeitrechnung, Annalistik und in den Königslisten niederschlägt, dient der Stillstellung und Entsemiotisierung der Geschichte.

6. Absolute und relative Vergangenheit

„Heiße“ Gesellschaften, nach der Definition von Lévi-Strauss, „verinnerlichen entschlossen das geschichtliche Werden, um es zum Motor ihrer Entwicklung zu machen“.[60] Wir haben inzwischen genug über die ägyptischen und mesopotamischen Dokumentationsmedien erfahren, um mit Gewißheit feststellen zu können, daß es sich hier nicht um „verinnerlichte Geschichte“ handelt. Erinnerung, im Sinne *verinnerlichter Vergangenheit,* bezieht sich auf die mythische, nicht auf die historische Zeit; denn nur die mythische Zeit ist die Zeit des Werdens, während die historische Zeit nichts anderes als die Fortdauer des Gewordenen ist. Als solche – diese Parallele aufgezeigt zu haben ist das Verdienst von Aleida Assmann – entspricht sie vollkommen der „ewigen Gegenwart“ totalitärer Regime, von der Orwell spricht. Verinnerlichte – und genau das heißt: erinnerte – Vergangenheit findet ihre Form in der Erzählung. Diese Erzählung hat eine Funktion. Entweder wird sie zum „Motor der Entwicklung“, oder sie wird zum Fundament der Kontinuität. In keinem Falle aber wird die Vergangenheit „um ihrer selbst willen“ erinnert.

Fundierende Geschichten nennen wir „Mythos“. Diesen Begriff stellt man gewöhnlich der „Geschichte“ gegenüber und verbindet mit dieser Gegenüberstellung zwei Oppositionen: Fiktion (Mythos) gegen Realität (Geschichte) und wertbesetzte Zweckhaftigkeit (Mythos) gegen zweckfreie Objektivität (Geschichte). Beide Begriffspaare stehen seit längerem zur Verabschiedung an. Falls es so etwas gibt wie

60 „intériorisant résolument le devenir historique pour en faire le moteur de leur développement“. (1962, 309 f.)

Texte, in denen eine aseptische Vergangenheit von jeder rekonstruktiven Phantasie und jedem wertorientierten Interesse unberührt zur Darstellung kommt, dann sind sie für die Antike nicht zu erwarten und für die Zwecke dieser Studie uninteressant.[61] Das, was hier als Formen erinnerter Vergangenheit untersucht werden soll, umfaßt ununterscheidbar Mythos und Geschichte. Vergangenheit, die zur fundierenden Geschichte verfestigt und verinnerlicht wird, ist Mythos, völlig unabhängig davon, ob sie fiktiv oder faktisch ist.

Das klassische Beispiel für eine solche Umsetzung von Geschichte in Mythos, und von Erfahrung in Erinnerung, bietet die Exodus-Überlieferung (M. Walzer 1988). Aber da die Historizität der in 2. Mose berichteten Ereignisse mit den Mitteln der Archäologie und Epigraphik nicht zu erweisen ist, halten wir uns lieber an ein Beispiel von unbezweifelbarer Historizität, die Geschichte vom Fall der Feste Massada (P. Vidal-Naquet 1981 und 1989). Im modernen Israel ist sie zu einer fundierenden Geschichte geworden. Die Ruinen von Massada wurden nicht nur nach allen Regeln der archäologischen Kunst freigelegt, sondern zu einem Nationalheiligtum gemacht, wo die Rekruten der israelischen Armee den Fahneneid ablegen müssen. Überliefert ist die Geschichte bei Josephus Flavius im VII. Buch seines *Jüdischen Krieges.* Ihr Interesse verdankt sie nicht der Objektivität der Darstellung, ebensowenig wie ihrer archäologischen Verifikation, sondern ihrer *fundierenden Bedeutung.* Diese liegt darin, daß sie von genau jenen Tugenden eines sowohl religiösen wie politischen Märtyrertums erzählt, auf die man die jungen israelischen Soldaten verpflichten will. Mythos ist eine Geschichte, die man sich erzählt, um sich über sich selbst und die Welt zu orientieren, eine Wahrheit höherer Ordnung, die nicht einfach nur stimmt, sondern darüber hinaus auch noch normative Ansprüche stellt und formative Kraft besitzt. Die Vernichtung des europäischen Judentums z. B. ist eine geschichtliche Tatsache und als solche Gegenstand der historischen Forschung. Im modernen Israel jedoch ist sie darüber hinaus (und übrigens erst in den letzten zehn Jahren) unter der Bezeichnung „Holocaust" zur fundierenden Geschichte und damit zum Mythos geworden, aus der dieser Staat einen wichtigen Teil seiner Legitimierung und Orientierung bezieht, die in öffentlichen Denkmälern und Gedenkveranstaltungen nationalen Charakters feierlich kommemoriert und in Schulen gelehrt

61 Dieser Einwand muß vor allem gegen J. v. Seters 1983 vorgebracht werden.

wird und daher zur Mythomotorik dieses Staates gehört.[62] Nur *bedeutsame* Vergangenheit wird erinnert, nur *erinnerte* Vergangenheit wird bedeutsam. Erinnerung ist ein Akt der Semiotisierung. Das gilt auch heute, so sehr der Begriff der „Sinnstiftung" (und nichts anderes heißt ja Semiotisierung) in bezug auf Geschichte in Mißkredit geraten ist. Man muß sich nur darüber klarwerden, daß Erinnerung nichts mit Geschichtswissenschaft zu tun hat. Von einem Professor der Geschichtswissenschaft erwartet man nicht, daß er „die Erinnerung füllt, die Begriffe prägt und die Vergangenheit deutet".[63] Das ändert aber nichts an der Tatsache, daß dieser Prozeß ständig stattfindet. Damit wird nicht die Aufgabe des Historikers, sondern eine Funktion des sozialen Gedächtnisses umschrieben.[64] Diese aber, im Unterschied zum Geschäft des Historikers, ist eine anthropologische Grundtatsache. Es handelt sich um die Transformation von Vergangenheit in fundierende Geschichte, d. h. in Mythos. Diese Bezeichnung bestreitet in keiner Weise die Realität der Ereignisse, sondern hebt ihre die Zukunft fundierende *Verbindlichkeit* hervor als etwas, das auf keinen Fall vergessen werden darf.

Diese Einsicht darf aber nicht dazu führen, wichtige Unterschiede zu nivellieren. Der Begriff *fundierende Geschichte* bezeichnet eine Funktionsstelle. Es kommt darauf an, wie sie besetzt ist. Da macht es nun einen wahrhaft fundamentalen Unterschied, ob eine fundierende Geschichte *in illo tempore* spielt, von der die fortschreitende Gegenwart sich nie weiter entfernt und die in Riten und Feste immer wieder Gegenwart wird, oder ob sie in die historische Zeit fällt und demnach zur Gegenwart in meßbarem und wachsendem Abstand steht und in

62 Zur Problematik der offiziellen Kommemoration des Holocaust in Israel s. den instruktiven Aufsatz von U. Reshef 1988. Vgl. auch J. E. Young 1986.

63 Michael Stürmer. Vgl. H. U. Wehler 1989. Ich halte auch den Begriff „Orientierungswissen", den Wehler an Stelle von „Sinnstiftung" von der Geschichtswissenschaft erwartet, für überzogen. Der Begriff „Orientierung" setzt genau denselben Sinnbegriff voraus, der im Begriff „Sinnstiftung" abgelehnt wird. Von der Wertfrage im Max Weberschen Sinne abgekoppelt kann die Wissenschaft lediglich Erkenntnisse produzieren; inwieweit man sich danach orientieren will und kann, ist Sache der pädagogischen, politischen, homiletischen, in jedem Fall: anwendungsbezogenen Arbeit. Jedenfalls wird niemand von einem Fach wie Ägyptologie „Orientierungswissen" erwarten.

64 Diese Unterscheidung wird in der neueren Geschichtstheorie stark nivelliert, vgl. Burke 1991. Geschichte (im Sinne von Historiographie) wird im Grunde nur noch als eine besondere Art von Gruppengedächtnis behandelt.

Riten und Festen nicht vergegenwärtigt, sondern nur erinnert werden kann (K. Koch 1988). Daß Exodus und Landnahme die fundierende Geschichte des alten Israel bilden, macht sie noch nicht zu *Mythen* im Sinne der wiederkehrenden Ereignisse der Götterwelt, von denen Eliade spricht (1953/1966). Israels Schritt besteht in der Umbesetzung der Funktionsstelle *fundierende Geschichte:* Wo die Nachbarkulturen sich auf kosmische Mythen gründen, setzt Israel einen geschichtlichen Mythos ein und *verinnerlicht* dadurch sein *geschichtliches Werden;* und man kann nicht treffender als mit Lévi-Strauss fortfahren: „um es zum Motor seiner Entwicklung zu machen".

Mythos ist die zur fundierenden Geschichte verdichtete Vergangenheit. Der Unterschied, auf den es mir ankommt, liegt darin, ob es sich dabei um „absolute" oder „historische" Vergangenheit handelt. Im Falle der absoluten Vergangenheit (E. Cassirer 1923, 130), also jener anderen Zeit, zu der die fortschreitende Gegenwart in immer gleicher Distanz bleibt und die eher eine Art Ewigkeit – die Australier sagen: „Traumzeit" – ist, fundiert der Mythos das Weltbild und Wirklichkeitsverständnis einer „kalten" Gesellschaft. Die Vergegenwärtigung *dieser* Vergangenheit geschieht im Modus der zyklischen Wiederholung. Im Falle der historischen Vergangenheit fundiert der Mythos das Selbstbild einer „heißen" Gesellschaft, die ihr geschichtliches Werden – „son devenir historique" – verinnerlicht hat. Man kann diesen Unterschied nicht treffender kennzeichnen als Eliade das getan hat: an die Stelle einer Semiotisierung des Kosmos tritt die Semiotisierung der Geschichte.

7. *Mythomotorik der Erinnerung*

a) *Fundierende und kontrapräsentische Erinnerung*

„Heiße" Erinnerung, die nicht lediglich die Vergangenheit ausmißt als Instrument chronologischer Orientierung und Kontrolle, sondern die aus dem Bezug auf Vergangenes die Elemente eines Selbstbildes sowie Anhaltspunkte für Hoffnungen und Handlungsziele gewinnt, haben wir „Mythos" genannt. Mythos ist der (vorzugsweise narrative) Bezug auf die Vergangenheit, der von dort Licht auf die Gegenwart und Zukunft fallen läßt. Solcher Vergangenheitsbezug steht typischerweise im Dienste zweier scheinbar entgegengesetzter

Funktionen. Die eine Funktion des Mythos wollen wir „fundierend" nennen. Sie stellt Gegenwärtiges in das Licht einer Geschichte, die es sinnvoll, gottgewollt, notwendig und unabänderlich erscheinen läßt. Diese Funktion hatte etwa der Osiris-Mythos für das ägyptische Königtum, die Exodus-Überlieferung für Israel oder der Troja-Stoff für Rom sowie in dessen Nachfolge für Frankreich und England. Das Griechenland gewidmete Kapitel wird eine ähnliche Funktion für Homers *Ilias* und die Fundierung eines panhellenischen Bewußtseins aufzuzeigen versuchen. Die andere Funktion könnte man „kontrapräsentisch" nennen (G. Theißen 1988). Sie geht von Defizienz-Erfahrungen der Gegenwart aus und beschwört in der Erinnerung eine Vergangenheit, die meist die Züge eines Heroischen Zeitalters annimmt. Von diesen Erzählungen her fällt ein ganz anderes Licht auf die Gegenwart: Es hebt das Fehlende, Verschwundene, Verlorene, an den Rand Gedrängte hervor und macht den Bruch bewußt zwischen „einst" und „jetzt". Hier wird die Gegenwart weniger fundiert als vielmehr im Gegenteil aus den Angeln gehoben oder zumindest gegenüber einer größeren und schöneren Vergangenheit relativiert. Auch hierfür sind die homerischen Epen ein Beispiel. Wenn unsere Analyse stimmt, entstehen sie in einer Übergangszeit, in der die griechische Welt sich verändert und die großräumige, ungebundene Lebensweise des rossezüchtenden Adels der engräumigeren, gemeinschaftlich gebundenen Lebensweise der Polis weicht. So kommt es zu Defizienz-Erfahrungen, die die Vorstellung eines Heroischen Zeitalters jenseits von Niedergang und Bruch entstehen lassen. Die beiden Funktionen müssen sich also keineswegs ausschließen. Trotzdem scheint es sinnvoll, sie begrifflich zu unterscheiden. Es gibt Erinnerungen, die eindeutig kontrapräsentisch, d. h. Gegenwart-relativierend und daher unter Umständen unerwünscht sind, z. B. die Erinnerungen an die Republik im Rom der frühen Kaiserzeit (H. Cancik-Lindemaier/H. Cancik 1987), und es gibt andere Erinnerungen, die ebenso eindeutig fundierend sind, wie z. B. die Golgatha-Erinnerung im frühen Christentum oder der Massada-Kult im modernen Israel. Es gibt aber auch mythisch geformte Erinnerungen, die beides zugleich sind. Prinzipiell kann jeder fundierende Mythos in einen kontrapräsentischen umschlagen. Die Charakterisierung *fundierend* und *kontrapräsentisch* kommt daher nicht dem Mythos als solchem zu, sondern vielmehr der selbstbildformenden und handlungsleitenden Bedeutung, die er für eine Gegenwart hat, der orientierenden Kraft, die er für eine

Gruppe in einer bestimmten Situation besitzt. Diese Kraft wollen wir „Mythomotorik" nennen.[65]

Bei extremen Defizienzerfahrungen kann eine kontrapräsentische Mythomotorik revolutionär werden, nämlich unter den Bedingungen der Fremdherrschaft und Unterdrückung. Dann nämlich bestätigen die Überlieferungen das Gegebene nicht, sondern stellen es in Frage und rufen zu seiner Veränderung und zum Umsturz auf. Die Vergangenheit, auf die sie sich beziehen, erscheint nicht als ein unwiederbringliches Heroisches Zeitalter, sondern als eine politische und soziale Utopie, auf die es hinzuleben und hinzuarbeiten gilt. Erinnerung schlägt um in Erwartung, die mythomotorisch geformte Zeit nimmt einen anderen Charakter an. Aus der Kreisläufigkeit der ewigen Wiederkehr wird die Gerade, die auf ein fernes Ziel hinführt. Aus der Re-volution, dem „Umlauf" (der Gestirne), wird die Revolution, der Umsturz. Solche Bewegungen lassen sich weltweit beobachten; die Ethnologen fassen sie unter Begriffen wie „Messianismus" und „Millenarismus" (oder: „Chiliasmus") zusammen und führen sie damit zurück auf die jüdische Messias-Erwartung, ohne allerdings einen genetischen Zusammenhang postulieren zu wollen. Vielmehr sieht es so aus, als würden unter strukturell ähnlichen Bedingungen spontan und weltweit, auch ohne Kontakt mit dem Christentum, Bewegungen entstehen, die entscheidende Merkmale des Messianischen oder Millenaristischen gemein haben. Sie treten typischerweise in Situationen der Unterdrückung und Verelendung auf.[66] So ist die jüdische Apokalyptik möglicherweise nicht als der Ursprung dieses historischen Phänomens, sondern lediglich als der früheste Beleg einer kulturanthropologischen Universalie zu verstehen.[67] Auch das Buch Daniel, das älteste Zeugnis einer millenaristischen Form kontrapräsentischer Mythomotorik, ist in einer solchen Situation entstanden. Es wird heute allgemein in die Zeit des Antiochus IV. Epiphanes datiert, in die Zeit der ersten religiös motivierten

65 Der Begriff „mythomoteur" wurde geprägt von Ramon d'Abadal i de Vinyals 1958 und von J. Armstrong 1983 sowie A. D. Smith 1986 aufgegriffen.

66 S. hierzu v. a. V. Lanternari 1960; P. Worsley 1969; W. E. Mühlmann 1961.

67 Zur jüdischen Apokalyptik s. den Sammelband von D. Hellholm 1983 (^{2}1989) mit Bibliographie. Zum mesopotamischen Hintergrund vgl. jetzt H. S. Kvanvig, 1988. Es handelt sich um mythische Motive, die aus Mesopotamien stammen, aber erst im frühjüdischen Kontext die revolutionäre Dynamik der Apokalyptik entfalten.

Widerstandsbewegung, von der die Geschichte weiß: der Makkabäerkriege.[68]

Auch in Ägypten beobachten wir das Umschlagen von fundierender in kontrapräsentische Mythomotorik (Verf. 1983). Ob und wann aber hier der Übergang zu revolutionärer Mythomotorik anzusetzen ist, muß eine offene Frage bleiben. Die einzigen Texte eindeutig revolutionären Charakters stammen aus der Spätphase der ägyptischen Kultur und sind keinesfalls älter als das Buch Daniel. Es handelt sich um das griechisch überlieferte *Töpferorakel* und die demotischen *Prophezeiungen des Lammes.* Beide Texte prophezeien die Wiederkehr eines messianischen Königs, der nach einer langen Periode der Fremdherrschaft und Unterdrückung mit der Restitution des pharaonischen Königtums eine neue Heilszeit heraufführt. Hier haben wir es ohne Zweifel mit einer Mythomotorik des Wartens und der Hoffnung zu tun.[69]

Das Töpferorakel weist aber nun bis ins einzelne gehende Parallelen mit einem 2000 Jahre älteren Text auf: den *Prophezeiungen des Neferti.* Die Frage liegt nahe, ob nicht auch dieser Text schon als Beleg einer messianischen Bewegung und entsprechender kontrapräsentisch-revolutionärer Mythomotorik verstanden werden muß. Bei diesem Text handelt es sich jedoch um eine ex-eventu-Prophezeiung, d. h. um einen Text, der nicht aus der Erfahrung der Defizienz heraus entstand, sondern im Gegenteil eine gegenwärtige Situation als Erfüllung vorangegangener Defizienzen darstellt. König Amenemhet I., der Gründer der 12. Dynastie, wird in diesem Text als eine messianische Figur prophezeit. Nachdem in langen Strophen das Unheil einer katastrophischen Zwischenzeit ohne pharaonisches Königtum geschildert wurde, heißt es zum Schluß:

> Ein König wird kommen aus dem Süden, Ameni mit Namen,
> der Sohn einer Frau aus Ta-Seti, ein Kind von Oberägypten.
> (...)
> Ma'at (Wahrheit-Gerechtigkeit-Ordnung) wird auf ihren Platz zurückkehren,
> während Isfet (Lüge-Unrecht-Chaos) vertrieben ist.

68 J. C. H. Lebram 1968; K. Koch et al. 1980.

69 A. B. Lloyd 1982 deutet das „Töpferorakel", zusammen mit dem Sesostris-Roman, der Demotischen Chronik und der Nektanebos Episode im Alexander-Roman, als Ausdruck eines „nationalistischen" Widerstands gegen die makedonische Fremdherrschaft.

Dieser König führt allerdings kein „Tausendjähriges Reich" herauf, sondern bringt lediglich die Rückkehr zur Normalität. Denn mit Ma'at meint der Ägypter nicht einen utopischen Heilszustand, sondern eine Ordnung, ohne die die Welt gar nicht bewohnbar und ein friedliches Zusammenleben unmöglich ist. Einen kontrapräsentischen Charakter gewinnt die Ma'at-Konzeption erst in der Spätzeit. Jetzt bezeichnet sie nicht mehr die schlichte, von jedem König selbstverständlich zu gewährleistende Normalität des status quo, sondern ein „Goldenes Zeitalter", in dem „die Mauern nicht einfielen und die Dornen nicht stachen":

> Ma'at war aus dem Himmel gekommen zu ihrer Zeit
> und vereinigte sich mit den Irdischen.
> Das Land war überschwemmt, die Leiber waren gefüllt.
> Es gab kein Hungerjahr in den beiden Ländern.
> Die Mauern fielen noch nicht ein, der Dorn stach noch nicht
> in der Zeit der Göttervorfahren.[70]

Erst auf der Basis dieser Stufe, wo fundierende in kontrapräsentische Mythomotorik umschlägt, ist die weitere Entwicklung zu revolutionärer Mythomotorik denkbar. Die *Prophezeiungen des Neferti* stehen noch im Banne fundierender Mythomotorik. Die Wiederherstellung der Ma'at bedeutet keinen Umsturz bestehender Ordnung, sondern eine Rückkehr zur Ordnung. Man kann diesen Text nicht als einen Ausdruck von Erwartung und Hoffnung deuten. Das Töpferorakel dagegen ist in genau diesem Sinne revolutionär. Es weissagt einen Heilskönig, der Gegenstand von Hoffnung und Erwartung ist und dessen Herrschaft nur durch den Umsturz der bestehenden politischen Ordnung heraufgeführt werden kann.

Daß dieser Text aus derselben Zeit stammt wie das Buch Daniel, ist doch sehr bedenkenswert. An direkte Beeinflussung wird man nicht denken wollen; dafür sind die beiden Texte zu verschieden.[71] Sie entsprechen sich nur in dem strukturellen Merkmal der revolutionären

70 E. Otto 1969. Vgl. auch Verf. 1990, 225 f.

71 Lebram 1968 denkt an eine ägyptische Beeinflussung von Daniel. Die ägyptischen Traditionen um den persischen König Kambyses, der als Inbegriff eines gottlosen Herrschers gilt, hätten das Vorbild abgegeben für die Darstellung des Königs Antiochus. Der koptische Kambyses-Roman stammt allerdings aus einer viel späteren Zeit. Die zeitgenössischen Zeugnisse über die Perserherrschaft in Ägypten sind eher perserfreundlich, vgl. Lloyd 1982 a.

Mythomotorik. Daher liegt es näher, an eine unabhängige Entstehung unter gleichen historischen Bedingungen zu denken, also an die Mythomotorik nationaler Widerstandsbewegungen, die sich sowohl in Judaea wie in Ägypten gebildet haben.

Um diese Form von Mythomotorik zu illustrieren, muß man nicht weit in die Geschichte zurückgreifen. Alle nationalen Erweckungsbewegungen mobilisieren die Erinnerung an eine Vergangenheit, die im krassen Gegensatz zur Gegenwart steht und zum Inbegriff des wahren, wieder herbeizuführenden Zustands wird, eine Zeit der Freiheit und Selbstbestimmung, zu deren Wiedergewinnung das „Joch der Fremdherrschaft" abgeschüttelt werden muß. Was man Folklore nennt und für uralte Überlieferung hält, entstand weitgehend im 18. und 19. Jahrhundert im Zuge solcher nationalistischer Widerstandsbewegungen oder wurde doch in dieser Zeit kodifiziert und gewann seine festen Formen (E. Hobsbawm/T. Ranger 1983). Beispiel solcher „erfundenen Traditionen" sind etwa die bekannten Schottenmuster.[72] Wir werden im 3. Kapitel im zweiten Abschnitt (2) darauf zurückkommen.

b) Erinnerung als Widerstand

Ein typisches Beispiel für kontrapräsentische oder kontrafaktische Erinnerung ist neben dem Buch Daniel auch das Buch Esther. Was hier erzählt wird, ist nichts anderes als ein Antisemitenpogrom. Nicht die Juden, sondern ihre Verfolger werden umgebracht. Zwar kann der König Ahasveros seinen Befehl, den er auf Veranlassung des Schurken Haman erteilt hat, nicht mehr widerrufen, aber er kann die Juden warnen und zur Gegenwehr ermuntern, so daß der Tag mit einem Blutbad unter den Judenverfolgern endet. Es handelt sich um eine typische Umkehrung der Diaspora-Erfahrung. Sie ist aber meines Wissens nie in revolutionäre Mythomotorik umgesetzt worden. Vielmehr wurde die Esther-Rolle zur Liturgie eines karnevalistischen Festbrauchs, der die Utopie als verkehrte Welt inszeniert: das jüdische Purim-Fest. Wir haben es mit dem typischen Fall einer Gegen-Geschichte („counter-history") zu tun. Die Vergangenheit wird aus der Sicht der Besiegten und Unterdrückten so dargestellt, daß die heutigen Unterdrücker darin eine erbärmliche Figur machen und die heute

72 Vgl. H. Trevor-Roper, in: E. Hobsbawm/T. Ranger 1983, 15–42.

Besiegten als die einstigen und wahren Sieger erscheinen. In Ägypten entstehen zur gleichen Zeit und unter ähnlichen Bedingungen Erzählungen vergleichbarer Tendenz (A. B. Lloyd 1982).

Man würde die Religion gemeinhin mit der fundierenden Funktion in Verbindung bringen. Im Hinblick auf das Judentum legt sich die Frage nahe, ob nicht die Verbindung mit der kontrafaktischen oder „kontrapräsentischen" Erinnerung sehr viel treffender ist. In jedem Fall aber läßt sich die Auffassung vertreten, daß der Religion innerhalb einer Kultur die Aufgabe zukommt, Ungleichzeitigkeit herzustellen. „Die allgemeine Funktion von Religion ist es, durch Erinnern, Vergegenwärtigen und Wiederholen Ungleichzeitiges zu vermitteln" (Cancik/Mohr 1990, 311–313, Zitat 311). Dieses Ungleichzeitige kann in bestimmten Konstellationen den Charakter des Anderen annehmen. Dann wird Erinnerung zu einem Akt des Widerstands.

Die Bedürfnisse des Alltags zielen auf Koordination und Kommunikation und daher auf die „Herstellung von Gleichzeitigkeit".[73] Die gemeinsam bewohnte, kolonisierte, ausgemessene und kontrollierte Zeit, in der alle Handlungen aufeinander abgestimmt werden und kommunikativ wirkungsvoll ineinandergreifen können, gehört zu den großen zivilisatorischen Errungenschaften, die oft beschrieben wurden und uns hier nicht weiter beschäftigen sollen. Uns geht es vielmehr um die Institutionen der „Herstellung von Ungleichzeitigkeit", die bislang sehr viel weniger Beachtung gefunden haben. Sie wurzeln im Fest und im sakralen Ritus und haben sich im Zuge schriftkultureller Evolution vielfältig ausdifferenziert. Nach wie vor aber scheint die Herstellung und Vermittlung von Ungleichzeitigkeit das Wesen der Religion auszumachen, mit deren Verblassen in der westlichen Welt ja auch ein unverkennbarer Trend zur „Eindimensionalität" verbunden ist. Durch das kulturelle Gedächtnis gewinnt das menschliche Leben eine Zweidimensionalität oder Zweizeitigkeit, die sich durch alle Stadien der kulturellen Evolution durchhält. Die Erzeugung von Ungleichzeitigkeit, die Ermöglichung eines Lebens in zwei Zeiten, gehört zu den universalen Funktionen des kulturellen Gedächtnisses, d. h. der Kultur als Gedächtnis.

73 Wir verstehen hier den Begriff der Gleichzeitigkeit im Sinne der „Zeitdimension" von Luhmann 1971. Luhmann 1990 verwendet einen sehr viel allgemeineren Begriff von Gleichzeitigkeit, der alle diejenigen Unterscheidungen aufhebt, auf die es uns hier ankommt.

„Das Schreckbild einer Menschheit ohne Erinnerung", schreibt Th. W. Adorno, „... ist kein bloßes Verfallsprodukt ..., sondern es ist mit der Fortschrittlichkeit des bürgerlichen Prinzips notwendig verknüpft. Ökonomen und Soziologen wie Werner Sombart und Max Weber haben das Prinzip des Traditionalismus den feudalen Gesellschaftsformen zugeordnet und das der Rationalität den bürgerlichen. Das sagt aber nicht weniger, als daß Erinnerung, Zeit, Gedächtnis von der fortschreitenden bürgerlichen Gesellschaft selbst als eine Art irrationaler Rest liquidiert wird."[74] Solche Liquidation führt nach H. Marcuse zur „Eindimensionalität" der modernen Welt, die, ohne Erinnerung, um die andere Dimension ihrer Wirklichkeit verkürzt ist. Diese Kritik verweist sehr nachdrücklich auf die kontrapräsentische Funktion des kulturellen Gedächtnisses: die Funktion der Befreiung durch Erinnerung.

Eindimensionalität ist nicht nur eine Eigenschaft der modernen Welt; sie ist allgemeiner eine Eigenschaft des Alltags. Durch die Anforderungen des Alltagshandelns strukturiert sich die Welt in Vordergrund und Hintergrund. Die großen Perspektiven sind im Alltag abgeblendet. Alltag bedeutet Schablonisierung und Routinisierung. Grundsatzentscheidungen und Grundlagenreflexionen sind suspendiert. Anders wären weder Orientierung noch Handeln möglich. Die aus dem Alltagshorizont ausgeklammerten Perspektiven werden aber nicht einfach vergessen oder verdrängt. Sie bilden einen Hintergrund, den das kulturelle Gedächtnis bereithält. Das kulturelle Gedächtnis und seine Objektivationsformen haben daher im Alltag keinen Platz. So hat etwa H. Marcuse gegen Bach im Küchentransistor und gegen die Klassikerausgaben im Kaufhaus protestiert. Dadurch würden die Klassiker ihrer „antagonistischen Kraft" beraubt (H. Marcuse 1967, 84). Für Marcuse ist die Kultur nicht „Hintergrund", sondern Gegensatz unserer Alltagswelt, „Luft von einem anderen Planeten" (ibd., S. 85). Mit dem kulturellen Gedächtnis verschafft der Mensch sich Luft in einer Welt, die ihm in der „Realität des täglichen Lebens" zu eng wird. Das gilt auch und gerade von der Erinnerung an die Vergangenheit: „Die Erinnerung an die Vergangenheit kann gefährliche Einsichten aufkommen lassen, und die etablierte Gesellschaft scheint die

74 Th. W. Adorno, „Was bedeutet Aufarbeitung der Vergangenheit?", in: *Bericht über die Erzieherkonferenz am 6. u. 7. November in Wiesbaden,* Frankfurt 1960, 14, zitiert nach H. Marcuse 1967, 118.

subversiven Inhalte des Gedächtnisses zu fürchten ... Das Erinnern ist eine Weise, sich von den gegebenen Tatsachen abzulösen, eine Weise der ‚Vermittlung', die für kurze Augenblicke die Macht der gegebenen Tatsachen durchbricht. Das Gedächtnis ruft vergangenen Schrecken wie vergangene Hoffnung in die Erinnerung zurück" (ibd., 117).

Über die Vernichtung der Erinnerung unter totalitärer Herrschaft klagte schon Tacitus: „Das Gedächtnis selbst auch hätten wir mit der Sprache verloren, wenn es ebenso in unserer Macht wäre zu vergessen wie zu schweigen."[75] „Diktatur", kommentieren H. u. H. Cancik diese Stelle, „zerstört Sprache, Gedächtnis und Geschichte." Umgekehrt ist Erinnerung eine Waffe gegen Unterdrückung. Der Text, der diesen Zusammenhang am eindrücklichsten vor Augen führt, ist G. Orwells *1984*.[76] Am Extremfall totalitaristischer Unterdrückung zeigt sich die befreiende Kraft des kulturellen Gedächtnisses, die ihm allgemein innewohnt.

In einer Welt totalisierender Gleichschaltung ermöglicht Erinnerung die Erfahrung des Anderen und die Distanz vom Absolutismus der Gegenwart und des Gegebenen. In einem allgemeineren, weniger politischen Sinne gilt das aber auch für den Druck, den der Alltag als solcher auf die soziale Wirklichkeit ausübt und der immer in Richtung Vereinheitlichung, „Eindimensionalität" und Komplexitätsreduktion geht.

75 Tacitus, *Agricola* 2,3; vgl. H. Cancik-Lindemeier/H. Cancik 1987, 182.
76 Vgl. dazu A. u. J. Assmann 1988, 35 f.

ZWEITES KAPITEL

SCHRIFTKULTUR

I. Von ritueller zu textueller Kohärenz

Die altägyptische Kultur hat einen starken Begriff von den Anstrengungen ausgebildet, deren es bedarf, um die Welt in Gang zu halten. Es sind Anstrengungen vornehmlich ritueller und geistiger Art: die Überlieferung eines Wissensgebäudes, das seinen Ort weniger in den Büchern als vielmehr in den Riten hat. Wenn die Riten nicht korrekt durchgeführt werden, bricht die Welt zusammen, stürzt der Himmel ein. Und die korrekte Durchführung der Riten ist eine Sache des Wissens, das mit ihnen verbunden ist, ein „officium memoriae". Auf ähnliche Anschauungen trifft man auch in China. Auch hier hängt alles von den Riten ab und davon, daß diejenigen, die mit ihrer korrekten Durchführung beauftragt sind, die Welt im Kopf behalten und nichts vergessen. Im Judentum lösen sich diese Vorstellungen von den Riten und verbinden sich mit der Auslegung der Texte. Die Auslegung der Texte garantiert, wie es der Berliner Judaist Peter Schäfer einmal formulierte, „die Harmonie zwischen Himmel und Erde".[1] Mit diesen Vorstellungen stoßen wir in der Sprache der Quellen und in der Eigenbegrifflichkeit der Kulturen auf das, was wir hier als *Kohärenz* bezeichnen, eine Kohärenz, die im frühen China und in Ägypten rituell verstanden und verwirklicht wurde und die sich dann im rabbinischen Judentum, das durch die Zerstörung des Tempels 70 n. Chr. aller Möglichkeiten einer rituellen Kohärenz beraubt wurde, ganz in die Auslegung der Texte verlagert hat. Der Ort des Wissens ist nun nicht mehr der Ritus, dem es dient und der es in Form heiliger Rezitationen gewissermaßen zur Aufführung bringt, sondern die Auslegung der fundierenden Texte. Diese in kulturgeschichtlicher Hinsicht durchaus typische Verlagerung wollen wir den Übergang von *ritueller*

1 Auf einer Tagung über „Text und Kommentar" in Heidelberg im Frühjahr 1991, bei der R. Wagner über ähnliche Vorstellungen in China berichtete.

zu *textueller Kohärenz* nennen. In Hölderlins Gedicht *Patmos* stehen die berühmten Verse, die diesen Übergang von den kosmischen Riten zur textbezogenen Auslegung in unüberbietbarer Prägnanz zusammenzufassen scheinen:

> Wir haben gedienet der Mutter Erd'
> Und haben jüngst dem Sonnenlichte gedient,
> Unwissend, der Vater aber liebt,
> Der über allem waltet,
> Am meisten, daß gepfleget werde
> Der veste Buchstab und Bestehendes gut
> Gedeutet.

Ich will nicht behaupten, daß Hölderlin in diesen Versen an den Übergang von *ritueller* zu *textueller Kohärenz* gedacht hat. Aber von einer Verlagerung des Sinns, nämlich von den geschichtlichen und kosmischen Phänomenen in die heiligen Schriften und deren Deutung, ist auch bei Hölderlin zweifellos die Rede, wenn auch nicht im Sinne einer kulturgeschichtlichen Wende, sondern im Sinne eines poetologischen Bekenntnisses (wie schon die Fortsetzung lehrt: „dem folgt deutscher Gesang").[2] Trotzdem erfährt unsere These von der Bedeutung der Auslegung fundierender Texte in diesen Versen eine überraschende Beleuchtung. „Pflege des vesten Buchstabs" – treffender läßt sich das Prinzip, das wir *Textpflege* nennen, nicht bezeichnen, ebenso wie „und Bestehendes gut gedeutet" präzise das damit notwendig verbundene Prinzip der *Sinnpflege* benennt.

1. Repetition und Interpretation

Vergangenheit entsteht nicht von selbst, sondern ist das Ergebnis einer kulturellen Konstruktion und Repräsentation; sie wird immer von spezifischen Motiven, Erwartungen, Hoffnungen, Zielen geleitet und von den Bezugsrahmen einer Gegenwart geformt. An diesen Einsichten von M. Halbwachs gilt es festzuhalten. Er hat gezeigt, daß die sozialen Rekonstruktionen der Vergangenheit gruppenbezogene Kontinuitätsfiktionen darstellen. Im folgenden Abschnitt wollen wir da-

2 Ich danke meinem Freunde Cyrus Hamlin (Yale), der mir Einblick in seine im Entstehen begriffene Arbeit über *Patmos* gewährt hat.

nach fragen, wie solche Kontinuität nicht nur in Erinnerungsfiguren imaginiert, sondern im Prozeß der kulturellen Praxis de facto hergestellt wird. Wir fragen also nach den Verfahren kultureller Reproduktion. Dabei wollen wir von folgender These ausgehen: *Repetition und Interpretation sind funktionell äquivalente Verfahren in der Herstellung kultureller Kohärenz.*

Da sich das kulturelle Gedächtnis nicht biologisch vererbt, muß es kulturell über die Generationenfolge hinweg in Gang gehalten werden. Das ist eine Frage kultureller Mnemotechnik, d. h. der Speicherung, Reaktivierung und Vermittlung von Sinn. Die Funktion solcher kulturellen Mnemotechnik liegt in der Gewährleistung von Kontinuität bzw. Identität. Identität ist, wie leicht einzusehen, eine Sache von Gedächtnis und Erinnerung. Ebenso wie ein Individuum eine personale Identität nur kraft seines Gedächtnisses ausbilden und über die Folge der Tage und Jahre hinweg aufrechterhalten kann, so vermag auch eine Gruppe ihre Gruppenidentität nur durch Gedächtnis zu reproduzieren. Der Unterschied besteht darin, daß das Gruppengedächtnis keine neuronale Basis hat. An deren Stelle tritt die Kultur: ein Komplex identitätssichernden Wissens, der in Gestalt symbolischer Formen wie Mythen, Liedern, Tänzen, Sprichwörtern, Gesetzen, heiligen Texten, Bildern, Ornamenten, Malen, Wegen, ja – wie im Falle der Australier – ganzer Landschaften objektiviert ist. Das kulturelle Gedächtnis zirkuliert in den Formen der Erinnerung, die ursprünglich eine Sache der Feste und der rituellen Begehung sind. Solange Riten die Zirkulation des identitätssichernden Wissens in der Gruppe garantieren, vollzieht sich der Prozeß der Überlieferung in der Form der Wiederholung. Es liegt im Wesen des Ritus, daß er eine vorgegebene Ordnung möglichst abwandlungsfrei reproduziert. Dadurch deckt sich jede Durchführung des Ritus mit vorhergehenden Durchführungen, und es entsteht die für schriftlose Gesellschaften typische Vorstellung einer in sich kreisläufigen Zeit. Man kann daher mit Bezug auf die ritengestützte Zirkulation kulturellen Sinns geradezu von einem „Wiederholungszwang" sprechen. Genau dieser Zwang ist es, der die *rituelle Kohärenz* garantiert und von dem sich Gesellschaften beim Übergang in *textuelle Kohärenz* freimachen.[3]

3 Das ist von Schriftanthropologen wie E. A. Havelock, W. Ong und J. Goody hervorgehoben worden. Zur Repetitivität oraler Kulturen vgl. besonders W. Ong 1977.

2. *Wiederholen und Vergegenwärtigen*

Wir haben schon einleitend darauf hingewiesen und müssen es hier wiederholen: auch der Ritus erschöpft sich nicht in der Repetition, der bloßen Wiederholung eines genau festgelegten Ablaufs. Der Ritus ist mehr als eine reine Ornamentalisierung der Zeit, die durch die periodische Wiederkehr identischer Handlungsabläufe ein Muster erhält wie eine Fläche durch die Wiederkehr immer derselben Figur. Der Ritus vergegenwärtigt auch einen Sinn. Wir haben uns das am Beispiel des jüdischen Seder-Mahls klargemacht. Dessen liturgische Ordnung liegt genau fest; „seder" heißt ja „Ordnung". Diese Ordnung wiederholt sich von Jahr zu Jahr in identischer Weise. Zugleich vergegenwärtigt aber der Seder-Abend den Auszug aus Ägypten, dessen in Liedern, Homilien, Anekdoten und Gesprächen gedacht wird. Jedes Element der rituellen Ordnung verweist auf dies Geschehen, und die Form der Verweisung ist die Erinnerung (hebr. „zikaron"). Man ißt das Bitterkraut, um sich an die Bitternis des Lebens im Haus der Knechtschaft zu erinnern; das „Charosset" soll an den Lehm erinnern, aus dem die Kinder Israels die Ziegel der ägyptischen Städte formen mußten, und so geht es mit jeder Einzelheit weiter. Das christliche Abendmahl, das ja offensichtlich aus dem jüdischen Seder hervorgegangen ist, hat diese Form des erinnernden Verweises genau bewahrt. Brot und Wein sind ein „zikaron" des Kreuzestodes, das für den Christen in gleicher Weise ein Erlösungs- und Befreiungsgeschehen ist wie für die Juden der Auszug aus Ägypten und das typologisch auf den Exodus bezogen wird. Überraschender ist, daß wir schon in altägyptischen Ritualen auf genau dieselbe Struktur stoßen. Jedes Element steht in einer festgelegten Ordnung und verweist auf einen Sinn, dessen Ort hier freilich in der *absoluten Vergangenheit* des Göttermythos liegt und nicht in der *relativen Vergangenheit* der eigenen Geschichte. Aber wie in den Einsetzungsworten des Abendmahls heißt es „dies ist (bzw. bedeutet) Osiris" (und ähnlich). Der gesamte ägyptische Kult beruht auf den beiden Dimensionen der rituellen Wiederholung und der mythischen Vergegenwärtigung durch *sakramentale Ausdeutung*. Die rituelle Wiederholung ist nur die Form für den Sinn, der in ihr bewahrt und vergegenwärtigt wird. Ohne diese Sinndimension der Verweisung und Vergegenwärtigung hätten wir es nicht mit Riten, sondern nur mit ritualisierten Routinen zu tun, Handlungen, die aus Gründen der Zweckrationalität in ihrem Ablauf strikt festgelegt wurden.

In dem Maße nun, wie rituelle in textuelle Kohärenz übergeht, tritt das Element der Wiederholung zurück, weil ja nun ein anderes Gefäß für den Sinn gefunden wurde. Es fragt sich aber, ob dieser Sinn, auf dem die *konnektive Struktur* einer Gesellschaft basiert, in den Riten nicht ein wesentlich festeres, sichereres Gefäß hatte als in den Texten. Sinn bleibt nur durch Zirkulation lebendig. Die Riten sind eine Form der Zirkulation. Die Texte hingegen sind es von sich aus noch nicht, sondern nur insoweit, als sie ihrerseits zirkulieren.[4] Wenn sie außer Gebrauch kommen, werden sie eher zu einem Grab als zu einem Gefäß des Sinns, und nur der Interpret kann mit den Künsten der Hermeneutik und dem Medium des Kommentars den Sinn wiederbeleben. Natürlich kann auch der Sinn eines Ritus in Vergessenheit geraten. Dann wird unvermeidlich ein anderer Sinn substituiert. Die Texte sind nur eine riskantere Form der Sinn-Weitergabe, weil sie zugleich die Möglichkeit bereitstellen, den Sinn aus der Zirkulation und Kommunikation auszulagern, was mit den Riten nicht gegeben ist.

3. Frühe Schriftkulturen: der Strom der Tradition

Die Schrift entwickelt sich in Mesopotamien aus Vorformen im Kontext der Alltags-, nicht der zeremoniellen Kommunikation. Sie wird erst nachträglich in die Funktionsbereiche des kulturellen Gedächtnisses einbezogen. Die zeremonielle Kommunikation bleibt, allein schon aufgrund ihrer nicht aufzeichenbaren multimedialen Komplexität, eine Domäne der rituellen Repetition, die nach wie vor das Grundprinzip und Rückgrat der kulturellen Kohärenz bildet. Allmählich wächst aber, neben den Gebrauchstexten der All-

4 Das ist der Grund, warum N. Luhmann die Schrift nicht als Medium der Kommunikation einstufen will, s. seinen Beitrag „Cuts in/and Writing", in: *Stanford Literature Review* 1992. Natürlich läßt sich Schrift auch für kommunikative Zwecke verwenden. Bezeichnenderweise ist „zirkulieren lassen, in Umlauf bringen" *(sph̲r)* im Ägyptischen ein Wort für „schreiben". Die Funktionen der Schrift gehen aber darin nicht auf. Vielmehr erschließt sich mit Hilfe der Schrift und ihr vorausgehender Notationssyteme ein „metakommunikativer" Raum jenseits der Kommunikation, ein Außen der Kommunikation, das als Depot für ausgelagerte Kommunikate dient. Wir haben dieses Konzept in der Einführung näher erläutert.

tagskommunikation, ein Vorrat von Texten normativen und formativen Anspruchs, die nicht als Vertextung mündlicher Überlieferung, sondern aus dem Geist der Schrift heraus entstehen. Diese Literatur bildet, nach dem glücklichen Ausdruck von Leo Oppenheim, den „Strom der Tradition", der die zum Wiedergebrauch bestimmten Texte aufnimmt.[5] Dieser Traditionsstrom ist ein lebendiger Fluß: Er verlagert sein Bett und führt bald mehr, bald weniger Wasser. Texte geraten in Vergessenheit, andere kommen hinzu, sie werden erweitert, abgekürzt, umgeschrieben, anthologisiert in wechselnden Zusammenstellungen.[6] Allmählich prägen sich Strukturen von Zentrum und Peripherie heraus. Gewisse Texte erringen aufgrund besonderer Bedeutsamkeit zentralen Rang, werden öfter als andere kopiert und zitiert und schließlich als eine Art Klassiker zum Inbegriff normativer und formativer Werte. Bei dieser Entwicklung spielt die Schreiberschule eine zentrale Rolle. Sie bildet den institutionellen Rahmen für das Kopieren, Zirkulieren und Archivieren der Texte

5 L. Oppenheim 1964. W. W. Hallo unterscheidet innerhalb der mesopotamischen Überlieferung drei Kategorien: „canonical", „monumental" und „archival". Dem „Traditionsstrom" Oppenheims würde seine Kategorie des Kanonischen entsprechen. Da wir hier jedoch den Begriff des Kanons im strengen Sinne verwenden, nämlich für Texte, die nicht als solche, sondern als Teile eines geschlossenen und geheiligten Gesamtbestandes in der Überlieferung mitgeführt werden, ziehen wir Begriffe wie „Traditionsstrom" oder „Große Tradition" (im Sinne von R. Redfield) vor.

6 Am besten kann man sich die Struktur einer gleichsam im Fluß befindlichen Schriftüberlieferung am Beispiel der Bibel klarmachen, die ja nichts anderes als ein solcher zu einem gewissen Zeitpunkt stillgestellter tausendjähriger Traditionsstrom ist. Da sieht man das Anwachsen und Fortschreiben von Texten – Deutero- und Tritojesaja –, die Verknüpfung verschiedener Traditionen, das Nebeneinander von Varianten, ältere und jüngere Textschichten, Anthologisierungen, Sammelwerke und vor allem die Fülle verschiedener Gattungen: Gesetzeswerke, Stammesgeschichten, Genealogien, Geschichtsbücher, Liebeslieder, Gelagepoesie, Klagelieder, Festlieder, Buß- und Danklieder, Gebete, Hymnen, Sprichwörter, Spruchdichtung, Weisheitsliteratur, Prophetenbücher, Schulbücher, Romane, Novellen, Mythen, Märchen, Predigten, Biographien, Briefe, Apokalypsen – ein blühender, reich verzweigter Baum, der im Prozeß der Kanonisierung in die starre Architektur eines vielgeschossigen und vielräumigen, aber in sich einheitlichen und abgeschlossenen Gebäudes transformiert worden ist. Die alttestamentliche Traditionsgeschichte stand weitgehend im Banne der Frage nach den „Urtexten" und hat sich für die Überlieferungsarbeit der Tradenten und damit für die Geschichte des sich darin manifestierenden kulturellen Gedächtnisses wenig interessiert. In den letzten Jahren zeichnet sich hier allerdings eine Wende ab. Besonders erhellend fand ich in dieser Hinsicht Fishbane 1986.

und sorgt auf diese Weise dafür, daß alte Texte und der in ihnen vergegenwärtigte normative und formative Sinn präsent und anschlußfähig bleiben. So entsteht allmählich eine „Große Tradition", die jeder Gegenwart einen in die Tiefe der Jahrhunderte und dann Jahrtausende reichenden Wissens- und prägnanter: Bildungs-Horizont eröffnet. Das mesopotamische „Tafelhaus" und das ägyptische „Lebenshaus" sind die Träger dieser schon weitestgehend textgestützten Form des kulturellen Gedächtnisses.

Mit der Entstehung von Klassikern verändert sich die Zeitform der Kultur. Neben die *festliche* Unterscheidung von Urzeit und Gegenwart tritt nun eine andere: die von Vergangenheit und Gegenwart, Altertum und Neuzeit. Die Vergangenheit ist die Zeit der Klassiker, die *Klassik*. Sie ist keine Urzeit, die zur fortschreitenden Gegenwart in immer gleichem Abstand verbleibt, der kein zeitlicher, sondern ein ontischer Abstand ist; sie ist historische Vergangenheit, über deren wachsende Distanz zur Gegenwart man sich im klaren ist. In Mesopotamien entstehen im 1. Jahrtausend Frühformen vergangenheitsbezogener Geschichtsschreibung (J. v. Seters 1983), in Ägypten ein denkmalpflegerisches und archivarisches Interesse an alten Denkmälern und Texten, Archaismus und das Bewußtsein uralter Tradition.[7] Im Umkreis der Tempelskriptorien und Schulen entwickeln sich Bibliotheken und Buchkultur. Nach wie vor aber sind es die Feste und Riten, die das Prinzip kultureller Kohärenz darstellen.

4. *Kanonisierung und Interpretation*

Den entscheidenen Umschlag von ritueller zu textueller Kohärenz bringt nicht schon die Schrift, sondern erst die kanonisierende Stillstellung des Traditionsstroms. Nicht schon der heilige, sondern erst der kanonische Text erfordert die Deutung und wird so zum Ausgangspunkt von Auslegungskulturen. Diese These wollen wir im folgenden erläutern und begründen.

Wie C. Colpe gezeigt hat, gibt es nur zwei voneinander unabhängige Kanonbildungen in der Geschichte der Menschheit: die hebräische *Bibel* und den buddhistischen *Tripithaka* (C. Colpe 1987). Alle anderen Kanonbildungen, im Westen die alexandrinische Kanonisierung

7 Vgl. Verf. 1985; D. B. Redford 1986.

der griechischen *Klassiker* (die ich allerdings für eine von der jüdischen Bibelkanonisierung unabhängige Entwicklung halte), die christliche Bibel und der Koran, im Osten der Jaina-Kanon und die Kanonisierungen konfuzianischer und taoistischer Schriften, hängen von diesen Initialzündungen ab. Im Umkreis aller dieser Kanonisierungsprozesse entsteht sogleich eine reiche Auslegungsliteratur, die alsbald ihrerseits kanonisiert wird. So organisiert sich das kulturelle Gedächtnis einerseits in Kanones erster, zweiter und gegebenenfalls dritter Ordnung, andererseits in Primär- und Sekundärliteratur, Texten und Kommentaren. Der wichtigste Schritt in der Kanonbildung ist der Akt der „Schließung" (arab. *jğtihad*). Er zieht die beiden entscheidenden Grenzen zwischen dem Kanonischen und dem Apokryphen und zwischen dem Primären und dem Sekundären. Kanonische Texte sind nicht fortschreibbar: das macht den entscheidenden Unterschied gegenüber dem „Traditionsstrom" aus. Kanonische Texte sind sakrosankt: sie verlangen wortlautgetreue Überlieferung. Kein Jota darf verändert werden. „Ihr sollt nichts hinzutun zu dem, was ich euch gebiete und sollt auch nichts davontun, sondern die Gebote des Herrn, eures Gottes, halten", heißt es im Deuteronomium (4.2). Dieses Zitat macht zugleich klar, daß der hebräische Kanon aus dem Geist des Vertrages, des „Bundes" geboren ist, den der Herr mit seinem Volke geschlossen hat.[8] Der kanonische Text hat die Hochverbindlichkeit eines Vertrages.

Wir können uns das anhand der Unterscheidung heiliger und kanonischer Texte klarmachen. Heilige Texte gibt es auch außerhalb kanonisierter Traditionen. Es gibt sie sowohl in mündlicher (das eindrucksvollste Beispiel sind die Veden) als auch in schriftlicher Überlieferung (z. B. das ägyptische Totenbuch). Auch heilige Texte verlangen wortlautgetreue Überlieferung. Deshalb werden z. B. die Veden nicht niedergeschrieben: weil die Brahmanen der Schrift weniger trauen als dem Gedächtnis. Ein heiliger Text ist eine Art sprachlicher Tempel, eine Vergegenwärtigung des Heiligen im Medium der Stimme. Der heilige Text verlangt keine Deutung, sondern rituell geschützte Rezitation unter sorgfältiger Beobachtung der Vorschriften hinsichtlich Ort, Zeit, Reinheit usw. Ein kanonischer Text dagegen verkörpert die normativen und formativen Werte einer Gemeinschaft, die „Wahrheit". Diese Texte wollen beherzigt, befolgt und in gelebte

8 Zur Geschichte der „Kanonformel" s. u. Abschn. 2.

Wirklichkeit umgesetzt werden. Dafür bedarf es weniger der Rezitation als der Deutung. Auf das *Herz* kommt es an, nicht auf Mund und Ohr. Der Text spricht aber nicht unmittelbar zum Herzen. So lang wie der Weg vom hörenden Ohr oder lesenden Auge zum verstehenden Herzen, so lang ist der Weg von der graphischen oder phonetischen Oberfläche zum formativen und normativen Sinn. Daher verlangt der Umgang mit kanonischen Texten den Dritten, den Interpreten, der zwischen Text und Adressaten tritt und die normativen und formativen Impulse freisetzt, die in der Textoberfläche eingeschlossen sind. Kanonische Texte können nur in der Dreiecksbeziehung von Text, Deuter und Hörer ihren Sinn entfalten.[9]

So entstehen überall im Umkreis kanonisierter Überlieferung Institutionen der Interpretation und damit eine neue Klasse intellektueller Eliten: der israelitische *Sofer,* der jüdische *Rabbi,* der hellenistische *philologos,* der islamische *Scheich* und *Mullah,* der indische *Brahmane,* die buddhistischen, konfuzianischen und taoistischen Weisen und Gelehrten. Das entscheidende Kennzeichen dieser neuen Träger des kulturellen Gedächtnisses ist ihr geistiges Führertum, ihre (relative) Unabhängigkeit gegenüber den Institutionen politischer und wirtschaftlicher Macht (Chr. Meier 1987). Nur von der Position solcher Unabhängigkeit aus können sie die normativen und formativen Ansprüche vertreten, die der Kanon stellt. Sie teilen und verkörpern die Autorität des Kanons und der in ihm offenbarten Wahrheit. In den frühen Schriftkulturen waren die Träger und Pfleger des „Traditionsstroms" zugleich Verwaltungsbeamte, Ärzte, Traumdeuter und Wahrsager und in jedem Falle abhängige Befehlsempfänger (und Befehlsgeber) der politischen Organisation. Hier gab es keinen Ort innerhalb der Tradition, keinen archimedischen Punkt, von dem aus dieser Organisation mit dem Anspruch normativer und formativer Umgestaltung hätte entgegengetreten werden können. Der Kanonisierungsprozeß ist daher zugleich ein Prozeß sozialer Differenzierung: der Ausdifferenzierung einer gegenüber den politischen, administrativen, wirtschaftlichen, juristischen und sogar religiösen Autoritäten eigenständigen Position. Das Geschäft dieser Position ist, mit Hölderlin

9 Vgl. hierzu die erstaunte Gegenfrage des Kämmerers auf die Frage des Philippus: „Verstehst du denn auch, was du liest?" „Wie kann ich, wenn mich niemand anleitet?" (Apg. 8.31; „hodegesei", daher der Begriff der „Hodegetik", der wegweisenden Texterklärung.)

zu reden, die Pflege des „vesten Buchstabs“. Die Pflege des „vesten Buchstabs“ besteht in Deutung oder Sinnpflege. Weil der Buchstabe fest ist und kein Jota geändert werden darf, weil aber andererseits die Welt des Menschen fortwährendem Wandel unterworfen ist, besteht eine Distanz zwischen festgestelltem Text und wandelbarer Wirklichkeit, die nur durch Deutung zu überbrücken ist. So wird die Deutung zum zentralen Prinzip kultureller Kohärenz und Identität. Die normativen und formativen Impulse des kulturellen Gedächtnisses können nur durch unausgesetzte, immer erneuerte Textauslegung der identitätsfundierenden Überlieferung abgewonnen werden. Deutung wird zum Gestus der Erinnerung, der Interpret zum Erinnerer, zum Anmahner einer vergessenen Wahrheit.

Mit fortschreitender Textproduktion tritt allerdings sehr bald jener Zustand ein, den Aleida Assmann als ein Auseinandertreten des kulturellen Gedächtnisses in Vordergrund und Hintergrund oder „Funktions- und Speichergedächtnis“ beschreibt (A. u. J. Assmann 1991). Die Masse der Primär-, Sekundär- und Tertiärtexte, der kanonischen, semikanonischen und apokryphen Schriften geht weit über das hinaus, was eine Gesellschaft in einer gegebenen Epoche erinnern und „bewohnen“ kann. Je weiter die Texte in den Hintergrund unbewohnter Archivbestände treten, desto mehr wird der Text zu einer Form der Vergessenheit, zum Grab des Sinns, der einmal aus der gelebten Bedeutung und Kommunikation in ihn ausgelagert worden war. So breiten sich allmählich in der eigenen Tradition Bereiche des Abgelegenen und Ausgefallenen aus, weite Gebiete vergessenen Wissens entstehen, die Grenze zum Fremden verwischt.

Es liegt auf der Hand, daß in der Geschichte der *konnektiven Struktur* von Gesellschaft die Erfindung der Schrift den tiefsten Einschnitt bedeutet. Durch die Schrift teilt sich diese Geschichte in zwei Phasen: die Phase ritengestützter Repetition und die Phase textgestützter Interpretation. Die Wasserscheide zwischen diesen beiden Phasen springt in die Augen und ist oft beschrieben worden. Am bekanntesten ist Jaspers' Begriff der „Achsenzeit“ geworden, der sich genau auf diesen Umschlag bezieht[10] (auch wenn er die Rolle der

10 K. Jaspers 1949; vgl. S. N. Eisenstadt 1987. Zum historischen Syndrom der „Achsenzeit“ gehört nicht nur der Übergang zu textueller Kohärenz, sondern auch die Ermöglichung von „Ideenevolution“. Darauf werden wir im dritten Abschnitt des 7. Kapitels näher eingehen.

Schrift eigenartigerweise nicht zu Gesicht bekommen hat; aber dieses Versäumnis ist von anderen nachgeholt worden).[11]

5. Repetition und Variation

Der Hauptunterschied zwischen textueller und ritueller Kohärenz liegt darin, daß rituelle Kohärenz auf Wiederholung basiert, d. h. Variation ausgeschlossen wird, während textuelle Kohärenz Variation zuläßt, sogar ermutigt. Das leuchtet auf den ersten Blick nicht ein. Man würde vermuten, daß es eher die Welt der mündlichen Überlieferung, der Riten und Mythenerzählungen ist, in der Variation herrscht, weil ja kein Wortlaut fixiert ist und jede Aufführung den Text auf ihre Weise aktualisiert, während in der Schriftkultur der Text ein für allemal festgestellt ist und nun mit jeder Abschrift und jeder Lektüre nur noch wiederholt werden kann. Was wir meinen, bezieht sich nicht auf den Text, sondern auf das, was er zur Sprache bringt, d. h. nicht auf die Mitteilung, sondern auf die Information. In der Welt der mündlichen Überlieferung ist das Innovations- und damit Informationspotential von Texten gering. Sie halten sich nur dann im kulturellen Gedächtnis, wenn sie weitgehend Bekanntes zur Sprache bringen. In der Welt der schriftlichen Überlieferung ist das umgekehrt, wie wir aus der berühmten Klage des Chacheperreseneb, eines ägyptischen Autors des Mittleren Reichs, wissen:

> O daß ich unbekannte Sätze hätte, seltsame Aussprüche,
> neue Rede, die noch nicht vorgekommen ist,
> frei von Wiederholungen,
> keine überlieferten Sprüche, die die Vorfahren gesagt haben.
> Ich wringe meinen Leib aus und was in ihm ist
> und befreie ihn von allen meinen Worten.
> Denn was gesagt wurde, ist Wiederholung,
> und gesagt wird nur, was gesagt wurde.
> Man kann sich nicht mit den Worten der Vorfahren schmücken,
> denn die Nachkommen werden sie herausfinden.

11 Hier ist in allererster Linie der Name E. A. Havelock zu nennen, der sein Lebenswerk der Erforschung dieses Übergangs im Rahmen der altgriechischen Kultur gewidmet hat. Vgl. dazu Kap. 7, erster Abschnitt.

Hier spricht nicht einer, der schon gesprochen hat, sondern
der erst sprechen wird, auf daß ein anderer finde, was er
sagen wird.
Nicht eine Rede, von der man nachher sagen wird:
„das haben sie früher gemacht",
und auch keine Rede, die sagen wird:
„leere Suche ist es, es ist erlogen",
und keiner wird seinen Namen Anderen erwähnen.
Ich habe dies gesagt entsprechend dem, was ich gesehen
habe,
angefangen von der ersten Generation bis zu denen, die
nach uns kommen:
sie haben das Vergangene nachgeahmt.
O wüßte ich, was die anderen nicht wissen,
was keine Wiederholung darstellt.[12]

Das ist eine ergreifende Klage über den der Schriftkultur inhärenten Variations- und Innovationsdruck, ein Problem, das nur der Schriftsteller hat. Vom Barden erwartet das Publikum das Vertraute, vom Autor das Unvertraute. In der Welt der mündlichen Überlieferung entscheidet über den Rang eines Sängers einzig und allein der Umfang seines Wissens, d.h. ob er 7, 20 oder 300 Geschichten zu erzählen versteht. Je umfangreicher das Wissen, desto höher sein (in manchen Gedächtniskulturen geradezu fürstlicher) Rang. Es gibt ja keine anderen Formen der Bewahrung des Wissens als das Gedächtnis des Sängers und keine anderen Zugänge zum Wissen als die geregelten Formen seiner Aufführungen. *Wiederholung* ist hier kein Problem, sondern eine strukturelle Notwendigkeit. Ohne Wiederholung bricht der Prozeß der Überlieferung zusammen. *Innovation* würde Vergessen bedeuten.

Als Problem erscheint Wiederholung erst dort, wo sie für den Prozeß der Überlieferung keine strukturelle Notwendigkeit mehr besitzt und wo die Bewahrung des Wissens und die Zugänge zum Wissen sich von der Person des Sängers und seinen ritualisierten Auftritten gelöst haben. Diese Möglichkeiten sind in der Schriftlichkeit angelegt. Das Überraschende ist, daß sie so früh bereits in Erscheinung getreten

12 Schreibtafel BM 5645 rto. 2–7 ed. A. H. Gardiner, *The Admonitions of an Egyptian Sage*, Leipzig 1909, 97–101; M. Lichtheim 1973, 146 f.; B. G. Ockinga 1983. Neueste Übersetzung: Hornung 1990, 101.

sind. Das Problem ist in Ägypten, in den allerersten Anfängen literarischer Schriftkultur, bereits gesehen worden. Aber erst in Griechenland ist es strukturbildend wirksam geworden. Erst hier entwickelt sich eine Literatur, die Prinzipien der Variation und Innovation ausbildet und auf diese Weise zum Medium einer systematischen Ideenevolution und Wissensrevolution wird.

Das Erstaunlichste vielleicht an diesem frühen Text ist die Tatsache, daß aus ihm die Stimme eines Autors spricht, der die Tradition als etwas Äußeres, Fremdes und Übermächtiges empfindet und der vor der Aufgabe verzweifelt, dieser Tradition gegenüber seine Rede als etwas Eigenes und Neues zu behaupten und zu legitimieren. Für den mündlichen Dichter ist die Tradition nicht „außen": sie geht durch ihn hindurch und erfüllt ihn von innen. Der schreibende Dichter hingegen sieht sich der Tradition von außen gegenüber und fühlt sich auf sein innerstes Selbst angewiesen, um sich ihr gegenüber behaupten zu können. Chacheperreseneb gibt seinem Text den Titel: *Die Sammlung von Worten, das Pflücken von Aussprüchen, das Suchen nach Liedern in Durchforschung des Herzens* und richtet seine Klagen an sein eigenes Herz:

> Komm, mein Herz, daß ich zu dir spreche,
> daß du mir meinen Spruch beantwortest und mir erklärst,
> was im Land vor sich geht.

Chacheperreseneb ist der erste „scrittore tormentato" (Calvino), von dem die Literaturgeschichte weiß. Seine Qual besteht in der Vereinsamung, die mit der Schriftlichkeit einhergeht. Der Schreiber, allein mit sich und seinem Herzen, muß „sein innerstes Selbst auswringen", um mit etwas Eigenem und Neuem gegenüber der Tradition bestehen zu können. Vergangenheit, so hatten wir definiert, entsteht durch einen Bruch im Fluß der Zeit und durch den Versuch, sich über diesen Bruch hinweg auf sie zu beziehen. Hier stoßen wir nun erstmals auf eine der typischsten und verbreitetsten Entstehungsbedingungen von Vergangenheit: auf die Schriftlichwerdung von Überlieferung. Wo sie die Form des in Schriftzeichen verfestigten und objektivierten Textes annimmt und ihre Träger nicht mehr als ein geistiger Strom von innen durchdringt, liegt bereits ein Bruch vor, der jederzeit als Differenz zwischen alt und neu, einst und jetzt, Vergangenheit und Gegenwart ins Bewußtsein durchschlagen kann. Daß man diese Distanz gegenüber der schriftlich objektivierten Tradition nicht nur wie Chacheperreseneb als Qual, Entfremdung und Vereinsamung, sondern ebenso auch als Befreiung empfinden kann, steht auf einem ganz anderen Blatt. Erst durch die Schriftform gewinnt die Überlieferung eine Gestalt, der gegenüber sich ihre Träger kritisch verhalten können.[13] Erst durch die Schrift gewinnt auch wiederum der Träger die Freiheit, seinen eigenen Beitrag als etwas Neues, Fremdes, Unerhörtes gegenüber der altvertrauten Tradition zur Geltung zu bringen: „unbekannte Lieder, fremdartige Aussprüche, neue Rede, die noch nicht vorgekommen ist, frei von Wiederholung".

Der Bruch, den die Schriftlichkeit für den Prozeß der Überlieferung bedeutet, manifestiert sich als der Gegensatz zwischen „alt" und „neu". Alt und neu ist ein Gegensatz, der erst in der schriftlichen Überlieferung dramatisch wird. Erst jetzt muß sich ein neuer Text gegenüber den alten behaupten, erst jetzt laufen alte Texte Gefahr, zu veralten. Aber veralten ist gerade nicht das Schicksal, das einem Text im Rahmen der schriftlichen Überlieferung typischerweise widerfährt. Vielmehr geht es mit den Texten hier wie mit den Weinen: manche, die sich als „lagerfähig" erweisen, gewinnen mit den Jahren und werden mit wachsendem Alter immer kostbarer. „Alt" ist ein Adelstitel in der schriftlichen Überlieferung. Da die mündliche Überlieferung solche Bedingungen der Lagerung nicht kennt, ist ihr auch das Alter als Wertbegriff fremd. Die Vorstellung einer besonderen Autorität und Kostbarkeit „alter Schriften" ist in Mesopotamien und Ägypten mit der Schriftkultur ziemlich früh greifbar. Der Zugang zum Wissen eröffnet sich jetzt über die Bücher, und zwar gerade über die *alten* Bücher.

> Zum Wissenden kommt die Ma'at geläutert,[14]
> entsprechend den Ratschlägen, die die Vorfahren gesagt
> haben.
> Ahme deine Väter nach, deine Vorfahren,
> (...)
> Ihre Worte sind ja erhalten in ihren Schriften:
> schlage sie auf, lies, eifere den Weisen nach!
> Ein Meister wird nur, wer sich belehren läßt.[15]

13 Dieser Gesichtspunkt ist besonders von E. A. Havelock hervorgehoben worden und, auf ihm aufbauend, von N. Luhmann. Wir werden im Zusammenhang mit Griechenland auf diesen Aspekt zurückkommen.

14 Wörtlich: durchgeseiht, ein Vorgang beim Bierbrauen.

15 Lehre für Merikare P 34 ff.; Brunner 1988, 142.

Die alten Schriften gewinnen immer mehr an Kostbarkeit und Leuchtkraft. Freilich setzt das entsprechende Lagerungsbedingungen voraus. Im Nachhinein nimmt sich das oft wie ein natürlicher Prozeß der Selbstdurchsetzung aus: so wie beim Wein erweist sich auch in der Literatur nur das Beste als lagerfähig. In Wirklichkeit spielen hier aber oft Entscheidungen eine Rolle, die mit „Qualität" nichts zu tun haben. Die beiden unbestritten bedeutendsten Texte der ägyptischen Literatur, das *Gespräch eines Lebensmüden mit seinem Ba*[16] und der *Sonnengesang des Echnaton* (Hornung 1990, 137ff.), sind jeweils nur in einer einzigen, zeitgenössischen Hand- bzw. Inschrift bezeugt und sind offenbar nie in den „Traditionsstrom" eingegangen. Beim *Sonnengesang* ist dieses Schicksal begreiflich: er fiel der Verfolgung zum Opfer, mit der jede Erinnerung an die Amarnazeit ausgetilgt wurde. Beim *Lebensmüden* sind die Gründe für dieses Vergessen nicht einsehbar. Eine erstaunliche Menge von in unseren Augen bedeutenden, von den anerkannten Klassikern in nichts unterschiedenen Texten, darunter der *Schiffbrüchige,* der Papyrus Westcar, die *Mahnworte des Ipuwer,*[17] sind nur in einer einzigen Handschrift bezeugt.[18] Das zeigt deutlich, daß mit Traditionsbildung Selektionsprozesse verbunden sind und daß das „Altern" von Texten, ihr Zuwachs an Zeit, Kostbarkeit und Autorität von solchen Selektionsprozessen und ihren Kriterien abhängt. Schriftlichkeit, darauf kommt es mir hier vor allem an, stellt an sich noch keine Kontinuität dar. Im Gegenteil: sie birgt Risiken des Vergessens und Verschwindens, Veraltens und Verstaubens, die der mündlichen Überlieferung fremd sind, und bedeutet oft eher Bruch als Kontinuität.

Textuelle Kohärenz bedeutet die Herstellung eines Beziehungshorizonts über diesen der Schriftlichkeit inhärenten Bruch hinweg, eines Horizonts, innerhalb dessen Texte über die Jahrtausende hinweg präsent, wirksam und anschlußfähig bleiben. Wir können drei

16 Pap. Berlin 3024; Übersetzung Lichtheim 1973. Auszüge bei Hornung 1990, 113 ff.

17 Alle diese Texte in Übersetzung bei Lichtheim 1973.

18 Übrigens ist auch das Rezeptionsschicksal des Chacheperreseneb nicht wesentlich besser. Aber er ist doch wenigstens auf zwei Textzeugen vertreten, die zeigen, daß er zur Schultradition und damit zu den „Klassikern" gehörte. Sowohl Ipuwer als auch Chacheperreseneb werden unter den „Klassikern" einer ramessidischen Grabinschrift aus Saqqara erwähnt, s. dazu Assmann 1985, 488 f.

Formen solchen intertextuellen Anschlusses unterscheiden: den kommentierenden, den imitierenden und den kritischen. Kommentiert werden in der Regel kanonische Texte. Da sie weder fortschreibbar, noch imitierbar, noch kritisierbar sind, vielmehr in ihrem Wortlaut ein für allemal festliegen, kann sich Variation nur auf einer anderen Ebene auswirken, die den Text selbst unangetastet läßt. Das ist die Ebene des Kommentars. Imitiert hingegen werden klassische Texte. Sie werden natürlich auch ausgelegt, *behandelt,* wie die alexandrinischen Philologen sagen; aber *klassisch* wird ein Text erst dann, wenn er zum Vorbild variierender Texte wird, so wie Homer für Vergil, Vergil für Milton usw. Kritisiert werden fundierende Texte im Rahmen des wissenschaftlichen Diskurses. So verhält sich etwa Aristoteles zu Platon oder Mencius zu Konfuzius. Das ist eine ganz andere Form intertextueller Verkettung, die wir „Hypolepse" nennen und in dem Kapitel über Griechenland näher behandeln wollen. Gemeinsam ist allen drei Formen von Intertextualität, daß es sich um fundierende Texte handelt. Im Rahmen der Schriftkultur und der textuellen Kohärenz organisiert sich das kulturelle Gedächtnis vornehmlich als Umgang mit fundierenden Texten: auslegend, nachahmend, lernend und kritisierend. Noch einmal müssen wir betonen, daß heilige Texte in diesem Sinne keine fundierenden Texte sind: weil sie nicht anschlußfähig sind und keinerlei intertextuelle Variation generieren. Heilige Texte gehören in die Sphäre ritueller Kohärenz und Repetition.

Mit Hilfe der Riten strebt der Mensch eine Form der Kohärenz und Kontinuität an, die sich an der Natur orientiert. „Nature revolves but man advances": diese fundamentale Unterscheidung zwischen dem natürlichen und dem geschichtlichen Leben, wie sie der englische Dichter Edward Young um die Mitte des 18. Jahrhunderts in seinen *Nachtgedanken* formuliert hat, wird im Prinzip der rituellen Kohärenz aufgehoben. Durch das den Riten zugrundeliegende Prinzip der strikten Wiederholung paßt sich der Mensch der zyklischen Struktur natürlicher Regenerationsprozesse an und hat auf diese Weise Anteil an dem als göttlich und ewig verehrten kosmischen Leben.[19] Repeti-

19 Vgl. Verf. 1983, 218 f., wo auch die Illustration von William Blake zu diesen Versen abgebildet ist, die zur Darstellung der „revolving nature" das ägyptische Symbol des Uroboros, der sich in den Schwanz beißenden Schlange, verwendet.

tion und Variation, diese Unterscheidung, die Aristoteles in *De Anima* zur Definition des Menschen gegenüber der Tier- und Pflanzenwelt aufstellt,[20] läßt sich rekursiv anwenden und innerhalb des so Unterschiedenen, auf der Seite der *Variation* und der Menschenwelt, nochmals zur Geltung bringen:

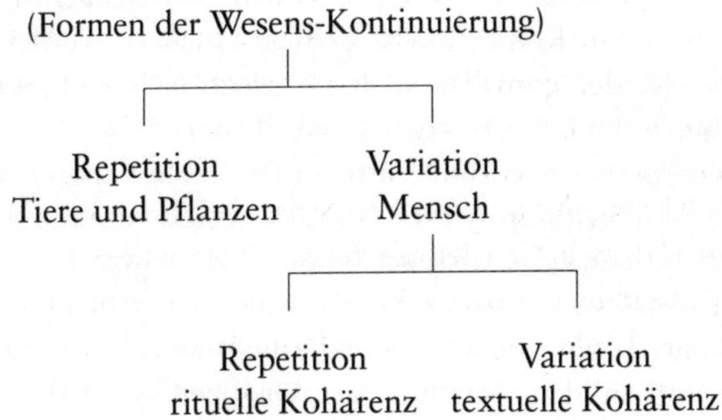

II. Kanon – zur Klärung eines Begriffs

1. Antike Bedeutungsgeschichte

Unter einem „Kanon" verstehen wir jene Form von Tradition, in der sie ihre höchste inhaltliche Verbindlichkeit und äußerste formale Festlegung erreicht. Nichts darf hinzugefügt, nichts weggenommen, nichts verändert werden. Die Geschichte dieser „Kanonformel"[21] führt in ganz verschiedene Bereiche sozialen Handelns: die *wahrheitsgetreue* Wiedergabe eines Ereignisses („Zeugenformel"), die *sach- und sinngetreue* Wiedergabe einer Botschaft („Botenformel", Quecke 1977), die *wortlautgetreue* Wiedergabe einer Textvorlage („Kopi-

20 Aristoteles, *De Anima* II, 4.2. Wir gehen in Kap. 7 näher darauf ein.

21 Willem C. van Unnik 1949. Locus classicus hierfür in der Geschichte des christlichen Kanons ist der 39. Osterfestbrief des Athanasius mit dem Kanonverzeichnis, worin die Aufzählung der heiligen Schriften mit dem Satz abgeschlossen wird: „Das sind die Quellen des Heils . . . Niemand füge (etwas) dazu hinzu, noch nehme er (etwas) davon weg." Zu den Funktionen der Kanonformel s. A. Assmann 1989, 242–245.

sten- oder Tradentenformel")[22] und die *buchstäbliche* Befolgung eines Gesetzes- oder Vertragswerks („Vertragsformel").[23] Allerdings sollte man zwischen den beiden letztgenannten Funktionen nicht allzu scharf unterscheiden, weil der Überlieferungsprozeß selbst offensichtlich im Alten Orient in den Formen von Recht und Vertrag begriffen wird. Zwischen wortlautgetreuer Abschrift des Texts und buchstäblicher Befolgung seines Inhalts wird kein großer Unterschied gemacht. Die Babylonier haben einen besonderen Sinn für die Schutzbedürftigkeit des Schrifttexts entwickelt und sichern ihn in teilweise sehr umfangreichen Kolophonen durch Segens- und Fluchformeln gegen Beschädigung und Verballhornung (Offner 1950). Mit genau denselben Formeln werden auch Verträge besiegelt. Wie Eid und Fluch die Bündnispartner zur Vertragstreue, so verpflichten die Nachschriften die Tradenten zur Überlieferungstreue. Das Berufsethos der Schreiber-Tradenten begreift das Geschäft der Überlieferung in den Kategorien rechtsförmiger Verbindlichkeit. Tradieren heißt *eine Verpflichtung gegenüber dem Text eingehen, die den Charakter einer vertragsartigen Bindung hat,* auch wenn dieser Text selbst kein Vertrag, sondern z. B. ein Epos ist.[24]

Diese rechts- und vertragsförmige Konzeption der schriftlichen Überlieferung hat sich, von Babylonien ausgehend, nach Westen verbreitet und bis in die Spätantike gehalten. So lesen wir z. B. am Ende des Aristeas-Briefes über die glücklich vollendete Übersetzung der he-

22 In dieser Funktion erscheint die Formel zuerst in babylonischen Kolophonen, und zwar, genau wie im Deuteronomium, in imperativischer Form: „Füge nichts hinzu und nimm nichts weg!" Sie gehört hier zu den Maßnahmen der „sauvegarde des tablettes", s. Offner 1950. Auf die Parallele zum Deuteronomium verweisen Cancik 1970 und Fishbane 1972.

23 In dieser Funktion ist die Formel am frühesten belegt, und zwar in den *Pestgebeten des Muršiliš,* einem hethitischen Text aus dem 13. Jahrhundert v. Chr. Dort geht es um den Text eines Vertrages, von dem Mursilis beteuert:

> Die[ser] Tafel [aber]
> fügte ic[h] kein Wo[rt]
> hinzu, noch nahm ich irgend[eines] weg.
> (E. Laroche, *Collection des textes hittites* Nr. 379 = KUB XXXI 121)

Anders H. Cancik 1970, 85 ff., der die Formel hier und im Dt. als „Kopistenformel" deutet. Diese früheste Funktion der Formel als „Vertragsformel" ist den vier Funktionen hinzuzufügen, die A. Assmann (1989), 242–45 zusammengestellt hat: Botenformel, Kopistenformel, Kanonformel, Zeugenformel.

24 Im Zusammenhang mit dem Erra-Epos begegnet die Kanonformel zum erstenmal in einem Kolophon (Fishbane 1972).

bräischen Bibel ins Griechische (die *Septuaginta*): „Die Übersetzung ist in schöner, frommer und ganz genauer Weise gefertigt; deshalb ist es recht, daß sie in diesem Wortlaut erhalten werde, und daß keine Änderung stattfinde. Alle stimmten diesen Worten bei. Dann befahl er nach ihrer Sitte, den zu verfluchen, der eine Bearbeitung unternähme, indem er etwas hinzufügte oder etwas vom Geschriebenen änderte oder wegließe. Darum handelten sie recht; denn es sollte die Schrift für alle Zukunft unverändert erhalten bleiben" (Riessler 1928, 231).

Diese Form der Kanonisierung des Textes durch vertragsförmige „Bannung" der Tradenten wird sogar auf das Lesen und Verstehen des Textes ausgedehnt. Die gnostische Schrift *Die Achtheit und die Neunheit* aus Nag Hammadi Codex VI Nr. 6 schließt mit langen Anweisungen über Niederschrift und Sicherung des Textes. Darunter erscheint auch die Rechtsform der Fluchformel, die hier aber nicht den Kopisten, sondern den Lesern gilt: „Schreiben wir eine Fluchformel auf das Buch, damit der Name nicht zu bösen Zwecken mißbraucht werde von denen, die das Buch lesen und damit sie sich den Werken des Schicksals nicht widersetzen!" (Mahé 1978, 84 f.)

Die Verbindung von „Treue" und „Wiedergabe" zeichnet sich als gemeinsamer Nenner ab in den verschiedenen Verwendungsweisen der Formel. Immer wird die Haltung eines zweiten, Nachfolgenden („secundus", von „sequi" „folgen") beschrieben, der so eng, so genau, so „auf dem Fuße" wie möglich an etwas Vorangegangenes anknüpft. Sogar dem musikalischen „Kanon" liegt dieser Sinn zugrunde: die Stimmen haben einander zu „folgen" und sich präzise nachahmend an die vorangehenden zu halten. Kanon bezieht sich daher auf das Ideal der Null-Abweichung in der Sequenz der Wiederholungen. Die Nähe zu dem, was wir als *rituelle Kohärenz* beschrieben haben, ist evident. Kanon, so ließe sich definieren, ist „die Fortsetzung ritueller Kohärenz im Medium schriftlicher Überlieferung".

Die Geschichte der *Kanonformel* weist allerdings zurück in die Sphäre nicht des Ritus, sondern des Rechts. Die bei weitem frühesten Belege finden sich dort, wo es um die äußerste Treue in der Be-Folgung von Gesetzen und vertraglichen Verpflichtungen geht. Diesen Sinn hat sie im Deuteronomium[25] und sehr viel früher bereits im Codex Hammurapi und in hethitischen Texten.[26] So ließe sich Kanon

25 Dt. 4.2; 13.1; s. J. Leipoldt/S. Morenz 1953, 57 f.
26 Hierauf werden wir im 6. Kap. näher eingehen.

auch definieren als *die Übertragung eines in der Rechtssphäre verwurzelten Ideals der Verbindlichkeit und Befolgungstreue auf den gesamten Zentralbereich schriftlicher Überlieferung.* Ritus und Recht haben gemeinsam, daß sie menschliches Handeln auf eine Vorschrift hin festlegen und den Handelnden in die Rolle des „secundus" bringen, der zu „folgen" hat. Ein Blick in die Kerntexte des hebräischen Kanons zeigt sofort, daß es hier um Rituelles und Rechtliches zusammen geht. Vergegenwärtigt man sich die Geschichte der hebräischen Kanonisierung, dann wird diese Verbindung auch von daher einsehbar. Denn die beiden entscheidenden Phasen in der Entstehungsgeschichte des Kanons, das babylonische Exil und die Zerstörung des Zweiten Tempels, bedeuten nicht nur einen Verlust der Rechtshoheit und politischen Identität, sondern auch der rituellen Kontinuität. Beide mußten in die Form des Kanons gerettet werden, um den Bruch zu überdauern. Mit dem Ur-Kanon des (Ur-)Deuteronomiums als einem „portativen Vaterland" (Heine) gelang die Rettung Israels als einer konnektiven Struktur über 50 Jahre Deportation hinweg, trotz Verlust von Land und Tempel (Crüsemann 1987). Nach der Zerstörung des Zweiten Tempels im Jahre 70 n. Chr. wurde der schon in hellenistischer Zeit hervortretende dreigeteilte 24-Bücher-Kanon des Tenach[27] endgültig geschlossen (Leiman 1976). Der Kanon trat letztendlich an die Stelle jener Institutionen, in deren Rahmen und als deren Fundierung die von ihm aufgenommenen Traditionen entstanden waren: des Tempels und des Synedriums.[28]

Der Kanon-Begriff ist für unsere Frage nach den Mechanismen und Medien kultureller Kontinuität so zentral, daß wir seiner Geschichte in einem Exkurs etwas näher nachgehen wollen. Offenbar sind hier ein griechisches Wort und ein hebräischer Sachverhalt eine unauflösbare Verbindung eingegangen. Geht man dieser Geschichte nach, stellt sich zunächst heraus, daß das griechische Wort seinerseits von einem semitischen Lehnwort[29] abgeleitet ist, das mit dem Gegenstand zusammen, den es bezeichnet, in die griechische Welt importiert

27 Die hebräische Bezeichnung Tenach ist die Abkürzung der drei Teile der hebräischen Bibel: T(orah: Pentateuch) – N(evi'îm: Propheten) – Ch(etuvîm: Hagiographen).

28 Vgl. A. Goldberg, in: A. u. J. Assmann 1987, 200–211.

29 Die semitische Etymologie wird (m. E. mit unzureichenden Gründen) bestritten von Hjalmar Frisk, *Griech. Etymol. Wörterbuch,* Heidelberg 1973, I, 780. Grundlegend für die Begriffsgeschichte s. H. Oppel 1937.

wurde. *Kanôn* hängt mit *kanna* „Rohr" zusammen, das seinerseits zurückgeht auf hebr. *qaneh,* aram. *qanja,* bab./assyr. *qanu* und letztlich sumerisch *gin:* die Rohrart *arundo donax,* die (ähnlich wie Bambus) zur Herstellung gerader Stangen und Stäbe geeignet ist. Das ist die Grundbedeutung von *kanôn. Kanôn* ist ein Instrument der Baukunst und bedeutet „gerade Stange, Stab, Richtscheit, Lineal" (mit Meßskala).

Von diesem konkreten Ausgangspunkt aus hat das Wort verschiedene übertragene Bedeutungen angenommen, die sich um vier Schwerpunkte gruppieren:

- Maßstab, Richtlinie, Kriterium (a)
- Vorbild, Modell (b)
- Regel, Norm (c)
- Tabelle, Liste (d)

a) Maßstab, Richtschnur, Kriterium

Um die Mitte des 5. Jahrhunderts v. Chr. verfaßte der griechische Bildhauer Polyklet unter dem Titel *Kanon* eine Lehrschrift, die Maßstäbe für die ideale Proportionierung des menschlichen Körpers darlegte.[30] Nach späterer Überlieferung soll er auch eine Statue geschaffen haben, die unter dem Namen Kanon diese Zahlenverhältnisse im Sinne einer Musterlösung – also Bedeutung (b) – realisierte.[31] Dieser Kanonbegriff ist noch heute in der Kunstwissenschaft in Gebrauch,

30 Diels, *Vorsokratiker* 28B1 und 2. Charakteristisch für den Sinn dieses „Kanons" im Zusammenhang des Strebens nach Genauigkeit (akribeia) ist folgendes Zitat: „Das Gelingen hängt von vielen Zahlenverhältnissen ab, wobei eine Kleinigkeit den Ausschlag gibt." Zum K. des Polyklet s. a. H. J. Weber 1986, 42–59 und v. a. A. Borbein, „Polyklet", in: *Göttinger Gelehrte Anzeigen* 234, 1982, 184–241. T. Hölscher 1988, 140 f. bringt die Entstehung von Polyklets Schrift und damit der griechischen Kunsttheorie mit der geistigen Situation der Zeit als einer von Traditionsverlust und radikal entschränkten Handlungsspielräumen gekennzeichneten revolutionären Epoche in Zusammenhang. Mit der Öffnung von Handlungsspielräumen entsteht ein gesteigertes Bedürfnis nach Orientierung; an die Stelle der zerstörten Traditionen tritt der rational begründete „Kanon".

31 S. Oppel 1937, 48–50. Nach Galen hat Polyklet selbst seine Statue „Kanon" genannt, im Sinne der Veranschaulichung seiner Theorie durch eine Musterlösung. Nach Plinius, *N. H.* 34, 55, („Polyclitus . . . doryphorum fecit et quem canona artifices vocant liniamenta artis ex eo petentes veluti a lege quadem") waren es die Künstler der Kaiserzeit, die den Doryphoros Kanon nannten, weil sie das Werk als eine maßgebliche und vorbildliche Statue betrachteten.

die unter Kanon „ein metrisches System versteht, das erlaubt, von den Abmessungen eines Teils auf die des Ganzen und von denen des Ganzen auf die noch des kleinsten Teils zu schließen".[32] Klassisches Beispiel einer im Sinne solcher Berechenbarkeit durchrationalisierten Kunst ist die altägyptische.[33] Bei Polyklet kommt aber noch etwas hinzu. Die Teile sind nicht nur so mit dem Ganzen abgestimmt, daß sie voll berechenbar sind (dies ist das ägyptische Prinzip), sondern daß sie ein „beseeltes" Ganzes, ein „System" *(systema)* bilden. Der Körper sollte als von innen heraus beseelt erscheinen. Diesem Ziel dient die Erfindung des Kontrapost, der Ruhe als potentielle Bewegung sichtbar macht.

Wir stoßen hier auf eine typische Struktur: die besondere Anschließbarkeit oder Nachahmbarkeit dessen, was nach neuen und zugleich nachvollziehbaren Regeln konstruiert ist, die Beziehung zwischen *Formstrenge* und *Anschließbarkeit.* Das gilt für all jene Kunstwerke, die zum Modell ihrer Gattung und daher *klassisch* wurden, wie etwa Corellis Triosonaten oder Haydns Streichquartette op. 33 (L. Finscher 1988). Erst durch den klassizistischen, imitierenden Rückgriff, durch *mimesis, aemulatio, imitatio* (E. A. Schmidt 1987, 252 ff.), verwirklicht das kanonische Prinzip seine Funktion einer Form kultureller Erinnerung: als Fluchtpunkt der retrospektiven Orientierungssuche. Polyklet wird kanonisiert, weil er einen Kanon geschaffen hat. Kanonisierung ist kein zufälliges Rezeptionsschicksal, sondern die Erfüllung oder Einlösung einer im Werk selbst durch Formstrenge und Regelbindung angelegten Potenz.[34]

Ungefähr gleichzeitig mit Polyklets Schrift verfaßte der Philosoph Demokrit eine Schrift mit dem gleichen Titel, wie später auch Epikur (Oppel 1937, 33–39). Hier geht es um die Maßstäbe zuverlässiger Er-

32 *Dictionnaire de l'académie des Beaux arts* III, 41.

33 Vgl. hierzu die Monographie von Wh. Davis 1989, mit ausführlicher Bibliographie des Gegenstands.

34 Es gilt allerdings zwischen „Anschließbarkeit" und „Wiederholbarkeit" zu unterscheiden. Die ägyptische Kunst ist auf Wiederholbarkeit angelegt. Sie steht im Funktionsraum „ritueller Kohärenz" und ist von jedem Variationszwang frei. Die abendländische Kunst dagegen ist auf Anschließbarkeit angelegt, d. h. auf Nachahmung unter den Bedingungen der Variation. Daher ist das klassische Werk nicht nur formstreng, sondern auch formautonom und formreflexiv. Haydns Streichquartette op. 33 kommen einem ausformulierten Traktat über die Kunst der Komposition gleich, Polyklets Doryphoros war von einem solchen Traktat begleitet.

kenntnis, Kriterien für die Unterscheidung zwischen wahr und falsch, Erkenntnis und Illusion. Bei Euripides findet sich „Kanon" im moralischen Sinne, als Kriterium der Unterscheidung zwischen „gerade" und „krumm" (d.h. moralisch korrekt und verwerflich):[35] Hier ist der Bezug auf die konkrete Bedeutung „Lineal" noch deutlich. Zu den mehr technischen Verwendungsweisen des Wortes zählt auch der Kanonbegriff in der sophistischen Stilistik. Hier geht es um die „Isokolie", die „abgezirkelte" Prosa, die genau gleich lange Kola verwendet.[36] In der Musiklehre der Pythagoräer (die darum auch „Kanoniker" genannt werden) bezeichnet „harmonischer Kanon" ein Monochord als Gerät zur Messung der Tonintervalle nach Saitenlänge (Oppel 1937, 17–20).

Gemeinsamer Nenner der technischen und geistigen Verwendungsweisen von Kanon ist das Streben nach höchster Genauigkeit *(akribeia),* der Gedanke eines *Instruments,* das sowohl der Erkenntnis als auch der Produktion – von Kunstwerken, Tönen, Sätzen, Handlungen – als *Norm des Richtigen* dienen kann. Herkunft dieses Genauigkeitsideals ist die Baukunst. Sie ist Herkunft und „Sitz im Leben" des Instruments *kanon* und liefert das tertium comparationis aller seiner übertragenen Bedeutungen. „Akribeia" meint: genaueste Planung und Berechnung sowie genaueste Umsetzung der Planung in die Realität, durch Maß und Form, d. h. Zahl, Richtung, absolute Gradheit bzw. exakteste Kurvatur. Es geht um Ordnung, Reinheit und Harmonie, um den Ausschluß von Zufall und unkontrollierter Abweichung, von „Schlendrian" und lavierender Anpassung ans Gegebene.

„Überall bedienen sie sich der Richtscheite *(kanosi),* Bleilote *(stathmois),* Maße und Zahlen *(metrois kai arithmois),* damit sich nirgendwo das Annäherungsweise und Zufällige *(to eike kai hos etyche)* ins Werk einschleiche *(tois ergois engenetai)*" (Plutarch, *De Fortuna* 996).

35 Oppel 1937, 23–25; Electra 50 ff. („Kanon der Vernunft")

36 Oppel 1937, 20–23. Vgl. die Parodie auf das Versemessen des Euripides in den *Fröschen* des Aristophanes (797 ff.):

> Richtscheite bringen sie und Ellen für die Verse
> und Ziegelformen zum Hineinpassen,
> und Winkelmaß und Zirkel, messen wird
> Euripides die Tragödien Vers um Vers.

b) Vorbild, Modell

Die Anwendung des Kanonbegriffs auf einen Menschen oder Menschentyp als „Maßstab", d. h. Vorbild richtigen Handelns, findet sich zuerst im Zusammenhang der aristotelischen Ethik. So wird der „Vernünftige" *(phronimos)* als „Kanon des Handelns" bezeichnet (*Protreptikos* fr 52 Rose; Oppel 1937, 40). Für den modernen Wortgebrauch entscheidend ist die Verwendung des Wortes in genau diesem Sinne im Zusammenhang der klassizistischen Mimesis-Theorie der augusteischen Kaiserzeit. Lysias gilt als „Kanon" der reinsten attischen Sprache, der Gerichtsrede, der „Dihegese", Thukydides als Kanon der Geschichtsschreibung usw. (Oppel 1937, 44–47). Als verwandte Begriffe tauchen in diesem Argumentationszusammenhang *horos* „Grenze" und *paradeigma* „Beispiel" auf. Das Vorbild legt die Grenzen fest, wie weit man gehen kann um innerhalb einer bestimmten Gattungs- oder ethischen Norm zu verbleiben. Die *klassischen Werke* verkörpern die zeitlos gültigen Normen in reinster Form. Deshalb sind sie Maßstab und Maßgabe für das ästhetische Urteil und die künstlerische Produktion.

Gemeinsamer Nenner von (a) und (b) ist der Gedanke des Maßes, bei (a) mehr im Sinne der Genauigkeit, bei (b) mehr im Sinne der Normativität. Die Vorstellung maßgebender Werke maßgebender Autoren gehört auch zum heutigen Kanon-Begriff. Jede normative Ästhetik „verweist" auf die „großen" Werke als Objektivationen der Vollkommenheit. *Index,* also „Fingerzeig", heißt ein derartiger Kanon daher bei Quintilian. Andere Bezeichnungen sind *ordo, numerus,* s. (d).

c) Regel, Norm

Diese Bedeutung ist nur ein kleiner Abstraktionsschritt gegenüber (b). Das Vorbild veranschaulicht die Norm, die sich aber auch durch Regeln oder Gesetze festlegen läßt. So wird das Gesetz als „Kanon", d. h. als maßgebende verbindliche Grundlage bürgerlichen Zusammenlebens und Gemeinschaftshandelns gepriesen, im Gegensatz zur Willkür der Herrschenden in Monarchien und Oligarchien.[37] In diesem Sinne wird auch der Dekalog bei Philon und anderen jüdischen

37 z. B. Aeschin. I 4; weitere Belege bei Oppel 1937, 51–57.

Schriftstellern als „Kanon" bezeichnet.[38] Im Sinne von Regel, Prinzip verwendet Panaitios das Wort in der Ethik, wenn er vom *kanón tes mesótetos = regula mediocritatis* spricht (Oppel 1937, 88). Damit ist der Sprachgebrauch der frühen Kirche verwandt, die mit *kanón tes aletheías = regula veritatis, regula fidei* die Letztinstanz von Glaubensentscheidungen, die Norm, an der alles zu messen ist, bezeichnete.[39] Kanon heißt dann auch der einzelne Synodalbeschluß sowie im besonderen die von der Kirche festgesetzten Regeln der Bußpraxis, die das „Kanonische Recht" bilden (Oppel 1937, 71 f.). Bezieht sich in allen diesen Zusammenhängen der Begriff Kanon auf Regeln und Normen von lebensformender Verbindlichkeit, so verblaßt er im Gebrauch der kaiserzeitlichen Grammatiker zur grammatischen Regel (Oppel 1937, 64–66).

d) Tabelle, Liste

Kanon nannte man schließlich in der römischen Kaiserzeit die Tabellen der Astronomen, die die Zeitrechnung, und die Tabellen der Chronographen, die die Geschichtsschreibung auf eine sichere Grundlage stellen sollten. Der Mathematiker Klaudios Ptolemaios nannte im 2. Jahrhundert n. Chr. seine Handtafeln zur Zeitrechnung *prócheiroi kanónes*. Zu diesen gehörte auch der „Königs-Kanon" *(kanón baséleion)*, eine Aufstellung von Königsnamen von dem babylonischen König Nabonassar an. Dieser Sprachgebrauch ist im Englischen und Französischen noch lebendig, die die ägyptischen und mesopotamischen Königslisten als „canon" bezeichnen. Im Deutschen dagegen verbindet sich mit dem Kanonbegriff zu sehr das Element des Obligatorischen, Verbindlichen, Normativen, um solche Listen „Kanon" zu nennen. Wir sprechen allenfalls vom „Fächerkanon" einer Universität oder Fakultät und meinen damit den obligatorischen Grundbestand strukturell bedingter Fächer. Wo der Charakter des Normativen fehlt, werden im Deutschen Ausdrücke wie „Liste", „Katalog", „Inventar" vorgezogen (z. B. „Königsliste",

38 Oppel 1937, 57–60. *kanon* bezieht sich bei Philon auf den Dekalog, nicht auf die Torah insgesamt. An anderer Stelle werden alle Einzelgesetze als *kanones* bezeichnet.

39 K. Aland 1970, 145 f.; A. M. Ritter 1987, 97 f.

„Phoneminventar", auch: „Fächerkatalog", wenn der normative zugunsten des deskriptiven Aspekts abgeblendet werden soll).

Die Listen der klassischen, zu Modellen ihrer Gattung erhobenen Dichter, Redner, Geschichtsschreiber, Dramatiker, Philosophen, wie sie von den alexandrinischen und kaiserzeitlichen Grammatikern aufgestellt wurden, nannte man in der Antike *nicht* „Kanon". Selbst die Listen, die in der frühkirchlichen Debatte[40] um den als heilig anzuerkennenden, d. h. für die Lesung im Gottesdienst zugelassenen[41] Bestand an Büchern aufgestellt wurden, hießen *nicht* Kanon (E. A. Schmidt 1987). An diesem Befund wird der Bedeutungswandel sichtbar, den der Kanonbegriff seit der Antike erfahren hat.

Alle antiken Verwendungsweisen des Wortes Kanon orientieren sich an der konkreten Bedeutung. Für die Frage nach dem gemeinsamen semantischen Nenner der verschiedenen Bedeutungen ist es daher entscheidend, sich über die Funktion eines konkreten „Kanons" Klarheit zu verschaffen. Es scheint der tektonische Kanon zu sein, der allen metaphorischen Verwendungen des Wortes als konkreter Gegenstand zugrunde liegt. Die entscheidende Eigenschaft eines Kanons – einer Stange – in der Architektur ist die Geradheit. Sie dient als „Richtscheit", um die Steine einer Mauer exakt zu fluchten. Wenn man auf einem solchen „Kanon" eine Meßskala aufträgt, dient er zugleich als Zollstock, der Abmessungen feststellt und angibt.[42] Ein Kanon ist also zunächst einmal ein *Instrument*. Er erfüllt einen bestimmten Zweck. Dieser instrumentelle Bezug ist bei allen antiken Verwendungen mitgedacht. Als Instrument dient ein Kanon der Orientierung, er verhilft zu exaktem, d. h. flucht- und maßgerechtem Bauen, im übertragenen Sinne: zu normgemäßem Handeln. Ein Kanon ist ein *normatives* Instrument, das nicht nur feststellt, was ist, sondern vorschreibt, was sein soll. Diesen Sinn gibt im Deutschen das Element „Richt-" am besten wieder: Richtscheit, Richtlinie, Richtschnur. Ein Kanon antwortet auf die Frage: „Wonach sollen wir uns *richten?*" In der Baukunst erfüllt ein Kanon diese Funktion durch

40 S. hierzu u. a. den Sammelband H. Käsemann 1970.

41 So werden in der ältesten bekannten Kanonliste, dem Fragment Muratori, die kanonischen Bücher definiert als „se publicare in ecclesia populo . . . potest": „die sich in der Gemeinde dem Volk kundtun", d. h. im Gottesdienst vorgelesen werden dürfen.

42 Ein *kanon tes analogias*, „Verhältnismaßstab".

seine Geradheit und gegebenenfalls auch durch die Genauigkeit der auf ihm aufgetragenen Intervalle.

Charakteristisch also für die antiken Verwendungen des Kanonbegriffs ist die durchgehende Kopräsenz des konkreten Bezugs zum „Maßstab“:

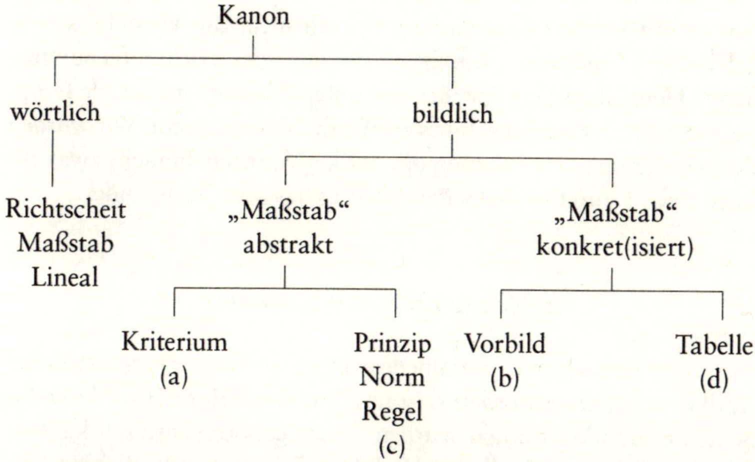

Aufgrund dieses metaphorischen Bezugs war in der Antike der Aspekt des Instrumentellen entscheidend. Kanon war zunächst ein Instrument zur Orientierung, das Genauigkeit, sichere Anhaltspunkte, feste Richtlinien ermöglichte. So erklärt sich die Bedeutung „Tabelle“, die – in der Antike eher nebensächlich – durch die kirchliche Anwendung auf die Liste der heiligen Bücher zu einem Zentrum des modernen Bedeutungsspektrums von Kanon werden sollte. Die Tabellen der Astronomen und Chronographen sind Instrumente, Hilfsmittel zur Orientierung in der Zeit. Dabei war offenbar an die Intervall-Skala eines tektonischen oder musikalischen „Kanon“-Instruments gedacht. Die Tabellen boten chronologische „Skalen“, die entweder auf astronomischen Einheiten wie Gestirnsumläufen oder historischen Einheiten wie periodischen Spielen, Festen, Herrschaftsperioden und Regierungszeiten beruhten. Umgekehrt hat man wohl wegen der Abwesenheit solchen instrumentellen Bezugs gerade jene Listen nicht Kanon genannt, mit denen sich der heutige Kanonbegriff vor allem verbindet: die von den alexandrinischen und kaiserzeitlichen Grammatikern aufgestellten Listen der klassischen Dichter, Autoren, Redner und Philosophen. Diese Listen haben als solche nichts

Kanonisches im antiken Sinne, d.h. Vorbildliches, Maßgebendes. Denn kanonisch in diesem Sinne ist immer nur der einzelne Klassiker selbst, nicht die Gruppe. Wer eine Rede aufsetzt, richtet sich etwa nach Lysias oder Isokrates, aber nicht nach der Liste der zehn attischen Redner. Von dieser sprach man griechisch gelegentlich als *choros*, lateinisch als *ordo, numerus, index*. Daher verbindet sich in der Antike mit solchen Gruppierungen auch nicht die Vorstellung von Exklusivität und von „Apokryphisierung" des Nichtaufgenommenen.[43] Heute dagegen verstehen wir unter „Kanon" immer die Gruppe, niemals ein Einzelnes, sei es ein Werk oder ein Autor. Wir würden daher in genauer Umkehrung des antiken Sprachgebrauchs zwar die Liste einen Kanon nennen, aber nicht Lysias oder Thukydides.

2. *Neuere Bedeutungsgeschichte*

Wenn wir einmal von Spezialbedeutungen absehen, die schon in der Antike technisch geworden sind und innerhalb ihrer Disziplinen bis heute unverändert tradiert wurden – dazu gehören etwa das kanonische Recht, der (unmittelbar auf Polyklet zurückgehende) Proportionskanon in der Kunstwissenschaft und die in der englischen und französischen Geschichtswissenschaft als „canon" bezeichneten Königslisten –, so läßt sich ein Bedeutungswandel konstatieren, der auf einer Verschiebung der metaphorischen Basis beruht. Wie kam es dazu?

Zu dieser Umkehrung kam es durch die kirchliche Verwendung des Kanonbegriffs.[44] Diese hatte zwar ihre Debatte um den „Kanon", also den als verbindlich anerkannten Bestand an heiliger Literatur, über gut zwei Jahrhunderte geführt, ohne das Wort Kanon zu verwenden. Unter Kanon wurde vielmehr, ganz im Sinne von (c), das Mosaische Gesetz oder ein einzelner Synodalbeschluß oder das leitende Prinzip in Glaubens- und Lebensfragen *(kanón tes aletheías, regula veritatis, regula fidei)* verstanden. Dann aber wurde im 4. Jahrhundert auf dem Wege verbindlicher Synodalbeschlüsse („Kanones") die Debatte geschlossen und der als heilig und autoritativ geltende Bestand festgesetzt. Diese Liste wurde nun Kanon genannt: nicht als

43 Dies betont E. A. Schmidt 1987, 247.

44 Oppel 1937, 69 f.; Pfeiffer 1970, 255. Der erste Beleg wohl Eusebius, *Kirchengeschichte* (*hist. eccl.* 6.25,3).

„Tabelle" im Sinne von (d), sondern weil sie im Sinne von (c) einen bindenden Synodalbeschluß darstellte und Gesetzeskraft hatte. So kam es zu dieser eigentümlichen Verschmelzung von beidem, zum Begriff eines listenhaft erfaßbaren Bestandes (d), der zum hochverbindlichen, letztfundierenden, lebensformenden Prinzip (c) erhoben wurde, mithin zur Idee des *Textkanons,* der heute die konkreteste und als solche gewissermaßen „wörtliche" Bedeutung des Wortes bildet:

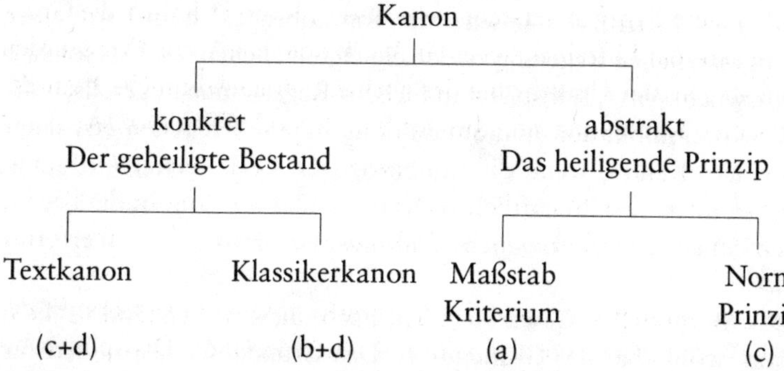

a) Kanon und Code

Wenn wir zunächst einmal von der Bedeutungsvariante (a) absehen, so fällt an dieser Übersicht bereits zweierlei auf: Der Kanonbegriff ist konkreter, inhaltlicher und wertbezogener geworden. Heute denkt man bei „Kanon" zunächst an eine heilige Schrift oder an eine hochverbindliche Norm und nicht an ein Richtscheit oder Lineal. Der Kanonbegriff hat das Instrumentelle verloren und sich dafür mit den Kategorien der Normativität, Wertbezogenheit und Allgemeinverbindlichkeit angereichert. Wir würden heute weder astronomische oder chronologische Tabellen, noch etwa grammatische Regeln als „Kanon" bezeichnen, weil ihnen Normativität und Wertbezogenheit abgehen. Sie beziehen sich auf das, was ist, nicht das, was sein soll. Daher unterscheiden wir, anders als die Antike, zwischen Kanonizität und Regelhaftigkeit. Regelhaftigkeit ist notwendige Vorbedingung jeder Kommunikation und damit jeder Form von Gesellschaft und Sinnstiftung. Regeln gibt es immer und überall, wo Menschen zusammenleben. Dafür hat sich der Begriff „Code" eingebürgert. Im Gegensatz zu „Code" bezeichnet „Kanon" keine anthropologische Universalie, sondern einen Sonderfall: den Sonderfall einer die einzelnen

Codes, z. B. die grammatischen Regeln einer Sprache, überformenden Bindung an ein Prinzip, eine Norm, eine Wertformation. Höchstens in bezug auf eine sehr stark normative Grammatik, d. h. eine ästhetisch oder ideologisch bedingte Sprachregelung, würden wir von einem Kanon reden. Denn bei einem Kanon geht es niemals um selbstverständliche Normen (wie etwa die Norm grammatikalischer Akzeptabilität), sondern um die unselbstverständliche Norm einer spezifischen Vollkommenheit. Ein Kanon ist deshalb ein Code zweiten Grades. Er tritt von außen, oder von „oben", d. h. in Form einer fremdgesetzlichen Regelung zu den eigengesetzlichen (und als solchen „naturwüchsigen", selbstverständlichen) Regelsystemen gesellschaftlicher Kommunikation und Sinnbildung hinzu. Wir reden erst dann von einem Kanon, wenn die sinnbezogenen Codes erster Ordnung, wie sie aller gesellschaftlichen Kommunikation zugrunde liegen, durch einen „wertbezogenen Code zweiter Ordnung" überformt sind.

Das Bürgerliche Gesetzbuch ist nach diesem Verständnis kein Kanon, wohl aber das Grundgesetz. Das Grundgesetz formuliert für unaufgebbar erachtete und damit gewissermaßen geheiligte Prinzipien, die aller weiteren Gesetzgebung zugrunde gelegt werden müssen, jedoch ihrerseits der Entscheidungsgewalt entzogen sind, weil sie alle Entscheidungen begründen müssen. D. Conrad 1987 definiert daher den Kanon als eine „Norm zweiten Grades".

b) Das heiligende Prinzip: Einheitsformel oder Eigengesetzlichkeit

Damit sind wir bei der Norm der Normen, zu der sich die ursprüngliche Bedeutung des abstrakten Maßstabs gesteigert hat. Wir sprechen deshalb vom heiligenden Prinzip und verstehen darunter Kanon im Sinne einer alles bindenden Einheitsformel. Dieser Kanonbegriff – wir beziehen uns auf „Regel, Norm" – leitet sich aus dem Sprachgebrauch der Kirche her. Die Kirche ist zum erstenmal mit dem Anspruch alles bindender und zugleich kanonischer, d. h. auf Wahrheit gegründeter, undisputabler Autorität aufgetreten und hat durch die Verpflichtung auf ihren Kanon eine monozentrische Kultur hervorgebracht. Kennzeichnend für eine solche Kultur ist ihre Gesamtorientierung, die Macht einer die verschiedenen Codes kultureller kommunikativer Praxis überformenden und bindenden Einheitsformel, die keinen Raum läßt für selbständiges Denken und autonome Diskurse.

Wir müssen an diesem Punkt die Bedeutungsvariante „Maßstab, Kriterium“ aufgreifen und auf ein Paradox der neuzeitlichen Kanon-Terminologie aufmerksam machen. Denn Kanon kann nicht nur eine kulturbestimmende – und überwölbende – Einheitsformel meinen, Kanon kann sich umgekehrt auch auf die Grundlage spezifischer, aus der überformenden Autorität des Staates, der Kirche, der Tradition heraustretender Ordnungen beziehen.

Unter Berufung auf einen Kanon, z. B. den stalinistischen Kanon des sozialistischen Realismus, redet die staatliche Autorität in Gestalt ihrer Zensurorgane den Künstlern hinein,[45] unter Berufung auf einen Kanon, z. B. den „Kanon der reinen Vernunft“, läßt sich das Denken nicht mehr von Staat und Religion bevormunden.[46] Der eine Kanon ist das Prinzip kultureller Heteronomie, das die einzelnen Bereiche kultureller Praxis der übergeordneten Disziplin einer Dogmatik oder Ideologie unterwirft, der andere Kanon ist das Prinzip kultureller Autonomie, das die Ausdifferenzierung spezifischer Diskurse aus dem Gesamtzusammenhang der Kultur befördert. Kanon in diesem Sinne garantiert die Entlassung von Prinzipien aus dem Schutz autoritativer Dekrete und Diktate in die selbständige Evidenz der Überprüfbarkeit. Auch hier sind die Normen kanonisch, weil sie nicht zur Disposition stehen. Aber sie sind nicht autoritativ, durch den Rekurs auf Macht, sondern rational, durch den Rekurs auf Evidenz, Überprüfbarkeit und Konsens begründet.

Über diesen Kanonbegriff wird die fachspezifische Axiomatik der Wissenschaften fundiert, werden die geltenden Grundgesetze neuer Disziplinen geeicht. Kant spricht in der Philosophie, J. S. Mill in der Logik von Kanon; in der Jurisprudenz spielt der „Kanon der vier Auslegungsregeln“ eine Rolle (Conrad 1987, 51). Polyklets zunftorientierte Schrift mit dem Titel *Kanon* darf man vielleicht als einen entsprechenden Schritt kultureller Ausgrenzung und Fundierung künstlerischer Eigengesetzlichkeit verbuchen. Mit jeder Auffindung oder Setzung neuer kanonischer Normen in Bereichen wie Philosophie, Ethik, Logik, Philologie, Kunst usw. verliert die Kultur ein weiteres Stück Zusammenhalt und gewinnt an Vielfalt und Komplexität.

Die Paradoxie des neuzeitlichen Kanonbegriffs liegt also darin, daß Kanon sowohl als Motor der Eigengesetzlichkeit als auch als Motor

45 H. Günther, in: A. u. J. Assmann 1987, 138–148.
46 K. Wright, in: A. u. J. Assmann 1987, 326–335.

der Gesamtorientierung in Gebrauch ist. Beriefen sich die antike und die neuzeitliche Aufklärung auf den Kanon der Wahrheit als Prinzip einer Code-Differenzierung, so die mittelalterliche Kirche und neuzeitliche Totalitarismen auf den Kanon der Autorität als Prinzip einer Code-Gleichschaltung. In beiden Fällen – und das gilt es als gemeinsamen Nenner festzuhalten – geht es nicht einfach um Normen, sondern um die Norm der Normen, um Fundierung, Letztbegründung, Wertbezug, d. h. um ein „heiligendes Prinzip“.

c) Der geheiligte Bestand: Kanon und Klassik

Im 4. Jahrhundert n. Chr., als die Kirche den Kanonbegriff auf den Umfang ihres als heilig anerkannten Schrifttums anzuwenden begann, kam es zu jener entscheidenden bedeutungsgeschichtlichen Ausweitung oder Verschiebung, die seine heutige Bedeutung determiniert. Von jetzt an verband sich „Kanon“ mit der Idee eines heiligen Traditionsgutes, „heilig“ im Sinne sowohl der absoluten Autorität und Verbindlichkeit als auch der Unantastbarkeit, die „nichts hinzuzufügen, nichts hinwegzunehmen, nichts zu verändern“ erlaubt. Die Sache, die man von jetzt an „Kanon“ nennt, ist natürlich älter als das 4. Jahrhundert n. Chr. Die Debatte um den „heiligen Bestand“ beginnt innerhalb der frühchristlichen Kirche bereits im 2. Jahrhundert, und sie wäre nicht denkbar ohne das Vorbild des Judentums und der im 1. und 2. Jahrhundert abgeschlossenen Kanonisierung der hebräischen Bibel.[47] Zwar sind die Vorstellungen von Verbindlichkeit und Überlieferungslegitimität, die sich im Judentum und im Christentum mit dem heiligen Text verbinden, sehr verschieden. Entscheidendes Kriterium im Judentum ist die Kategorie der Verbalinspiration,[48] im Christentum die der Apostolizität, d. h. der Augenzeugenschaft. Für den Juden ist die Schrift die schlechthinnige Offenbarung, für den Christen ist sie der Weg zu einer Offenbarung, die als Verkündung Froher Botschaft wesenhaft mündlich ist. Im Verständnis der Schriftverbindlichkeit und Traditionslegitimität gehen bekanntlich auch katholische und protestantische Theologie ziemlich weit aus-

47 Z. Leiman 1976; F. Crüsemann 1987.

48 Es gibt kein hebräisches Wort für „Kanon“, sondern nur Ausdrücke für kanonische Texte. Besonders wichtig und aufschlußreich ist die von der Synode von Jamnia benutzte Bezeichnung: kanonische Texte „verunreinigen die Hände“, d. h. sie sind unberührbar wie heilige Gegenstände. Vgl. A. Goldberg, in: A. u. J. Assmann 1987, 209, Anm. 4.

einander. Der theologische und religionswissenschaftliche Kanonbegriff ist aber weit genug, nicht nur solche Differenzen zu übergreifen, sondern auch noch auf jeden anderen Bestand an heiliger Literatur anwendbar zu sein, sofern er nur als autoritativ und unantastbar gilt: den Koran des Islam, den Pali-Kanon des (Hinayana-)Buddhismus usw.

Im neuzeitlichen Kanonbegriff ist der theologische Gedanke eines „Textkanons" an jene Stelle gerückt, die in der Antike das „Richtscheit" der Baumeister innehatte, die Stelle der konkretesten, anschaulichsten und daher als Explanans der mehr figürlichen Anwendungsformen dienenden Wortbedeutung. Nicht das Richtscheit der Baumeister, sondern die *Bibel* der Theologen steht uns daher auch vor Augen, wenn wir von Kanon reden in bezug auf jene sichernde, abgrenzende Erfassung von Traditionsbeständen, mit denen man zwar nicht den Begriff des Heiligen, wohl aber des „Klassischen" im Sinne des Vorbildlichen, Maßgebenden, Normativen und Wertverkörpernden verbindet: die Verehrung des Alten, die in Asien und wohl auch in Ägypten mit Formen des Ahnenkults einhergeht und in der abendländischen Tradition die Form eines intertextuellen Gesprächs zwischen den antiken und modernen Autoren angenommen hat. Wenn man mit Kanon den Begriff eines autoritativen und unantastbaren Traditionsgutes verbindet, das entweder aus heiligen, d. h. religiösen, oder aus klassischen, d. h. poetischen, philosophischen und wissenschaftlichen Texten bestehen kann, dann liegt die Vorstellung einer funktionalen Äquivalenz von klassischem und religiösem Kanon nahe.

Nun hat aber die Rede vom Kanon mit Bezug auf klassische Werke der Dichtung, Kunst, Philosophie und Wissenschaft noch eine ganz andere Wurzel als den Textkanon der Theologie. Das ist der antike Kanonbegriff im Sinne von Wertmaßstab, Kriterium sowohl für die Herstellung als vor allem auch für die Beurteilung von Kunst als Antwort auf die Frage: „Wonach sollen wir uns richten?" Ein Kanon definiert die Maßstäbe dessen, was als schön, groß und bedeutsam zu gelten hat. Und er tut das, indem er auf Werke verweist, die solche Werte in exemplarischer Weise verkörpern. Der Begriff der Klassik bezieht sich nicht nur rückwärtsgewandt auf die Rezeption eines als maßgeblich ausgewählten Bestands, sondern auch vorwärtsgewandt auf einen sich von daher eröffnenden Möglichkeitshorizont legitimer Anknüpfungen. Er umgreift die Vorstellungen des „heiligen Bestandes" und einer Urteil und Produktion leitenden Wertorientierung, eines „heiligenden Prinzips":

Klassik

geheiligter Bestand:	heiligendes Prinzip:
Säkularer Text- (bzw. Werk-) kanon, exklusive Sammlung und Auswahl hochverbindlich gemachter Tradition von lebensformender, „nationaler“ Maßgeblichkeit; exemplarische Verkörperungen des zeitlos Gültigen (unüberholbar Anschlußfähigen)	Maßstab und Kriterium im Bereich des Ästhetischen; Richtlinien für Produktion und Beurteilung; systemspezifische, „eigengesetzliche“ Verbindlichkeit einer ausdifferenzierten Ordnung

Jeder selegierende Zugriff auf Tradition, d. h. jeder Rezeptionsakt, ist zugleich ein Bekenntnis zu einer spezifischen Wertordnung. Rezeption und Wertsetzung bedingen sich gegenseitig. Der Begriff Kanon bezieht sich daher mit einem gewissen Recht auf beides zugleich. Darin liegt seine terminologische Fruchtbarkeit. Er läßt in der Beziehung auf ein unantastbares Korpus heiliger Texte zugleich dessen lebensformende, maßgebende, orientierende Kraft anklingen und verweist in der Beziehung auf Maßstäbe und Wertverpflichtungen künstlerischer Produktion zugleich auf die *Werke,* die solche *Werte* exemplarisch verkörpern.

Andererseits macht dieser Doppelsinn, der dem Kanonbegriff nicht von Haus aus eigen, sondern erst durch seine theologische Anwendung auf den Kanon der Heiligen Schrift zugewachsen ist, auch seine Unschärfe aus. Wir können dem dadurch begegnen, daß wir einen weiteren und einen engeren Begriff von Kanon unterscheiden, d. h. die mit dem Begriff „Kanon“ getroffene Unterscheidung rekursiv anwenden und sie innerhalb des so Unterschiedenen noch einmal zur Geltung bringen. Im weiteren Sinne steht Kanon gegen Tradition, im engeren gegen Klassik:

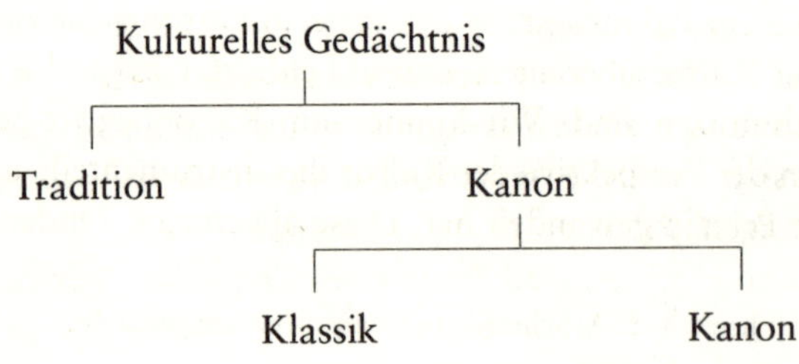

Für die Unterscheidung zwischen Tradition und Kanon ist das entscheidende Kriterium die Ausgrenzung von Alternativen und die Einzäunung des Ausgewählten. Für die Unterscheidung zwischen Klassik und Kanon ist das entscheidende Kriterium die Einschätzung des Ausgegrenzten. Das Nichtklassische ist mit solcher Ausgrenzung keineswegs als minderwertig oder geradezu verwerflich, „häretisch“, abgestempelt. Die Zensur im Zeichen des Klassischen betrifft nur die Frage der Autorität, der Anschlußfähigkeit und Maßgeblichkeit. Vor allem aber verstehen sich klassizistische Selektionen keineswegs als absolut verbindlich. Andere Epochen, andere Schulen, wählen anderes aus. Kanonbildungen im Zeichen von Klassik und Klassizismus sind grundsätzlich wandelbar. Jede Zeit hat ihren eigenen Kanon.[49] Solche Verschiebungen sind nur möglich, wenn auch das Ausgegrenzte im kulturellen Gedächtnis erhalten bleibt und nicht unter das Verdikt einer absolut ausschließenden Zensur gerät. Diese ist demgegenüber das Kennzeichen des Kanons im engeren Sinne. Hier wird alles Ausgegrenzte diskriminiert. Zwar hat sich in der christlichen Überlieferung auch unter diesen Bedingungen noch eine erstaunliche Menge apokryphen Schrifttums halten können (pseudepigraphische apokalyptische Schriften in der syrischen, äthiopischen, slavischen Überlieferung, häretische Schriften in der expliziten Refutation der Kirchenväter), in der rabbinischen Tradition dagegen ist die gesamte außerkanonische Literatur systematisch vergessen worden.

3. Zusammenfassung

Mit dem Eindringen von Kirchengeschichte hat sich das Bedeutungsfeld von Kanon entscheidend verändert, aber doch wieder nicht so sehr, daß die ursprünglichen Wurzeln des Begriffs dabei gänzlich verlorengegangen wären. Die Begriffsgeschichte von Kanon stellt sich uns dar als ein Palimpsest, in dem griechisch-römische von jüdisch-christlicher Kultur überlagert ist und beide zu einer unlöslichen Einheit verschmolzen sind. Wir können am Kanonbegriff beobachten, wie sich in der Perspektive der Kultur das instrumentelle und universalistische Prinzip gewandelt hat. Diese allgemeine Tendenz läßt sich

49 Hierauf hat v. a. E. A. Schmidt 1987 aufmerksam gemacht.

in einer Reihe von *Steigerungen* und *Einschränkungen* fassen, die das ursprüngliche Begriffspotential in neuer Weise zugespitzt haben.

a) Die Zuspitzung der Invarianz: Von Genauigkeit zu Heiligkeit

Ein gemeinsamer Nenner tritt in den verschiedenen antiken und neueren Verwendungsweisen des Wortes Kanon hervor: die Kategorie der Invarianz. Ein Kanon, in welchem Sinne auch immer, liefert sichere Anhaltspunkte, stiftet Gleichheit, Genauigkeit, Entsprechung, schaltet Beliebigkeit, Willkür und Zufall aus. Invarianz wird erreicht durch Orientierung entweder an abstrakten Regeln und Normen oder an konkreten Vorbildern (Menschen, Kunstwerken, Texten). Sie betrifft entweder Teilbereiche der kulturellen Praxis – literarische Gattungen, Rhetorik, Philosophie – oder aber die „Lebenspraxis" insgesamt: die lebensformende Verbindlichkeit der Gesetze oder der heiligen Texte.

Die Wortgeschichte von *kanón* verweist somit auf eine Reihe geschichtlicher Situationen, in denen die antike Kultur „für Invarianz optierte". In diesen Situationen hatte das Wort Konjunktur. Das war einmal die griechische Aufklärung des 5. Jahrhunderts – Kanon als Inbegriff treffsicherer Genauigkeit im Gegensatz zur variantenreichen Ungenauigkeit des mythischen Denkens – sowie die gleichzeitige Demokratie – Kanon als Inbegriff einer auf Gesetze gegründeten rechtlichen Kontinuität im Gegensatz zur Willkür von Tyrannen und Oligarchen. Dann war es der alexandrinische und vor allem der kaiserzeitliche Klassizismus – Kanon als Inbegriff einer als vorbildlich und maßgebend ausgewählten Tradition. Schließlich war es die Situation der frühchristlichen Kirche, die sich, vor allem wohl durch die gnostische Proliferation von Offenbarungsliteratur, dazu herausgefordert sah, nach jahrhundertelangem Schwanken einen verbindlichen Beschluß über den Umfang ihrer heiligen Literatur herbeizuführen – Kanon also als Inbegriff eines geschlossenen, invarianten Textbestandes von höchster Authentizität und Verbindlichkeit, im Gegensatz zu einer dem ständigen Zustrom neuer Offenbarung bzw. Erkenntnis offenen Tradition.

Wir müssen hier allerdings unterscheiden zwischen dem Streben nach Invarianz durch Genauigkeit und dem Streben nach Sicherheit durch Verfestigung. Im ersten Falle ist der Rekurs auf rationalistische Normen gefordert, im zweiten Falle ist er unterbunden. Der dezisionistische Charakter einer autoritativen Entscheidung (z. B. der verbindliche Beschluß eines Gremiums) bürgt dann für Invarianz, die nur bestehen kann, wenn die Inhalte, um die es geht, tabu, unantastbar und also jeder weiteren Prüfung und Entscheidung entzogen sind. Invarianz in diesem Sinne bedeutet Heiligung. Die Bedeutung von Kanonisch verlagert sich vom *Richtigen* auf das *Sakrosankte*. Die Normen werden auch noch dem Forum der Vernunft und des öffentlichen Konsenses entzogen und einer höheren Autorität unterstellt.[50]

b) Die Bändigung der Varianz: Bindung und Verbindlichkeit im Zeichen der Vernunft

Ein Kanon antwortet auf die Frage: „Wonach sollen wir uns richten?" Diese Frage wird immer dann dringend, wenn die Anwort nicht mehr situativ vorgegeben ist und fallweise gefunden werden kann, d. h. wenn die Wirklichkeit die in der traditionellen und selbstverständlichen Realitätskonstruktion angelegte Typik der Situationen übersteigt und die überkommenen „Maßstäbe" nicht mehr greifen. Typische Situation solcher Orientierungslosigkeit durch Komplexitätssteigerung ergeben sich bei drastischen Steigerungen des Möglichkeitsraumes. Wir haben schon auf den weitreichendsten Fall einer solchen Ausweitung hingewiesen: auf den Übergang von Wiederholung zu Abwandlung, der mit dem Wandel von ritueller zu textueller Kohärenz gegeben ist. Im Rahmen der Schriftkultur verliert die Tradition ihre alternativenlose Selbstverständlichkeit und wird prinzipiell veränderbar. Entsprechendes gilt aber weit über den Bereich der Schriftkultur hinaus. Wenn plötzlich, etwa durch eine weitreichende technische oder künstlerische Erfindung oder auch negativ durch das Verblassen traditioneller Maßstäbe, z. B. der Tonalität in der Musik, sehr viel mehr möglich ist, manifestiert sich ein Bedürfnis, zu verhindern, daß „anything goes", eine Angst vor Sinnverlust durch Entropie. Das griechische 5. Jahrhundert v. Chr. muß durch einen ganzen Komplex weitreichender politischer, technischer, künstlerischer und geistiger Neuerungen einen Komplexitätsschub größten Ausmaßes erlebt haben. Daher verlor die Tradition an Tragfähigkeit, entstand ein Bedürfnis nach „Genauigkeit" („akribeia"), d. h. nach Generalisierung als einer „Verallgemeinerung von

50 Hierfür ist die Unterscheidung von Legalität und Autorität besonders wichtig, die Conrad 1987, 55 f. herausarbeitet.

Sinnorientierung, die es ermöglicht, identischen Sinn gegenüber verschiedenen Partnern in verschiedenen Situationen festzuhalten und daraus gleiche oder ähnliche Konsequenzen zu ziehen“ (Luhmann). In Griechenland suchte eine aus den traditionellen Bindungen heraustretende Gesellschaft unter dem Begriff Kanon nach universellen, situationsabstrakten, allgemeinverbindlichen Regeln, Grenzen, Normen, um die aus dem Zerfall der situationskonkreten traditionellen Kasuistik entstandene Unsicherheit des Verhaltens und Erwartens zu absorbieren und, vor allem in den Bereichen der Kunst[51] (Polyklet), Moral (Euripides), Wahrheitserkenntnis (Demokrit) und Politik (Archytas von Tarent), durch die Aufstellung allgemeiner Regeln eine Grundlage komplementärer Erwartungen und damit Sicherheit wiederherzustellen. Dieser Weg führte in Griechenland mit dem Kanonbegriff zur Gründung neuer Disziplinen und somit zur Komplexitätssteigerung der Kultur durch eigengesetzliche Diskurse. Unter dem Begriff der Kanonisierung kommt es hier zu einem *Innovationsschub,* der Entdeckung neuer Gesetze und Aufstellung neuer Axiome, und nicht etwa zu einem Traditionsschub, der Verfestigung alter Überlieferung, der Heiligung überkommenen Kulturbestandes.

c) Die Zuspitzung der Grenze: Polarisierung

Die „Richtschnur“ des Kanons – im Sinne eines generalisierbaren, situationsunabhängigen, das Verschiedenartige vergleichbar machenden Maßstabs – zieht eine scharfe Trennungslinie zwischen A und Nicht-A. Das ist die erste und entscheidende Orientierungsleistung dieses Instruments. Der konkrete Kanon zieht sie zwischen dem Geraden und Krummen sowie zwischen dem Maßgerechten und dem Abweichenden. Der moralische Kanon zieht sie zwischen Gut und Böse, der ästhetische zwischen Schön und Häßlich, der logische zwischen Wahr und Falsch, der „politische“ zwischen Gerecht und Ungerecht. Die Idee der „Grenze“ („horos“), die Oppel mit Recht als zentralen Aspekt des Kanonbegriffs hervorgehoben hat, zielt auf diesen binären Schematismus, der „die möglichen Operationen zweiwertig vorstrukturiert“. Die im 5. Jahrhundert gebräuchlichste übertragene Bedeutung bezieht sich genau auf das einen solchen Code konstituierende binäre Prinzip oder „Kriterium“.

51 S. hierzu besonders T. Hölscher 1988.

Die Grenze, die der Kanon im Geistigen zieht, hat ihre Entsprechung in der sozialen und geschichtlichen Wirklichkeit. Die Entstehung sowohl des Begriffs *kanon* als auch der geschichtlichen Phänomene, die man mit diesem Begriff in Verbindung gebracht hat – der hebräischen Bibel, des buddhistischen Pali-Kanons usw. –, fällt in Epochen, die durch schwere interkulturelle und kulturinterne Konflikfronten gekennzeichnet sind. Für den Begriff, als dessen Schöpfer der griechische Bildhauer Polyklet gilt, hat T. Hölscher die Konfliktfront zwischen dem Alten und dem Neuen rekonstruiert, die sich im Griechenland des 5. Jahrhunderts durch radikale Traditionsbrüche und revolutionäre Innovationsschübe herausgebildet hatte. Für die so bezeichnete Sache kann der hebräische Bibelkanon als paradigmatisch gelten. Seine Fixierung fällt in eine Zeit ganz besonders ausgeprägter und tiefgreifender kultureller Konfliktfronten. Da ist zunächst der Konflikt zwischen Hellenismus und Judentum, den man als interkulturell einstufen kann und der die vorhergehenden interkulturellen Konflikte fortsetzt, deren Erinnerung in den Texten bewahrt ist: zwischen Israel und Ägypten, Assyrien, Babylonien, kurz: den „Völkern". Da ist sodann aber der innerkulturelle Konflikt zwischen Sadduzäern und Pharisäern, dazu Samaritanern, Essenern, der Qumran-Gemeinde, später auch Christen, aus dem schließlich die Pharisäer als Sieger hervorgingen. Ähnliche Richtungskämpfe spielen sich später in der Frühgeschichte der christlichen Kirche ab. Schismatische Polarisierungen des kulturinternen Typs sind es, die einen Kanon formen.

In diesem Punkt hat sich das semantische Potential besonders folgenschwer verschärft. Denn wir können und müssen eine historische Linie aufzeigen, die von der Scheidung zwischen dem Kanonischen und dem Apokryphen (zunächst nur ein Wertakzent zwischen dem Wesentlichen und dem Unwesentlichen) zur Trennung zwischen Orthodoxie und Häresie, also nicht nur Eigenem und Fremdem, sondern Freund und Feind geführt hat. Mit der Richtschnur des Kanons, nicht mehr auf Gegenstände und Sachverhalte, sondern auf Menschen angewandt, hat man immer wieder über Sein und Nichtsein, über Leben und Tod entschieden.

d) Die Zuspitzung der Wertperspektive: Identitätsstiftung

In Zeiten verschärfter innerkultureller Polarisierung, Zeiten zerbrochener Traditionen, in denen man sich entscheiden muß, welcher

Ordnung man folgen will, kommt es zu Kanonbildungen. Der Kanon verkörpert in diesen Situationen konkurrierender Ordnungen und Ansprüche den Anspruch der besten oder der einzig wahren Tradition. Wer sich ihr anschließt, bekehrt und bekennt sich zugleich zu einer normativen Selbstdefinition, zu einer Identität, die im Einklang steht mit den Geboten der Vernunft oder der Offenbarung. Die Phänomene „Kanon" und „Konversion" gehören zusammen.[52]

Mit der Unterscheidung zwischen A und Nicht-A allein ist es noch nicht getan; von Kanon sprechen wir erst, wenn A mit dem Charakter des unbedingt Erstrebenswerten verbunden ist. Ein Kanon vermittelt also zugleich eine Motivationsstruktur, die jedermann nach Wahrheit, Gerechtigkeit, Schönheit, Geradheit, Gemeinschaft, Liebe (oder womit immer die entscheidenden Positionen einer solchen Struktur besetzt sind) streben läßt. Ohne eine solche motivationsorientierende Wertperspektive würde sich niemand dem normativen Anspruch eines Kanons unterwerfen. Wenn wir Kanon auf die Frage antworten lassen: „Wonach sollen wir uns richten?", stellen wir ihn zu einseitig als eine Entlastung, als Lösung eines Problems dar. Denn zum Begriff des Kanons gehört die Kategorie des Anspruchsvollen und Erstrebenswerten.

Kanon ist eine Bewegung „zur Größe, zum Kategorischen und zum Anspruchsvollen hin" (Gehlen 1961, 60). Der Anspruch des Kanons ergibt sich aus seiner Generalitätsstufe. Je höher die Generalisierung, desto größer ist der Abstand zwischen der Forderung und den Kontingenzen konkreter Fälle. Wer sich einem Kanon unterwirft, verzichtet damit auf die kasuistische Flexibilität lavierenden Handelns zu verschiedenartigen Situationen.

Je größer nun die Forderung, je größer folglich auch der zu leistende Verzicht, desto tragfähiger muß die vom Kanon fundierte Motivationsstruktur, desto höher müssen die Prämien sein, die einen fundierten Verzicht entschädigen. Das deuteronomische Gesetz z. B., das das Leben der Juden bis ins kleinste Detail zu formen beansprucht, formt dieses Leben nicht nach der Kategorie der Entlastung, sondern nach einer nur mit Anstrengung zu erfüllenden Forderung. Wo liegt das Motiv für die kollektiven und kontinuierlichen Anstrengungen?

Wer sich das Rauchen abgewöhnt, leistet einen Verzicht, der von

52 Th. Luckmann, in: A. u. J. Assmann 1987, 38–46. Für die Antike vgl. besonders A. D. Nock, *Conversion*, Oxford 1963.

rein hygienischen Erwägungen geleitet ist. Er bekehrt und bekennt sich damit nicht zur Gemeinschaft der Nichtraucher. Zum Kanonbegriff scheint eine die pure Gewohnheit, die bare Nutzenrechnung, aber auch das idiosynkratische Präferenzsystem übersteigende Wertperspektive zu gehören. Hier spielt die identitätsstiftende Kategorie der Zugehörigkeit eine besondere Rolle. Der geheiligte Bestand von Texten, Regeln, Werten fundiert und formt eine (kollektive) Identität. Das Ereignis, das die gesamte Bedeutungsgeschichte des Kanonbegriffs strukturiert, ist das Vordringen der Kategorie der Identität. Hier jedenfalls liegt der Schlüssel für das Problem der Motivationsstruktur. Denn die Heiligung einer bestimmten Tradition läuft immer auf die Heiligung einer bestimmten Gemeinschaft hinaus. Aus dem neutralen Orientierungsinstrument Kanon wird dann eine Überlebensstrategie kultureller Identität. Die Juden, die sich der Strenge ihres Gesetzes beugen, tun dies in dem Bewußtsein, ein „heiliges Volk“ zu sein.

Wir bestimmten Kanon daher als das Prinzip einer kollektiven Identitätsstiftung und -stabilisierung, die zugleich Basis individueller Identität ist, als Medium einer Individuation durch Vergesellschaftung, Selbstverwirklichung durch Einfügung in „das normative Bewußtsein einer ganzen Bevölkerung“ (Habermas). Kanon stiftet einen Nexus zwischen Ich-Identität und kollektiver Identität. Er repräsentiert das Ganze einer Gesellschaft und zugleich ein Deutungs- und Wertsystem, im Bekenntnis zu dem sich der Einzelne der Gesellschaft eingliedert und als deren Mitglied seine Identität aufbaut.

„Kanon“ ist das Prinzip einer neuen Form kultureller Kohärenz. Sie hebt sich ab sowohl von der Tradition als einer Form alternativeloser Verpflichtung auf die Vergangenheit als auch von Antitraditionalismus als einer Form beliebiger Abänderbarkeit von Normen, Regeln und Werten im Zeichen der autonomen Vernunft. Bezeichnend für den Geist dieses Projekts ist die Tatsache, daß die Kanonmetapher aus der Baukunst stammt.[53] Die Kanonmetapher postuliert zugleich mit der Konstruktivität der Welt – der Mensch als Baumeister seiner Wirklichkeit, seiner Kultur und seiner selbst – die Letztinstanzlichkeit und Hochverbindlichkeit der Prinzipien, denen solche Konstruktion sich unterwerfen muß, wenn das „Haus“ Bestand haben soll.

Mit der Heraufkunft des Prinzips Kanon ist allerdings keineswegs das letzte Wort möglicher schriftkultureller Entwicklung gesprochen.

53 Dies betont zu Recht H. J. Weber 1987.

Unsere Reflexion dieser Prozesse wäre gar nicht denkbar, wenn wir noch immer im Banne eines Kanons dächten und schrieben. Das Prinzip Kanon hat längst anderen Organisationsformen kultureller Erinnerung Platz gemacht. Die bloße Existenz eines Faches wie Ägyptologie setzt voraus, daß sich unser Forschen und Lehren vom normativen und formativen Diktat fundierender Texte frei gemacht hat. Damit sind auch die Grenzen der kulturellen Erinnerung fließend geworden. Es haben sich weite Bereiche außerhalb jener Texte eröffnet, aus deren unablässiger Interpretation die modernen Geisteswissenschaften und mit ihnen die Ägyptologie hervorgegangen sind. Auch der Geisteswissenschaftler ist ein Deuter. Er bewegt sich aber nicht mehr ausschließlich im Horizont der *Sinnpflege* fundierender Texte. Für den Wissenschaftler, forderte Wilamowitz, muß die Partikel „án" genauso wichtig sein wie die Dramen des Aeschylus. Aber das ist ein extremer Standpunkt, der in dem Widerspruch, den er produzierte, sofort deutlich machte, welche unaufgebbare normative und formative Herrschaft die fundierenden Texte auch über eine Zeit auszuüben vermochten, die durch Aufklärung und Historismus hindurchgegangen war. Gegen den Historismus sind drei Gegenpositionen aufgebaut worden. Die eine richtet sich gegen die Gefahr eines „haltlosen Relativismus" (A. Rüstow) und stellt ihm eine neue kanonische, d. h. wert- und identitätsbezogene Formation entgegen. Dazu gehört etwa der „dritte Humanismus" Werner Jaegers und seiner Schule, der explizit gegen Wilamowitz und seinen historischen Positivismus gerichtet war.[54] Die andere, subtilere, sieht in der „historistischen Kritik" eine Art Stahlbad, das den Wahrheitskern oder, in theologischer Sprache, das „kerygma" des Textes nur umso strahlender zum Vorschein bringt („Klassisch ist, was der historischen Kritik gegenüber standhält", H. G. Gadamer 1960, 271): Dazu gehören die Hermeneutik von H. G. Gadamer[55] und das Projekt der „Entmythologisierung" von R. Bultmann. Die dritte, neueste, entdeckt im Historismus selbst den verkappten Kanon, den wert- und selbstbildbezogenen Horizont: Das „Exotische" ist nichts anderes als eine Identitätsstiftung mit umgekehrten Vorzeichen.[56] Die Idee einer „wertfreien" Wissenschaft im

54 *Das Problem des Klassischen und die Antike,* Naumburger Tagung von 1930.

55 H. G. Gadamer 1960, 269 ff. (S. 270 f. zu W. Jaeger).

56 Vgl. z. B. F. Kramer 1977 und E. Said 1978.

Sinne Max Webers hat sich als zutiefst problematisch – d. h. als ihrerseits wertbesetzt – erwiesen. Dazu gehört auch die Nivellierung der Grenze zwischen Gedächtnis und Geschichte, die bei Halbwachs noch eine so fundamentale Rolle spielt.[57] Das 20. Jahrhundert hat dann verschiedene Formen von Rekanonisierung erlebt: die politischen Kanonbildungen im Zeichen nationalistisch-faschistischer und marxistisch-leninistischer Einheitsformeln, die anti-kommunistische und anti-nationalistische Restauration einer römisch-westeuropäischen „Abendland"-Idee in der Nachkriegszeit, Fundamentalismen religiöser (christlicher, jüdischer, islamischer usw.) und säkularer Observanz sowie Gegenkanonisierungen im Dienste ausgeprägter Gegenidentitäten und Gegengeschichten, wie sie von Feminismus, „black studies" und verwandten Richtungen ausgehen. Aus den Horizonten normativer und formativer Wertsetzungen kommen wir nicht heraus. Die Aufgabe der historischen Wissenschaften kann nicht mehr darin gesehen werden, die Kanon-Grenzen einzureißen, zu „zersetzen" (Gadamer), sondern zu reflektieren und in ihrer jeweiligen normativen und formativen Struktur bewußt zu machen.

57 P. Burke 1991; P. Nora 1990.

DRITTES KAPITEL

KULTURELLE IDENTITÄT UND POLITISCHE IMAGINATION

I. Identität, Bewußtsein, Reflexivität

Identität ist eine Sache des Bewußtseins, d. h. des Reflexivwerdens eines unbewußten Selbstbildes. Das gilt im individuellen wie im kollektiven Leben.[1] Person bin ich nur in dem Maße, wie ich mich als Person weiß, und ebenso ist eine Gruppe „Stamm", „Volk" oder „Nation" nur in dem Maße, wie sie sich im Rahmen solcher Begriffe versteht, vorstellt und darstellt. Im folgenden geht es um die Kategorien und Formen kollektiver Selbstvorstellung und Selbstdarstellung, also mehr um Ethno- als um Ich-Genese und um die Rolle, die der kulturellen Erinnerung dabei zukommt.

1. Personale und kollektive Identität

Zwischen beiden Dimensionen der Identität besteht eine eigentümliche, paradox erscheinende Beziehung. Ich möchte das in der Form zweier Thesen formulieren, die einander scheinbar widersprechen:
1. Ein Ich wächst von außen nach innen. Es baut sich im Einzelnen auf kraft seiner Teilnahme an den Interaktions- und Kommunikationsmustern der Gruppe, zu der er gehört, und kraft seiner Teilhabe an dem Selbstbild der Gruppe. Die Wir-Identität der Gruppe hat also Vorrang vor der Ich-Identität des Individuums, oder: Identität ist ein soziales Phänomen bzw. „soziogen".

1 „Identität" als Problemtitel interdisziplinärer Forschung und Reflexion erlebte in den Jahren um 1980 eine Hochkonjunktur. Dafür einige Beispiele: Cl. Lévi-Strauss 1977/1983; G. Michaud 1978; H. Mol 1978; J. Beauchard 1979; O. Marquard/K. Stierle 1979; *L'identité* 1980; R. Robertson/B. Holzner 1980; *Identité et regions* 1981; A. Jacobson-Widding 1983.

2. Kollektive oder Wir-Identität existiert nicht außerhalb der Individuen, die dieses „Wir“ konstituieren und tragen. Sie ist eine Sache individuellen Wissens und Bewußtseins.[2]

These 1 behauptet den Vorrang des Ganzen vor dem Teil, These 2 den des Teils vor dem Ganzen. Es handelt sich um die in der Sprachwissenschaft wohlbekannte Dialektik von Dependenz und Konstitution (oder Deszendenz und Aszendenz). Der Teil hängt vom Ganzen ab und gewinnt seine Identität erst durch die Rolle, die er im Ganzen spielt, das Ganze aber entsteht erst aus dem Zusammenwirken der Teile. Aus dem Zusammen der beiden Thesen ergibt sich ein Doppelsinn des Wortes „soziogen“. Das individuelle Bewußtsein ist soziogen nicht nur im Sinne von These 1, nämlich darin, daß es durch Sozialisation, von außen nach innen, entsteht. Es ist soziogen auch im Sinne von These 2: Es läßt Gemeinschaft entstehen, dadurch, daß es „Träger“ eines kollektiven Selbstbildes oder Wir-Bewußtseins ist. Im folgenden geht es um diesen aktiven Sinn von Soziogenese. Wie wird Gemeinschaft, d. h. kollektive bzw. sozio-kulturelle Identität konstituiert?

Zunächst wollen wir die schlichte Dichotomie von „Ich-“ und „Wir-Identität“ durch eine Dreiteilung ersetzen, indem wir innerhalb des „Ich“ noch einmal zwischen „individueller“ und „personaler“ Identität unterscheiden:

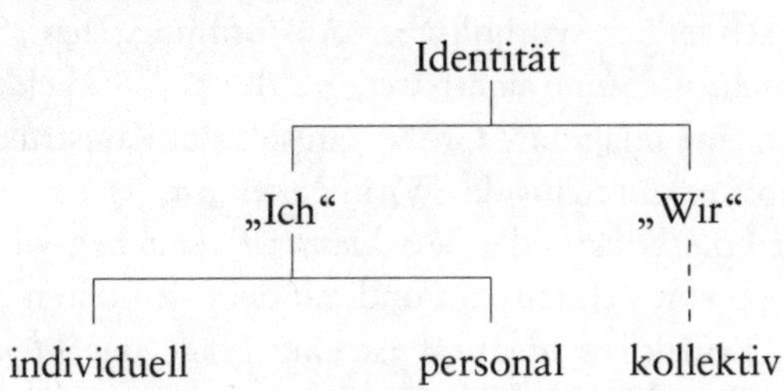

Individuelle Identität ist das im Bewußtsein des Einzelnen aufgebaute und durchgehaltene Bild der ihn von allen („signifikanten“) Anderen unterscheidenden Einzelzüge, das am Leitfaden des Leibes entwickelte Bewußtsein seines irreduziblen Eigenseins, seiner Unverwechselbarkeit und Unersetzbarkeit. *Personale Identität* ist demgegenüber der Inbegriff aller dem Einzelnen durch Eingliederung in spe-

2 Wir bekennen uns mit dieser These zu einem „methodologischen Individualismus“ im Sinne von H. Albert 1990.

zifische Konstellationen des Sozialgefüges zukommenden Rollen, Eigenschaften und Kompetenzen. *Individuelle Identität* bezieht sich auf die Kontingenz eines Lebens mit seinen „Eckdaten" von Geburt und Tod, auf die Leibhaftigkeit des Daseins und seiner Grundbedürfnisse. *Personale Identität* bezieht sich dagegen auf die soziale Anerkennung und Zurechnungsfähigkeit des Individuums. Beide Aspekte der Ich-Identität, auch der der individuellen Identität, sind „soziogen" und kulturell determiniert. Beide Prozesse, der der Individuation und der der Sozialisation, verlaufen in kulturell vorgezeichneten Bahnen. Beide Identitätsaspekte sind Sache eines Bewußtseins, das durch Sprache und Vorstellungswelt, Werte und Normen einer Kultur und Epoche in spezifischer Weise geformt und bestimmt wird. Die Gesellschaft erscheint so – ganz im Sinne von These 1 – nicht als eine dem Einzelnen gegenüberstehende Größe, sondern als konstituierendes Element seines Selbst. Identität, auch Ich-Identität, ist immer ein gesellschaftliches Konstrukt und als solches immer kulturelle Identität.

Der Unterschied zwischen Ich-Identität und Wir-Identität ist also auf keinen Fall darin zu erblicken, daß erstere „naturwüchsig", letztere eine kulturelle Konstruktion wäre. „Naturwüchsige" Identität gibt es nicht. Wohl liegt aber ein Unterschied darin, daß kollektive Identität nicht, wie personale, auf die natürliche Evidenz eines leiblichen Substrats bezogen ist. Die Evidenz kollektiver Identität unterliegt einer ausschließlich symbolischen Ausformung. Den „Sozialkörper" gibt es nicht im Sinne sichtbarer, greifbarer Wirklichkeit. Er ist eine Metapher, eine imaginäre Größe, ein soziales Konstrukt. Als solches aber gehört er durchaus der Wirklichkeit an.

Unter einer *kollektiven* oder *Wir-Identität* verstehen wir das Bild, das eine Gruppe von sich aufbaut und mit dem sich deren Mitglieder identifizieren. Kollektive Identität ist eine Frage der *Identifikation* seitens der beteiligten Individuen. Es gibt sie nicht „an sich", sondern immer nur in dem Maße, wie sich bestimmte Individuen zu ihr bekennen. Sie ist so stark oder so schwach, wie sie im Bewußtsein der Gruppenmitglieder lebendig ist und deren Denken und Handeln zu motivieren vermag.

Im Rahmen dieser Untersuchung geht es um den Zusammenhang zwischen sozialem Selbstbild und sozialer Erinnerung, d. h. Geschichtsbewußtsein. Gruppen stützen typischerweise, wie der Ethnologe Rüdiger Schott einmal formulierte, das Bewußtsein ihrer Einheit und Eigenart auf Ereignisse in der Vergangenheit. Gesellschaften brauchen die Vergangenheit in erster Linie zum Zwecke ihrer Selbstdefinition. „Eine Nation lebt nur, indem sie ihre Vergangenheit wiederaufleben läßt", formuliert ein moderner ägyptischer Autor.[3] Denn jede Gruppe besitzt in ihrer Vergangenheit, wie bereits Droysen feststellte, „gleichsam die Erklärung und das Bewußtsein über sich selbst, – ein Gemeinbesitz der Beteiligten, der ihre Gemeinschaft um so fester und inniger macht, je reicher er ist".[4] Die Imagination nationaler Gemeinschaft ist angewiesen auf die Imagination einer in die Tiefe der Zeit zurückreichenden Kontinuität.

2. *Grundstrukturen und Steigerungsformen*

Den Begriff der kollektiven Identität trifft derselbe Vorwurf, den M. Bloch 1925 der Durkheim-Schule gemacht hat: daß sie den Termini der Individualpsychologie wie „représentation", „conscience", „mentalité", „mémoire" lediglich das Adjektiv „collective" hinzugefügt habe. Dieser Sprachgebrauch sei „bequem, aber ein bißchen fiktiv". In diesem Falle aber bezieht er sich auf etwas, das seinerseits eine Fiktion darstellt, ein Produkt sozialer Imagination. Das Fiktive oder Metaphorische der Rede von der kollektiven Identität beruht zum einen auf der ausschließlich symbolischen Realität der Mitgliedschaft, zum anderen darauf, daß ihr das Element des Irreduziblen abgeht. Eine kollektive Identität läßt sich (sofern dies nicht durch äußeren Zwang erschwert oder unmöglich gemacht wird) aufkündigen, z. B. durch Auswanderung oder Konversion. Kollektive Identität kann bis zur Inhaltslosigkeit verblassen – und das Leben geht weiter, im Unterschied zur Ich-Identität, deren entsprechende Aushöhlung, Schwächung oder Beschädigung pathologische Folgen hat. Kollektive Identitäten gehören in den Bereich des sozialen „Imaginaire" (Castoriadis 1975; Baczko 1984; Anderson 1983; Elwert 1989).

Kultur und Gesellschaft sind Grundstrukturen, d. h. irreduzible Grundbedingungen des Menschseins überhaupt. Menschliches Dasein, wie wir es kennen, ist nur auf dem Boden und im Rahmen von Kultur und Gesellschaft denkbar. Auch der Eremit, der beiden ab-

3 Muhammad Husayn Haykal (1888–1965), zitiert bei H. H. Biesterfeldt 1991, 277.

4 J. G. Droysen, *Historik*, hg. v. P. Leyk, Stuttgart-Bad Cannstadt 1977, 10, 45.

schwört, ist von ihnen geprägt und hat im Gestus der Negation (der „Entsagung") an ihnen teil. Auf der Ebene der Grundstrukturen vermitteln bzw. „produzieren" sie Identität, die immer personale, aber nicht unbedingt kollektive Identität ist. Der Einzelne wird in seinem Ich-Bewußtsein von ihnen geprägt, aber das heißt nicht, daß damit notwendigerweise auch ein Wir-Bewußtsein verbunden ist, in dem sich seine Zugehörigkeit zu einer Gesellschaft und deren Kultur als Zusammengehörigkeit im Sinne der Mitgliedschaft artikuliert. Diese Zugehörigkeit liegt vielmehr als eine Selbstverständlichkeit unterhalb der Schwelle eines bewußten und handlungsleitenden Selbstbildes. Erst durch Bewußtmachung – z. B. durch Initiationsriten – oder Bewußtwerdung – z. B. durch die Begegnung mit andersartigen Gesellschaften und Lebensformen – können diese Zugehörigkeiten sich zu einer Wir-Identität steigern. Eine kollektive Identität ist nach unserem Verständnis reflexiv gewordene gesellschaftliche Zugehörigkeit. Kulturelle Identität ist entsprechend die reflexiv gewordene Teilhabe an bzw. das Bekenntnis zu einer Kultur.

Der Unterschied zwischen einer Grundstruktur und deren Steigerung durch Reflexivwerden läßt sich am Beispiel des Feminismus illustrieren. Jeder Mensch gehört praktisch unwiderruflich zu einem der beiden Geschlechter. Von einer „männlichen" oder „weiblichen Identität" zu reden hat (nach unserem Verständnis des Begriffs) jedoch erst dann Sinn, wenn sich mit dieser zunächst rein klassifikatorischen Zugehörigkeit ein Wir-Bewußtsein, ein Solidaritäts- und Zusammengehörigkeitsgefühl sowie handlungsleitende Impulse eines mitgliedschaftlichen Selbstbildes verbinden. Der Feminismus leistet genau dies: er produziert eine weibliche kollektive Identität. In ähnlichem Sinne spricht Marx in bezug auf soziale Klassen von einem „Kollektivsubjekt". Durch Bewußtmachung ihrer gemeinsamen Lage soll sich Zugehörigkeit in Zusammengehörigkeit und Masse in ein solidarisch handelndes Kollektivsubjekt wandeln, dessen Handlungsfähigkeit auf seiner Identität beruht. Das geschieht in beiden Fällen durch „kontrastive" oder „antagonistische Solidarisierung", in einem Falle gegenüber den Männern, im anderen gegenüber den Oberschichten. Antagonismus gehört zu den typischen Ermöglichungsbedingungen der Reflexivwerdung und Steigerung von Grundstrukturen und damit zur Genese kollektiver Identitäten.

Auch personale und individuelle Identität entsteht und entwickelt sich durch Reflexivwerdung. In diesem Falle handelt es sich aber um einen unabdingbaren und unvermeidlichen Prozeß, der mit der Einbindung des Einzelnen in die Horizonte einer gesellschaftlichen und kulturellen Formation gegeben ist. Wir sprechen in diesem Fall von „anthropologischer Reflexivität". Es handelt sich um jenen vor allem von G. H. Mead 1934/1968 aufgezeigten Prozeß „wechselseitiger Spiegelung" (Th. Luckmann), der Ausbildung und Stabilisierung personaler Identität durch Identifikation sowohl mit „signifikanten Anderen" als auch mit dem Bild, das diese von einem selbst zurückwerfen (Th. Luckmann, in: Marquard/Stierle 1979). Selbst-Erfahrung ist immer vermittelt, unmittelbar ist allein die Erfahrung anderer. Ebensowenig wie unser Antlitz können wir unser inneres Selbst anders als im Spiegel betrachten. Solche Spiegelung, re-flexio, hat die Struktur der Bewußtmachung und Reflexivität. Es handelt sich daher um mehr als ein bloßes Wortspiel. Der Umgang mit anderen ist zugleich ein Umgang mit uns selbst. Anders als durch Kommunikation und Interaktion ist ein Selbst, d. h. personale Identität, nicht zu haben. Personale Identität ist ein Bewußtsein von sich, das zugleich ein Bewußtsein der anderen ist: der Erwartungen, die sie an einen richten, der Verantwortung und Haftung, die sich daraus ergibt.

Damit einer im Umgang mit anderen eine personale Identität ausbilden kann, muß er mit ihnen in einer gemeinsamen „symbolischen Sinnwelt" leben. Das heißt aber nicht, daß diese Gemeinsamkeit notwendigerweise auch ihrerseits eine (kollektive) Identität darstellt. Sie tut dies nur, wenn sie bewußt gemacht und bewußt gehalten wird. Im Grund- oder, wenn die paradoxe Wendung gestattet ist, im Naturzustand von Kultur ist aber genau das Gegenteil der Fall: sie wird mit allen ihren Normen, Werten, Institutionen, Welt- und Lebensdeutungen zu einer Selbstverständlichkeit, einer schlechthinnigen, alternativlosen Weltordnung naturalisiert und in ihrer Eigenart und Konventionalität dem Einzelnen unsichtbar.[5] In ihrer Unsichtbarkeit vollkommener Selbstverständlichkeit und Implizität kann sie dem Einzelnen auch kein Wir-Bewußtsein, keine Identität vermitteln. Identität, daran ist unbedingt festzuhalten, ist ein plurale tantum und setzt andere Identitäten voraus. Ohne Vielheit keine Einheit, ohne

5 Vgl. hierzu P. R. Hofstätter 1973, 57–73 der geradezu definiert: „Die Summe der Selbstverständlichkeiten in einem Gesellschaftssystem nennen wir dessen Kultur" (S. 93).

Andersart keine Eigenart. Es gehört nun zur Eigentümlichkeit kultureller Formationen, daß sie einerseits (jedenfalls bis heute, wo wir von der Errichtung einer Weltgesellschaft mit einer Weltkultur trotz allem doch noch recht weit entfernt sind) nur im Plural, andererseits aber normalerweise bzw. von Haus aus in weitgehender Vergessenheit dieser Tatsache existieren. Kein Mensch käme, wiederum: normalerweise, auf die Idee, daß er allein auf der Welt ist bzw. umgeben von Wesen, denen er den Status der Gleichartigkeit mit sich selbst nicht zuerkennen kann. Für Gesellschaften ist aber genau dies der normale Fall. Das verbreitetste Prinzip ethnischer Selbstbezeichnung ist die Verwendung des je eigensprachlichen Wortes für „Mensch" als Ethnikon (z.B. „Bantu", „Inuit" oder das ägyptische „remetj"). Aber das ist nur ein sehr auffälliges und handgreifliches Symptom für die sehr viel verbreitetere Tendenz jeder Kultur, die ihr eigentümliche Schwarz-Weiß-Zeichnung von Position und Negation, die jeder Sinnkonstitution zugrunde liegt, in die Unsichtbarkeit und Ungreifbarkeit einer „Grauzone" impliziter Regeln und Bedeutungen herabzustufen, in der sie der Thematisierbarkeit und damit Veränderbarkeit entzogen ist (Mary Douglas 1966; 1970; 1975). Die Wirklichkeit wäre nicht die Wirklichkeit, wenn sie den in ihr Lebenden als eine „soziale Konstruktion" bewußt wäre.

Diese jeder kulturellen Formation von Haus aus eigene Tendenz, über die Konventionalität und Kontingenz, d.h. die Auch-anders-Denkbarkeit ihrer Wirklichkeitskonstruktionen, den Schleier der Vergessenheit bzw. der Selbstverständlichkeit zu breiten, erklärt sich aus der natürlichen Kulturangewiesenheit des Menschen. Wenn der Mensch es auch immer als seine Aufgabe und gottgegebene Chance empfand, „die Wildheit abzulegen und die Menschlichkeit anzulegen" *(humanitatem induere feritatem deponere),* wie Petrarca dies in einem Brief ausdrückte (R. Pfeiffer 1982, 30f.), so hat er sich doch nie objektiv in einer derartigen Situation befunden. Im Gegensatz zur Kultur gibt es nur auf der einen Seite die Kinder, die als „junge Barbaren" mit jeder Generation in sie hineingeboren werden (und die nicht „wild" sind, sondern kulturbedürftig), und auf der anderen Seite die anderen Kulturen, deren Zustand von der ethnozentrischen Perspektive der eigenen Kultur aus als Wildheit erscheint. Der Mensch entscheidet sich nicht für die Kultur und gegen die Wildheit. Weil er auf Kultur angewiesen ist, wird sie ihm zur (zweiten) Natur. Das Tier ist durch seine Instinkte an eine (artspezifische) Umwelt angepaßt. Der Mensch, dem diese Instinkte fehlen, muß sich statt dessen der Kultur als einer symbolischen Sinnwelt anpassen, die ihm die Welt symbolisch vermittelt und dadurch bewohnbar macht. Ihm bleibt keine andere Wahl. Er hat keine Wildheit abzulegen, sondern ein Defizit zu kompensieren. Er lernt, worauf er angewiesen und was in der Form der Angewiesenheit in ihm angelegt ist.

Allerdings pflegen Kulturen in ihrem Eigenverständnis ihr Ziel und Wirken oft als Überwindung nicht eines Mangels, sondern positiver Wildheit darzustellen. Sie artikulieren sich über Chaos-Fiktionen (G. Balandier 1988). Die Kultur wird als Überwindung und Umkehrung eines Naturzustands gesehen, worin der Mensch des Menschen Wolf ist, worin das Recht des Stärkeren (d. h. Rechtlosigkeit) herrscht, jeder hemmungslos seinen eigenen Trieben und dem Eindruck des Augenblicks ausgesetzt ist. Anpassung an die Kultur bedeutet – ihrem Eigenverständnis zufolge – Distanzierung von der Natur. Die Anpassung an die symbolische Sinnwelt der Kultur mit ihren Vorschriften und Verboten, ihren Normen und Institutionen, ihren Regeln und Bedeutungen, impliziert eine Distanzierung sowohl nach außen wie nach innen, gegenüber der „Welt“ und gegenüber dem „Selbst“. Mit der Anpassung an die Institutionen der Kultur „distanziert“ der Mensch sich von der unmittelbaren Gebundenheit an den Zwang zur Trieberfüllung und gewinnt durch solchen Aufschub den „Besinnungsraum“, in dem ein Handeln aus freier Entscheidung und damit Identität erst möglich wird. „Bewußtes Distanzschaffen zwischen sich und der Außenwelt darf man wohl als den Grundakt menschlicher Zivilisation bezeichnen“, schreibt A. Warburg in der Einleitung zu *Mnemosyne* (Gombrich 1984, 382). Die Kultur institutionalisiert diese Distanz. Sie erzeugt Vertrautheit und Vertrauen: Selbstvertrauen, Weltvertrauen, soziales Vertrauen, „entlastet“ auf diese Weise von Reizüberflutung, Entscheidungsdruck und Mißtrauen, und schafft dadurch den Frei-Raum, der menschlichem Dasein eigentümlich ist.[6]

Dieser Frei-Raum ist die Vorbedingung für die Ausbildung personaler und individueller Identität. Er ermöglicht die Interaktions- und

6 S. hierzu N. Luhmann 1973. Vgl. auch den griech. Begriff der „pistis“, worunter etwa Chr. Meier „das selbstverständliche Ineinanderrasten von Erwartung und Erfüllung“ versteht (in: Marquard/Stierle 1979, 375 mit Verweis auf P. Spahn, *Mittelschicht und Polisbildung*).

Kommunikationsprozesse, die „Reziprozität der Perspektiven" (H. Plessner), die jeder Ausbildung von Identität, sowie die Freiheit des Handelns, die jeder Selbsterfahrung zugrunde liegen. Zum Handeln gehört aber nicht nur die Freiheit der Entscheidung, sondern auch die Umschlossenheit von einem Sinnhorizont. Es ist dieser Horizont, der in seiner Einheitlichkeit und Gemeinsamkeit die intersubjektive Sinnhaftigkeit des Handelns, d. h. Inter-Aktion möglich macht.

Daß aber sich von diesem Sinnhorizont gemeinsamen Handelns und Erlebens her nicht nur ein Ich-, sondern auch ein Wir-Bewußtsein aufbaut, dazu bedarf es eines weiteren Bewußtseinsschritts.[7] Solange eine symbolische Sinnwelt denen, die sie bewohnen, in der alternativlosen Selbstverständlichkeit des naiven Ethnozentrismus als die schlechthinnige Menschheits- und Weltordnung erscheint, kann sich mit ihr kaum das Bewußtsein einer kollektiven Identität verbinden. Ich handle so und nicht anders, weil „die Menschen", und nicht: weil „wir" so und nicht anders handeln.[8]

Im folgenden wollen wir versuchen, einige der typischen Bedingungen dafür anzugeben, daß solche Sinnhorizonte in entscheidenden Teilen reflexiv, und damit thematisierbar, und damit explizit, unselbstverständlich und symbolischer Ausdruck einer Wir-Identität werden.

3. *Identität, Kommunikation, Kultur*

Wenn wir uns in einem zweiten Zugang dem Problem der Identität von der Seite der Kommunikation nähern, müssen wir noch einmal von einigen sehr fundamentalen Grundtatsachen des Menschseins

7 Gewissermaßen einer Distanzierung zweiter Stufe, nicht nur gegenüber der Welt, sondern auch gegenüber der spezifischen symbolischen Sinnwelt, die bereits die primäre Distanzierung (gegenüber der „Welt") bewerkstelligt hat. Vgl. hierzu auch Chr. Meier, a. a. O., 373 ff., der die Krise des 7. u. 6. Jahrhunderts in Griechenland als eine Vertrauenskrise interpretiert, die zu einer „Distanz gegenüber der bestehenden Ordnung" führt.

8 In der Terminologie der Identitätstheorie von J. Habermas würden beide Haltungen in die Rubrik „Konventionelle Identität" gehören. „Postkonventionell" wäre demgegenüber ein Handeln nach allgemeinen Normen der Vernunft. Wie dieses Handeln überhaupt noch mit dem Begriff der Identität verbunden werden kann, bleibt allerdings unklar. Kollektiven Identitäten scheint immer ein Element des Irrationalen inhärent. Vgl. J. Habermas 1976.

ausgehen. Aristoteles hat den Menschen als „zoon politikon" definiert: das soziale Tier, das in politischen Ordnungen, Gemeinwesen, Gruppen lebt. Der Mensch ist von Natur auf Gemeinschaft angelegt. Die Verhaltensforschung hat diese Definition bestätigt. Der Trieb zur Gruppenbildung gehört zur menschlichen Grundausstattung, die gemeinschaftsbildenden Haltungen und Handlungen zu den elementaren Verhaltensweisen (Eibl-Eibesfeldt). Den Sozialtrieb hat der Mensch aber mit einigen Tieren gemeinsam, die in Gruppen – Rudeln und „Staaten" – leben, wie etwa den Wölfen und den Bienen. Von den anderen gruppenbildenden Lebewesen unterscheidet sich der Mensch, Aristoteles zufolge, durch den Gebrauch der Sprache. Er ist das Tier, das Sprache besitzt, „zoon logon echon". Die beiden Definitionen gehören zusammen: Die Sprache ist das vornehmste Organ der Gruppenbildung. Sie ermöglicht jene Formen der Kommunikation, auf denen menschliche Gruppen basieren.

a) Symbolisierungsformen der Identität

Das Bewußtsein sozialer Zugehörigkeit, das wir „kollektive Identität" nennen, beruht auf der Teilhabe an einem gemeinsamen Wissen und einem gemeinsamen Gedächtnis, die durch das Sprechen einer gemeinsamen Sprache oder allgemeiner formuliert: die Verwendung eines gemeinsamen Symbolsystems vermittelt wird. Denn es geht dabei nicht nur um Wörter, Sätze und Texte, sondern auch um Riten und Tänze, Muster und Ornamente, Trachten und Tätowierungen, Essen und Trinken, Monumente, Bilder, Landschaften, Weg- und Grenzmarken. Alles kann zum Zeichen werden, um Gemeinsamkeit zu kodieren. Nicht das Medium entscheidet, sondern die Symbolfunktion und Zeichenstruktur. Wir wollen diesen Komplex an symbolisch vermittelter Gemeinsamkeit „Kultur" oder genauer: die „kulturelle Formation" nennen. Einer kollektiven Identität entspricht, sie fundierend und – vor allem – reproduzierend, eine kulturelle Formation. Die kulturelle Formation ist das Medium, durch das eine kollektive Identität aufgebaut und über die Generationen hinweg aufrechterhalten wird.

Aufgrund ihrer symbolischen – und nicht biologischen – Fundierung und Determinierung sind menschliche Gruppenbildungen von ungeheurer Vielfalt. Der Mensch ist nicht nur fähig, in „Gemeinwesen" ganz verschiedenen Umfangs zu leben, vom Stamm, der einige

Hundert bis tausend Mitglieder zählt, bis zum Staat, der Millionen, ja Milliarden Bürger hat; er kann auch vielen verschiedenen Gruppen gleichzeitig angehören, von der Familie, der Partei, der Berufsgemeinschaft usw. bis zur Glaubensgemeinschaft und der Nation. Kulturelle Formationen sind daher entsprechend vielfältig, sie sind vor allem polymorph oder polysystemisch. Innerhalb einer Kultur als einer Makro-Formation gibt es eine Menge kultureller Sub-Formationen. Dabei ist die kulturelle Formation einer Stammesgesellschaft vermutlich sehr viel weniger polymorph, d. h. sehr viel monolithischer, als die einer posttraditionalen Schriftkultur. Je komplexer, d. h. reicher an kulturellen Sub-Formationen oder Subsystemen, eine Kultur wird, desto unabdingbarer werden die Funktionen und Institutionen interner Übersetzung und Verständigung.

b) Zirkulation

Wir definieren Kultur als eine Art Immun- oder Identitätssystem der Gruppe und wollen nun nach ihrer Funktionsweise fragen. Auch hier ergibt sich eine erstaunliche Analogie zum biologischen Immunsystem. Denn man kann die Funktionsweise auch des kulturellen Immunsystems nicht treffender beschreiben als mit dem Begriff der Zirkulation. Genau wie das Zusammenspiel ortsfester und beweglicher Zellen eine körperliche Identität aufbaut und aufrechterhält (reproduziert), d. h. durch die unablässige Herstellung unzähliger Kontakte Kohärenz und organische Integration herstellt, wird auch soziale Identität durch Interaktion aufgebaut und reproduziert. Was durch solche Interaktion zirkuliert wird, ist der in gemeinsamer Sprache, gemeinsamem Wissen und gemeinsamer Erinnerung kodierte und artikulierte *kulturelle Sinn,* d. h. der Vorrat gemeinsamer Werte, Erfahrungen, Erwartungen und Deutungen, der die „symbolische Sinnwelt“ bzw. das „Weltbild“ einer Gesellschaft bildet.

Durch Zirkulation gemeinsamen Sinns entsteht „Gemeinsinn“. In jedem einzelnen Mitglied der Gruppe baut sich ein Wissen um die Vorrangigkeit des Ganzen auf, dem die Wünsche, Triebe und Ziele des Einzelnen unterzuordnen sind. Die Kardinalsünde der ägyptischen wie aller ursprünglichen Ethiken ist „Habgier“, die Selbstvermehrung auf Kosten der anderen. Auch dies hat in der Mikrobiologie eine verblüffende Parallele. Der Habgierige ist gewissermaßen die „Krebszelle“ der Gesellschaft. In einem willkürlich herausgegriffenen

Bericht zu neuesten Erkenntnissen auf dem Gebiet der Krebsforschung liest man: „Normalerweise unterwirft sich jede Zelle streng den Interessen des Gesamtorganismus. Zu eigenmächtigen Aktivitäten kommt es gar nicht so leicht, denn ein enges Netz von Kontrollen sorgt dafür, daß sich jede Zelle im Einklang mit dem übrigen Organismus befindet."[9] Dieses Netz von Kontrollen gibt es auch in der Gesellschaft. Es sorgt dafür, daß in der Gruppe „Gemeinsinn" über „Eigensinn" herrscht.

Auf der Ebene einfacher Gesellschaften und „face-to-face communities" besteht die wichtigste Form sozialer Sinn-Zirkulation im Miteinander-Reden. Sprache ist das vornehmste Mittel sozialer Wirklichkeitskonstruktion. Durch Sprechen wird eine soziale Welt aufgebaut und in Gang gehalten.[10] Die Medien sozialer Sinn-Zirkulation sind allerdings nicht ausschließlich sprachlichr Art. Die ursprünglichsten und wirksamsten Medien sozialer Vernetzung und Identitätsbildung sind Wirtschaft und Verwandtschaft. M. Mauss (1966) und, darauf aufbauend, M. Sahlins (1972) haben die kommunikative Bedeutung des Warentauschs herausgearbeitet, die den Einzelnen in ein System sozialer Interdependenzen, Rücksichtnahmen und Verantwortlichkeiten einbindet. C. Lévi-Strauss (1948) hat die kulturelle und soziale Bedeutung von Verwandtschaftssystemen und Heiratsregeln aufgedeckt. Er deutet das Inzestverbot als die zentrale kulturelle Errungenschaft. Auch hier geht es darum, in der Vereitelung kleinräumiger Autarkien und Erzwingung übergreifender Allianzen und Interdependenzen Gruppenidentitäten jenseits der Kleinfamilie, also soziokulturelle Identität herzustellen. Der Gemeinsinn, der in der Gruppe zirkuliert, wird zugleich auch praktiziert.

Das identitätssichernde Wissen, das wir hier mit dem Begriff „Gemeinsinn" zusammenfassen, umfaßt zwei recht verschiedene Komplexe, die man unter den Begriffen „Weisheit" und „Mythos" zusammenfassen kann. Ihnen entsprechen auf der Ebene einfacher Formen das Sprichwort und die Erzählung. Sprichwörter haben es vornehmlich mit Gemeinsinn als Common Sense zu tun.[11] Ihr zentrales Anlie-

9 Barbara Hobom, „Darmkrebs – Ende einer stufenweisen Erbänderung", in: *FAZ* vom 14. Februar 1990.

10 Zu dieser auf Wittgenstein, aber auch auf Alfred Schütz aufbauenden „social constructionist"-Theorie der Sprache vgl. J. Shotter 1990, mit weiterer Literatur.

11 S. dazu Cl. Geertz 1983, sowie die Beiträge von B. Lang und Th. Sundermeier in: A. Assmann 1991.

gen ist die Einübung von Solidarität, so „daß sich jede Zelle im Einklang mit dem Gesamtorganismus befindet". Hier geht es um Werte und Normen, um die Gelingensregeln des alltäglichen Zusammenlebens, die Axiomatik des kommunikativen Handelns. Wir wollen diese Funktionen unter dem Begriff des *Normativen* zusammenfassen. *Normative Texte* antworten auf die Frage: „Was sollen wir tun?" Sie dienen der Urteilsbildung, Rechtsfindung und Entscheidung. Sie vermitteln Orientierungswissen, weisen den Weg zum rechten Handeln. „Der Weg des Lebens" ist im Ägyptischen eine verbreitete Metapher für Unterweisungsliteratur, das chinesische *Tao,* „der Weg", weist in dieselbe Richtung, und der jüdische Begriff *Halakha,* das Prinzip der normativen, handlungs-anweisenden Schriftauslegung und Orthopraxie hängt mit *halakh* „gehen" zusammen.[12] Die anderen Funktionen des identitätssichernden Wissens fassen wir unter dem Begriff des *Formativen* zusammen. *Formative Texte* – z. B. Stammesmythen, Heldenlieder, Genealogien – antworten auf die Frage: „Wer sind wir?" Sie dienen der Selbstdefinition und Identitätsvergewisserung. Sie vermitteln identitätssicherndes Wissen und motivieren gemeinschaftliches Handeln durch Erzählen gemeinsam bewohnter Geschichten.[13] Die von solchen fundierenden Geschichten ausgehenden Impulse haben wir unter dem Begriff der „Mythomotorik" zusammengefaßt.

c) Tradition: Zeremonielle Kommunikation und rituelle Kohärenz

Mythen haben es mit Identität zu tun, sie geben Antwort auf die Frage, wer „wir" sind, woher „wir" kommen und wo im Kosmos „wir" stehen. Sie bewahren die heiligen Überlieferungen, auf die eine Gruppe ihr Bewußtsein von Einheit und Eigenart gründet (R. Schott 1968). (Normative) Weisheit prägt und begründet die Lebens*formen* (Brauch und Sitte), (formativer) Mythos dagegen die Lebens*deutungen.* Der auffallendste Unterschied zwischen „Weisheit"

12 Der Assyriologe T. Abush konnte 1977 auf dem Jahrestreffen der AJS in Boston *A Babylonian Analogue of the Term Halakha* nachweisen. Vgl. auch M. Fishbane 1986, 91–280.

13 Aufgrund des narrativen Charakters der formativen Funktion, vor allem in ihren frühen und ursprünglichen Ausprägungen, möchte man sie mit dem anderen Prinzip der jüdischen Schriftauslegung, der „(H)aggadah", zusammenbringen, die sich auf die Erzählungen bezieht. Vgl. hierzu M. Fishbane 1986, 281–442.

und „Mythos" tritt jedoch zutage, wenn man die Formen ihrer Zirkulation betrachtet. Weisheit zirkuliert in den Formen alltäglicher, Mythos dagegen in denen zeremonieller Kommunikation. Die Zirkulation des formativen identitätssichernden Wissens ist allein Sache der Situationen zeremonieller Kommunikation. Sie sind als Institutionalisierungen dieser Zirkulation zu betrachten. Kultureller Sinn zirkuliert und reproduziert sich nicht von selbst. Er muß zirkuliert und inszeniert werden.

Wir müssen daher auch im Zusammenhang des Identitätsproblems noch einmal auf die Riten zurückkommen, auf die wir bereits im Zusammenhang von „Erinnerungskultur" (der Ritus als Medium des kulturellen – im Unterschied zum kommunikativen – Gedächtnisses) und „Schriftkultur" (rituelle versus textuelle Kohärenz) eingegangen sind. Die Riten sind dazu da, um das Identitätssystem der Gruppe in Gang zu halten. Sie geben den Teilnehmern Anteil am identitätsrelevanten Wissen. Indem sie die „Welt" in Gang halten, konstituieren und reproduzieren sie die Identität der Gruppe. Denn für den archaischen Menschen ist kultureller Sinn die Wirklichkeit oder Ordnung schlechthin. Die Ordnung muß rituell in Gang gehalten und reproduziert werden gegenüber der allgegenwärtigen Unordnung, der Tendenz zum Zerfall. Die Ordnung ist nicht einfach vorgegeben, sie bedarf der rituellen Inszenierung und der mythischen Artikulation: Die Mythen sprechen die Ordnung aus, die Riten stellen sie her (G. Balandier 1988). Die Ordnung, d. h. Lebensordnung und Lebensform, die der schlechthinnigen Weltordnung gleichgesetzt wird, gliedert sich in den Alltagsaspekt der Lebenswelt, der durch Gemeinsinn geformt und geregelt ist, und den Festtagsaspekt des identitätsrelevanten Vorrats an gemeinsamem Wissen, das zeremoniell kommunizierte „kulturelle Gedächtnis". Wir können also festhalten: In schriftlosen Gesellschaften haben die Riten bzw. hat die „zeremonielle Kommunikation" die Aufgabe, das identitätssichernde Wissen zu zirkulieren und zu reproduzieren. Zwischen zeremonieller Kommunikation und Identität besteht ein enger, systematischer Zusammenhang. Die Riten sind die Kanäle, die „Adern", in denen der identitätssichernde Sinn fließt, die Infrastruktur des Identitätssystems. Gesellschaftliche Identität ist eine Sache herausgehobener, alltagsferner, zeremoniell geformter Kommunikation. In schriftlosen Gesellschaften und in solchen, die – wie das Alte Ägypten – trotz Schriftgebrauchs auf „ritueller Kohärenz" basieren, beruht die Kohärenz der Gruppe auf dem Prinzip der rituellen Wiederholung, und zwar sowohl in der Synchronie als auch in der Diachronie.

II. Ethnogenese als Steigerung der Grundstrukturen kollektiver Identität

Im ersten Abschnitt dieses Kapitels haben wir gezeigt, daß Identität eine Sache von Wissen, Bewußtsein und Reflexion ist, und sind der Frage nachgegangen, worauf sich dieses Wissen bezieht. Kultur ist die spezifische inhaltliche und formale Ausprägung dieses Wissens.

Auf der Ebene der Grundstrukturen herrscht eine vollkommene Kongruenz zwischen sozialen (ethnischen), politischen und kulturellen Formationen. Die Mitglieder leben in Face-to-face-Kommunikation, d. h. – soweit sie seßhaft sind – in Siedlungsgemeinschaft. Ihre soziale Zugehörigkeit ist durch Heiratsregeln organisiert.[14] Damit ist eine bestimmte Größenordnung vorgegeben, die selten einige Tausend überschreitet. Noch immer haben die meisten sprachlichen, kulturellen und ethnischen Formationen auf der Erde diesen gewissermaßen „naturwüchsigen" Zuschnitt.[15] Alles, was darüber hinausgeht, ist das Ergebnis von Steigerungen. Sie sind als solche grundsätzlich instabil und bedürfen besonderer Stabilisierungen. Daraus ergibt sich, wie wir noch genauer sehen werden, ein typischer Ansatzpunkt für die Ausbildung kollektiver Identitäten. Allgemein gesprochen ist es wohl vor allem die Inkongruenz zwischen ethnischen, kulturellen und politischen Formationen, die auslösend wirkt für jene Reflexivität, die einen Verlust an Selbstverständlichkeit und eine Bewußtwerdung des verbindenden und verbindlichen kulturellen Sinns herbeiführt. Auf der Ebene der Steigerungsformen tendiert die primäre Allianz zwischen ethnischer, kultureller und politischer Formation dazu, sich aufzulösen und problematisch zu werden. Die Probleme, die aus solcher Inkongruenz resultieren, lassen sich in zwei Gruppen zusammenfassen: Probleme der Integration und Probleme der Distinktion.

14 Eine Beschreibung solcher „Naturformen" sozialer Identität gibt K. E. Müller 1987. Vgl. auch R. Redfield 1955. F. H. Tenbruck 1986, 253 ff. spricht in bezug auf diese Form vom „Lokalitätsprinzip".

15 Natürlich leben inzwischen mehr Menschen in hochzivilisierten Staaten als in Stammeskulturen. Aber es gibt noch immer mehr Stammeskulturen als Staaten.

1. Integration und Zentralität

Wenn ethnische Verbände sich zu einem größeren ethnopolitischen Gebilde zusammenschließen oder durch Wanderung, Überlagerung oder Eroberung in einen anderen ethnopolitischen Verband hineingeraten, ergeben sich Probleme der Integration oder Akkulturation. Die dominierende Kultur – die kulturelle Formation der dominierenden Ethnie – erhält nun transethnische Geltung und wird zur Hochkultur gesteigert, die die überlagerten kulturellen Formationen marginalisiert. Die Errichtung der frühen Hochkulturen geht überall einher mit der Schaffung neuartiger politischer Organisationsformen weit oberhalb der „natürlichen" Größenordnung menschlicher Vergesellschaftung. Die symbolische Sinnwelt dieser solcherart gesteigerten kulturellen Formation hat nun nicht mehr allein die primären anthropologischen Funktionen der Ermöglichung von Alltags- und Umweltdistanz, Kommunikation und Interaktion zu erfüllen, sondern darüber hinaus die zusätzlichen Aufgaben, die hochgradig instabile politische Formation zu stabilisieren und eine Vielzahl mehr oder weniger heterogener soziokultureller Formationen zu integrieren. Im Rahmen einer solcherart gesteigerten, interlokal und transethnisch verbreiteten, in hoch und niedrig, Zentrum und Peripherie strukturierten Kultur verläuft Sozialisation in anderen, vielfältig gestuften Bahnen. Nicht mehr die Eltern und primären Sozialkonstellationen, sondern Institutionen verwalten und vermitteln das kulturelle Wissen, sein Erwerb ist anstrengend und langwierig. Kultur ist jetzt weniger der Inbegriff des Selbstverständlichen, wie der Sozialpsychologe Peter R. Hofstätter sie definiert, als der Inbegriff des Anspruchsvollen, wie der Sozialanthropologe Arnold Gehlen sie versteht: „Es sind sehr langsam über Jahrhunderte und Jahrtausende herausexperimentierte feste und stets auch einschränkende, inhibitorische Formen wie das Recht, das Eigentum, die monogame Familie, die bestimmt verteilte Arbeit, welche unsere Antriebe und Gesinnungen heraufgedrückt, heraufgezüchtet haben auf die hohen exklusiven und selektiven Ansprüche, welche Kultur heißen dürfen. Diese Institutionen wie das Recht, die monogame Familie, das Eigentum sind selbst in keinem Sinne natürlich und sehr schnell zerstört. Ebensowenig natürlich ist die Kultur unserer Instinkte und Gesinnungen, die vielmehr von jenen Institutionen von außen her versteift, gehalten und hochgetrieben werden müssen. Und wenn man die Stützen wegschlägt, primitivisieren wir sehr schnell" (A. Gehlen 1961, 59).

Was Gehlen hier im Blick hat, ist nicht Kultur, sondern integrativ gesteigerte Kultur. Integrativ gesteigerte Kultur ist nicht einfach die Ausformung einer Angewiesenheit, die Kompensation eines Mangels, sondern eine Kultur höherer Stufe, der gegenüber die primären kulturellen Formationen in der Tat als eine „Wildheit" erscheinen, die abgelegt werden muß, um die „Menschlichkeit" anzulegen. Sie ist, wie Gehlen das nennt, eine Bewegung „nach der Größe, dem Anspruchsvollen und Kategorischen hin", die stets „erzwungen, mühsam und unwahrscheinlich ist". Gehlen scheint sich nicht darüber im klaren zu sein, daß er nicht Kultur an sich, sondern Kultur in einem bestimmten historischen Stadium beschreibt, ebensowenig wie darüber, daß es nicht nur der Mensch in der Labilität seiner Instinkte und Gesinnungen ist, den diese Kultur zu stabilisieren hat, sondern auch die politische Organisationsform, die diese Kultur trägt und von ihr getragen wird. Was Gehlen beschreibt, ist ziemlich genau der altägyptische Begriff der Kultur, deren zentrales Problem zeit ihres Bestehens die Integration war (erst im Hellenismus trat mindestens gleichbedeutend das Distinktionsproblem hinzu).

Der Gedanke drängt sich auf, daß der anspruchsvolle Charakter integrativ gesteigerter Kultur, ihre „Bewegung nach der Größe und dem Kategorischen hin" in der Kolossalität der symbolischen Formen und des Stils dieser frühen Hochkulturen ihren Ausdruck findet. Die übermenschlichen, nur durch höchste Anstrengungen und technologische Großleistungen realisierbaren Maßstäbe dieser Formensprache entsprechen aufs genaueste der gleichsam überlebensgroßen und nur unter unausgesetzten Anstrengungen aufrechtzuerhaltenden Größe der politischen Formation. Das eindrucksvollste Beispiel für dieses Syndrom von „Volkwerdung, Staatsbildung und Kolossalität" stellen die ägyptischen Pyramiden der 4. Dynastie (um 2600 v. Chr.) dar. „Hier hat wirklich der Glaube Berge versetzt", schreibt der Ägyptologe Wolfgang Helck, „er hat aber auch der Schaffung des Volkes Ägyptens den entscheidenen Anstoß gegeben. Endlich aber entsteht erst jetzt und durch diese gemeinsame Aufgabe der Ägyptische Staat als ein organisiertes Gebilde, in dem jeder seinen Platz hat" (W. Helck 1986, 19).

Die Pyramide als Sammlungszeichen und Symbol einer politischen Identität (die der Pharao zu Lebzeiten leibhaftig verkörperte): das mag anachronistisch klingen. Man denkt an das Lenin-Mausoleum in Moskau und vor allem das Mao-Mausoleum in Peking, an dessen Erbauung 700 000 Menschen aus allen Landesteilen beteiligt wurden: eine integrative Strategie, um der Gefahr eines politischen Zerfalls nach dem Tode Maos entgegenzuwirken (L. Ledderose 1988). So plädierte etwa William Wood um 1800 dafür, in London eine riesige Pyramide zu errichten, „um durch das Medium der Sinne die Geister zu entzücken, zu verblüffen, zu erheben oder zu beherrschen" *(„to delight, astonish, elevate, or sway the minds of others through the medium of their senses").* Nur die außerordentlichen Maße einer Pyramide könnten die Sinne des englischen Volkes dazu bringen, sich für ihr Vaterland einzusetzen, also die „Nation" als kollektive Identität „sinnfällig" sichtbar machen und auf Dauer stellen.[16] Aber eine ähnliche Deutung der Kolossalarchitektur früher Großreiche[17] findet sich bereits in der Bibel: in der wohlbekannten Erzählung vom Turmbau zu Babel (Gen. 11):

> Auf! Bauen wir uns eine Stadt und einen Turm,
> sein Haupt bis an den Himmel,
> und machen wir uns einen Namen,
> sonst werden wir zerstreut übers Antlitz der Erde!

Was bedeutet der „Name" anderes als den Inbegriff und das Zentralsymbol einer ethnopolitischen Identität? Und was bedeutet die Angst vor Zerstreuung übers Antlitz der Erde anderes als den Wunsch nach Integration (und zugleich das Wissen um die Labilität ihrer Struktur)? Und auch hier muß die ersehnte ethnopolitische Groß-Identität ihren sichtbaren Ausdruck in einem Riesenbau finden. Wie der Ausgang der Geschichte lehrt, vereitelt Jahweh dieses Streben nicht nur durch die Zerstörung des Turmes, sondern vor allem durch die Verwirrung der Sprachen. Eindeutiger könnte das Thema „Identität" nicht getroffen sein. Denn „schließlich", fragt mit Recht der Soziolinguist Joshua Fishman, „was haben wir für ein besseres Symbolsystem als die Sprache, um eine solche Identität aufzubauen und zu vermitteln?" (In: A. Jacobson-Widding 1983, 277) Zwar bezieht sich Fishmans Satz auf „modern ethno-cultural identity", aber so modern ist

16 W. Wood, *An Essay on National and Sepulchral Monuments,* nach R. Koselleck 1979, S. 261.
17 Zur politischen Bedeutung von Kolossalität vgl. H. Cancik 1990.

diese Problematik nicht. Die gemeinsame Sprache ist, wie bereits Aristoteles wußte, das ursprünglichste Medium menschlicher Gruppenbildung.

Integration, der Aufbau einer ethnopolitischen „Groß-Identität" oberhalb der naturwüchsigen Formationen menschlicher Vergesellschaftung und ihre Stabilisierung in einer entsprechend umfassenden, verbindenden und verbindlichen symbolischen Sinnwelt, führt notwendigerweise zu einem Reflexivwerden kultureller Formationen. Akkulturation bedeutet den Übergang von einer Kultur zu einer anderen, auch wenn dieser vom Standpunkt der überlegenen „Zielkultur" aus als „Ablegen von Wildheit und Anlegen von Menschlichkeit" interpretiert wird.[18] Jedenfalls entsteht ein kultureller Pluralismus, der eine Art „Kulturbewußtsein" fördert, ebenso wie die Kenntnis mehrerer Sprachen das Sprachbewußtsein schärft. Eine Meta-Ebene kultureller Reflexion bildet sich aus, von der aus die Kultur (zu Teilen) thematisierbar und explizit wird. Aus impliziten Normen, Werten, Axiomen werden explizite kodifizierbare Gesetze und Lebensregeln. Das ist nicht nur eine Folge der Schrifterfindung, sondern auch des Explikationsdrucks, der durch das Problem der Integration gegeben ist. Das explizit und thematisierbar gewordene Wissen wird *ipso facto* veränderbar, kritisierbar. Auch das erzeugt jene Pluralität und Komplexität, die das Gegenteil alternativloser Selbstverständlichkeit darstellt.

Kultur wirkt aber keineswegs immer ausschließlich integrierend und unifizierend. Sie kann in mindestens gleichem Maße stratifizierend und trennend wirken. Das eklatanteste Beispiel vielleicht bietet uns die indische Kastengesellschaft. Die distinktiven Merkmale der Kasten sind rein kulturell, über spezifische Kompetenzen, definiert. Innerhalb einer gemeinsamen ethnischen Identität – denn Fremdstämmige gelten *eo ipso* als kastenlos – schafft das Kastensystem kulturell induzierte Ungleichheit. Ansätze zu einer Entwicklung in dieser Richtung verbinden sich typischerweise mit der Schrift und ihrer Beherrschung.[19] In den frühen Hochkulturen Mesopotamiens und Ägyptens bilden die Schreiber eine Aristokratie, in deren Händen kognitive, politische und öko-

18 Diese Begriffe („feritas" und „humanitas") gebraucht Petrarca in einem Widmungsbrief, s. Pfeiffer 1982, 30f.

19 In Indien erfüllt die vedisch-brahmanische Mnemotechnik die Funktionen der Schrift.

nomische, religiöse, moralische und juridische Kompetenzen vereinigt sind. Schreiben und Wissen, Schreiben und Verwalten, Schreiben und Herrschen gehen untrennbar Hand in Hand. Zwischen der schreibenden, verwaltenden und herrschenden Elite und der arbeitenden und produzierenden Masse tut sich ein wachsender Graben auf. Gibt es ein Selbstbild, das beide Schichten umgreift? Verstehen sie sich noch als Mitglieder einer einzigen Gruppe? Je komplexer die Kultur, desto größer wird der Graben, den sie im Inneren der Gruppe aufreißt, weil immer nur wenige Spezialisten das entsprechende Wissen zu verwalten und zu praktizieren imstande sind (E. Gellner 1983).

Die stratifizierende, Ungleichheit schaffende Potenz der Kultur kann sich in zwei Richtungen auswirken: in Richtung einer wissenssoziologischen Differenzierung, die die Experten und Spezialisten von der illiteraten Menge scheidet, und in Richtung einer ethologischen Differenzierung, die die verfeinerten Lebensformen der gebildeten Oberschichten den „ungeschliffenen" Lebensformen der Masse entgegenstellt. Kultur wird zu einem Oberschichtphänomen. Dabei versteht sich aber in der Regel die Kultur nicht als Elitekultur, der eine Volkskultur gegenübersteht, sondern als Kultur schlechthin, die lediglich von der Elite besser als von der Menge beherrscht und verwirklicht wird. Der Teil – die Elite – beansprucht also Repräsentativität in bezug auf das Ganze. Der ägyptische Beamte versteht sich nicht als Träger einer spezifischen Beamtenkultur, also einer Technologie und einer Standesethik, sondern als Träger „der" Kultur allgemein. Träger „der" Kultur zu sein, ist ein anspruchsvolles Geschäft, dem sich überhaupt nur derjenige widmen kann, der aufgrund seines Wohlstands der unmittelbaren Sorgen des Nahrungserwerbs enthoben ist. In dieser Einstellung zur Kultur waren sich alle antiken Gesellschaften einig. Die Unterschichten waren in der Weise an der Kultur beteiligt, daß sie von ihr thematisiert wurden. Wohltätigkeit und Armenpflege bildeten die zentralen Forderungen der ägyptischen wie überhaupt der altorientalischen und noch biblischen Ethik (H. Bolkestein 1939). Die Solidarität, die dem Einzelnen eingeschärft wurde, umfaßte durchaus auch die Armen und Rechtlosen, die sprichwörtlichen „Witwen und Waisen".[20]

20 Vgl. hierzu die in: Verf. 1990 herangezogene Literatur. Dazu: H. K. Havice, *The Concern for the Widow and the Fatherless in the Ancient Near East. A Case Study in O. T. Ethics*, Ph. D. thesis, Yale University 1978.

Die Kultur des Zentrums, die als Reichskultur die Peripherie überlagerte, war immer nur von einer schmalen Elite getragen. Aber sie symbolisierte die soziale Identität der Gesamtgesellschaft. Durch Lernen (in Babylonien, Ägypten und China) und durch das Ablegen staatlicher Prüfungen (in China) konnte man an ihr Anteil gewinnen. Sie vermittelt das Bewußtsein, „dazuzugehören", was etwas ganz anderes ist als die normalerweise zur Selbstverständlichkeit gewordene ethnokulturelle Zugehörigkeit. Eine erworbene, bewußt angestrebte Zugehörigkeit verbindet sich mit einem anderen Bewußtsein als eine angeborene. Vor allem wird man sich der Kultur als eines Mediums der Zugehörigkeit zu einem höheren Menschentum bewußt. Das ist zwar ein ganz anderes Identitätsbewußtsein als es die Distinktionsproblematik hervorbringt, aber in einem gewissen, schwächeren Sinne möchte man auch hier von kultureller Identität sprechen.

Wir müssen also unterscheiden zwischen einer repräsentativen und einer exklusiven Elitekultur. Eine exklusive Elitekultur, z. B. die Kultur der Französisch sprechenden Aristokratie des europäischen 18. Jahrhunderts, versteht sich niemals als im ethnischen Sinne repräsentativ. Ein polnischer Aristokrat jener Epoche fühlte sich seinem französischen Standesgenossen wesentlich enger verbunden als seinem bäuerlichen Volksgenossen. Er hätte vermutlich schon den Begriff der „Volksgenossenschaft" nicht verstanden. Denn Polen war eine Adelsnation. A. D. Smith unterscheidet in einem ähnlichen Sinne zwischen „lateralen" und „vertikalen Ethnien". „Laterale Ethnien" sind aristokratisch; die Kultur wirkt stratifizierend und die Elitekultur ist nach unten schwach oder gar nicht verbreitet. „Vertikale Ethnien" dagegen sind „demotisch"; bei ihnen durchdringt eine einzige ethnische Kultur – unter Umständen in wechselndem Umfang – alle Schichten der Bevölkerung (A. D. Smith 1986, 76–89). Die Dichotomie ist in dieser Form zu schlicht, weil sie jenen wichtigen Unterschied nicht berücksichtigt, den wir mit der Unterscheidung zwischen „exklusiver" und „repräsentativer Kultur" bezeichnet haben. So gehören Ägypten und Mesopotamien einerseits zwar zu den „lateralen Ethnien" mit ausgeprägter Elitekultur, andererseits ist diese Elitekultur aber repräsentativ und nicht exklusiv zu verstehen. Durch die Ideologie der „vertikalen Solidarität" versucht die Kultur auch noch über die von ihr selbst aufgerissenen Gräben hinweg einheitstiftend zu wirken.[21]

21 Zum Begriff der „vertikalen Solidarität" s. Verf. 1990.

Integrativ gesteigerte kulturelle Formationen, deren Integrationskraft nach innen ein Reich zusammenhält, pflegen auch nach außen eine ungewöhnliche Assimilationskraft zu entwickeln. Als das klassische Beispiel gilt China. Fremde Eroberer vergessen alsbald ihre Herkunft und werden als Herrscher von China chinesischer als die Chinesen selbst, sie werden „sinisiert".[22] Genau denselben Vorgang beobachtet man bereits in Babylonien und Ägypten. „Wer einmal vom Wasser des Nils trinkt, vergißt seine Herkunft." Berühmte Fälle in der Alten Welt sind die kulturelle Assimilation der Assyrer an Babylonien[23] und der Römer an die Griechen. In der modernen Welt galt bis vor kurzem Frankreich als ein Land von besonderer kultureller Assimilationskraft. Um eine solche Integrations- und Assimilationskraft entfalten zu können, muß eine Kultur aus der Grauzone habitualisierter Selbstverständlichkeit heraustreten und durch Verfestigung, Explikation und Stilisierung eine besondere Sichtbarkeit gewinnen. In dieser kernhaft verfestigten Sichtbarkeit kann sie dann zum Objekt bewußter Identifikation und Symbol einer kollektiven, eben „kulturellen" Identität werden.[24]

2. *Distinktion und Egalität*

Es mag müßig erscheinen, zwischen Integration und Distinktion im Sinne zweier verschiedener Richtungen der Steigerung kultureller Grundstrukturen zu unterscheiden. Sind nicht beides nur Aspekte ein und desselben Phänomens? Wenn Kultur, um gesteigerte Integrations- und Assimilationskraft zu entfalten, „sichtbar" werden muß, wird sie damit nicht gleichzeitig distinktiv? Was bedeutet Stilisierung anderes als sichtbar gemachte Eigenart und Distinktivität? Heißt nicht Identität immer zugleich Einheit und Eigenart? Hat es einen Sinn, zu unterscheiden zwischen einer Identität, die mehr die Einheit, und einer solchen, die mehr die Eigenart betont? Kann man das eine betonen, ohne zugleich das andere zu betonen? Solche Einwände sind berechtigt. Indem die Kultur nach innen Identität erzeugt, stiftet sie nach außen

22 S. W. Bauer 1980.
23 Vgl. zum assyrisch-babylonischen „Kulturkampf" P. Machinist 1984/85.
24 Es handelt sich um jenen Identifikationsakt, für den A. Assmann 1986 den Begriff „Opting In" geprägt hat.

Fremdheit. Der Psychologe E. H. Erikson hat diesen Prozeß „Pseudospeziation" genannt,[25] der Ethologe I. Eibl-Eibesfeldt hat hierin eine der Ursachen menschlicher Aggressivität identifiziert (I. Eibl-Eibesfeldt 1975; 1976). Kulturell induzierte Fremdheit kann sich bis zu Xenophobie, Völkerhaß und Vernichtungskrieg steigern. Auch diese Ambivalenz gehört zur Phänomenologie des kulturellen Gedächtnisses. Liebe und Haß sind zwei Seiten derselben gruppenbildenden Grundfunktion.[26]

Gesteigerte Einheit nach innen verstärkt zweifellos die Grenze nach außen. Sinnfälligstes Symptom dieses Mechanismus ist die chinesische Mauer, die der „Reichseiniger" Shih Huang-ti errichten ließ.[27] In Ägypten läßt sich derselbe Mechanismus beobachten. Neueste Grabungen haben erwiesen, daß die vorgeschichtlichen Kulturen Oberägyptens und Unterägyptens jeweils in großräumige Kulturzusammenhänge eingebettet waren, Oberägypten in afrikanische, Unterägypten in vorderasiatische (J. Eiwanger 1983, 61–74). Mit der Reichseinigung, d. h. der Schaffung einer die verschiedenen ethnischen und kulturellen Formationen des Niltals übergreifenden politischen Formation, verschwinden diese weiträumigen Verschränkungen. Dasselbe gilt für Mesopotamien, das in der Frühzeit mit Vorderasien zusammen als Zentrum eines im Westen bis Anatolien und Ägypten, im Osten bis zum Industal reichenden Kulturzusammenhangs zu betrachten ist.

Umgekehrt führt gesteigerte Distinktion nach außen unweigerlich zu gesteigerter Einheit im Innern. Nichts schweißt enger zusammen als die Abschottung gegen eine feindliche Umwelt. Das beste Mittel gegen innenpolitische Schwierigkeiten ist eine aggressive Außenpoli-

25 E. H. Erikson 1966, 337–49; K. Lorenz 1977.

26 Zur nicht ganz ungefährlichen Nähe dieser ethologischen Theorie zur politischen Theorie des Staatsrechtlers Carl Schmitt („Gruppenbindung über Feindbilder") vgl. A. u. J. Assmann 1990.

27 Diese „Große Mauer" ist noch nicht identisch mit dem teilweise noch heute bestehenden Bauwerk, das in seiner jetzigen Form aus dem frühen 15. Jahrhundert stammt, verfolgte aber den gleichen Zweck, s. H. Franke, R. Trauzettel, „Das Chinesische Kaiserreich" (Fischer, Weltgeschichte 19, 1968, 75). Interessanterweise geht die Errichtung dieser ersten chinesischen Mauer und einer ersten politischen Großidentität imperialen Maßstabs mit einer großangelegten Bücherverbrennung einher, die im Stile von Orwells *1984* mit der Vernichtung der konfuzianischen Bildung das kulturelle Gedächtnis auslöschen und Platz für etwas radikal Neues schaffen wollte.

tik.[28] Wir leugnen diesen Zusammenhang nicht. Trotzdem halten wir es für sinnvoll, zwischen „integrativer" und „distinktiver" Steigerung kultureller Formationen zu unterscheiden, je nachdem, ob die auslösenden Faktoren solcher Steigerung sich mehr aus dem Hang zur Distinktion oder dem zur Integration ergeben. Die ägyptische Kultur gewann ihre Distinktivität in Form einer notwendigen Begleiterscheinung durch die nach innen entfaltete Integrationskraft. Das Judentum gewann seine einzigartige Integrationskraft durch die nach außen aufrechtzuerhaltende Distinktivität.[29] In beiden Fällen ist das eine nicht ohne das andere zu haben. Und doch ergeben sich aus der Art der auslösenden Problematik jeweils grundverschiedene Typen kultureller Steigerung.

Ähnlich wie Gehlen den Typus einer integrativ gesteigerten Kultur generalisiert, sieht der Ethnologe Wilhelm E. Mühlmann das Wesen der Kultur in ihrer distinktiv gesteigerten Form. Er führt dafür den Begriff der „limitischen Struktur" ein: „eine Grenze ist offensichtlich vorhanden, aber sie muß nicht (jedenfalls nicht in der Hauptsache) durch den ‚Boden' markiert werden. Sie bestimmt sich vielmehr durch den Menschen selbst, der zum Träger von ‚Grenzzeichen" wird. Diese Grenze markiert sich durch Tätowiermuster, Körperbemalung, Körperdeformationen, Schmuck, Tracht, Sprache, Küche, Lebenshaltung, in Summa: Durch die ‚Kultur' als Sachbesitz, Überlieferungen, Mythen usw. (Erinnert sei an die Schottenmuster, die ja auch Klanabzeichen sind.) Matten, Sarongmuster, auch Waffen in ihrer Formgestaltung können ‚Grenzen' markieren, sogar Gesänge und Tänze. Das alles ist nicht bloß ‚da', es grenzt auch ab gegen die ‚Anderen', ist mit Vorzugs- und Überlegenheitsbegriffen, Ideologien markierend verbunden. Für den Grenzbegriff der Naturvölker ist diese Markierung (vgl. lat. *margo*) viel wichtiger als eine etwa auch bestehende Abgrenzung der Felder – die *auch* vorhanden sein kann, aber zu etwas Umfassenderem, in die Existenz des Menschen Greifenden gehört, eben eine ‚limitische Struktur'. ...

28 S. hierzu das Kapitel „Military mobilization and ethnic consciousness", in: A. D. Smith 1986, 73 ff.

29 Bereits M. Weber hat gesehen, daß die Idee des „auserwählten Volks" aus dem Prinzip der Distinktivität erwachsen ist und unter vergleichbaren Bedingungen immer wieder aufkommt: „Hinter allen ‚ethnischen' Gegensätzen steht ganz naturgemäß irgendwie der Gedanke des ‚auserwählten Volks'." (*Wirtschaft und Gesellschaft*, 221)

Die limitische Struktur grenzt im idealtypischen Fall die ‚Kultur' nicht als *eine* Form der Lebenshaltung ab gegen andere Formen, die auch als ‚Kulturen' gelten könnten, sondern sie involviert ‚Kultur' schlechthin als die eigene, d. h. als gültigen Kosmos, demgegenüber alle anderen ‚Kulturen' als eigentlich untermenschlich gelten. ‚Andere Kulturen' sind sie nur für den Kulturforscher, mit seinem breiteren kasuistischen Überblick, nicht jedoch für den Eingeborenen. Erst allmählich und mühsam wird gelernt, daß das ‚Andere' auch Menschenähnlichkeit hat." (W. E. Mühlmann 1985, 19)

Auch Mühlmann ist sich nicht darüber im klaren, daß er keine universale Grundstruktur, sondern eine spezifische Steigerungsform beschreibt. Daher verkennt er, daß gesteigerte Distinktivität, eine Aufrüstung der „limitischen Struktur", typischerweise gerade nicht gegen eine als kulturlos und untermenschlich betrachtete Außenwelt gerichtet ist, sondern im Gegenteil gegen eine als überlegen empfundene Kultur. Das beste Beispiel dafür führt Mühlmann selbst ins Feld: die Schottenmuster. Denn hierbei handelt es sich, wie man weiß, um eine „erfundene Tradition" (E. Hobsbawm/T. Ranger 1983), die nicht älter als das 18. Jahrhundert ist und genau wie Macphersons *Ossian* dazu bestimmt war, die Peripherie gegen die integrative Zentralkultur des britischen Königreichs aufzuwerten. Distinktive Steigerung kennzeichnet nicht das Wesen der Kultur, sondern den speziellen Fall sogenannter „identity systems that can adapt to contrasting environments" (E. H. Spicer 1971). In der Entstehung solcher (kollektiver) „identity systems", die sich, Spicer zufolge, durch eine besondere Persistenz auszeichnen, ist immer ein antagonistisches oder oppositionelles Prinzip am Werk. Dinstinktiv gesteigerte Identität ist eine „Gegen-Identität" („counter-identity"), eine Widerstandsbewegung.[30] Gegen-Identitäten werden nicht gegen das kulturlose Chaos, sondern gegen die dominierende Kultur ausgebildet und aufrechterhalten, wie es der typische Fall von Minderheiten ist.

„Die Verfolgung von Minderheiten (z. B. Juden, Schwarzen usw.) hat dazu geführt, daß sich diese Gruppen an ihre Identität wie ans liebe Leben klammern. Spicer zitiert die Fälle der Katalanen, Basken und Galizier in Spanien, aber es gibt Hunderte von Beispielen überall auf der Welt, z. B. die Frankophonen in Kanada, die Sprecher des Bre-

30 A. D. Smith nennt das „Ethnizismus" *(ethnicism)* und definiert diesen als „a movement of resistance and restoration", 1986, 50–58, 92.

tonischen in Frankreich usw. Es ist dieses kontradistinktive Prinzip, das einen der gemeinsamen Züge individueller und kollektiver Identität darstellt. Wie es kaum einen Selbstbegriff ohne einen Begriff des Anderen geben kann, so kann es auch kein Wir-Bewußtsein ohne irgendwelche anderen Gruppen geben."[31]

Alan Dundes hat recht, wenn er Folklore als ein typisches Symbolsystem hervorhebt, um eine solche „Gegenidentität" zu definieren, dann nämlich, wenn unter dem Begriff der Folklore nicht kulturelle Formationen im allgemeinen verstanden werden, sondern im strengen Sinne solche Formationen, die sich an der Peripherie im Kontakt mit – und im Kontrast zu – dominierenden kulturellen Systemen erhalten haben. Folklore ist eine subkulturelle, regional spezifische Formation, die sich ebenso zur dominierenden Kultur verhält wie eine mundartliche Umgangssprache zur Hochsprache. Da Dundes allerdings diese wichtige Unterscheidung übersieht, macht auch er den Fehler, einen Sonderfall zu generalisieren. In der Situation kultureller Unterdrückung, Überfremdung und Marginalisierung, wie sie wohl alle europäischen Volksbräuche und -überlieferungen durchgemacht haben, die wir im strengen Sinne als „Folklore" bezeichnen, verfestigt sich solches Brauchtum zur symbolischen Ausdrucksform einer Gegenidentität „that can adapt (and resist) to contrasting environments".

Eine andere typische Situation, die zur distinktiven Steigerung kultureller Formationen durch Aufrüstung ihrer „limitischen Struktur" führt, ist die eines innerkulturellen Antagonismus oder Dualismus. Ein solcher Fall liegt in geradezu idealtypischer Ausprägung im Rußland des 17. und 18. Jahrhundert vor.[32] Der Modernisierungsschub, wie ihn in dieser Zeit alle europäischen Länder durchmachen, führt in Rußland zu einem Dualismus, in dem die *alte* Kultur gegen die *neue* Kultur steht und die Symbolik der einen jeweils die Negation oder Umkehrung der anderen darstellt. Dadurch erhält sie einen primär distinktiven („limitischen") Sinn: Man tut etwas auf eine bestimmte Weise vor allem deshalb, weil es die anderen anders machen und um seine Nichtzugehörigkeit zu den anderen zu markieren. Die Barttracht, der „Gang gegen die Sonne", das Schlagen des Kreuzes mit 2 anstatt 3 Fingern werden von den Altgläubigen zu Symbolen von höchstem Bekenntnischarakter hochstilisiert, weil es die Reformier-

31 A. Dundes, in: A. Jacobson-Widding 1983, 239.
32 J. Lotman/B. Uspenskij 1977; R. Lachmann 1987.

ten umgekehrt halten. Der Modernisierungsschub der Aufklärung hat überall zu ähnlichen Alt-Neu-Dualismen geführt. Nicht einmal das Judentum, das ja an sich bereits eine Gegenidentität gegenüber den „contrasting environments" seiner Gastländer durchzuhalten hatte, blieb von diesem Dualismus verschont.[33]

Distinktivität gibt es aber nicht nur von unten nach oben bzw. von der Peripherie in Richtung Zentrum, sondern auch in der umgekehrten Richtung. „Distinktion", „distinction" hat nicht von ungefähr die Bedeutung „vornehmer" Abgrenzung nach unten. Damit kommen wir auf den Fall *exklusiver* Elitekulturen zurück, den wir oben bereits kurz berührt haben. Oberschichten legen überall besonderen Wert auf sichtbaren Ausdruck ihrer Eigenart und tendieren daher in besonderer Weise zur Ausprägung einer Symbolik primär „limitischen" Sinnes.[34] Dazu gehören etwa die schneeweißen Gewänder und langen Perücken der altägyptischen „Literatokratie" oder die blitzblanken Schuhe, dunklen Anzüge, schneeweißen Manschetten und überlangen Fingernägel, wie sie in vielen Gegenden des heutigen Orients als vornehm gelten. Wenn „noblesse oblige", dann vor allem zu solcher oft eher unbequemen Hochstilisierung der Lebensform zu einem bewußt gepflegten und inszenierten Lebenstil. Wir wollen diese Formen einer vertikalen Distinktion *Elitismus* nennen, im Gegensatz zu *Ethnizismus* und *Nationalismus,* die auf lateraler Distinktion basieren.

Kultur im Zustand ihrer distinktiven Steigerung oder „limitischen Aufrüstung" ist notwendigerweise mit einem besonderen Zugehörigkeits- und Zusammengehörigkeitsbewußtsein verbunden, ein Wir-Bewußtsein, das seine Intensität durch die Abgrenzung gegen ein „sie" gewinnt, und das seinen Anhalt und Ausdruck in einer primär „limitischen" Symbolik findet. „Sie" – das können die Vertreter der Ober- oder der Unterschicht, die Reformer oder die Traditionalisten, die Unterdrücker oder die Bewohner des Nachbardorfs sein: Die Herausforderungen zur sichtbar machenden Stilisierung von Eigenart sind vielfältig. Es handelt sich aber immer um eine Gegenstilisierung, eine Kontra-Distinktion, mit der eine Kultur nicht auf die Herausforderung des Chaos, sondern einer anderen Kultur antwortet.

33 Zum Konflikt zwischen Traditionalismus und Aufklärung *(haskalah)* im Judentum vgl. z. B. J. Fishman, in: A. Jacobson-Widding 1983, 263 ff.

34 P. Bourdieu 1979/1982. Vgl. auch Th. Veblen 1899.

Im Zustand ihrer limitischen Aufrüstung ändert Kultur ihren Aggregatzustand; sie wird Religion. Das gilt nicht für Elitismus (obwohl es auch typische Oberschicht-Religionen gibt),[35] aber für Ethnizismus und Nationalismus. Das religiöse Element distinktiv gesteigerter Identität liegt in dem Ausschließlichkeitsanspruch, mit dem dieses Wir-Bewußtsein durchgesetzt wird: Es will *alle* erfassen, und jeden Einzelnen *ganz*. Alle sonstigen Unterschiede verblassen vor der *einen*, entscheidenden Distinktion: „Ich kenne nur noch Deutsche." Das erste und zugleich eindrucksvollste Beispiel solcher limitischen Aufrüstung im Zeichen der Gefahr bietet die *Bibel* mit der Erzählung der Josianischen Reform (2 Kg. 22 f.), auf die wir im 5. Kapitel näher eingehen wollen. Sowohl die Josianische Reform selbst als vor allem die Erinnerung an sie im deuteronomistischen Geschichtswerk ist als eine ethnische Erneuerung zu deuten. Ein Volk besinnt sich – zuerst nach einer Epoche assyrischer Abhängigkeit, dann nach dem viel tieferen Traditionsbruch der Babylonischen Gefangenschaft – auf seine wahre Identität.[36] Wir würden heute von einer nationalen Erweckungsbewegung sprechen. Diese Besinnung wird als das unerwartete Auftauchen eines vergessenen Buches erzählt. Was für eine Art von Vergessen, von Identitätsverlust ist gemeint?

Mit dem Verlust des Landes, des Tempels und der politischen Identität, wie sie das Königtum Juda 587 v. Chr. erlebte, ist normalerweise, z. B. bei den fast 140 Jahre zuvor von den Assyrern verschleppten zehn Stämmen des Nordreichs, auch der Verlust der ethnischen Identität verbunden. Diese Ethnien vergessen, wer sie sind bzw. waren, und gehen in anderen Ethnien auf (A. D. Smith 1986). Das war das Schicksal, das alle Ethnien der Alten Welt früher oder später ereilte. Die Juden sind die einzigen, die dem Vergessen ihrer Identität widerstanden haben. Das verdanken sie der babylonischen Exilgemeinde, die sich mit allen Kräften der Erinnerung an die Umrisse eines normativen und formativen Selbstbildes klammerte, das ihr aus den Überlieferungen entgegentrat, an die Fundamente ihrer ethnischen Identität.

Das Besondere dieser Identität liegt in dem Vertrag, den Gott mit diesem Volk schließt, „daß er dich heute zu seinem Volke mache und

35 Vgl. P. Anthes/D. Pahnke 1989.

36 Der Bericht ist mehrfach überarbeitet worden. Maßgeblich für unsere Überlegungen ist die *nachexilische* Redaktion, die die Überlieferung im Licht der Erfahrungen der Katastrophe und des Exils verarbeitet. Vgl. zum Einzelnen H. Spieckermann 1982.

daß er dein Gott sei" (Dt. 29.13). Diese Formel wird immer wiederholt, sie bildet den Kern der Identität.[37] Die Identität darf nicht Sache äußerer Kennzeichnung bleiben, sondern muß Sache des Bewußtseins und der Gesinnung, „Herzenssache", werden. Josia läßt „alles Volk, klein und groß" in Jerusalem versammeln. „Und er las in ihre Ohren alle Worte des Bundesbuches *(sefer ha-b^e^rît),* das im Hause des Herrn gefunden worden war. Und der König stand an einem Pfeiler und schloß einen Bund vor dem Herrn, dem Herrn zu folgen und seine Gebote, Zeugnisse und Statuten zu bewahren von ganzem Herzen und ganzer Seele. Und alles Volk stand zu dem Bund." „Von ganzem Herzen und ganzer Seele", sowie „alles Volk" sind Stichworte, die zeigen, daß es sich hier um eine „Erweckungsbewegung" handelt, den Durchbruch eines latenten bzw. vergessenen normativen und formativen Selbstbildes zu neuer Bewußtheit. Daher die immer wiederholte Formel „von ganzem Herzen und mit ganzer Seele" (Dt. 4.29; 6.5; 10.12; 11.13; 13.3; 26.16; 30.2; 30.6; 30.10).[38] Nichts trifft den Sinn dieser Forderung besser als das deutsche Wort Er-innerung, d. h. Verinnerlichung, Ins-Innere-Zurückrufen, sich zu Bewußtsein bringen.

Religion und Ethnizität gehen hier eine unauflösliche Verbindung ein. Die Stammeskonföderation steigert sich zum „Volk", das Volk zum „geweihten" (Dt. 26.19) oder „heiligen Volk" (Ex. 19.6) und schließlich zur „Gemeinde des Herrn".[39] Jeder Einzelne soll wissen und keinen Augenblick vergessen, daß er zu einem Volk gehört und daß diese Zugehörigkeit ihn zu einer strikt („vertraglich") regulierten, gegenüber allen anderen „Völkern" deutlich abgesonderten Lebensform verpflichtet. Das Ethnikon „Jude" wird zu einer „normativen

37 Besonders oft kommt sie bei Jeremia vor (11.4; 24.7; 30.22; 31.33; 32.38). Meist ist hier im gleichen Atemzug von der Erneuerung und „Beschneidung" des Herzens die Rede (4.4 vgl. Dt. 10.16; zur Erneuerung des Herzens s. vor allem Ez. 11.19). Die Beschneidung ist die ethnische Kennzeichnung *katexochen,* das Distinktionszeichen gegenüber den Heiden, Polytheisten und Götzendienern, mit denen jeder Verkehr verboten ist.

38 In der feierlichen Vereidigung *(adê),* mit der Sanherib das ganze Volk auf die Loyalität gegenüber dem Thronfolger Asarhaddon eingeschworen hatte, begegnet auch des öfteren die Formel „von ganzem Herzen" *(ina gummurti libbikunu),* s. z. B. Watanabe (1987) 160–163. Der Vorbildcharakter assyrischer Vasallenverträge für die israelitische Bundestheologie ist oft hervorgehoben worden, vgl. zuletzt die Beiträge von H. Tadmor und M. Weinfeld in Canfora/Liverani/Zaccagnini 1990.

39 Dt. 23.1–8 wird festgelegt, wer in die „Gemeinde des Herrn" („qehal JHWH") eintreten darf.

Selbstdefinition" (E. P. Sanders 1980 ff.), dem Bekenntnis zu einem normativen und formativen Selbstbild von höchster Verbindlichkeit, an dem auch auf Kosten des eigenen Lebens festgehalten werden muß.

Das Buch *Deuteronomium* ist das Manifest und die Verfassungsurkunde einer ethnischen Widerstandsbewegung. Das hier praktizierte Modell: Distinktion und Widerstand durch „Sakralisierung der Identität" hat durchaus typischen Charakter. Denn auch in Ägypten nimmt die Entwicklung im Zeichen distinktiver Identitätssteigerung eine vergleichbare Richtung. In der Perserzeit als einer Epoche der Fremdherrschaft gerät auch Ägypten erstmals unter den Druck einer politischen und kulturellen Überfremdung, gegen den es Kräfte „nationaler" Kontradistinktion mobilisieren muß (A. B. Lloyd 1982). In diesem Zusammenhang ist das großangelegte Bauprogramm zu verstehen, das König Nektanebos ins Werk setzte und das dann von den Ptolemäern weitergeführt worden ist. Es handelt sich hier, in meinen Augen, um eine Identitätssteigerung im Zeichen der Distinktion, die eine genaue funktionale Parallele zu den Entwicklungen in Israel darstellt, aber sich ganz anderer kultureller Mittel bedient. Denn in Ägypten wird kein Schriftenkanon gebildet, sondern es werden Tempel gebaut. Diese Tempel aber hat man als einen Akt der Kanonisierung zu verstehen. Sie folgen alle dem gleichen Grundriß. Sie sind alle über und über beschriftet, kodifizieren also in monumentaler Form die Überlieferung. Und sie sind durch hohe Mauern gegen die Umwelt abgegrenzt, veranschaulichen also aufs sinnfälligste jene „eherne Mauer", die das Gesetz um die Juden zieht. Auch die ägyptischen Tempelmauern umschließen nicht nur heilige Rituale, Bilder und Schriften, sondern auch eine orthopraktische Lebensform. Innerhalb des Tempels wird nach strengen Reinheitsvorschriften gelebt. Das Tempelbauprogramm des Nektanebos bietet einen weiteren Fall distinktiv gesteigerter und sakralisierter nationaler Identität. So wird der Tempel zu einem Identitätssymbol des spätzeitlichen Ägypten. Ägypten versteht sich als das heilige, ja „das heiligste Land" *(hierotáte chóra)* und als „Tempel der ganzen Welt".

Die Lösung, die in Juda und Ägypten gefunden wurde, heißt: Kanonisierung des kulturellen Gedächtnisses. Kanonisierung heißt: Alles als fremd oder irrelevant Eingestufte wird ausgemerzt, alles als im normativen und formativen Sinne bedeutungsvoll Eingestufte wird sakralisiert, d. h. mit den Merkmalen letztinstanzlicher Hochverbindlichkeit und Unantastbarkeit versehen.

Was wir an diesen zugegebenermaßen extremen Beispielen zeigen wollen, ist, daß ethnische Identität und Persistenz eine Frage des kulturellen Gedächtnisses und seiner Organisationsform ist. Der Untergang von Ethnien ist (bis auf seltene Ausnahmen wie etwa der des Inka-Reichs) keine Sache physischer Auslöschung, sondern kollektiven und kuturellen Vergessens. Wenn man sich diesen Zusammenhang erst einmal in all seinen Konsequenzen vor Augen führt, wird klar, daß Veränderungen in der Organisation kultureller Gedächtnisse, etwa durch Neuerungen im Bereich der Kodierung (Schrift), der Zirkulation (Buchdruck, Radio, Fernsehen) und der Tradition (Kanonisierungen, Dekanonisierungen), tiefgreifendste Neuerungen im Bereich kollektiver Identitäten mit sich führen können. So hat man allen Ernstes und mit guten Gründen das Phänomen des neuzeitlichen Nationalstaats mit der Erfindung des Buchdrucks in Verbindung gebracht (B. Anderson 1983). Auffallend gesteigerte kollektive Identitäten gehen überall einher mit der Ausbildung besonderer kultureller Technologien: Schrift in den frühen Hochkulturen, Schrift und Mnemotechnik in Israel und Griechenland, Mnemotechnik im brahmanischen Indien. Selbst bei den Assyrern, deren Leistungen man zunächst auf militärischem und zuletzt auf kulturellem Gebiet ansetzen würde, verbindet sich die Reichsbildung mit einer kulturellen Institution, die sie vermutlich erfunden haben und deren Kulturbedeutung schwer zu überschätzen ist: der Palast- (heute würde man sagen: National-) Bibliothek, in der das gesamte, als Schrifttum auskristallisierte kulturelle Gedächtnis der assyrisch-babylonischen Gesellschaft versammelt ist, verbunden mit einer durchgreifenden Kodifizierung und ansatzweisen Kanonisierung und Kommentierung des Traditionsstroms. Auch die Idee der „Nationalbibliothek" (im Unterschied zu den Spezialbibliotheken der Tempel und „Tafelhäuser", in Ägypten der „Lebenshäuser") hat man als eine Mobilisierung des kulturellen Gedächtnisses im Sinne limitischer oder integrativer Aufrüstung zu verstehen. Als das bei weitem wirkungsvollste Mittel, einer ethnischen Identität Permanenz zu verleihen, hat sich jedoch die Religion erwiesen. Alle von A. Smith angeführten Fälle außergewöhnlichen Überdauerns, von den Samaritanern bis zu den Basken, zeigen dasselbe Bild einer Verschmelzung ethnischer Identität mit spezifischer religiöser Ausrichtung (A. D. Smith 1986, 105–125).

ZWEITER TEIL

FALLSTUDIEN

Vorbemerkung

Unter den Kulturen der Alten Welt gibt es zwei, die es verstanden haben, ihrer Überlieferung eine so zeitresistente und strahlkräftige Gestalt zu geben, daß sie bis auf unsere Tage identitätswirksam geblieben sind: Griechenland und Israel. Auf der Verbindung beider beruht nicht nur das christliche Abendland, sondern auch der Islam. Waren es im Abendland mehr die griechischen „Klassiker" – Dichtung und Philosophie –, die im Verbund mit der hebräischen Bibel und den neutestamentlichen Schriften den Kern des kulturellen Gedächtnisses ausmachten, so dominierten im Islam die griechischen Wissenschaften, und die hebräische Bibel wurde durch den Koran übertrumpft. Trotzdem ist festzuhalten, daß beide kulturellen Welten, die abendländische und die islamische, auf einer je spezifischen Verbindung des griechischen und des israelitisch-jüdischen Erbes beruhen. Aber dieses „Erbe" dauert nicht nur in der Verbindung, sondern auch in „Reinkultur" fort: Israel im Judentum und Hellas im Humanismus.

Wie ist es dazu gekommen? Was hat dazu geführt, daß gerade diese beiden Traditionsströme – und nicht Babylonien, nicht Ägypten – den Untergang der Alten Welt überdauert haben? Diese Frage führt uns zurück in die ersten Ursprünge jener Sinnverfestigung, aus denen die Fundamente der abendländischen und der islamischen Welt hervorgegangen sind. In Israel und in Griechenland beobachten wir genau gleichzeitig und vermutlich weitgehend unabhängig voneinander den Ablauf zweier entscheidender Stadien im Prozeß der Verfestigung: die *Produktion* fundierender Texte vom 8. Jahrhundert bis zum 5. Jahrhundert und die *Kanonisierung* dieser Texte, verbunden mit der Entstehung einer Auslegungskultur („Sinnpflege") im Hellenismus. Beide Kulturen sind gekennzeichnet durch einen Bruch. Das Judentum des „Zweiten Tempels" und der Diaspora blickt zurück auf Israel, die hellenistische Welt (inklusive Rom und aller nachfolgenden Klassizismen und Humanismen) auf das homerische und klassische Hellas. Im Judentum bildet sich die Institution des „sofer", des Schriftgelehrten, als das Organ dieses kanonisierenden Rückblicks heraus,[1] im Hellenismus die alexandrinische Philologie (Pfeiffer 1978). Die alexandrinische Aufarbeitung der griechischen Tradition, die zum Ausgangspunkt abendländischer „Klassik" wurde, fällt in die allernächste zeitliche und geographische Nachbarschaft jüdischer Textarbeit, die den Ausgangspunkt des Textkanons bildet. Und beide Bewegungen haben unverkennbar etwas mit der Sicherung nationaler Identität zu tun. Das geistige Klima der östlichen Mittelmeerwelt war in jenen Jahrhunderten beherrscht von dem Streben nach kodifizierender und systematisierender Aufarbeitung und Sicherung der Tradition. In Reaktion auf die Ausbreitung einer gräko-orientalischen Einheitskultur suchte jede der betroffenen Einzelkulturen in der Besinnung auf ihre Vergangenheit eine nationale Identität auszubilden und zu bewahren: in Mesopotamien durch die umfassenden Sammlungen alter Literatur in der Institution der Palastbibliothek, die schon im 8. Jahrhundert unter den neuassyrischen Königen einsetzen, in Ägypten durch die Kanonisierung des Totenbuchs, in Persien durch die altavestischen Aufzeichnungen. In diesem allgemeinen historischen Kontext lassen sich möglicherweise auch die beiden (in anderer Hinsicht durchaus einzigartigen) Sonderfälle der jüdischen „Schrift" und der griechischen „Klassik" verorten. Im gegenwärtigen Zusammenhang interessiert uns aber weniger die historische Berechtigung eines solchen Vergleichs, als vielmehr der ihm zugrundeliegende Begriff eines „nationalen" Schrifttums, das sowohl den Textkanon heiliger Schriften als auch den klassischen Kanon der Dichtung umfaßt. Dieser Begriff scheint uns charakteristisch für das, was in neuerer Zeit im Zentrum des Bedeutungsfeldes von Kanon steht.

Wir brauchen diese wohlbekannten Prozesse hier nicht nochmals in extenso zu behandeln. Interessanter ist es, ihnen den Fall einer untergegangenen Tradition gegenüberzustellen. Hierfür kommen Babylonien und Ägypten in Betracht. Beide reichen in ihrer schriftlich aufgezeichneten Überlieferung viel weiter zurück als Griechenland und Israel, bis an den Anfang des 3. Jahrtausends v. Chr., beide bilden bei der Entstehung der griechischen und der israelitischen Kultur noch immer den dominierenden politischen und kulturellen Kontext,[2] und

1 Vgl. etwa Stadelmann 1980, sowie die Beiträge von B. Lang und G. Theißen in: A. Assmann 1991.

2 Für Griechenland vgl. Burkert 1984.

beide sind schließlich mit der Ausbreitung des Christentums und dann des Islams untergegangen. Die Vermutung liegt nahe, daß sie es nicht vermocht haben, ihre Traditionsströme in eine vergleichbar zeitresistente Form zu bringen. Wir wollen dieser Frage am Beispiel Ägyptens nachgehen.

Das Zweistromland ist ein Fall für sich: Aufgrund seiner internen Zweisprachigkeit (Sumerisch und Akkadisch), seiner wechselnden Herrschaftsverhältnisse (Sumerer, Akkader, Kassiten, Assyrer, Babylonier, Chaldäer usw.) und der Ausbreitung seiner Schrift, Religion und Kultur auch auf andere Völker und Stämme (Elamiter, Amoriter, Hurriter, Hethiter, Kanaaniter usw.) stellt es das genaue Gegenstück zu der vergleichsweise monolithischen ägyptischen Kultur und Gesellschaft dar. Solche interne Vielfalt ist eine sehr günstige Vorbedingung für die Verfestigung von Tradition. So sehen wir hier jede größere politische Umbruchphase begleitet von einer Bemühung um die Kodifizierung und Sicherung der Tradition. Das beginnt mit der Aufzeichnung der sumerischen Königslisten gegen Ende des 3. Jahrtausends und setzt sich fort in den großen Kanonisierungen sumerischer und dann auch akkadischer Texte in der altbabylonischen (18.–17. Jahrhundert v. Chr.) und in der Kassitenzeit (15. Jahrhundert), um in den Bibliotheken der neuassyrischen Herrscher des 8. und 7. Jahrhunderts zu gipfeln (Lambert 1957). Wir finden im Zweistromland Formen einer Schrift-, Text- und Buchkultur ausgebildet, die sich dann in den griechischen und israelitisch-jüdischen Traditionsformen fortsetzen, so daß die babylonische Kultur in den späteren und auf Dauer erfolgreichen Traditionen in einer sehr viel intensiveren Weise fortzuwirken scheint, als dies bei der ägyptischen Kultur der Fall ist. Im Blick auf diese Traditionen liegt der Gedanke nahe, daß eine Verfestigung kulturellen Sinns notwendigerweise auf dem Wege einer „logozentrischen Engführung" vor sich geht, d. h. in den Formen der Wort-, Text-, Schrift- und Buchkultur. Wir können uns kaum vorstellen, daß es auch einmal andere als sprachliche Überlieferungen sind, die das heiligste Zentrum eines Traditionszusammenhangs, d. h. eines „kulturellen Gedächtnisses" bilden können. Hier bietet sich nun die altägyptische Kultur als das wohl eindrucksvollste Gegenbeispiel an. Fragen wir hier nach Prozessen kanonisierender Sinnverfestigung und nach den entsprechenden Medien und Organisationsformen des kulturellen Gedächtnisses, dann stoßen wir auf ein ganz besonderes Phänomen: den spätägyptischen Tempel. Wir vertreten in diesem Kapitel die These, daß es die Ägypter genau wie die Israeliten und die Griechen, im selben Zeitraum und vermutlich unter dem Druck derselben historischen Bedingungen, ebenfalls zu einem „Kanon“ gebracht haben, nur daß dieser Kanon bei ihnen nicht die Form einer Sammlung von Büchern, sondern eines Tempels annahm.

VIERTES KAPITEL

ÄGYPTEN

I. Grundzüge der ägyptischen Schriftkultur

1. Mythomotorik der Integration

Das pharaonische Ägypten kennt keine – *sit venia verbo* – „nationale" Geschichtsschreibung, die auch nur entfernt etwa mit der biblischen zu vergleichen wäre. Die ersten Ansätze in dieser Richtung gehören in die Ptolemäerzeit (Manetho). Die Königslisten sind kein Instrument der Geschichtsschreibung, sondern der Zeitmessung (also der „kalten" Erinnerung). Das heißt aber nicht, daß sich im ägyptischen Selbstbild nicht auch eine spezifische Erinnerung oder Rekonstruktion zur Wesensformel verdichtet hätte. Sie tritt uns hier lediglich in einer ganz anderen Form entgegen: nicht narrativ entfaltet, wie wir es erwarten würden, sondern zum Symbol verdichtet. Dieses Symbol lautet sprachlich: „Die Vereinigung der beiden Länder", ägyptisch *zmꜣ tꜣwj*. „Die beiden Länder" ist der normale Name, mit dem sich die alten Ägypter auf ihr Land beziehen. Die „beiden Länder" sind Ober- und Unterägypten, ägyptisch *Schemaᶜ* und *Mehu*, also zwei ganz verschiedene Wörter. Der ägyptische König trägt zwei Titel: *njswt* als König von Ober-, *bjt* als König von Unterägypten. Seine beiden Kronen symbolisieren die Herrschaft über die beiden Landesteile und sind zwei Kronengöttinnen und zwei Kronenstädten zugeordnet, Hauptstädten mythischer (und vielleicht auch historischer) Vorläuferstaaten, die zum pharaonischen Reich vereinigt wurden (E. Otto 1938). Bildlich findet sich dieses zentrale politische Symbol auf den Seiten königlicher Throne dargestellt. Horus und Seth schlingen und verknoten die Wappenpflanzen von Ober- und Unterägypten um ein längliches Gebilde herum, das eine Hieroglyphe mit der Bedeutung *zmꜣ* „vereinigen" ist. Der Staat, den der König beherrscht, ist das Resultat einer Vereinigung, die in der mythischen Urzeit die beiden Götter vollbracht haben und die jeder König bei Herrschaftsantritt und in der Ausübung seiner Herrschaft neu vollbringt.[3]

Der Mythos von Horus und Seth ist als narrative Ausformung der Zweiheitssymbolik der Gründungsmythos des ägyptischen Staates. Das antagonistische Brüderpaar steht aber für mehr als nur für die geographische Zweiteilung in Ober- und Unterägypten. Horus verkörpert die Zivilisation, Seth die Wildnis, Horus das Recht, Seth die Gewalt, Horus die Ordnung, Seth die Unordnung.[4] Einheit kann nur durch Versöhnung dieser antagonistischen Prinzipien, Versöhnung aber nur durch Unterwerfung des einen unter das andere hergestellt werden. Das Recht, die Kultur, die Ordnung müssen kämpfen und siegen; sie setzen sich nicht von selbst durch. Sie setzen sich aber nicht verdrängend an die Stelle von Chaos, Unordnung, Wildheit und Gewalt, sondern bändigen sie. Der Mythos fundiert daher keinen Zustand, sondern ein unabschließbares Projekt: die Bändigung des Chaos und die Herstellung von Ordnung durch Vereinigung, nach dem Prinzip „ab integro nascitur ordo". Die Einheit ist immer problematisch, sie ist niemals gegeben, sondern immer aufgegeben.

Der Mythos wird nicht einfach zur Belehrung und Unterhaltung erzählt. Er leistet zweierlei. Einerseits entwirft er eine Welt, die zweigeteilt ist und die nur dadurch in Gang gehalten werden kann, daß die beiden Teile zu einer höheren Einheit verbunden werden, so daß Ordnung über Chaos, Kultur über Wildnis und Recht über Gewalt die Oberhand behält. Andererseits mobilisiert der Mythos die Energien, deren es bedarf, um die Einheit herzustellen und die Welt in Gang zu halten. Wesensformeln oder Erinnerungsfiguren haben Appell-Charakter, sie üben eine normative und formative Kraft aus. Erinnerungsfiguren, die in dieser Weise selbstbildformend und handlungsleitend wirken, fasse ich unter dem Begriff der „Mythomotorik"[5] zusammen, um den dynamischen und energetischen Charakter dieser Identitäts-Symbolik zum Ausdruck zu bringen. Der Mythos von Horus und Seth verwandelt die Erinnerung an eine ursprüngliche Zweiheit in Sinnenergie, in den Impuls zu immer erneuter Anstrebung und Herstellung von Einheit. Vielleicht liegt in solcher „Mythomotorik" das

3 Vgl. zu dieser Symbolik Frankfort 1948; Griffiths 1960. S. a. die treffenden Bemerkungen von Kemp 1989, 27–29.
4 Zu Seth vgl. te Velde 1967; Hornung 1975; Brunner 1983.
5 Vgl. hierzu Kap. 1, Abschnitt 3.

Geheimnis der einzigartigen Konstanz des ägyptischen Staates. Denn hier geht es ja nicht einfach um bloße Dauer, sondern vielmehr um die Kraft zu identischer Erneuerung, zur strukturellen Selbstreproduktion auch über schwere Zusammenbrüche hinweg.

Die ägyptische Mythomotorik steht nun eindeutig im Dienst der Steigerung kollektiven Identitätsbewußtseins in Richtung Integration. Es geht nicht um Abgrenzung nach außen, sondern um Herstellung von Einheit im Inneren, um die Vereinigung der Teile zu einem Ganzen, das dann schlechthin allumfassend gedacht wird und sich nicht gegenüber anderen Ganzen abzugrenzen hat. Die Grenzen der Identität fallen mit den Grenzen des Menschseins und der geordneten Welt zusammen. Die Herrschaft über die zwei Länder bedeutet Herrschaft über das Ganze, ägyptisch „Allherrschaft" *(nb tm)* oder „Einherrschaft" *(nb w^{c})*. Die beiden Länder vereinigen sich zur Welt, wie sie vom Sonnengott geschaffen und dem König überantwortet wurde.

2. *Der „monumentale Diskurs": Die Schrift der Macht und der Ewigkeit*

Anders als in Mesopotamien entwickelt sich die Schrift in Ägypten nicht im Rahmen der Wirtschaft, sondern der politischen Organisation und Repräsentation. Hier ging es nicht um ökonomische, sondern um „politische" Kommunikation: um die Aufzeichnung von Handlungen besonderer politischer Bedeutung. Die ersten Schriftdenkmäler sind politische Manifeste im Dienste des entstehenden Staates. Sie sind am ehesten als „prospektive Erinnerung" einzustufen. Sie beziehen sich auf die Gegenwart als auf eine „zukünftige Vergangenheit" und stiften eine Erinnerung, die diese Gegenwart im kulturellen Gedächtnis präsent halten soll. Damit wurden offenbar vor allem zwei Zwecke verfolgt: einerseits das Ergebnis dieser Handlungen auf Dauer sicherzustellen, indem man es in Stein abbildete und in einem Heiligtum deponierte: also hineinstellte in einen situativen Rahmen, der zugleich permanent und zur Götterwelt hin „öffentlich" war; andererseits ein Mittel zur chronologischen Orientierung zu schaffen, indem man das Hauptereignis eines Jahres festhielt und das Jahr nach ihm benannte. Dies ist daher sowohl der Ursprung der ägyptischen Annalistik und Geschichtsschreibung als auch der gesamten monumentalen Bau- und Bildkunst, die keinen anderen Sinn hat als diesen permanenten und zur Götterwelt hin öffentlichen situativen Rahmen als einen „heiligen Raum der Dauer" sichtbar zu machen und auszugestalten. Und es ist damit auch der Ursprung der Hieroglyphenschrift, die eine Gattung der Bildkunst bleibt und als „die Schrift der Gottesworte", wie sie ägyptisch heißt, den Aufzeichnungen im götterwelt-öffentlichen heiligen Raum der Dauer vorbehalten ist.[6]

So entsteht der „monumentale Diskurs" als das Medium, in dem der Staat zugleich sich selbst und eine ewige Ordnung sichtbar macht. Dieser Doppelbezug der Schrift, der Kunst und der Architektur erklärt sich aus der besonderen Beziehung, in der die Größen „Staat" und „Ewigkeit" (oder: Unsterblichkeit) in Ägypten zueinander stehen. Der Staat ist nicht nur eine Institution zur Sicherung von Frieden, Ordnung und Gerechtigkeit, sondern zugleich damit auch eine Institution zur Ermöglichung von Unsterblichkeit, oder zumindest der Fortdauer über den Tod hinaus.[7] Jedes hieroglyphische Denkmal verweist auf diesen Zusammenhang. Es dient der Verewigung eines Individuums und verdankt sich einer staatlichen Lizenz. Da das Handwerk im Alten Ägypten Staatsmonopol ist, ist es dem Einzelnen nur über den Staatsdienst zugänglich. Damit verfügt der Staat nicht nur über *das* Medium der Sichtbarmachung kollektiver Identität und gesellschaftlicher Selbstthematisierung, sondern auch über *das* Medium einer Fortdauer im sozialen Gedächtnis nach dem Tode. Der monumentale Diskurs ist nicht nur ein Kommunikationsmedium, sondern ein Heilsweg. Indem er die Chance einer Kommunikation mit der Nachwelt, über die Jahrtausende hinweg, eröffnet, erschließt er dem Einzelnen die Chance einer entsprechenden Ewigkeit, die so lange dauert, wie er – wie es bei Diodor treffend heißt – „auf Grund seiner Tugend in Erinnerung bleibt". Der monumentale Diskurs ist ein Diskurs der „Tugend" (ägyptisch *Ma'at,* d.h. Gerechtigkeit, Wahrheit und Ordnung), der Ewigkeit und der politischen Zugehörigkeit.[8] Als solcher ist er die zentrale Organisationsform des kulturellen Gedächtnisses in Ägypten.

Natürlich bleibt die Schrift nicht auf ihren ursprünglichen Funktionsrahmen des „monumentalen Diskurses" beschränkt. Sie verändert

6 Zu Ursprung und Frühgeschichte der Hieroglyphenschrift s. Schlott 1989 mit weiterführender Literatur.

7 Vgl. hierzu ausführlich Verf. 1990.

8 Ich bin anderenorts auf diese Funktion der Denkmäler und der Hieroglyphenschrift ausführlicher eingegangen, vgl. Verf. 1988 und 1991.

aber außerhalb dieses Funktionsrahmens so grundlegend ihren „hieroglyphischen“, d. h. bildhaften Charakter, daß man von einer echten Digraphie-Situation sprechen muß. Innerhalb des monumentalen Diskurses bleibt sie bis ans Ende der ägyptischen Kultur, ohne die geringsten Abstriche, ihrer ursprünglichen Bildhaftigkeit treu. Außerhalb entwickelt sie sich zu einer Kursive, in der die ursprünglichen Bilder bis zur Unkenntlichkeit vereinfacht werden und nur noch graphematische Distinktivität besitzen. So entwickeln sich zwei Schriften: die hieroglyphische Inschriftenschrift und die kursive Handschriftenschrift. Nur die letztere ist eine Schrift im normalen Sinne des Wortes. Sie ist es, die der ägyptische Schüler lernte. Die Inschriftenschrift dagegen ist eine Gattung der Kunst. Sie erlernte man nur, wenn man die Laufbahn eines „Vorzeichners“ oder „Zeichners der Umrißlinien“ ergriff. Als eine Gattung der Kunst bzw. des „monumentalen Diskurses“ unterliegt die Inschriftenschrift deren Bindungen, die so auffallend und einzigartig sind, daß man sie mit Recht mit dem Begriff des Kanons zusammengebracht hat. Wir haben es also auch in Ägypten mit einer Kanonisierung des kulturellen Gedächtnisses zu tun, nur daß sich diese Kanonisierung nicht auf die Texte, sondern auf die Form des visuellen Mediums bezog. Hier ist die „Option für Invarianz“ unübersehbar. Sie war Platon bereits aufgefallen und gilt bis heute als das typische Merkmal der ägyptischen Kunst. „Das auffallendste visuelle Faktum in der ägyptischen Bildkunst ist ihre Gleichförmigkeit – ein Werk gleicht mehr oder weniger dem anderen.“ (Davis 1989, 3)

Was Platon in den *Gesetzen* über den ägyptischen Tempel schreibt, beruht auf einem produktiven, nämlich für das Selbstbild der spätägyptischen Gesellschaft aufschlußreichen Mißverständnis. Er berichtet dort, die Ägypter hätten in ihren Tempeln die Vorbilder oder Standardtypen – der griechische Ausdruck lautet „schemata“ – dargestellt, in denen man „das Schöne“ für alle Zeiten verbindlich erkannt und niedergelegt habe. Die Ägypter, so heißt es, „haben schon in der Frühzeit erkannt, daß die jungen Leute in ihren gewohnten Übungen nur mit schönen Stellungen und nur mit schönen Liedern zu tun haben sollten. Nachdem sie diesen Grundsatz aufgestellt hatten, stellten sie in ihren Tempeln auch dar, was und wie etwas schön sei. Darüberhinaus war es nun weder den Malern, noch anderen, welche Figuren und dergleichen verfertigen, erlaubt, Neuerungen zu machen oder irgendetwas von dem Altherkömmlichen Abweichendes zu erfinden. Noch jetzt ist es nicht erlaubt, weder in den genannten Stükken noch überhaupt in irgendeiner Musenkunst. Und bei näherer Betrachtung wirst du finden, daß Gegenstände, die dort vor 10 000 Jahren gemalt oder plastisch dargestellt wurden (und ich meine das nicht wie man so sagt, sondern buchstäblich vor zehntausend Jahren) im Vergleich mit den Kunstwerken der heutigen Zeit weder schöner noch häßlicher sind, sondern genau dieselbe künstlerische Vollendung zeigen" (leg. 656d–657a).

Worauf sich Platon hier bezieht und was man als den wahren Kern dieser Geschichte festhalten muß, ist die in der Tat erstaunliche Konstanz der architektonischen und künstlerischen Formensprache in Ägypten. Damit ist ein wichtiger Wesenszug vor allem des *spätägyptischen* Selbstbilds getroffen. Natürlich hat niemand zur Zeit der ersten oder vierten Dynastie ein Gesetz erlassen, daß von dem nun erreichten Stand der künstlerischen Entwicklung in alle Zukunft nicht mehr abgewichen werden dürfe. Vielmehr war es die ägyptische Spätzeit, die den allergrößten Wert darauf legte, von der Kunst früherer Epochen so wenig wie möglich abzurücken. Ganze Grabwände wurden kopiert, uralte Bauformen aufgegriffen und Statuen geschaffen, deren Datierung noch immer um 1500 Jahre schwankt.

Darüber hinaus scheint aber nun doch auch in der Gesamtentwicklung der ägyptischen Kunst ein Prinzip am Werk zu sein, für das Jacob Burckhardt den Begriff der „hieratischen Stillstellung" geprägt hat.[9] Über dieses Prinzip, das auch im Hellenismus nichts von seiner prägenden und bindenden Kraft eingebüßt hat (so daß in der Tat die ptolemäischen Tempel der Formensprache einer um zwei Jahrtausende zurückliegenden Vergangenheit näherstehen als der Formensprache der hellenistischen Kultur-Koiné), ist unter dem Begriff des „ägyptischen Kanons" viel geforscht und geschrieben worden.[10] In

9 „Allein die Kunst wird dann mit der Zeit nicht bloß auf einer gewissen Höhe erhalten, sondern auch nach oben festgehalten, d. h. die weiteren, höheren Entwicklungen werden einstweilen abgeschnitten durch hieratische Stillstellung, das einmal mit enormer Anstrengung Erreichte gilt als heilig, wie besonders am Anfang und am Ausgang der alten Kulturwelt Ägypten und Byzanz lehren", Jacob Burckhardt 1984, 195.

10 Unter dem ägyptischen Kanon versteht man zunächst ein System von Proportionen der menschlichen Figur, die einem „Quadratnetz" eingeschrieben wird, s. dazu v. a. E. Iversen ²1975. In letzter Zeit beginnt sich aber ein sehr viel umfassenderer Kanonbegriff durchzusetzen, der sich nicht nur auf das gesamte Regelsystem der ägyptischen Kunst bezieht, sondern darüber hinaus auch den ganzen so-

letzter Zeit hat sich immer klarer gezeigt, daß hier J. Burckhardt mit seinem Begriff der „Riesenschrift" intuitiv das Richtige getroffen hat. Die Kunst steht in Ägypten der Schrift, die Schrift der Kunst in einem so ungewöhnlichen Maße nahe, daß man hier nicht nur von engen Beziehungen, sondern geradezu von einer Einheit sprechen muß (Fischer 1986, 24). Die Schrift ist eine Gattung der Kunst, die Kunst eine Ausweitung der Schrift. Von daher erklärt sich die detaillierte und realistische Bildlichkeit, die sich die ägyptische Hieroglyphenschrift völlig unabgeschwächt durch alle Zeiten bewahrt hat, ebenso wie die strenge Typengebundenheit und Formkonstanz der Kunst. Die Bildhaftigkeit bzw. der Kunstcharakter der (Monumental-)Schrift und der Schriftcharakter der Kunst bedingen sich gegenseitig. Es handelt sich also, was die eigentümlichen Gebundenheiten der ägyptischen Kunst angeht, nicht um eine Unfähigkeit zu Fortschritt und Entwicklung, sondern um eine schriftartige Verbindung von Signifikant und Signifikat, deren Lockerung, mit Jacques Lacan zu reden, bedeutet hätte, „die Vertäuung ihres Seins zu modifizieren".[11]

Was hat es aber nun mit der „hieratischen Stillstellung" auf sich, jener Konstanz über „zehntausend Jahre", von der Platon so beeindruckt war? Das hieroglyphische Schriftsystem scheint ja, zumindest in seiner Spätform, im Gegenteil gerade durch eine Offenheit gekennzeichnet zu sein, die man in anderen Schriftsystemen vergeblich suchen würde. Stillgestellt, kanonisiert wurde nicht der Bestand, sondern das generative Prinzip, nämlich das Prinzip der Bildhaftigkeit. Die Schriftzeichen mußten immer *Bilder* bleiben. Die Offenheit des Bestandes, die es erlaubte, ständig neue Zeichen und Zeichenbedeu-

zialen und ökonomischen Rahmen miteinbezieht, s. dazu v. a. die Arbeiten von Wh. M. Davis 1989; 1982 a; 1982 b. Ich habe versucht, diese Regeln auf 5 Regelkomplexe zu verteilen: 1. Proportionsregeln („Kanon" im engeren Sinne); 2. Projektionsregeln (Raumdarstellung in der Fläche); 3. Darstellungsregeln (ikonische Formeln und Konventionen); 4. Ausschlußregeln (was in programmatischer Weise *nicht* dargestellt wird, hier besonders die Raum-Zeit-Abstraktheit des ägyptischen Bildes); 5. syntaktische Regeln (besonders die hypotaktische Systemhaftigkeit des Bildaufbaus). S. Verf. 1986; 1987.

11 Die Befürchtung ist, daß mit solcher Lockerung auch die Gesetze des Gemeinwesens an Verbindlichkeit einbüßen würden; so war z. B. Konfuzius der Ansicht, daß alles darauf ankomme, das Runde „rund" und das Eckige „eckig" zu nennen, und der von Platon zustimmend zitierte Musikologe Damon vertrat im 5. Jahrhundert v. Chr. die Auffassung, daß die Gesetze des Staates ins Wanken gerieten, wenn man etwas an den Tonarten verändere.

tungen einzuführen, beruhte auf der Bildhaftigkeit der Zeichen, die – auch wenn ihr Bezug auf ein Wort oder eine Lautgruppe der Sprache zunächst dunkel blieb – in jedem Falle als das Bild eines Dinges erkannt werden konnten. Über den ikonischen Bezug auf die *Welt* läßt sich dann meist der semantisch-phonemische Bezug auf die *Sprache* erschließen. In dem Moment, in dem die Hieroglyphenschrift beginnt, von der in ihr angelegten Möglichkeit der Systemoffenheit, der Neographismen Gebrauch zu machen, hört die Bildhaftigkeit der Zeichen auf, ein rein ästhetisches Prinzip zu sein und gehört zur Systemrationalität der Schrift, die ohne sie nicht mehr lesbar wäre. Es ist also zunächst keine „hieratische", sondern eine durchaus systemrationale Stillstellung, die hier am Werk ist.

Die ägyptische Hieroglyphenschrift ist ein komplexes System, weil sie auf Sprache und Welt zugleich verweist. Sie hat einen Doppelcharakter: ihre Elemente fungieren sowohl als *Zeichen,* die sich auf Sprachliches beziehen, als auch als *Bilder,* die die Formen der Welt wiedergeben. In diesem letzteren Bezug leisten sie dasselbe wie die Kunst und gehören zu den „schemata", von denen Platon schreibt. Und diese „schemata" sind heilig, weil sie von den Göttern entworfen sind, ebenso wie der Tempelplan und die Ordnungen der Riten, wie alle Formen, die der spätägyptische Tempel bewahren soll. Die Hieroglyphenschrift ist inklusiv, weil sie der Idee nach alles überhaupt Abbildbare umfaßt, also zugleich eine Art enzyklopädisches Bildlexikon darstellt und die ganze Welt im Tempel vergegenwärtigt; sie ist heilig, weil Bilder als solche heilig sind. Denn die abbildbaren Figuren sind die Gedanken des Schöpfergottes, die der Gott Thoth, der Erfinder der Schrift, in „Formen" – Platons „schemata" – artikuliert, d.h. bildhaft und abbildbar gestaltet hat. Die Welt ist, mit einem treffenden Ausdruck Friedrich Junges, die „Hieroglyphenschrift der Götter" (Junge 1984, 272).

3. *Kanon und Identität*

Es ist klar, daß es den Ägyptern gelungen ist, eine kulturelle Identität auszubilden und auf Dauer zu stellen, die in der Alten Welt einmalig ist. Es leuchtet ferner ein, daß die Mittel solcher Institutionalisierung von Permanenz und Ausschaltung von Wandel genau denen entsprechen, die wir mit dem Begriff Kanon bezeichnen wollen: als eine Form kultureller Kohärenz, eine neuartige „konnektive Struktur", die aus dem Geist der Schrift geboren ist. Trotzdem haben wir es in Ägypten nicht mit „textueller Kohärenz" zu tun. Denn diese ist mit der Ausbildung von Schriftkultur noch keineswegs gegeben. Das entscheidende Faktum ist die Ausbildung einer Auslegungskultur. Hier zeigt sich nun ein eigenartiges Defizit im ägyptischen Umgang mit Texten. Texte werden kopiert und variiert, aber sie werden nicht eigentlich interpretiert.

In einem ganz allgemeinen, anthropologischen Sinne gehört Kommentieren zu den Grundformen menschlichen Sprachverhaltens, wie Erzählen, Argumentieren, Beschreiben usw.; in diesem allgemeinen Sinne ist natürlich auch das ägyptische Schrifttum von kommentierenden Gesten durchsetzt. Solche Gesten konzentrieren sich in zwei Gebieten, in kultischen und in medizinischen Texten. Wir können sie mit den Stichworten „sakramentale Ausdeutung" (Verf. 1977) und „wissenschaftliche Fachprosa" umschreiben. Das Verfahren des Kultkommentars ist mit einer Zweiteilung des Sinns verbunden, die an das Phänomen der Allegorese erinnert. Der kommentierende Gestus ergibt sich zwangsläufig aus dieser gestuften Semantik: er verbindet „Vorder"- und „Hintersinn", kultweltliche und götterweltliche Bedeutung. Das kommentierende Verfahren der Fachprosa ist aus dem Drang nach Genauigkeit und Vollständigkeit erwachsen. In beiden Fällen ist das Kommentieren „diskursimmanent". Text und Kommentar treten nicht als zwei getrennte und selbständige Diskurse auseinander. Der Kommentar wächst vielmehr im Laufe der Textüberlieferung gleichsam parasitär auf dem Grundtext, der noch nicht der Kanonregel der Unfortschreibbarkeit oder Abgeschlossenheit („Nichts hinzufügen, nichts wegnehmen, nichts verändern") unterliegt. Tradition und Interpretation sind untrennbar miteinander verknüpft (für Israel: Fishbane 1986). Der Schritt zum „eigentlichen" Kommentar wird dort vollzogen, wo – in irgendeinem Sinne – ein Schlußstrich unter das Produzieren von Texten gezogen wird und sich das Bewußtsein einstellt, daß in den „Großen Texten" alles Sagbare gesagt und alles Wißbare aufbewahrt ist, so daß sich die Kultur nun im Späthorizont eines „posthistoire" auf die Auslegung der Großen Texte beschränken muß, um die Verbindung mit Weisheit und Wahrheit nicht abreißen zu lassen. Dieser Schlußstrich manifestiert sich in verschiedenen Schriftkulturen und auf ganz verschiedene Weise. Für die Alexandriner wird Homer zum Buch der Bücher, und die Klassiker werden zu unerreichbaren Vorbildern, für die chinesischen Gelehrten steht alles Wißbare in den Klassikern, angesichts deren notorischer Dunkelheit aber alles Verstehen Stückwerk bleibt, für Averroes hat Aristoteles den Horizont des Wissens ein für allemal abgeschritten – Sinnfiguren, die auf Alexandre Kojève vorausweisen, der den Begriff des „posthistoire" geprägt hat, weil er in Hegel die Geschichte des Denkens an ihrem absoluten Ende angelangt und das einzig denkbare Programm einer zukünftigen Philosophie nur noch in der Hegel-Exegese sehen konnte. Die Juden sprechen vom „Ende der Prophetie" und definieren damit die Grenze des hebräischen Kanons, die Muslime sprechen von der „Schließung des Tores" und ziehen damit die Grenze der deuterokanonischen Tradition. Kommentar im strengen Sinne setzt Unfortschreibbarkeit voraus. Der bloße Akt des Kommentierens schreibt einem Text diese *End-Gültigkeit* zu. Ein Text wird kommentiert, wenn er einerseits von bleibender Verbindlichkeit, andererseits aber nicht durch redaktionelle Eingriffe modernisierbar oder durch neue Texte ersetzbar ist. Im Sprachgebrauch der Philologie ist „Text" ein relativer Begriff und steht im Gegensatz zum „Kommentar". Ein Gedicht, ein Gesetz, ein Traktat usw. werden überhaupt erst zu einem *Text* im strengen Sinne der Philologie, wenn sie Gegenstand eines Kommentars werden. Der Kommentar macht den Text zum *Text.*

Texte in diesem Sinne scheint es in Ägypten – vielleicht mit der *einen* Ausnahme des 17. Totenbuchkapitels – nicht gegeben zu haben. Hier finden wir zwar die getreuliche Pflege alter Texte, gleichzeitig aber auch die Entstehung immer neuer Texte, die sich zu den alten nicht metatextuell verhalten, sondern die Gattung auf gleicher Ebene weiterführen. So treten neben die sicher in gewissem Sinne „klassische" Lehre des Ptahhotep immer wieder neue Lehren, bis in die hellenistische Zeit, und neben das spätestens in der Perserzeit kanonisierte Totenbuch treten moderne Totenbücher wie das *Buch vom Atmen* und das *Buch vom Durchwandeln der Ewigkeit.* Die Entstehung von Kommentaren setzt jene Trennlinie voraus, die den Traditionsstrom stillstellt und streng in Zentrum und Peripherie gliedert. Keine dieser Bedingungen für das Auseinandertreten des *Traditionsstroms* in Texte und Kommentare ist im vorhellenistischen Ägypten gegeben.[12]

Als Fazit ergibt sich, daß sich die einzigartige Kontinuität der ägyptischen Kultur, trotz ihrer intensiven Schriftlichkeit, eher einer

12 S. hierzu im einzelnen die Beiträge von U. Rößler-Köhler und Verf. in: Verf., B. Gladigow (Hrsg.), *Text und Kommentar* (1995), 93–140.

rituellen als einer textuellen Kohärenz verdankt. Die Kanonisierung der Bildkunst und der ihr zugrundeliegenden Regelgrammatik steht im Dienste der Wiederholbarkeit, nicht der Anschließbarkeit (d. h. regulierten Variation). Wir haben es mit dem Sonderfall einer schrift- und textgestützten Ritualkultur zu tun. Daher erklärt es sich, daß die Kultur in der Spätzeit, als sie unter den Bedingungen des Perser- und Makedonenreichs sich gegen den Assimilationsdruck der herrschenden Fremdkultur zu verteidigen hatte, nicht, wie in Israel, die Form eines Buches annahm, sondern die eines Tempels: der Tempel als das Gehäuse der rituellen Kohärenz, auf der die Kontinuität dieser Kultur beruhte. Davon soll im nächsten Abschnitt eingehender die Rede sein.

II. Der Spätzeittempel als „Kanon“

1. Tempel und Buch

Über den Hathor-Tempel von Dendera liest man, daß sein „großer Grundplan zusammen mit dem Inventarverzeichnis dieser Stadt eingraviert ist auf der Wand an der entsprechenden Stelle, ohne daß etwas von ihm fortgenommen oder hinzugefügt wurde, indem er vollkommen ist in Bezug auf [die Weisheit] der Vorfahren“.[13] Und vom Horus-Tempel in Edfu heißt es, daß seinem Neubau durch Ptolemäus ein Plan zugrunde gelegt wurde, „wie er von den Vorfahren begonnen worden war und wie es steht im großen Grundplan dieses Buchs, das nördlich von Memphis vom Himmel gefallen ist“.[14] Die Konzepte „Buch“ und „Tempel“ liegen also so weit gar nicht auseinander. Der Tempel ist nichts anderes als die dreidimensionale und monumentale Umsetzung eines Buchs, das alle Kennzeichen eines Kanons aufweist: Es ist (wie der Koran) eine vom Himmel gefallene „Offenbarung“, und es darf an ihm (wie an der Torah) „nichts hinzugefügt und nichts weggenommen werden“.[15]

13 A. Mariette, *Dendérah* III 1872, Tf. 77 a, b, bzw. E. Chassinat/F. Daumas, *Le temple de Dendérah* VI, 152, 1–3. Ich verdanke die Kenntnis dieser Stelle, auf die bereits Leipoldt/Morenz 1953, 56, Anm. 12 beiläufig hinweisen, D. Kurth.

14 E. Chassinat, *Le temple d'Edfou* VI, 6.4; vgl. D. Wildung 1977, S. 146, § 98.

15 Zur Geschichte der „Kanonformel“ s. Kap. II, Abschn. 2.

Von einem solchen Buch, als dessen Realisierung sich der spätägyptische Tempel versteht, ist in den Quellen ständig die Rede. Einmal gilt es als ein Werk des Imhotep, eines Wesirs und Weisen der 3. Dynastie, der als der Baumeister der Totenkultanlage des Königs Djoser und damit als der Erfinder der Steinbaukunst und der Pyramide (in ihrer Frühform als Stufenpyramide) nicht nur zeitgenössisch belegt, sondern im Gedächtnis der Kultur lebendig geblieben und zu göttlichen Ehren aufgestiegen ist (Wildung 1977), ein andermal als ein Werk des Gottes Thoth selbst, des ägyptischen Hermes, der als der Gott der Schrift, der Rechenkunst und der Weisheit überhaupt gilt.[16] Das Buch liegt dem Tempel zugrunde, und der Tempel verwahrt es wiederum, zusammen mit anderen Büchern, in seiner Bibliothek. Buch und Tempel – soviel jedenfalls ist deutlich – gehen hier eine sehr enge und sehr spezifische Verbindung ein.

Art und Sinn dieser Verbindung werden sofort deutlich, wenn man sich die Eigenart des spätägyptischen Tempels als eines kulturellen Phänomens sui generis vor Augen stellt. Ganz offensichtlich geht es hier um vier Aspekte, in denen sich der Tempel auf eine heilige Literatur zurückführt und denen er eine verbindliche Gestalt gibt:

1. der *architektonische* Aspekt: der Tempel als Realisierung eines „Grundplans" (ägyptisch *snt*);[17]

2. der *epigraphische* Aspekt: das Dekorationsprogramm des Tempels als Realisierung einer „Vorlage" (ägyptisch *sšm*);

3. der *kultische* Aspekt: der Tempel als Bühne eines sich darin vollziehenden Opferkults und Realisierung einer „Vorschrift" (ägyptisch *sšm, tp-rd, nt-ᶜ* usw.)[18] und

4. der *ethische* Aspekt: der Tempel als Raum einer Lebensform und Realisierung göttlicher Gesetze.[19]

16 Boylan 1922; spez. zu Thoth als Verfasser der Tempelbücher: S. 88–91. Unter den „42 hochverbindlichen (*pány anankaîai:* = „kanonischen"?) Büchern des Hermes", die nach Clemens Alexandrinus, *Stromat.* VI.4.35–7, von den ägyptischen Priestern in Prozession getragen worden seien, befassen sich einige mit der Konstruktion der Tempel. Zu Clemens' Informationen über Ägypten s. Deiber 1904.

17 Hiervon handelt das von Clemens unter den 10 „hieroglyphischen" Büchern genannte Buch über die „Konstruktion der Tempel".

18 Hiervon handeln die von Clemens erwähnten Bücher über die „Opferkunst".

19 Hiervon handeln die von Clemens erwähnten Bücher über „Erziehung" sowie die 10 „hieratischen Bücher über Gesetze, die Götter und das Ganze der priesterlichen Ausbildung". Quaegebeur 1981/82 hat in überzeugender Weise den

Versteht man den ägyptischen Tempel der Spätzeit als eine Verbindung aller dieser Aspekte, dann mag die Behauptung gerechtfertigt erscheinen, es handle sich hier um ein kulturelles Phänomen sui generis, und nicht etwa um den letzten Ausläufer einer jahrtausendealten Bautradition. Im Licht unserer Frage nach den Ausdrucksformen des kulturellen Gedächtnisses erweist sich der ägyptische Tempel der Spätzeit als sehr viel mehr denn einfach eine Bauform.

Aber auch wenn man ihn als reine Bauform betrachtet, zeigt sich, daß der spätägyptische Tempel nicht einfach eine Tradition fortsetzt, sondern etwas Neues darstellt. Er folgt nämlich sehr viel strenger, als dies bei den Tempelbauten früherer Epochen beobachtet werden kann, einem *einheitlichen Baugedanken,* d. h. einem kanonischen Plan. Alle großen Tempelbauten der griechisch-römischen Zeit lassen sich als Varianten eines einzigen Typs verstehen, für den der Horustempel von Edfu als die zugleich vollständigste und besterhaltene Realisierung gelten kann. Dieser Plan unterscheidet sich auch inhaltlich von den Tempelbauten der Vergangenheit. Das entscheidende neue Element ist das „Schachtel"-Prinzip der abschirmenden Ummantelung. Im Edfutempel ist das Sanktuar durch nicht weniger als fünf Mauern mit dazwischenliegenden Korridoren bzw. Raumzonen gegen die Außenwelt abgeschirmt. Daß es sich hier in der Tat um die zentrale Bau-Idee des spätägyptischen Tempels handelt, zeigen die flachbildlichen Wiedergaben des Tempels in Form von bis zu sieben ineinander geschachtelten Portalen. Jedes Portal symbolisiert eine solche zwischen Innen und Außen vermittelnde Zone. Der Sinn dieser Bauform ist evident: Er verweist auf eine Konzeption von innerweltlicher Heiligkeit, die mit allen Mitteln gegen den Kontext einer profanen Welt abgeschirmt werden muß. Die Architektur ist geprägt durch Sicherheitsvorkehrungen, die von einem tiefen Gefährdungsbewußtsein, einer Art „Profanationsangst" diktiert sind. Das verweist auf die entsprechende Heiligkeit des Sinns, der in diesen Tempeln verwahrt ist und offenbar weit über die Vorstellungen von Unzugänglichkeit und Geheimheit hinausgeht, die sich in Ägypten traditionellerweise mit heiligen Orten verbunden haben. Die leitenden Koordinaten der spätägyptischen Tempelarchitektur sind Sicherung und Gefährdung, Innen und Außen, Heiligkeit und Profanität.

in griechischen Quellen mehrfach belegten Begriff eines „Sakralgesetzes" *(hieratikos nomos, hieros nomos)* mit solchen Kodifikationen identifiziert.

Daran lassen sich bestimmte Züge der spätägyptischen Mentalität anschließen, über die wir nicht nur aus ägyptischen, sondern vor allem auch aus griechischen Quellen gut unterrichtet sind. In erster Linie wäre hier die ausgeprägte Xenophobie der Ägypter zu nennen, aus der dieselbe Profanierungsangst, derselbe Geist der Seklusion spricht. In der Josephsgeschichte wird berichtet, daß sich die Ägypter nicht mit Ausländern zu Tische setzen: „Und man trug ihm (Joseph) besonders auf und ihnen besonders und ebenso den Ägyptern, die mit ihm aßen. Denn die Ägypter dürfen nicht mit den Hebräern essen; das ist den Ägyptern ein Greuel" (Gen. 43.32).[20]

Herodot berichtet, daß die Ägypter es vermieden, Gebräuche der Hellenen wie überhaupt anderer Völker anzunehmen.[21] Die antiken Autoren beklagen sich immer wieder über Hochmut, Reserviertheit und Verschlossenheit der Ägypter.[22] Die ägyptischen Texte betrachten den Ausländer als unrein; den Tempeln und heiligen Handlungen darf er sich nicht nähern. Der Gott Seth wird zum Gott des Auslands, erhält den Schimpfnamen „der Meder" und wird, nun erst, zum eindeutigen „Gegengott"; damit werden auch die Ausländer zu „typhonischen Wesen" (Brunner 1983; Helck 1964). Der neue Beiname des Seth gibt einen Hinweis auf die Perserzeit als den Ursprung dieser Entwicklung, was sich durch andere Beobachtungen bestätigen läßt. Zweifellos entsteht die für das spätzeitliche Ägypten typische Xenophobie und Profanationsangst in dieser Zeit einer verschärften Fremdherrschaft. Die ägyptische Kultur beginnt sich in die Tempel zurückzuziehen und sich gegenüber der Außenwelt abzuschotten. Wir beobachten in dieser Spätphase der ägyptischen Kultur das Umschlagen von „integrativer" in „distinktive" Identität. Unter den Bedingungen der Fremdherrschaft entwickeln sich hier wie in Judaea Abwehrreaktionen des kulturellen Systems, die man als „Nationalismus" bezeichnet hat.[23]

20 Im spätantiken Roman *Joseph und Aseneth* wird das dann umgekehrt: „Denn Joseph aß nicht mit den Ägyptern, weil ihm das ein Greuel war" (7.1). S. Delling 1987, 12.

21 Herodot, *Hist.* II, 91 cf. 49 und 79. Hierher gehört auch Herodots Behauptung, daß die Ägypter alles genau umgekehrt machen wie die übrigen Völker (II, 35). Denn damit bezieht er sich offensichtlich nicht nur auf seine eigenen Beobachtungen, sondern auf ein Image, das dem ägyptischen Selbstbild entsprochen haben wird, natürlich mit umgekehrten Vorzeichen. Das ist das Selbstbild der Orthopraxie, die sich als einzige im Besitz der richtigen Praxis glaubt.

22 S. die Stellen bei Fowden 1986, 15 f.

23 Lloyd 1982; Macmullen 1964; Griffiths 1979.

Sieht man sich nun die Bauformen und Tempelinschriften näher an, wird man den oben aufgezählten vier Aspekten des Spätzeittempels noch einen weiteren hinzufügen, der für unsere Frage nach den Formen des kulturellen Gedächtnisses entscheidend ist: der Tempel als Repräsentation von Vergangenheit und Ausdruck eines spezifischen Geschichtsbewußtseins. Der ägyptische Spätzeittempel ist gebaute Erinnerung. Das ist im Hellenismus umso auffälliger, als sich überall sonst im Mittelmeerraum und im Vorderen Orient die Formensprache der griechischen Kunst ausbreitet und Ägypten als einzige Kultur strikt am Kanon der überlieferten Formen festhält. Der Grund ist darin zu sehen, daß diese Formen eine ikonische Bedeutung haben: Sie bilden etwas ab. Und zwar geben sie mit Rundstab, Hohlkehle und geböschten Wänden eine monumentalisierte, in Stein umgesetzte und fünfzigfach vergrößerte Schilfhütte wieder, die prähistorische Urform eines Heiligtums. Diese Neubauten der makedonischen Fremdherrscher geben sich in ihrem äußeren Erscheinungsbild als der Inbegriff traditioneller ägyptischer Architektur. Wir haben es mit einer Reform in Gestalt einer Rückkehr zum Ursprung, einer Repristination der Tradition zu tun: auch dies ein typisches Element kanonisierender Sinnverfestigung. Was das zu bedeuten hat und mit welchem Recht diese Bauten als Ausdruck eines spezifischen Geschichts- und Identitätsbewußtseins, als „gebaute Erinnerung" zu verstehen sind, ergibt sich aus einigen der zahllosen Inschriften, mit denen sie bedeckt sind.

Das auffallendste Merkmal des ägyptischen Spätzeit-Tempels ist wohl der Reichtum seiner Dekoration. Nicht nur sämtliche Wände, auch die Decken und sogar die Säulen sind mit Szenen und Texten beschriftet. Ganz offensichtlich ist ein großer Teil der in den Tempelbibliotheken aufbewahrten Bücher zur Dekoration der Tempelwände in Stein umgesetzt worden. Das ist zwar nicht ganz neu. Vom Alten Reich bis zur Spätzeit läßt sich ein stetiges Anwachsen der Tempeldekoration erkennen. Hier gibt es dann jedoch einen qualitativen Sprung, der in der Perserzeit liegen dürfte. Bis dahin nämlich sind die Dekorationsprogramme der Tempel auf die Funktion der betreffenden Räume bezogen: Sie bilden ab, was in diesen Räumen vor sich geht, und konservieren so den Kultvollzug auf symbolische Weise. In der Spätzeit kommt etwas Neues hinzu: die Kodifizierung von Wissen.[24] Was jetzt auf den Wän-

24 Vgl. dazu sehr treffend Kees 1941, 416 f.: „An geschichtlichen Zeitwenden beginnen die Völker mit Vorliebe Sammelwerke anzulegen. Die Sorge um den Ver-

den in Stein verewigt wird, geht über das Ritual weit hinaus. Es sind kosmographische, geographische, theologische und mythologische Texte und Bilder, sowie sehr umfangreiche Bauinschriften und Texte mit ethischen Vorschriften für die Priester, Inventare, Auflistungen der res sacrae, der Ordnungen und Verbote des jeweiligen Tempels und aller anderen Tempel und Gaue des Landes, kurz: eine geradezu enzyklopädische Wissens-Literatur, wie sie sich in keinem Tempel der älteren Zeit findet. Die Schrift selbst nimmt enzyklopädische Züge an. Der Zeichenbestand vermehrt sich sprunghaft, ja geradezu explosiv, von ca. 700 auf ca. 7000 Zeichen. Jeder Tempel entwickelt sein eigenes Schriftsystem. Dieser Prozeß beruht auf einer systematischen Ausschöpfung der dem hieroglyphischen Schriftsystem – im Gegensatz zur daraus abgeleiteten Kursivschrift – inhärenten Bildhaftigkeit, die es erlaubt, ständig neue Zeichen einzuführen und die Welt der Dinge gleichsam als ein unerschöpfliches Typeninventar zu betrachten. Daraus entwickelt sich die Vorstellung der Schrift als eines enzyklopädischen Bildlexikons, in dem die ganze Welt abgebildet ist, sowie die korrespondierende Vorstellung der Welt als einer „göttlichen Hieroglyphenschrift" (Junge 1984, 272). Indem der ägyptische Tempel die Welt gleichsam in sich aufnimmt, schließt er sich gegenüber der Welt ab. Auch dieser Totalitätsanspruch ist für das Phänomen der Kanonisierung typisch. Für den Juden enthält die hebräische, für den Christen die christliche Bibel, für den Muslim der Koran das schlechthinnige und allesklärende Insgesamt des Wißbaren und Wissenswerten.

Der ägyptische Spätzeittempel umfaßt aber nicht nur in der Art einer Enzyklopädie die Menge des Wißbaren, sondern wirklich *die Welt*. Wir befinden uns – im Gegensatz zu den monotheistischen Religionen – im Kontext des „Kosmotheismus".[25] Für diesen Religionstyp gilt, mit Wittgenstein zu reden, daß der Sinn der Welt gerade nicht

lust ererbten Gutes überwiegt das schöpferische Gestalten. So ist in Ägypten die schaffensfreudigste Periode auch im Geistigen, das Alte Reich, die schreibkargste Zeit gewesen. Erst die Epigonen begannen seine geistige Hinterlassenschaft zusammenzustellen und festzulegen. Auch die späten Tempel wollen durch die Masse ihres Wissens wirken. Diese Aufzeichnungen über das Ritual, die Festordnungen, die Götter selbst erfolgten in gelehrter Art." Kees spricht in diesem Zusammenhang von einer „Angst des Vergessens", von der Ägypten in der Spätzeit erfaßt worden sei (S. 415). Gewiß hat die Erfahrung der Fremdherrschaft, besonders dann der hellenistische Kulturschock, zu einem Verlust an Selbstverständlichkeit der Tradition und damit zu einem Explikationsschub geführt.

25 S. dazu Verf., in: A. Assmann 1991, 241 ff.

außerhalb ihrer, sondern in einer ganz emphatischen Weise innerhalb ihrer liegen muß. Die Welt selbst ist ein sinnerfülltes und daher göttliches Ganzes. Dies versucht der Spätzeittempel abzubilden. Seine Basis stellt das Urwasser, seine Säulen die daraus emporwachsende Pflanzenwelt, sein Dach den Himmel dar. Friese von Gabenbringern und „Nilgöttern" versinnbildlichen die einzelnen Gaue Ägyptens. In jedem Tempel ist auf diese Weise die ganze Welt repräsentiert (D. Kurth 1983).

Die kosmische Repräsentation bezieht sich aber auch auf die Zeitdimension. Dieser Punkt ist für unsere Frage nach dem kulturellen Gedächtnis von besonderer Bedeutung. Der Kosmos wird nicht nur als Raum, sondern auch – und sogar in erster Linie – als Zeit, d. h. als Prozeß konzipiert. Was der Tempel durch die Symbolik seiner Bauformen und den ikonographischen Bezug seines Bildprogramms abbildet, ist zweierlei: 1. den kosmogonischen Prozeß des erstmalig aus den Urwassern auftauchenden „Urhügels" und 2. den sich täglich wiederholenden Zyklus des Sonnenlaufs, in dem sich wie in einem Pulsschlag der Lebensprozeß des göttlichen und ewigen Kosmos vollzieht. Der Tempel ist daher sowohl der „Urhügel", der Ort des „Ersten Males", von dem aus der Schöpfer die Welt geordnet hat, als auch der „Horizont", in dem die Sonne auf- und untergeht. Auf den „Horizont"-Aspekt beziehen sich die astronomischen Decken und die Sonnenlauf-Darstellungen auf Friesen und Architraven, auf den „Urhügel"-Aspekt dagegen die elaborierten Tempel-Entstehungs-Mythen der Bauinschriften und „Monographien" (Reymond 1969; Finnestad 1985).

Die Tempel-Entstehungs-Mythen der Spätzeit verbinden die Baugeschichte des Tempels in derselben Weise mit der Kosmogonie, wie die offizielle ägyptische Geschichtsschreibung dies mit der dynastischen Geschichte Ägyptens unternimmt. Hier stoßen wir auf die Vorstellung von der Präexistenz der Herrschaft. Am Anfang war die Herrschaft. Die Götter üben sie aus, indem sie eine aus den Urwassern auftauchende Welt ordnen, einrichten und bewohnbar machen. Mit dem Übergang der Herrschaft von den Göttern auf halbgöttliche und menschliche Dynastien verlagert sich der kosmogonische Prozeß an den Himmel und dient in Gestalt des Sonnenlaufs weniger der Erschaffung als der In-Gang-Haltung der Welt, an dem auch die Menschen mitwirken. Ort dieser Mitwirkung ist der Tempel. Wir haben es also mit jener Form von Geschichtsbewußtsein zu tun, für die Erik

Voegelin (1974) den Begriff „Historiogenesis" geprägt hat. Für dieses Bewußtsein ist die Verbindung von Kosmogonie („Genesis") und Geschichte charakteristisch. Der kosmogonische Prozeß setzt sich in die Geschichte hinein fort: Die Könige verstehen sich als Nachfolger, Statthalter und Söhne des Schöpfergottes. Die Schöpfung wird nicht sauber durch den Schlußstrich eines „Siebten Tages" gegen die Geschichte abgehoben; vielmehr ist die Geschichte die Fortsetzung der Schöpfung unter den veränderten Bedingungen der gefallenen Welt. Wobei dieser Fall nach ägyptischer – und allgemein verbreiteter – Vorstellung in der Trennung von Himmel und Erde, Göttern und Menschen besteht.[26] Ganz so bruchlos, wie Voegelin das darstellt, vollzieht sich dieser Übergang freilich nicht. Und es kann auch keine Rede davon sein, daß wir es hier mit einem „linearen" und gerichteten Geschichtsbild im Sinne der Geschichtsphilosophie zu tun hätten, wie es Voegelin der herkömmlichen Deutung der orientalischen und allgemein mythischen Geschichtsbilder entgegenstellen möchte. Denn das semantische Übergewicht der „kosmogonischen Phase", als die Götter noch selbst die Herrschaft ausübten und auf Erden weilten, ist unverkennbar. Das ist die eigentlich sinnerfüllte, bedeutungsgeladene Geschichte, nur von ihr läßt sich erzählen, auf sie beziehen sich die Mythen, und sie wird im Tempel vergegenwärtigt. Wenn der Tempel „gebaute Erinnerung" ist, dann bezieht sich diese Erinnerung auf die mythische Urzeit.

Aber Voegelin hat recht, wenn er darauf besteht, daß der Ägypter und der Babylonier dieser mythischen Urzeit anders gegenüberstehen als die Naturvölker und sogar noch die Griechen. Denn die Ägypter und Babylonier haben in Gestalt ihrer Königslisten ein Instrument, den Abstand der jeweiligen Gegenwart zu dieser Urzeit präzise auszumessen und diese Urzeit selbst zu periodisieren und zu historisieren (Luft 1978). Rein formal betrachtet, scheint damit in der Tat der kategoriale Unterschied zwischen mythischer Urzeit und geschichtlicher Gegenwart aufgehoben. Aber die Königslisten und Annalen sind keine Geschichtsschreibung, sondern nur ein Instrument der chronologischen Orientierung. Sie dienen der Vermessung eines Raumes, der nicht die Bedeutung hat, die sich mit der Bedeutung der kosmogonischen Urzeit, von der die Mythen erzählen, vergleichen ließe. Für den Ägypter ist charakteristisch, daß er diesen nach Jahrtausenden zäh-

26 Kakosy 1981; Staudacher 1942; te Velde 1977. Vgl. auch Hornung 1982.

lenden Raum souverän überblickt – auch in den Bauinschriften der Spätzeittempel ist gelegentlich präzise von Vorgängerbauten aus der Zeit der 18. oder 12. Dynastie die Rede – und dennoch die mythische Urzeit als die im eigentlichen Sinne wirklichkeitschaffende Geschichte betrachtet, in bezug auf die dann die eigentliche Geschichte nur noch bloße Wiederholung und rituelle In-Gang-Haltung bedeutet. Dieses auf Ursprung und Kreislauf fixierte Geschichtsbewußtsein findet im ägyptischen Spätzeittempel baulichen, bildlichen, kultischen und sprachlichen Ausdruck.

Der Tempel, so haben wir eingangs festgestellt, versteht sich nach ägyptischer Auffassung als die irdische Realisierung eines himmlischen Buches, und zwar: als *Bauwerk,* das einen göttlichen Grundplan verwirklicht, als *Dekorationsprogramm,* das eine ganze Bibliothek in Stein wiedergibt, als *Ritual,* das den göttlichen Vorschriften folgt und als *gebaute Erinnerung,* d. h. Visualisierung eines Geschichtsbewußtseins, das die Gegenwart mit der mythischen Urzeit der Ursprünge verbindet. Indem der Tempel die Vor-Schrift der Götter nachschreibt, wird er zugleich zu einem „Modell der Welt“; denn die Welt ist nach denselben Prinzipien gebaut. Einen entscheidenden Gesichtspunkt haben wir jedoch bisher noch außer acht gelassen: den Tempel als das Gehäuse einer besonderen Lebensform.

2. *Der Nomos des Tempels*

Der „Nomos des Tempels“, wie man diese Lebensform bezeichnen könnte, verbindet den Aspekt kultischer Reinheit mit dem Aspekt gesellschaftlicher Moral. Zur kultischen Reinheit gehört die peinliche Beobachtung einer Fülle von Vorschriften, die vorwiegend Verbotscharakter haben, besonders Speisevorschriften.[27] Diese Vorschriften sind für jeden Tempel und jeden Gau besondere. Jeder Gau hat seine

27 Vgl. Muszynski 1974; Quaegebeur 1980/81. In griechischen Quellen ist oft von einem „hieratikos nomos“ bzw. „hieros nomos“ die Rede, worunter aller Wahrscheinlichkeit nach eine Kodifikation gesetzlicher Regelungen zu verstehen ist, die sich vor allem auf Priester bezog. Solche Gesetzessammlungen, von denen uns eine Reihe von Fragmenten in griechischer und ägyptisch-demotischer Sprache erhalten ist, gehörten zu den „Gottesbüchern“ (*tm*^{c} *n nṯr,* in gr. Umschrift *Sem(e)nouthi*), der in den Tempeln redigierten, kopierten und aufbewahrten Sakralliteratur.

spezifischen Speisetabus (Montet 1950), jeder Tempel, der Theologie des darin verehrten Gottes entsprechend, seine besonderen Verbote. So ist es z. B. im Tempel des Osiris verboten, die Stimme zu erheben, im Abaton von Esna darf keine Trompete geblasen werden usw. usw. So ist das erste, was die Priester bei der Weihe schwören müssen, das Gelöbnis: „Ich werde nicht essen, was den Priestern verboten ist."

Und auch die weiteren Beteuerungen dieses in griechischer Sprache überlieferten Priestereides haben sämtlich negative Form, beziehen sich also auf Verbote:

> Ich werde nicht [. . .] schneiden,
> ich werden keinem anderen [. . .] auftragen,
> ich habe keinem Lebewesen den Kopf abgeschnitten,
> ich habe keinen Menschen getötet, [. . .]
> ich habe keinen Knaben beschlafen,
> ich habe nicht mit der Frau eines anderen geschlafen, [. . .]
> ich werde weder essen noch trinken, was verboten ist oder in den Büchern (als verboten) aufgezeichnet ist.
> Ich werde keine langen Finger machen.
> Ich werde kein Maß auf der Tenne messen.
> Ich werde keine Waage in die Hand nehmen.
> Ich werde kein Land vermessen.
> Ich werde keinen unreinen Ort betreten.
> Ich werde keine Schafswolle berühren.
> Ich werde kein Messer anfassen, bis zum Tag meines Todes.[28]

Solche Beteuerungen, die der Priesternovize bei seiner Weihe zu schwören hatte, haben eine verblüffende Ähnlichkeit mit dem berühmten „Negativen Sündenbekenntnis", das im ägyptischen Totenbuch als Kapitel 125 gezählt wird. Dort muß der Verstorbene sich vor seiner Aufnahme ins Jenseits einer Prüfung unterziehen. Während sein Herz auf einer Waage gegen eine Figur der Wahrheitsgöttin abgewogen wird, muß er 42 Sünden aufzählen mit der Beteuerung, sie *nicht* begangen zu haben. Bei jeder Lüge, das ist vermutlich das zugrundeliegende Prinzip dieses Verfahrens, wird das Herz schwerer. Dieses Kapitel mit seinem detaillierten Sündenregister ist schon im Neuen Reich, also seit dem 15. Jahrhundert v. Chr., belegbar, und die

28 R. Merkelbach 1968; vgl. R. Grieshammer 1974.

Idee vom Totengericht geht noch viel weiter zurück.[29] Daher hat man vermutet, daß der spätägyptische „Nomos des Tempels“ von dem viel älteren „Nomos des Jenseits“ abhängig ist. Aber es verhält sich wohl eher umgekehrt: Das Jenseitsgesetz – obwohl so viel früher in den Texten greifbar – ist das sekundäre und bildet die Tabu- und Moralvorstellungen, die im Kult verankert sind, auf die Unterwelt ab, die dadurch als ein heiliger Ort der Gottesnähe konzipiert wird.[30] Daher enthält auch das „Negative Sündenbekenntnis“, das jeder, auch der Nicht-Priester, ablegen mußte, typische Tempel-Tabus wie z. B.

> Ich habe keine Vögel aus dem Sumpfdickicht der Götter gefangen
> und keine Fische aus ihren Lagunen.
> Ich habe das Überschwemmungswasser nicht zurückgehalten in seiner Jahreszeit,
> ich habe dem fließenden Wasser keinen Damm entgegengestellt,
> ich habe das Feuer nicht ausgelöscht, wenn es brennen sollte.
> Ich habe keine Fleischopfer versäumt an den Tagen (des Festes),
> ich habe die Viehherden des Tempelbesitzes nicht zurückgehalten,
> ich bin dem Gott(esbild) bei seiner Prozession nicht in den Weg getreten.[31]

Daneben stehen Verfehlungen, die sich nicht auf den Tempelkult, sondern die Tempelverwaltung beziehen:

> Ich habe am Hohlmaß nichts hinzugefügt und nichts vermindert,
> ich habe das Flächenmaß nicht geschmälert, und am Ackerland nichts verändert.
> Ich habe zu den Gewichten der Handwaage nichts hinzugefügt und das Lot der Standwaage nicht verschoben.

29 J. Spiegel 1935; S. G. F. Brandon 1967; J. Yoyotte, 1961; R. Grieshammer 1970.

30 R. Grieshammer, a. a. O.; Verf. 1983 b, 348–50.

31 Totenbuch 125, Übersetzung E. Hornung, *Das Totenbuch der Ägypter* (Zürich 1979), 235.

Sowie Verfehlungen ganz allgemeiner Art:

Ich habe kein Unrecht getan,
ich habe nicht gestohlen,
ich habe nicht getötet,
ich habe nicht gelogen,
ich habe nicht die Frau eines anderen beschlafen und nicht Unzucht getrieben,
ich habe niemanden verleumdet, beleidigt, belauscht, erschreckt,
habe mich nicht gestritten, war nicht jähzornig, habe keine überflüssigen Worte gemacht, meine Stimme nicht erhoben,
habe mich nicht taub gestellt gegenüber Worten der Wahrheit . . .[32]

Dieselbe Dreiheit finden wir in dem Priestereid wieder. Und wir finden sie schließlich in einer Textgruppe, die den „Nomos des Tempels" an seinen eigentlichen Orten aufzeichnet: am seitlichen Tor, durch das die niederen Priester den Tempel am Morgen betreten:[33]

Führt (niemanden) ein in Falschheit,
tretet nicht ein in Unreinheit,
sprecht keine Lüge in seinem Hause!
Seid nicht gierig, verleumdet nicht,
nehmt keine Bestechungsgeschenke an,
macht keinen Unterschied zwischen arm und reich,
fügt nichts hinzu zu Gewicht und Meßstrick und zieht nichts ab davon,
gebt nichts ab und zu[34] vom Scheffel [. . .][35]

schwört keinen Eid,
stellt nicht Lüge über Wahrheit im Reden!
Hütet euch davor, etwas zu tun in der (Gottes-) Dienstzeit,

32 Ebda, aus verschiedenen Abschnitten des langen Textes zusammengestellt.
33 Sog. „Tempeleinlaßtexte", s. dazu Grieshammer 1974, 22 ff. (für eine Liste solcher Inschriften s. 22, Anm. 14); M. Alliot 1949, 142 ff., 181 ff.; H. W. Fairman 1958; Verf. 1990, 140–149.
34 *„jt j jnj"* – dieselbe Wendung wie oben mit Bezug auf den Tempel-Plan. S. dazu J. J. Clère, in: *JEA* 54, 1968, 140 f.
35 Aus der Inschrift Edfou III 360–61 = Kom Ombo II, 245.

Niemand, der dabei redet, bleibt ungestraft.
Macht keine Musik in seinem Hause, im Inneren des
Tempels,
nähert euch nicht der Stätte der Frauen [. . .]
verrichtet den Dienst nicht nach eurem Belieben,
sondern schaut in die Bücher und in die Vorschrift des
Tempels,
die ihr als Lehre euren Kindern weitergeben sollt.[36]

Und am Haupteingang im Pronaos, durch das der Hohepriester als Abgesandter des Königs den Tempel betritt:

[. . .]
[Ich bin gekommen] auf dem Wege Gottes,
ich habe nicht parteiisch geurteilt,
ich habe nicht mit dem Starken gemeinsame Sache gemacht
und den Schwachen habe ich nicht beeinträchtigt,
ich habe nichts gestohlen,
ich habe die Teile des Horusauges nicht vermindert,
ich habe nicht [gefälscht] mit der Waage,
ich habe das Zubehör des Gottesauges nicht verletzt.[37]

Liest man diese Texte als eine Tempel- und Kultordnung, dann ist es erstaunlich, daß sie über die eigentlichen Priestervorschriften hinausgehen und die allgemeine Grundlegung einer Lebensform, einen „allgemeinen priesterlichen Sittencodex"[38] darstellen. Das Verhalten im Tempel, das durch diese Vorschriften geregelt werden soll, umfaßt Handlungen, die gar nicht im Tempel stattfinden. Wer den Tempel betreten will, muß rein sein. Reinheit bedeutet aber nicht nur, sich innerhalb des Tempels alles dessen zu enthalten, was der Gott verabscheut, sondern auch, sich dieser Dinge außerhalb des Tempels enthalten zu haben. Dadurch wird Priesterschaft zu einer Lebensform, die die gesamte Lebensführung auf die Grundlage einer strengen *Orthopraxie* stellt.

Liest man diese Texte aber andererseits als einen allgemeinen Sittenkodex, dann erstaunen wiederum die speziellen Vorschriften, die

36 Aus der Inschrift Edfou III 361–62.
37 Edfou III 78–79, s. M. Alliot 1949, 142 f.; H. W. Fairman 1958, 91.
38 Mit diesem Begriff charakterisiert W. Otto 1908, 239 versuchsweise diese Inschriften.

nur Sinn geben im Kontext eines bestimmten Kults und im Hinblick auf den „Abscheu" eines bestimmten Gottes (z. B. Musik und lautes Reden). Unter den zahlreichen „Lebenslehren", die uns aus dem Alten Ägypten erhalten sind, sucht man solche Vorschriften vergeblich, während andererseits die Warnungen vor Parteilichkeit, Bestechlichkeit, Unzuverlässigkeit im Umgang mit Maßen und Gewichten, Unaufrichtigkeit, Habgier und Gewalttätigkeit zum Grundbestand altägyptischer Lebensweisheit gehören (H. Brunner 1988). So entsteht jene ganz besondere Mischung aus Reinheits-, Standes- und Moralvorschriften, die wir den „Nomos des Tempels" nennen wollen. Sein erstes Auftreten im ägyptischen Totenbuch, als Kapitel 125, zeigt, wie alt diese Idee in Ägypten ist. Sein Auftreten im Dekorationsprogramm der Spätzeittempel bezeugt aber nicht nur seine Langlebigkeit, sondern seine Verfestigung zur *Orthopraxie*.[39] Wenn Herodot und andere von den „nomoi", den Sitten und Gesetzen der Ägypter sprechen, dann beziehen sie sich auf den Nomos des Tempels, der in der Spätzeit wo nicht zur allgemeinverbindlichen, so doch zu *der* repräsentativen ägyptischen Lebensform geworden ist. So wie in den älteren Epochen der pharaonischen Kultur der Schreiber-Beamte, so ist in der Spätzeit der Priester zum Inbegriff des Ägyptertums geworden.

3. Platon und der ägyptische Tempel

Die Deutung des (spät-)ägyptischen Tempels als einer Organisationsform des kulturellen Gedächtnisses der Ägypter, und zwar ganz im Sinne jenes Sonderfalls gesteigerter Verbindlichkeit und Permanenz, den wir „Kanon" nennen wollen, geht vor allem auf Platon zurück. Für Platon sind die Ägypter das Volk mit dem längsten Gedächtnis. Während überall sonst auf der Welt durch periodische Katastrophen die Überlieferung zerstört wurde, blieben die Ägypter von solcher traumatischen Amnesie verschont. So konnte sich hier eine Erinnerung – z. B. an Atlantis – erhalten, die bei den Betroffenen selbst, etwa den Athenern, verlorengegangen war. Platon beziffert dieses Gedächt-

39 Wir verwenden diesen Begriff in Analogie zu „Orthodoxie". Geht es bei der Orthodoxie um die Regel- oder Kanonkonformität der „Lehre" und Auslegung, so geht es bei der Orthopraxie um die Regelkonformität des Handelns.

nis auf zehntausend Jahre, in Übereinstimmung mit Herodot, der sich dafür auf Hekataios von Milet beruft. Dem seien im Tempel von Theben 345 Statuen von Priestern gezeigt worden, die einander als Vater und Sohn im Amt des Hohepriesters gefolgt seien. Aus diesen 345 Generationen errechnete man die Reichweite der ägyptischen Rückerinnerung und stellte sie in einen höchst eindrucksvollen Gegensatz zu den Griechen, deren Adelsgeschlechter (wie das des Hekataios) schon nach etwa 16 Generationen bei einem Gott oder Heros ankamen.[40] Die Anekdote beruht zwar auf einem Mißverständnis, das bei der Übervölkerung gerade des Karnaktempels mit Statuen nahegelegen haben mag. Aber dieses Mißverständnis ist gewiß bereits ägyptisch. Die Ägypter selbst haben in der Spätzeit die Tempel als Speicher und Pflegestätten einer Überlieferung betrachtet, die über historisch genau angebbare Zwischenglieder in die Vorzeit, ja, bis zur Schöpfung zurückreicht. Man kann sich gut vorstellen, mit welchem Stolz die Ägypter den griechischen Reisenden mit ihrem mythischen Geschichtsbewußtsein ihre Tempel und sonstigen Monumente vorgeführt haben, die ihnen einige Jahrtausende mythenfreier Vergangenheit dokumentierten. Denn in Ägypten war die eigentliche Bedeutung dieser Monumente niemals so weit in Vergessenheit geraten, daß sich darum hätten Legenden bilden können, die ihre Errichtung irgendwelchen mythischen Wesen und Geschlechtern zuschrieben. Im Gegenteil: Die Inschriften blieben lesbar, der Zeitabstand blieb vermeßbar, die Formensprache vertraut, man wußte, daß man es mit den Zeugen der *eigenen* Vergangenheit zu tun hatte und daß diese Vergangenheit mehrere Jahrtausende umfaßte. „Die ägyptischen Monumente", schrieb der hellsichtige J. Burckhardt 1848, „sind die mit Riesenschrift geschriebenen Bücher ihrer Geschichte."[41]

Auf einem gleicherweise produktiven, nämlich für das Selbstbild der spätägyptischen Gesellschaft aufschlußreichen Mißverständnis beruht, was Platon in den Gesetzen über den ägyptischen Tempel schreibt. Wir haben diese Stelle im ersten Abschnitt näher betrachtet. Hier wird der Tempel als etwas gedeutet, was man, im Anschluß an die Terminologie der russischen Kultursemiotik, eine „ikonische Kul-

40 Vgl. hierzu Schachermeyr 1984. Zum Prinzip eines genealogisch organisierten Geschichtsbewußtseins s. Schott 1968.

41 In: Franz Kugler, *Handbuch der Kunstgeschichte,* 2. Auflage mit Zusätzen von Dr. Jacob Burckhardt, Stuttgart 1848, 39.

turgrammatik" nennen könnte, die explizite Darlegung eines Regelsystems, dessen Befolgung alle und nur die wohlgeformten *Sätze*, d. h. Stellungen, Haltungen, Handlungen der Kultur generiert, und das nicht in sprachlicher, sondern in bildlicher Form. Die Erkenntnis, die hier wie eine Offenbarung am Anfang der ägyptischen Kultur steht und alle ihre Lebensäußerungen mit einer einzigartigen Prägekraft vereinheitlicht, artikuliert sich nicht in Sätzen, sondern in *Formen*. Da ist jedenfalls ein zentraler Wesenszug getroffen, auch wenn man alles übrige, vor allem die pädagogische Funktion dieser Formen, ins Reich der Phantasie verweisen muß. Ähnlich äußert sich auch Plotin über die Funktion der Bilder in den ägyptischen Tempeln: „Die ägyptischen Weisen bedienen sich, sei es aufgrund strenger Forschung, sei es instinktiv, bei der Mitteilung ihrer Weisheit nicht der Schriftzeichen zum Ausdruck ihrer Lehren und Sätze als der Nachahmungen von Stimme und Rede, sondern sie zeichnen Bilder und legen in ihren Tempeln in den Umrissen der Bilder den Gedankengehalt jeder Sache nieder, so daß jedes Bild ein Wissens- und Weisheitsinhalt, ein Objekt und eine Totalität, obschon keine Auseinandersetzung und Diskussion ist. Man löst dann den Gehalt aus dem Bilde heraus und gibt ihm Worte und findet den Grund, warum es so und nicht andes ist."[42]

Daraus geht einerseits hervor, daß in Ägypten *Bilder*, nicht diskursive Rede, als Medium des kulturellen Gedächtnisses fungieren, und zum anderen, daß der Ort dieser Bilder, und damit die zentrale Institution dieses kulturellen Gedächtnisses, die Tempel sind. Wir stoßen also auch hier auf den Grundgedanken des spätägyptischen Tempels: eine Kodifizierung und Kanonisierung der *Formen* der von Gott geschaffenen und von den Göttern durchwalteten und erhaltenen Wirklichkeit.

Dieses Prinzip prägt sich nirgendwo klarer aus als in der spätägyptischen Hieroglyphenschrift. Was die Schrift angeht, bedeutet die Spätzeit einen geradezu explosiven Innovationsschub, der sich in der bereits erwähnten Vermehrung des Zeichenbestands auf das Zehnfache (von ca. 700 zu ca. 7000 Zeichen) kundtut. Diese Innovation gehört in den Zusammenhang jener umfassenden Neuerung hinein, als welche wir den Tempel der Spätzeit verstehen möchten. Denn es ist das Bestreben jedes Tempels, sein eigenes Schriftsystem auszubilden,

42 Plotin, *Über die geistige Schönheit*, V 8,6, nach F. Teichmann, *Die Kultur der Empfindungsseele. Ägypten – Texte und Bilder*, S. 184.

seine eigenen Zeichen und Zeichenbedeutungen festzulegen. Dadurch wird die Hieroglyphenschrift zu einer spezifischen Kompetenz der Priester, zu einer *Priesterschrift.* Sie wird esoterisch wie das Wissen, das sie kodifiziert.

Mit der *Klerikalisierung* der Kultur, die sich in die Tempel zurückzieht, geht ihre *Sakralisierung* einher. Im selben Maße, wie der kulturelle Sinn geheiligt wird, werden die kulturellen Formen stillgestellt: in jener Furcht, den Kontakt mit dem Ursprung und der eigenen Identität zu verlieren, die Hermann Kees so treffend als „Angst vor Vergessen" diagnostiziert hat. Dahinter steht jenes Reflexiv-Werden der Tradition, das wir als eine typische Ausgangslage für Steigerungsformen kollektiver Identität ansehen, d. h. für den Übergang von „kulturellen Formationen" zu „kulturellen Identitäten". Die eigene Kultur verliert ihre Selbstverständlichkeit; sie gilt nicht mehr unhinterfragbar als die Weltordnung schlechthin. Die dem Einzelnen auferlegten Bindungen und Grenzen, Gesetze und Normen wirken nicht mehr als „implizite Axiome" (D. Ritschl 1985), deren Gültigkeit durch die natürliche Evidenz der gesellschaftlichen und kosmologischen Rahmen garantiert wird, sondern sie verlangen explizite Ausformulierung. Kulturelle Metatexte, „Selbstthematisierungen des Gesellschaftssystems" (N. Luhmann) entstehen. In diesem Sinne deutet Platon den ägyptischen Tempel: Hier ist das Normensystem des *Schönen* und damit der gesellschaftlichen und politischen Ordnung für alle Zeiten verbindlich niedergelegt.

In dieser Sicht tritt der spätägyptische Tempel neben jene anderen kulturellen Metatexte, die ungefähr gleichzeitig unter demselben Druck einer allgemeinen Umbruchszeit an anderen Orten der Alten Welt entstehen. Auch dort führt das Reflexiv-Werden der Tradition zu sehr umfassenden Kodifizierungen, Manifestationen kultureller Identität und vor allem: zu einer intensiven Beschäftigung mit der eigenen Vergangenheit. In Babylonien und besonders in Assyrien entstehen die großen Palast-Bibliotheken, in Israel die großen Gesetzes- und Geschichtswerke, in Griechenland die peisistratidische Feststellung des Homertextes (U. Hölscher 1987) und die Anfänge der Geschichtsschreibung.[43] In Ägypten finden wir archaisierende und restaurative Tendenzen schon früher (Verf. 1985); sie gipfeln in der Äthiopen- und Saitenzeit (25. und 26. Dynastie, 8.–6. Jahrhundert),

43 Sehr wichtig sind in diesem Zusammenhang die Untersuchungen von John van Seters 1983.

der „saitischen Renaissance“ (H. Brunner 1970; I. Nagy 1973); aber sie finden erst im Tempeltyp der Spätzeit jenen zugleich zentralen und umfassenden Ausdruck, den man als den „Kanon“ des Ägyptertums, als *die* eine, repräsentative Selbstthematisierung bezeichnen könnte. In dieser einen Form aller Formen war für den Ägypter alles ausgedrückt und dargestellt, was ihn mit den Ursprüngen verband.

An dieser Organisationsform eines kulturellen Gedächtnisses sind nun zwei Punkte besonders bemerkenswert:

1. Die In-Eins-Setzung von Kultur und Kosmos

Jede Kultur neigt von Haus aus zu der Gleichsetzung ihrer Ordnung mit der Weltordnung schlechthin. Diese ethnozentristische Grundstruktur eines Welt- und Selbstbilds schwächt sich normalerweise ab im Zuge jener Alteritätserfahrungen, die zu einem Reflexiv-Werden der Tradition und zu Steigerungsformen von Identität führen. Eine *kulturelle Identität* ist dann gerade *nicht* die schlechthinnige Weltordnung. Ägypten bildet hier eine Ausnahme. Die Grundüberzeugung einer bruchlosen Fortsetzung der Schöpfung bis in die Gegenwart hinein hat sich durch alle Alteritätserfahrungen des 1. Jahrtausends v. Chr. hindurch nicht nur nicht abgeschwächt, sondern sogar zu einem spezifischen Einzigartigkeitsbewußtsein gesteigert. Die Ägypter lebten in der festen Überzeugung, daß mit ihrer Kultur, wenn nicht die Welt, so doch die Weltordnung, ihr sinnhafter Aufbau und Lebenszusammenhang, unterginge: „Aber das Ganze des kulturellen und gesellschaftlichen Lebens Ägyptens war ebenso einzigartig wie die Konfiguration des Landes selbst. Einzigartig war auch die ägyptische Geisteshaltung mit ihrer unerschütterlichen Überzeugung, die kulturelle Identität Ägyptens und die Fortdauer des physikalischen Universums seien eines und dasselbe.“ (Fowden 1986, 14)

Und die ägyptischen Tempel waren die Zentren, in denen die Welt in Gang gehalten wurde. Die Erhaltung der ägyptischen Kultur und die In-Gang-Haltung der Welt waren Aspekte ein und derselben Arbeit, die den Priestern oblag und im Tempel nicht nur ein Gehäuse, sondern auch einen monumentalen und expliziten Ausdruck fand.

2. Die Kompaktheit der kulturellen Symbolik und die Nichtausdifferenziertheit des Wortes

In der Zeit, in der Ägypten den Tempel zu der zentralen Organisationsform seines kulturellen Gedächtnisses ausbaut, kommt es auch in anderen Zentren der Alten Welt, ja sogar darüber hinaus auch in Indien und China zu vergleichbaren Prozessen der Verfestigung kulturellen Sinns. Diese schon im 18. Jahrhundert festgestellte Koinzidenz ist von Karl Jaspers auf den Begriff der Achsenzeit gebracht worden. Das gemeinsame Element der „Achsenzeit-Kulturen“ (Eisenstadt 1987) ist die Ausdifferenzierung des Wortes als der zentralen Organisationsform des kulturellen Gedächtnisses. In allen diesen Kulturen vollzieht sich die Verfestigung des kulturellen Sinns und die damit verbundene Repristination von Tradition als eine Rückkehr zu großen und fundierenden Texten und als die Institutionalisierung einer Ausbildungskultur bzw. „Sinnpflege“, die dafür sorgt, daß die in diesen Texten kodifizierte Wirklichkeitsvision durch alle Epochen hin gegenwärtig und maßgeblich bleibt. Dieser Schritt wird in Ägypten nicht vollzogen. Hier wird die Wirklichkeitsvision nicht, jedenfalls nicht in erster Linie, in Texten, sondern in den „Formen“ („schemata“) der Schrift und der Kunst, in Riten und Lebensformen kodifiziert. Durch die Kanonisierung und Institutionalisierung dieser kompakten Organisationsform eines kulturellen Gedächtnisses im Tempel der Spätzeit gelingt es der ägyptischen Kultur, den tiefgreifenden kulturellen Bruch zu überdauern, den die schon früh in der Perserzeit einsetzende Hellenisierung der Alten Welt bedeutete und als das Monument einer vergangenen Kulturepoche tief in die nachachsenzeitliche Welt hineinzuragen. Aber sie war außerstande, jene Formen einer Auslegungskultur auszubilden, die als das Prärogativ der Achsenzeitkulturen den verfestigten Sinn bis in unsere Zeit hinein gegenwärtig gehalten haben.

FÜNFTES KAPITEL

ISRAEL UND DIE ERFINDUNG DER RELIGION

I. Religion als Widerstand

Wie der Staat die große Errungenschaft Ägyptens, so ist die Religion die große Errungenschaft Israels. Zwar gibt es Religionen natürlicher- und unausweichlicherweise überall auf der Welt; aber sie sind dort ein Aspekt der Kultur, mit der zusammen sie entstehen und untergehen. In Israel aber wird Religion in einem ganz neuen, emphatischen Sinne geschaffen, der sie von der allgemeineren Kultur unabhängig macht und ihr Überdauern über alle kulturellen Wandlungen, Überfremdungen und Assimilationen hinweg ermöglicht. Religion wird zu einer „ehernen Mauer", mit der sich das ihr anhängende Volk gegen die umgebende, als fremd diagnostizierte Kultur abgrenzt. Diese *emphatische* Bedeutung von Religion trifft gewiß noch nicht im vollen Umfang auf die altisrealitische Religion zu, die unablöslich in die politischen Strukturen des davidischen Königtums und die ihr vorausgehenden Formen vorstaatlicher Organisation eingebettet war. Erst die aus der Exilserfahrung hervorgegangene Religion des Zweiten Tempels und dann natürlich des Judentums zeigen Religion im Zustand ihrer Ausdifferenziertheit und kernhaften Verfestigung.[1] Religion wird zum Fundament und Medium eines Widerstands gegen eine Umwelt, deren kulturellen und politischen Strukturen sie als eine autonome Sinnsphäre gegenübersteht.

1 In dieser Deutung folge ich Y. Kaufmann, *Golah ve-Nekhar,* 2 Bde., Tel Aviv 1929–30, dessen Thesen mir durch die Teilübersetzung von C. W. Ephraimson zugänglich wurden: Y. Kaufmann 1988. Das Motiv der „iron barrier" spielt bei Kaufmann eine zentrale Rolle.

1. Die Errichtung der „ehernen Mauer“: Israels und Ägyptens Weg in die orthopraktische Abgrenzung

Im spätzeitlichen Ägypten entspricht der *orthopraktischen* Heiligung des Lebens die Heiligung des Landes, die Idee Ägyptens als des „heiligsten Landes“ („hierotáte chóra“)[2] und eines „templum mundi“:[3] also ein besonderes *Einzigartigkeitsbewußtsein,* das auf der Vorstellung besonderer Gottesnähe, einer „Lebensgemeinschaft ganz Ägyptens mit den Göttern“[4] beruht. Die nächste Parallele zu dieser Entwicklung bietet das Israel des Zweiten Tempels. Auch hier verbindet sich die orthopraktische Heiligung des Lebens (hebr. „halakhah“), wie sie in den 613 Verboten und Geboten der Torah niedergelegt ist, mit einem besonderen Einzigartigkeitsbewußtsein. Auch hier beruht die Einzigartigkeit auf der Gottesbeziehung, die hier aber nicht als „Wohngemeinschaft“ gedacht wird[5] – denn für den transmundanen Gott Israels wäre eine solche Immanenz undenkbar –, sondern als Erwählung und Bundesschluß. Orthopraxie heißt: Anpassung an Gott. „Ihr sollt heilig sein, denn ich bin heilig.“ (Lev. 17–26, passim)[6] Or-

2 G. Fowden 1986, 14 verweist hierfür auf Theophrastus, *De pietate* (ed. W. Pötscher, Leiden 1964), fr. 2; Porphyrius, *De abstinentia* (ed. J. Bouffartigue u. M. Patillon, Paris 1977 ff.) II.5.1; Eusebius v. Cäsarea, *Praeparatio evangelica,* I.9.7.

3 Asclepius 24, Nag Hammadi Codex II.5, 122–23 s. H. G. Bethge 1975.

4 Julian, ep. 111.433 b *(en koinonía mèn pròs theoús Aigypto te páse).*

5 Obwohl genau dieser Begriff in jenen Überlieferungen verwendet wird, die von Zelt und Tempel, der „Wohnung“ („mishkan“) Jahwes handeln, z. B. Ex. 25.8.: „Laß sie mir ein Heiligtum bauen, damit ich unter ihnen wohnen kann.“ Für Ägypten kann man ebenso eine Gegenrechnung aufmachen. Darin ließe sich mit guten Gründen zeigen, daß die Vorstellung einer Wohngemeinschaft von Göttern und Menschen nicht die gegenwärtige Wirklichkeit, sondern eine Urzeit, eine Art Goldenes Zeitalter kennzeichnet und daß die gegenwärtige Welt vielmehr aus einer Aufkündigung dieser ursprünglichen Wohngemeinschaft hervorgegangen ist (vgl. hierzu Verf. 1990, Kap. 6). Nach ägyptischer Vorstellung wird dieser Bruch und diese Aufkündigung geheilt durch genau jene Institutionen symbolischer Vermittlung und Repräsentation des Göttlichen auf Erden, die die Bibel als „Idolatrie“ perhorresziert. Darin liegt der entscheidende Unterschied zwischen Israel und Ägypten. Jahwes „Einwohnung“ *(shekhinah)* ist niemals symbolisch, sondern immer unmittelbar und unvermittelt, aber unstet, unverfügbar und unzugänglich. Nach der geläuterten Theologie des Deuteronomiums wohnt nicht Gott, sondern vielmehr sein *Name* im Tempel, s. Weinfeld 1972, 191–209.

6 H. Graf Reventlow 1961.

thopraxie heißt aber zugleich auch: Distinktion, Seklusion, Einzigartigkeit – also *Identität* in einem emphatischen Sinne. Nach dem Gesetz leben bedeutet „das bewußte Bekenntnis zu einer ‚normativen Selbstdefinition'" (E. P. Sanders 1981). In diesem Punkte sind Israel und Ägypten im Perserreich und im Hellenismus parallele Wege gegangen, auch wenn der eine Weg in eine weltverändernde Geschichte führte, der andere hingegen, wenn nicht in völliges Vergessen, so doch in den Untergrund verborgener Gegenströme.

Der ägyptische Tempel der Spätzeit veranschaulicht mit seinem festungsartigen Aussehen aufs eindrücklichste die Idee der Seklusion, der von hohen Mauern gegen die profane Außenwelt abgeschirmten Lebensform. Es ist aber ein Jude, der sich dieses Bildes bediente, um die Idee der Seklusion zu veranschaulichen: „Der Gesetzgeber, von Gott zu umfassender Erkenntnis ausgerüstet, umschloß uns mit nicht zu durchbrechenden Palisaden und ehernen Mauern, damit wir mit keinem der anderen Völker in irgendeiner Hinsicht in Verkehr seien, rein an Leib und Seele, frei von trügerischen Vorstellungen, den Gott, der allein Gott, allein mächtig ist, im Unterschied zur Schöpfung verehrten (. . .) Damit wir nun mit nichts uns befleckten und nicht im Verkehr mit Schlechtem verdorben würden, umschloß er uns von allen Seiten mit Reinheitsvorschriften, Geboten über Speisen und Getränke und Hören und Sehen."[7]

Dieser Text ist in Ägypten geschrieben, von einem alexandrinischen Diaspora-Juden in ptolemäischer Zeit, und er verwendet ein ägyptisches Bild. Die „eherne Mauer" ist zunächst ein Bild für den König, der als Feldherr sein Land, seine Soldaten und seine Vasallen schützt.[8] Als solches benutzt es bereits im 14. Jahrhundert v. Chr. ein kanaanäischer Fürst in seiner Korrespondenz mit dem ägyptischen Hof:

> Du bist die Sonne, die über mir aufgeht,
> und eine eherne Mauer, die für mich errichtet ist;

7 Brief des Aristeas, 139 und 142, nach G. Delling 1987, 9. Ich verdanke den Hinweis auf diesen Beitrag dem Alttestamentler G. Chr. Macholz.

8 Zuerst bei Thutmosis III.: Urk IV 1233. Vgl. für Echnaton M. Sandman, *Texts from . . . Akhenaten*, Bibliotheca Aegyptiaca 8, Brüssel 1938, 84; Ramses II: A. Mariette, *Abydos* I, 52, 16 ff. sowie *Rec. de Travaux* 35, 126 für Hornacht, Fürsten von Mendes in der 3. Zwischenzeit. S. auch A. Alt, „Hic murus aheneus esto", in: *ZDMG* 11, 1932, 33–48.

und wegen der gewaltigen Macht des Königs, meines
Herrn, bin ich ruhig.[9]

Gleichzeitig kann aber bereits der Ketzerkönig Echnaton seinen zum einzigen Gott proklamierten Sonnengott Aton als seine „Mauer von Millionen Ellen" bezeichnen.[10] Dieser Sprachgebrauch setzt sich durch. Auf einer Londoner Schreibtafel des 13. Jahrhunderts v. Chr.[11] heißt Amun

Du Mauer[12] von Erz,
der die zu sich nimmt, die in seiner Gunst stehen.

Und im Pap. Kairo 58033, dem „Credo der Amunreligion" aus der Zeit des Gottesstaats[13] (11. Jahrhundert v. Chr.) liest man:

Er schuf eine Mauer von Erz für den, der ‚auf seinem
Wasser ist',
kein Übel trifft den, der auf seinem Wege wandelt.

Hier kommen die entscheidenden Begriffe zusammen: „eherne Mauer" und „Gottesweg". Noch wird beim Bild der Mauer nicht an Ausschluß und Abgrenzung gedacht, sondern an den Schutz vor allem Bösen. Aber der Weg ist vorgezeichnet, auf dem die ägyptische Kultur sich in den folgenden Jahrhunderten der Fremdherrschaft in die Tempelmauern zurückziehen und ihre orthopraktisch verfestigte, gleichsam *halakhische* Lebensform als den *Gottesweg* gegen eine unreine Außenwelt abgrenzen wird.

Der jüdische Weg zur Orthopraxie der Halakhah verläuft nicht nur über die Fremdherrschaft, sondern auch und vor allem über das Exil, die Diaspora. Die entscheidenden Stationen auf diesem Wege sind:

9 Brief des Abimilki von Tyrus, ed. Knudtzon, *Die El-Amarna-Tafeln* (1907–15) Nr. 147 s. W. F. Albright, „The Egyptian Correspondence of Abimilki", in: *Journal of Egyptian Archeology* 23 (1937), 199.

10 Sandman (Anm. 8), 111.

11 Schreibtafel BM 5656 s. Verf., *Ägyptische Hymnen und Gebete,* Zürich 1975, Nr. 190, V. 18–19.

12 Im ägyptischen Text steht: „Portal"; die Worte für „Portal" *(sbḫt)* und „Mauer" *(sbtj)* lauteten ähnlich und sind wohl vom Schreiber verwechselt worden.

13 E. Meyer 1928. Zum Text s. Verf., *Ägyptische Hymnen und Gebete,* Nr. 131, S. 312.

1. die Katastrophe des Nordreichs 722 v. Chr. und die Deportation der zehn Stämme Israels,

2. die Entstehung der Unheilsprophetie und der religiösen Opposition unter wachsendem assyrischem Druck, gipfelnd in der „Auffindung des Buches" unter Josia 621 v. Chr.,

3. die Zerstörung des Tempels 587 v. Chr., Deportation, Exil und Rückkehr der „bene haggolah" 537 v. Chr.,

4. die Durchsetzung der deuteronomistischen Religion unter persischer Oberhoheit und Duldung,

5. der Widerstand gegen die Hellenisierung und die Makkabäerkriege,

6. der Widerstand gegen Rom und die Zerstörung des Zweiten Tempels 70 n. Chr.

Diese Liste führt zunächst einmal eindrucksvoll vor Augen, was alles zusammenkommen mußte, um eine solche Verfestigung von Überlieferung und Identität hervorzubringen, wie sie im Judentum vorliegt. Eines jedenfalls ist sicher: daß es sich hier nicht um den Normalfall einer kulturellen Entwicklung handelt. Entscheidender noch als diese Frage interkultureller Konfrontationen, unter denen auch andere Kulturen wie z. B. Babylonien und Ägypten zu leiden hatten, war aber die Folge innerer Spannungen und Spaltungen, wie sie die Geschichte Israels in der Periode des Zweiten Tempels kennzeichnet und bereits vorher in der prophetischen Opposition gegen das Königtum vorgebildet ist. Solche Schismen scheinen in Babylon und Ägypten nicht aufgetreten zu sein.

2. *Der Exodus als Erinnerungsfigur*

Die Geschichte, so wie sie sich diese Überlieferung selbst erzählt, beginnt denn auch mit der Ausnahmesituation schlechthin. Am Anfang sind Exil und Diaspora. Einer Schar versprengter Israeliten, die unter der Führung des Mose von der ägyptischen Zwangsarbeit desertieren, diktiert auf ihrer 40jährigen Wanderung durch die Wüste ein Gott anstelle des Pharao den Text jenes völlig neuartigen Bündnisses, das sie von politischer Unterdrückung freimachen soll, indem es sie dem Kommando des Gottes und seines Propheten unterstellt. Alle entscheidenden Elemente der späteren israelitischen Geschichte, die zu einer einzigartigen Verfestigung der Tradition geführt haben, finden sich bereits in diesem Identitätsstiftungsakt präfiguriert: die Exil- bzw. Diasporasituation der Kinder Israels in Ägypten, die Situation der Minorität, der Unterdrückung und des Widerstands gegen den Assimilationsdruck einer materiell überlegenen Kultur mit ihren „Fleischtöpfen" – aber auch: Polytheismus, Bildkult, Magie, Totenkult und Herrschervergottung – vor allem aber die Figuren der „Befreiung" und der „Extraterritorialität". Als Ursprungssituation eines Volkes und seiner Lebensform läßt sich ein größerer Gegensatz zu Ägypten nicht denken. Die ägyptischen Bilder des Ursprungs beruhen auf dem Prinzip der Autochthonie.[14] Der Tempel, der mit seinen Mauern den Gott und die auf seinem Wege Wandelnden gegen die feindliche und unreine Außenwelt abschirmt und schließlich zum Bild ganz Ägyptens als Wohnstatt der Götter und Frommen wird, steht auf dem „Urhügel", dem Punkt, der als erster aus den Urwassern auftauchte. Exodus und Sinaioffenbarung als die zentralen Ursprungsbilder Israels beruhen auf dem Prinzip der Extraterritorialität. Der Bund wird geschlossen zwischen einem überweltlichen, fremden Gott, der auf Erden keinen Tempel und keinen Kultort hat, und einem Volk, das sich auf der Wanderung zwischen dem einen Land, Ägypten, und dem anderen Land, Kanaan, im Niemandsland der sinaitischen Wüste befindet. Der Bundesschluß geht der Landnahme voraus. Das ist der entscheidende Punkt. Er ist extraterritorial und daher von keinem Territorium abhängig. In diesem Bund kann man überall verbleiben, wohin auch immer auf der Welt es einen verschlägt.

Was wir mit dieser Beschreibung im Blick haben, ist der Exodus, nicht als historisches Ereignis, sondern als *Erinnerungsfigur*. Er liegt daher auf einer anderen Ebene als die sechs Stationen auf dem Wege Israels zum pharisäischen und rabbinischen Judentum und des Kristallisationsprozesses seiner Überlieferungen zum Kanon der hebräischen Bibel; denn diese Stationen interessieren gerade als historische Bedingungen. Die Historizität des Exodusgeschehens ist höchst umstritten. Von ägyptologischer Seite kann zu der Frage kaum etwas beigetragen werden.[15] Die einzige Erwähnung Israels in einem ägyptischen Text bezieht sich auf einen Stamm in Palästina, nicht auf eine Gruppe von Einwanderern und Gastarbeitern in Ägypten.[16] Ent-

14 Vgl. zur Verbreitung dieses Motivs K. E. Müller 1987.

15 Die Forschungsgeschichte hierzu findet sich aufgearbeitet bei H. Engel 1979.

16 Die bekannte „Israelstele" aus der Zeit des Merenptah, Ende 13. Jahrhundert v. Chr. Diese erste Erwähnung Israels in der Geschichte ist zugleich die Erfolgsmeldung seiner Vernichtung!

scheidend ist aber nicht die Historizität, sondern die Bedeutung dieser Geschichte in der israelitischen Rückerinnerung. Diese Bedeutung kann überhaupt nicht überschätzt werden. Die *Herausführung* des Volkes aus Ägypten ist der Gründungsakt schlechthin, der nicht nur die Identität des Volkes, sondern vor allem auch des Gottes begründet. Überall wo er als der Gehorsam heischende Bundesherr (d. h. Vertragsgeber) auftritt, heißt er „Der dich (Israel) aus Ägypten herausgeführt hat". Das heißt: von allem Anfang her wird das Volk durch die Auswanderung und Ausgrenzung bestimmt.

3. Die „Jahwe-allein-Bewegung" als gedächtnisprägende Erinnerungsgemeinschaft

Fragt man sich, im Sinne unserer auf Halbwachs basierenden Gedächtnistheorie, welche Gruppe ihr Selbstbild, ihre Ziele und Hoffnungen gerade auf *diese* Erinnerung stützen könnte und welche historische Situation dazu angetan wäre, gerade *diese* Erinnerung ins Zentrum einer Vergangenheits-Rekonstruktion zu rücken, dann würde man in allererster Linie an das Diaspora-Judentum denken. „Ägypten", d. h. die fremde kulturelle Umwelt, ist überall, und überall öffnet sich im Halten des *Gesetzes* der Weg der Befreiung aus Knechtschaft und Verfolgung, der ins Gelobte Land führt. Eine passendere, bedeutungsvollere Geschichte hätte sich gar nicht ausdenken lassen, um den Überlebenswillen des versprengten Volkes gegen alle Verfolgungen und Unterdrückungen über die Jahrtausende hin wachzuhalten. Aber die Exodus-Überlieferung ist natürlich, auch in ihrer Bedeutung als zentrale Erinnerungsfigur im Sinne der Stiftung des Volkes Israel, älter als die Diaspora-Situation, älter wohl auch als das Babylonische Exil, das aller Wahrscheinlichkeit nach bereits nur dank dieser Überlieferung ohne Identitätsverlust überstanden werden konnte. Andererseits kann man sich aber schlecht vorstellen, daß etwa das davidische Königreich gerade die Exodus-und-Sinai-Überlieferung in das Zentrum seines Selbstbildes gerückt hätte.

Hier hat sich nun ein neuer Weg zum Verständnis dieser Vorgänge aufgetan. Der amerikanische Althistoriker Morton Smith hat 1971 den Gedanken vorgetragen, daß nicht der Staat, sondern eine anfänglich kleine Gruppe von Dissidenten, die *Jahwe-allein-Bewegung,* die Trägerin der monotheistischen Religion gewesen sei.[17] Die Frühzeit Israels, von den Anfängen bis weit ins 7. Jahrhundert hinein, hat man sich als polytheistisch, und zwar im Sinne eines Staats-„Summodeismus"[18] vorzustellen. Jahwe ist Staatsgott, wie Assur in Assyrien, Marduk in Babylonien, Amun-Re in Ägypten, aber er wird nicht exklusiv verehrt, sondern als Oberhaupt eines Pantheons. Das kulturelle Leben ist gegenüber der kanaanäischen Umwelt offen, Heiraten mit Midianitern, Moabitern, Gibeonitern, sogar Ägyptern (Salomo) usw. sind gang und gäbe, Baalskulte blühen überall im Lande. Die Religion Israels ist lediglich eine regionale Variante gemein-vorderorientalischer Kulte und Vorstellungen.

Die ersten Anzeichen eines Wandels kündigen sich im 9. Jahrhundert an. Unter dem König Asa (gest. um 875) scheint es zu einer puritanischen Kultreform gekommen zu sein, die sich unter seinem Sohn Jehoshaphat und dem Propheten Elija mit der Verfolgung der Baalspriester fortsetzt. Hier liegen die Anfänge der „Jahwe-allein-Bewegung", die aber in den folgenden Jahrhunderten immer wieder gegen die weiterlebenden bzw. wiedererstarkenden Baalskulte und die polytheistische Kultpraxis anzukämpfen hat. Von der Existenz und Stärke dieser Praxis legt allein der erbitterte Kampf Zeugnis ab, den die „Jahwe-allein-Bewegung" gegen sie zu führen hatte. Denn die Überlieferung ist natürlich nach dem Sieg dieser Partei rückwirkend vereinseitigt worden, so daß uns die polytheistisch-synkretistische Kultur Altisraels nur im Negativabdruck ihrer Gegner erhalten blieb (ähnlich wie die heidnischen Religionen in der – allerdings sehr viel sorgfältiger bewahrenden – Kritik der Kirchenväter). Was die Texte als den unaufhörlichen Konflikt des notorisch abtrünnigen und vergeßlichen Volkes Israel mit den Forderungen seiner eigenen Religion darstellen, hat sich in der historischen Wirklichkeit als der Konflikt einer monotheistischen Minderheit mit der polytheistisch-synkretistischen Mehrheit abgespielt. Auch diese Mehrheit, um es noch einmal klarzustellen, war Jahwe-gläubig. Das Königshaus hatte sich zweifellos zum besonderen Patron des Jahwe-Kults gemacht. Aber ihnen galt Jahwe als der höchste, nicht als der *einzige* Gott. Und schon dies wird von den Propheten als Apostasie angeklagt.

17 M. Smith 1971. Der Ansatz wurde aufgegriffen und weitergeführt u. a. von B. Lang 1981; 1983; 1986; ferner F. Crüsemann 1987; M. Weippert 1990.

18 Diesen Begriff hat E. Voegelin (1956) geprägt, und zwar in bezug auf die Reichsgott-Verehrung der frühen Hochkulturen.

Wir werden im zweiten Abschnitt dieses Kapitels denselben Konflikt aus der Innenperspektive des Deuteronomiums darstellen, das als die zentrale Schrift der „Jahwe-allein-Partei" gelten kann. Von innen gesehen stellen sich die Fronten ganz anders dar. Nicht die Partei formt den Kanon, sondern der Kanon formt die Partei. Der Kanon steht am Anfang; mit seinem monotheistischen Anspruch beschwört er die Konflikte und Spaltungen herauf. Am Anfang steht die Offenbarung am Sinai und der Bundesschluß am Jordan; alles weitere Unheil entsteht aus dem Vergessen der uranfänglichen Bindungen und Verheißungen. Auch diese Innensicht hat ihre historische Berechtigung. Die nachexilischen schismatischen Konflikte, zwischen der Exilsgemeinde und den im Lande Verbliebenen, zwischen Judaeern und Samaritanern, zwischen der babylonischen und der ägyptischen Golah, und später dann zwischen hellenisierten und orthodoxen Richtungen innerhalb des Judentums, basieren alle bereits auf dem Kanon und seinen normativen Forderungen.

4. *Religion als Widerstand. Die Entstehung der Religion aus der Opposition gegen die (eigene) Kultur*

Aus diesem jahrhundertelangen Ringen entsteht etwas weltgeschichtlich Neues, nämlich „Religion" im eigentlichen Sinne einer ausdifferenzierten Wert-, Sinn- und Handlungssphäre, die begrifflich scharf abgesondert ist gegen die Bereiche der Kultur und der Politik. Diese Ausdifferenzierung ist in der Tat nur erklärbar, wenn man sie aus der begrifflichen Sphäre in die Sphäre der sozialen Wirklichkeit rückübersetzt und als Differenzen zwischen Gruppen interpretiert, das heißt: als die Selbstabgrenzung oder Sezession einer dissidenten Gruppe aus dem Ganzen der Gesellschaft. Dabei ist der in unserem Zusammenhang entscheidende Punkt die Denunziation der von dieser Gesellschaft getragenen Kultur als „fremd". Zu „Verus Israel" gehört nur, wer die monotheistischen Überzeugungen dieser Gruppe teilt. Auf diese Weise entsteht Religion im Kontext von – und in Abgrenzung gegen – Kultur, und zwar nicht die fremde, sondern die eigene Kultur, die als entfremdet, abtrünnig, vergeßlich gebrandmarkt wird.

Diese Grenze, die hier errichtet wird zwischen der inklusiven, assimilatorischen „Kultur" und der exklusiven, auf die Idee der Reinheit eingeschworenen Religion, findet ihren symbolischen Ausdruck in der „ehernen Mauer", die jetzt gezogen wird um 1. die Identität und 2. die Überlieferungen jener Gruppe, die sich als das wahre Israel versteht. Der Vorgang hat einen typischen Aspekt, der sich auch in Mesopotamien und Ägypten – und auch sonst immer wieder – beobachten läßt. Die Konfrontation mit einer als überlegen oder sonstwie bedrohlich empfundenen Kultur führt auch hier dazu, daß ein Zaun gezogen wird um die Überlieferung und damit um die Identität. Aber weder in Mesopotamien noch in Ägypten kommt es zu inneren Spaltungen. Und was in der Abgrenzung gegen die fremde Kultur als das Eigene aufgestellt wird, umfaßt doch immer Religion und Kultur als ungeschiedene Einheit. In Israel dagegen kommt es, und dieser Aspekt des Vorgangs ist bis dahin einzigartig, zu einer Abgrenzung gegen die *eigene* Kultur und dadurch zu einer Dissoziation von Religion, Kultur und politischer Herrschaft.[19] Diese Dissoziation ist entscheidend, und *sie* ist es, die in der Erinnerungsfigur des Exodus-Geschehens symbolisiert wird. Mit der Auswanderung aus Ägypten geht es um die Auswanderung aus jeder Art von profaner, unreiner, oppressiver, assimilatorischer, gottesvergessener Umwelt und damit: aus der „Welt" überhaupt. Damit ist die Grenze zwischen dem „Weltlichen" und dem „Geistlichen" präfiguriert, die für den neuen Typus von Religion konstitutiv ist.

In einer Welt, die den Unterschied zwischen „Religion" und „Kultur" nicht kennt, ist das kulturelle Leben in allen Bereichen in einer für uns schwer vorstellbaren Weise religiös durchgeformt, so daß jedes Geschäft, jede Art von Kommunikation praktisch, entweder explizit oder implizit, mit der Anerkennung irgendwelcher diesem Tätigkeitsbereich vorstehender Götter verbunden ist. Eine Gruppe, die darauf besteht, nur einen einzigen Gott anzuerkennen, sondert sich aus der Kommunikationsgemeinschaft aus und konstituiert sich als ein eigenes Volk, dem beizutreten nicht mehr Sache der Einwande-

19 Man könnte sich fragen, ob nicht auch die monotheistische Reform Echnatons sich gegen die eigene Kultur gestellt und dadurch zu einer vergleichbaren Struktur geführt hat. Möglicherweise hätte sich in der Tat, wenn diese Reform außerhalb des sie tragenden Königshauses eine Anhängerschaft und dadurch nach der Wiedereinführung der alten Kulte in einer dissidenten „Aton-allein-Bewegung" eine Fortsetzung gefunden hätte, eine vergleichbare religiös definierte Identität im Rahmen der eigenen Kultur und gegen sie ausbilden können. Dies war aber nicht der Fall.

rung, Einheirat oder sonstiger eingebürgerter Formen der Erwerbung von Zugehörigkeit ist, sondern eine Sache von „Konversion".[20] Das „šema^{c} Jisra'el" wird zum Bekenntnis einer Identität, für die man auch zu sterben bereit sein muß.[21] Konversion, Bekenntnis und Martyrium gehören zusammen als Begleiterscheinungen der „ehernen Mauer", mit der dieses neue Volk sich von seiner Umgebung absondert, und jenes Typus von Religion, der sich hier als eine vollkommen neue Form von Sinn- und Identitätsverfestigung herauszukristallisieren beginnt.

Diese Mauer wäre nicht so hoch, die Grenze nicht so scharf gezogen, wenn sie nicht innerhalb der eigenen Kultur verliefe. Denn die so ausgegrenzte Lebensform muß sich gegen die selbstverständliche Alltagsroutine durchsetzen. Daher wird sie auf die Basis einer elaborierten Gesetzgebung gestellt, der jede Selbstverständlichkeit abgeht. Wer nach diesen Gesetzen lebt, vergißt keinen Augenblick, wer er ist und wohin er gehört. Diese Lebensform ist so schwierig, daß sie nur in der Form unaufhörlichen Lernens und Bewußthaltens realisiert werden kann. Es handelt sich im Grunde um eine professionelle Kunst, die sonst nur Spezialisten obliegt, die sich um nichts anderes zu kümmern haben, nämlich um ein Repertoire hochkomplexer priesterlicher Tabus und Reinheitsvorschriften. Diese werden jetzt zum Kernbestand einer allgemeinen Gesetzgebung. Damit wird das auch sonst, und gerade in Ägypten, beobachtbare Prinzip der priesterlichen Absonderung auf das „Volk" übertragen: „denn du bist ein dem Herrn, deinem Gott, *geweihtes Volk*".[22]

Durch das babylonische Exil wurde nun diese Gruppe aus ihrem kulturellen Kontext herausgelöst, mit dem sie über Jahrhunderte in schwerstem Konflikt gelegen hatte, und formierte sich in Babylon als

20 Ich paraphrasiere mit diesen Sätzen M. Smith 1971, 30: „any group which insisted on worshiping only one god thereby made themselves a peculiar people (...) and made the joining of their group a matter of *conversion*, not mere adherence."

21 In den jüdischen Bibeln und Gebetbüchern ergeben die durch Großdruck hervorgehobenen letzten Buchstaben des ersten und des letzten Wortes dieser Formel (das Ajin von *šema^{c}* „höre" und das Daleth von *echad* „Einer") das Wort „*^{c}ed*" „Zeuge" = *martys* als Kennzeichnung einer Wahrheit, die durch den Tod bezeugt wird vgl. S. 218. Vgl. auch den Abschnitt „Sterben für die patrioi nomoi" in: H. G. Kippenberg 1986.

22 Dt 14.2; 14.21; sowie vor allem das „Heiligkeitsgesetz" Lev. 19 ff. und Ex. 19.6; cf. F. L. Hossfeld, in: Schreiner 1987, 123–142.

Exilsgemeinde („golah") in nun wirklich fremdem kulturellem Kontext, abgetrennt vom heimatlichen Königtum und Opferkult und damit von jeder religiösen Deutungskonkurrenz. In dieser Gruppe konnten sich die Anschauungen der „Jahwe-allein-Bewegung" umso mehr durchsetzen, als die Ereignisse ihre Unheilsprophezeiungen voll und ganz bestätigt hatten. Die Mauer um Überlieferung und Identität erwies sich hier erstmals als Schutzwall, so daß diese als einzige der zahllosen von den Assyrern und Babyloniern deportierten Volksgruppen ihre Identität über 50 Jahre bewahren und nach dem Machtwechsel 537 nach Palästina zurückkehren konnte.

5. *Repristination von Tradition als persische Kulturpolitik*

Das Perserreich befestigte seine Herrschaft in den Provinzen, indem es sich zum besonderen Anwalt und Hüter der lokalen Tradition machte.[23] In Ägypten wurde eine Kommission eingesetzt, die „das frühere, bis zum 44. Lebensjahr des Amasis gültig gewesene Recht erfassen sollte".[24] Ein gewisser *Udjahorresne* wurde beauftragt, die „Lebenshäuser", die den Tempeln angeschlossenen Skriptorien wiederherzustellen, die die wichtigsten Überlieferungsinstitutionen waren (A. B. Lloyd 1982 a). Der Tempel, den Darius I. in el-Khargeh errichten ließ, kann als der erste Vertreter des neuen Tempeltyps gelten, dessen Dekoration sich nicht nur auf das Kultgeschehen bezieht, sondern auch wichtige Wissensbestände aufzeichnet und den wir in Ägypten als den symbolischen Ausdruck einer Umzäunung und Verfestigung von Überlieferung und Identität bezeichneten. Die persische Herrschaft bedeutet für Ägypten eine Repristinierung und Kodifizierung der Traditionen. So spricht z. B. vieles dafür, daß erst jetzt das Totenbuch seine verbindliche, nach Umfang und Kapitelfolge festlie-

23 Dieses Verfahren formuliert Hans G. Kippenberg als ein allgemeines Prinzip imperialistischer Politik: „Wenn Kolonisatoren aus den von ihnen eroberten Territorien ein Imperium machen wollen, dann müssen sie sich zu Beschützern oder geradezu zu Erfindern der Traditionen der unterworfenen Ethnien machen", in: Kippenberg 1986, 51, mit Verweis auf J. H. Grevemeyer (Hrsg.), *Traditionale Gesellschaften und europäischer Kolonialismus,* Frankfurt 1981, 16–46; G. Leclerc, *Anthropologie und Kolonialismus,* München 1973. Vgl. auch P. Frei/ K. Koch 1984.

24 W. Spiegelberg 1914, 30–32; E. Meyer 1915, 304 ff.

gende Gestalt erhielt. Bis dahin war das Totenbuch eine Art Fundus, aus dem die Schreiber jeweils mehr oder weniger individuelle Spruchfolgen zusammenstellten. Das Totenbuch der Spätzeit, bekannt unter dem Namen *saitische Rezension,* aber zuerst belegt in Abschriften aus der Perserzeit, hat diesen Traditionsstrom fixiert und so etwas wie einen Kanon geschaffen.

Gleichzeitig entsteht in Palästina der hebräische Kanon, und zwar nicht nur unter Duldung, sondern im Auftrag der Perser. Das „Gesetzbuch" (wohl das Deuteronomium), das Esra, wie der Philosoph und Religionswissenschaftler Jacob Taubes zu sagen pflegte, „auf den Spitzen der persischen Bajonette" aus Babylon mitgebracht hatte,[25] wurde jetzt zum Kanon ausgebaut. Vorbedingung des Kanons ist das Ende der Prophetie.[26] Damit ein Kanon entstehen kann, muß, mit dem islamischen Ausdruck, „das Tor geschlossen" werden („iǧtihad"),[27] durch das immer neuer verbindlicher Sinn einfällt. Prophetie hat in dem entpolitisierten Raum der Provinz Jehud keinen Ort mehr, die ein Teil der Satrapie Babylonien geworden ist. Die Propheten reden im Auftrage Jahwes zu König und Volk; jetzt ist schon der Satrap weit weg, wieviel weiter der König. An die Stelle des Propheten tritt der Schriftgelehrte, der die Überlieferung kodifiziert, kanonisiert und auslegt.

Den entpolitisierten Charakter des geistigen Klimas, in dem diese Arbeit vor sich ging, bezeugt vor allem die als „Priesterschrift" bekannte Komponente der Tradition. Die Vorstellungen vom legitimen Königtum und die messianischen Erwartungen, die in der prophetischen und deuteronomistischen Tradition eine so zentrale Rolle spielen, sind hier so gut wie ganz ausgeblendet.[28] Die monotheistische Religion der „Jahwe-allein-Bewegung", die sich vor dem Exil als eine Gegen-Kultur formiert hatte, wird nun zur „Binnenkultur" im Großverband des persischen Reiches, die sich um die Reinheit des Lebens, der Lehre und der Auslegung kümmert und die In-Gang-Haltung der

25 Esras persischer Titel lautete „Schreiber des Gesetzes des Himmelsgottes"; H. H. Schaeder 1930 wollte in Esra einen persischen Staatssekretär und Sonderbeauftragten für jüdische Angelegenheiten sehen.

26 J. Blenkinsopp 1977; B. Lang 1986; vgl. auch S. Z. Leiman 1976.

27 Im Islam wird nicht das Tor der Prophetie, sondern das der selbständigen Suche und Urteilsfindung geschlossen. Vgl. T. Nagel 1988, 9 ff.

28 Ich beziehe mich hier auf Gespräche mit dem Alttestamentler G. Chr. Macholz, dem ich für reiche Belehrung dankbar bin.

weltlichen Geschäfte an die persische Besatzungsmacht delegieren kann.

Der Prozeß einer Entpolitisierung des öffentlichen Lebens beginnt sich in der Perserzeit allgemein durchzusetzen. In Ägypten und Babylonien beobachten wir die „Klerikalisierung" der Kultur, den Übergang vom Schreiber-Beamten zum Schreiber-Priester als dem repräsentativen Kulturträger, in Israel den Übergang vom Propheten zum Schriftgelehrten. Aber nur in Israel hatte sich die Religion zu einer wirklichen Alternative kollektiver Identitätsfundierung verfestigt und ausdifferenziert. Nur hier war ein „Volk" entstanden, das seine Abgrenzung nach außen und seinen Zusammenschluß nach innen vollkommen unabhängig von politischen und territorialen Bindungen definierte, nämlich allein durch die Bindung an „das Gesetz und die Propheten".[29]

Zu Repolitisierungen dieser Selbstdefinition kommt es jedoch in späterer Zeit, und zwar immer dann, wenn von seiten der übergeordneten politischen Gewalt der Versuch gemacht wird, in die Lebensform des heiligen Gottesvolkes einzugreifen. Der erste spektakuläre Fall dieser Art sind die Hellenisierungsmaßnahmen des Antiochus IV. Epiphanes (Bau eines Gymnasiums in Jerusalem u. a.), die zu den Makkabäerkriegen führten. Im Zusammenhang dieses Kulturkampfes kommt es zur programmatischen Konfrontation von „Ioudaismós" und „Hellenismós" (2 Makk. 2.21, vgl. E. Will/ C. Orieux 1986). Jetzt wird jüdische Identität als eine *religiös* fundierte Lebensform erstmals auf dem Begriff gebracht[30] – und die nichtjüdische Lebensform des „Hellenismós" entsprechend als „Heidentum" gebrandmarkt.[31] Unter den Römern wiederholen sich gewaltsame Konfrontationen und verstärken die „mythomotorische" Ausformung der politischen Aspirationen in Apokalyptik und Messianis-

29 Abgrenzung nach außen: nicht durch territoriale Grenzen, sondern durch die „limitische Symbolik" der Lebensform und Handlungsweise, v. a. durch Gesetze, die den Kontakt mit Nichtmitgliedern erschweren (Sabbatruhe, Exogamieverbot, Kommensalitätsverbot usw.); Zusammenschluß nach innen: durch Betonung der Mitgliedschaft, wie sie aus der Fülle der neuen Selbstbezeichnungen spricht, z. B. „die Kinder des Exils" *(bene haggolah)*, „der Rest", „die Männer des Bundes", „die Versammlung" *(qahal)*, „die Gemeinde" *(jahad)*, synagogé usw. Vgl. E. P. Sanders 1981; J. Schreiner 1987.

30 Hierzu M. Hengel [2]1973; 1976; eine andere Sicht vertritt F. Millar 1978.

31 Zur Entstehung dieser Opposition s. C. Colpe 1986. Vgl. auch G. Delling 1987.

mus.[32] Erst mit der Zerstörung des Tempels im Jahre 70 n. Chr. und vor allem der Zerschlagung des Bar-Kochbah-Aufstands unter Hadrian im Jahre 135 n. Chr. setzt sich die apolitische, antizelotische Richtung des Rabbinismus durch.

Die Geschichte dieses Prozesses, an dessen Ende der Kanon der hebräischen Bibel und die Identität des rabbinischen Judentums stehen, ist eine Abfolge von Konfrontationen, die sich in der Konstitution der Exodus-Überlieferungen als der zentralen Erinnerungsfigur fortsetzen:

Erinnerungsfiguren der Konfrontation

„Ägypten"	„Israel" Die Gründung des „Gottesvolks" durch Mose
Die Anbeter des Goldenen Kalbes	Die Leviten (Ex. 32)
„Die Bewohner des Landes"	Einwanderer: Verbot jeden Vertragsschlusses (Ex. 34) Gebot der Nichtvermischung (Amixie)[33]

Historische Konfrontationen

Assimilationswilliges Königtum, synkretistische Kultpraxen	Propheten, „puritanische" Reformbestrebungen der dissidenten „Jahwe-allein-Bewegung" (innere Opposition)
Assyrischer Assimilationsdruck	Israelitischer Widerstand (äußere Opposition)

32 M. Stone 1984; D. Hellholm 1983. Zur politischen Seite s. P. Vidal-Naquet 1981, 17–42.

33 „amixia"; die Sache wird natürlich erst bei den antiken Schriftstellern auf den Begriff gebracht, s. Delling, a. a. O., 15ff. In der Sprache des Pentateuchs wird das Gebot, sich mit den „Bewohnern des Landes" nicht gemein zu machen, mit der „Eifersucht" des Herrn begründet. An die „amixia" der Juden knüpft sich in der Antike der Vorwurf des Menschenhasses (Philon, *virt.* 141; Diodor, *bibl.* 34, 1, 2 und 40, 3, 4; Josephus, *c. Ap.* 2, 291 usw., s. Delling, a. a. O. 15–18 und J. N. Sevenster 1975).

Babylonische Fremdkultur	Exilsgemeinde
„ᶜam ha-areṣ“: im Lande Verbliebene	„bene haggolah“: heimkehrende Exulanten
Samaritaner[34] Ägypten-Golah	Juden Babylon-Golah[35]
„Hellenismós“ Sadduzäer	„Ioudaismós“ Pharisäer[36] u. a. „puritanische“ Gruppen (Essener), Zeloten[37]
Wechselnde Fremdkulturen	Diaspora-Judentum

Das konstante und entscheidende Element in dieser Kette von Konfrontationen ist die Verbindung von äußerer und innerer Opposition. Sie ist schon in die Exodus-Überlieferung eingebaut. Mit der Gründung des Gottesvolkes gehen nicht nur unzählige Ägypter zugrunde, im Verlauf der zehn Plagen und bei der Verfolgung der Kinder Israels, sondern auch ein Teil des Volkes selbst, das für seine Rückfälligkeit und „Halsstarrigkeit“ aufs härteste bestraft wird. Von Anfang an wird klargestellt, daß Zugehörigkeit nicht nur eine Sache des Blutes, der Abstammung, angeborener Rechte ist. Zwischen der ethnischen Identität und der religiösen Identität, d. h. zwischen „Israel“ und dem *wahren* Israel wird scharf unterschieden. So wurden die Exodus-Überlieferungen in die Form einer Erinnerungsfigur gebracht, auf die hin alle geschichtlichen Konfrontationen, sowohl mit den wechseln-

34 Die Samaritaner (hebr. *kuttim*) verstehen sich als Nachkommen der Nordstämme Israels. Sie erkennen nur die Thorah, nicht die Propheten und Hagiographen als Heilige Schrift an und gelten daher als Häretiker.

35 Auf diese Konfliktfront macht B. J. Diebner 1991, 130f. aufmerksam.

36 Die Konfliktfront zwischen den Sadduzäern und den Pharisäern verläuft zwischen dem professionellen Schriftgelehrtentum des priesterlichen Establishments (Sadduzäer) und einer Laienbewegung, die eine methodische Lebensführung in strikter Befolgung der Torah propagiert (Pharisäer). Dabei bestehen die Pharisäer auf der göttlich sanktionierten Autorität nicht nur der Schrift, sondern auch der von ihnen gehüteten Tradition ihrer Auslegung, die sie über eine genealogische Kette von Lehrautoritäten bis zur Sinai-Offenbarung zurückführen. Daraus wird später im rabbinischen Judentum die Lehre von der mündlichen Torah als einer zweiten, sich vom Sinai herleitenden und über die Jahrtausende entfaltenden Offenbarung. Die Sadduzäer dagegen bestreiten die Autorität dieser mündlichen Tradition. Vgl. hierzu Lauterbach 1913.

37 Zu den politischen Konfliktfronten innerhalb des antiken Judentums vgl. besonders P. Vidal-Naquet 1981, 17–72.

den Fremdkulturen der Assyrer, Babylonier, Perser, Griechen, Römer usw. als auch mit der assimilationswilligen Mehrheit der eigenen Gruppe, lesbar blieben – bis heute.

Das ausgrenzende Reinheitspathos wendet sich nicht nur gegen das eigene Volk, es wendet sich auch gegen die eigene Seele. Die Vorschriften der Amixia, der Nichtvermischung mit den Bewohnern des Landes, wären nicht so scharf, die Gebote der Vertreibung und Ausrottung nicht so brutal, wenn sie sich nicht gegen den „Kanaanäer in der eigenen Brust" richteten. Die ganze Ideologie der Abgrenzung und Ausgrenzung wird in der Metaphorik der Ehe, der Tabuisierung des Ehebruchs und der Verführung eingeschärft. Apostasie ist das Nachgeben einer Verführung, und es ist die Angst vor Verführung, die die Absonderung motiviert. Der Angst vor der eigenen Verführbarkeit entspricht die „Eifersucht" Jahwes, der sein Volk einschließen und abschirmen möchte wie ein orientalischer Ehemann. Die Gewaltpotentiale dieser Erinnerungsfigur sind freilich, das muß sehr energisch betont werden, in den monotheistischen Bewegungen Israels und des Judentums selbst nie zum Tragen gekommen; aber sie spielen in Sezessions-, Befreiungs- und (vor allem) Landnahme-Bewegungen eine Rolle, die in späterer Zeit – wie etwa die puritanischen Einwanderer in Nordamerika und die Buren in Südafrika – ihr Selbstbild und ihre Legitimität aus dieser Erinnerungsfigur bezogen.

II. Religion als Erinnerung: Das Deuteronomium als Paradigma kultureller Mnemotechnik

Der folgende Abschnitt unserer Untersuchung über das kulturelle Gedächtnis stellt ein Wagnis dar, das zuvor einiger rechtfertigender Erläuterungen bedarf. Denn wir wollen einen der Grundtexte der jüdischen und der christlichen Religion unter einem rein kulturtheoretischen Gesichtspunkt lesen, fernab von Religionsgeschichte und Theologie. Wir interessieren uns für das 5. Buch Mose, das Deuteronomium, als Gründungstext einer Form kollektiver Mnemotechnik, die in der damaligen Welt etwas vollkommen Neuartiges darstellte und mit einer neuen Form von Religion zugleich auch eine neue Form kultureller Erinnerung und Identität fundierte. Unter dem Gesichtspunkt der kulturellen Gedächtnistheorie ist das Neue an dieser Religion weniger ihr Inhalt (Monotheismus, Ikonoklasmus) als vielmehr ihre Form. Sie bildet einen alles übergreifenden Rahmen, der die vergleichsweise „natürlichen" Rahmenbedingungen des kollektiven und kulturellen Gedächtnisses im Grenzfall entbehrlich macht. Diese Rahmenbedingungen sind Königtum, Tempel, Territorium, als Institutionen und Repräsentationen, die normalerweise als notwendige und deshalb „natürliche" Stabilisierungen des kollektiven Gedächtnisses, „lieux de mémoire" und „Außenhalte" gelten. Alle diese *Orte* werden nun mit Hilfe einer neuen Mnemotechnik von außen nach innen verlagert, ins Imaginäre und Geistige transformiert, so daß ein geistiges „Israel" entsteht, das überall dort stattfinden kann, wo eine Gruppe zusammenkommt, um im Studium der heiligen Texte die Erinnerung daran zu beleben. Diesen Prozeß der Vergeistigung und Verinnerlichung haben wir im vorstehenden Abschnitt als einen Prozeß der Verschriftlichung und Kanonbildung von außen beschrieben und mit den Mitteln der historischen Rekonstruktion in der politischen und sozialen Geschichte Israels zu verorten versucht. Die biblischen Texte beleuchten ihn von innen und unter ihnen in besonders expliziter Weise das Buch Deuteronomium. Hier wird eine Erinnerungskunst entwickelt, die auf der Trennung von Identität und Territorium basiert. Worauf es im Deuteronomium ankommt, ist die Zumutung, sich *im* Lande an Bindungen zu erinnern, die außerhalb des Landes eingegangen sind und ihren Ort in einer extraterritorialen Geschichte haben: Ägypten – Sinai – Wüste – Moab. Die eigentlich fundierenden „lieux de mémoire" liegen außerhalb des Gelobten Landes. Damit wird eine Mnemotechnik fundiert, die es möglich macht, sich *außerhalb* Israels an Israel zu erinnern, und das heißt, auf den historischen Ort dieser Ideen bezogen: im babylonischen Exil Jerusalems nicht zu vergessen (*Ps.* 137.5). Wer es fertigbringt, in Israel an Ägypten, Sinai und die Wüstenwanderung zu denken, der vermag auch in Babylonien an Israel festzuhalten.

Die alttestamentliche Wissenschaft ist sich darin einig, daß das Deuteronomium das Manifest einer Gruppe, einer „Bewegung" oder „Schule" (Weinfeld 1972) ist, die als Träger dieser neuen, verinnerlichten und vergeistigten Form von Identität hervortritt, einer Identität, die sich nur noch auf die Torah stützt und in diesem einen Fundament alles besitzt, was andere Gesellschaften in Form von

Territorien und Institutionen, Machtapparaten und Monumenten aufbauen und sichtbar machen müssen: ein „portatives Vaterland", wie Heinrich Heine (der es wissen mußte) die Torah genannt hat (Crüsemann 1987). Damit sind die Grenzen zwischen Heimat und Fremde in einem anderen als dem geographischen Raum gezogen, in jenem „geistigen Raum", als den Hugo von Hofmannsthal in seiner Rede von 1927 „das Schrifttum" einer Nation bezeichnete. „Nicht durch unser Wohnen auf dem Heimatboden", so beginnt diese Rede, „nicht durch unsere leibliche Berührung in Handel und Wandel, sondern durch ein geistiges Anhangen vor allem sind wir zur Gemeinschaft verbunden." Die Israeliten scheinen die Entdecker und Erfinder dieses geistigen Anhangens zu sein, das auch bei ihnen durch *Schrifttum* ermöglicht wird. Unter den vielbehandelten „Folgen der Schriftkultur" ist diese Erschließung eines extraterritorialen oder „geistigen" Raumes der Beheimatung wohl die bedeutendste. Das Deuteronomium ist der Text, der diesen Prozeß von innen beleuchtet und thematisiert. Hier wird eine Mnemotechnik entwickelt, mit deren Hilfe alle entscheidenden Bindungen im kollektiven Gedächtnis bewahrt und lebendig erhalten werden können, unabhängig von den normalerweise notwendigen und daher, in diesem Sinne, „natürlichen" Rahmenbedingungen.

Auf den Begriff des „Natürlichen" kommt es mir an. Wir haben es mit einer Mnemotechnik zu tun, die sich genauso zu den „natürlichen" Formen des (kollektiven) Erinnerungsvermögens, wie sie Halbwachs analysiert und beschrieben hat, verhält wie die antike „ars memoriae" zum natürlichen individuellen Gedächtnis. Religion im deuteronomistischen Sinne ist eine *artefizielle* Steigerungsform[38] der „mémoire collective". Nichts ist natürlicher als im Gelobten Land die Wüste und in Babylon Jerusalem zu vergessen. Die im Deuteronomium geforderte Erinnerung ist demgegenüber das Unwahrscheinliche, Paradoxe und nur durch tägliche Übung und Konzentration zu Bewerkstelligende.

38 Es sollte unnötig sein, zu betonen, daß mit dem Begriff des „Artefiziellen" hier keinerlei abwertende Konnotationen verbunden sind. Unter Stichworten wie „Entwurzelung" und „Ortlosigkeit" ist den Juden allerdings gerade dies zum Vorwurf gemacht worden, da der Nationalismus unfähig oder unwillig war, über die territoriale Repräsentation der Identität und Beheimatung hinauszudenken.

1. Der Schock des Vergessens
Die Gründungslegende der kulturellen Mnemotechnik[39]

Für die abendländische Gedächtniskunst[40] gibt es eine Gründungslegende, in der so etwas wie die Urszene der Gedächtniskunst geschildert wird. Das ist die vielbeschworene Anekdote des Dichters Simonides, die bei Cicero erzählt wird. Simonides habe durch einen glücklichen Umstand als einziger den Zusammenbruch einer Festhalle überlebt, bei der alle Festteilnehmer erschlagen und bis zu völliger Unkenntlichkeit entstellt wurden. Der Dichter sei in der Lage gewesen, alle Leichen zu identifizieren, weil er sich die Sitzordnung eingeprägt hatte. Der springende Punkt dieser Anekdote ist die Verräumlichung der Erinnerung. Der Einnerungskünstler weiß alle Daten in einem imaginären Raum anzuordnen und mit diesem Raumbild zusammen abzurufen.[41]

Für die „Erinnerungskultur" der jüdisch-christlichen Welt[42] gibt es ebenfalls so etwas wie eine Gründungslegende und „Urszene". Das ist die Geschichte der Auffindung des Buches Deuteronomium und der darauf aufbauenden Josianischen Reform. Wie in der Simonides-Geschichte bilden auch hier eine Katastrophe und das Vergessen von Identität die Ausgangslage. Hier aber ist die Katastrophe über das gesamte Volk hereingebrochen, und sie ist nicht die Ursache, sondern die Folge von Vergessen.

Dem Bericht in 2 Kg. 22, 2–13 zufolge „fand" der Hohepriester Hilkia im Tempel von Jerusalem bei Reparaturarbeiten ein offenbar völlig in Vergessenheit geratenes sogenanntes „Buch der Torah" *(sefer ha-torah)* oder „Buch des Bündnisvertrags" *(sefer ha-b^{e}rît)*. Als es dem König vorgelesen wurde, zerriß dieser seine Kleider in einer Geste heftigen Entsetzens. Denn dieses Buch enthielt nicht nur bis ins

39 Ein Vorabdruck des folgenden Abschnitts findet sich in etwas erweiterter Fassung in: A. Assmann/ D. Harth 1991, 337–355.

40 Vgl. hierzu F. Yates 1968; A. Haverkamp/ R. Lachmann 1991.

41 Cicero, *De Oratore* II, 86, 352–87, 355, dt. M. T. Cicero, *Über den Redner/ De Oratore*, übers. u. hg. v. W. Merklin, Stuttgart 1976, 433. Text, Übersetzung und eingehende Interpretation bei R. Lachmann 1990, 18–27. Zur Verräumlichung als mnemotechnischem Verfahren s. auch Teil I, Kap. 1, Abschnitt 3.

42 Zu diesem Begriff und seiner Unterscheidung gegenüber der „Gedächtniskunst" s. Kap. 1, Vorbemerkung.

einzelne spezifiziert die „Gebote, Zeugnisse und Statuten" des Vertrages, den der Herr mit Israel geschlossen hatte, sondern dazu auch noch schwerste Verwünschungen für den Fall der Nichtbeachtung. Alle Drangsale und Schicksalsschläge der Vergangenheit und Gegenwart wurden nun als göttliches Strafgericht offenbar. Denn die religiöse und politische Praxis des Landes stand im krassesten Gegensatz zu dem, was in diesem Vertrag gefordert wird.

Das deuteronomistische Geschichtswerk läßt sich als die Kodifikation einer Erinnerungsarbeit verstehen, die vom Prinzip der Schuld geleitet ist. Hier geht es darum, die katastrophalen Ereignisse der Gegenwart noch als Handeln Jahwes verstehen und verkraften zu können (G. v. Rad 1958). Auf den Zusammenhang von Schuld, Erinnerung und Geschichtsschreibung werden wir im 6. Kapitel näher eingehen (zum deuteronomistischen Geschichtswerk vgl. S. 253 f.)

Indem wir die Erzählung der Josianischen Reform[43] als eine „Gründungslegende" behandeln, brauchen wir uns hier mit dem Problem ihrer Historizität nicht weiter auseinanderzusetzen. Auch wenn diese Reform nicht unbedingt einer geschichtlichen Wirklichkeit entsprechen sollte – ein Verdacht, der durch das Fehlen ausführlicherer Hinweise auf sie bei Jeremia und Hesekiel nahegelegt wird –, ist sie dennoch als Erinnerungsfigur von zentraler Bedeutung. Drei Punkte sind in dieser Geschichte in unserem Zusammenhang entscheidend:

1. Der gewollte Traditionsbruch: denn die Monopolisierung des Kultes in Jerusalem bedeutet einen Einschnitt im religiösen Leben des Landes von kaum zu überschätzender Härte und Tragweite;[44]

2. die Legitimierung dieses Traditionsbruchs durch Berufung auf ein unverhofft aufgetauchtes Buch, d. h. eine *vergessene* Wahrheit;

3. die damit verbundene Dramatisierung des Themas Erinnerung.

43 Zu einer umfangreichen Analyse des Berichts über die Josianische Kultreform, der offenbar mehrfache Überarbeitungen erfuhr, s. H. Spieckermann 1982.
44 Die nächste Parallele hierzu bietet die Amarna-Revolution in Ägypten mit ihrer Schließung aller Tempel des Landes und ihrer Konzentration des religiösen Lebens auf Amarna.

Das überraschend aufgetauchte Buch spielt in dieser Geschichte eine Rolle, die der des Simonides in der anderen Legende vergleichbar ist. In einer Situation der Katastrophe und des totalen Vergessens ist es das einzige Zeugnis der vergessenen und unkennbar gewordenen Identität. Wenn wir uns nun dieses Buch selbst anschauen – Tradition und Forschung identifizieren es als das 5. Buch Mose, das „Deuteronomium"[45] –, stellen wir fest, daß die Motive des Vergessens und Erinnerns hier eine geradezu leitmotivische Rolle spielen.[46]

Der Text enthält das Vermächtnis des Mose. Er beginnt mit Angaben über Ort und Zeit. Die Szene spielt am Ostufer des Jordan, Zeit ist die Vorbereitung auf den Übergang ins Gelobte Land, nach 40jähriger Wanderschaft. Alle Motive sind bedeutungsvoll: die Grenze, das Bevorstehen ihrer Überschreitung, das Ende der 40 Jahre. Fangen wir mit dem letzten an. 40 Jahre bedeutet das Ende einer Generation von Zeitzeugen. Die Zeitzeugen des Auszugs aus Ägypten, die damals zwischen 20 und 30 waren, sind nun die Alten geworden, mit deren Tod die lebendige Erinnerung an die Ereignisse des Auszugs, des Bundesschlusses am Sinai und der Wüstenwanderung verlorengehen wird.

Immer wieder wird im Buch diese Augenzeugenschaft beschworen: „Eure Augen haben gesehen, was der Herr wegen des Baal-Peor getan hat." (4.3)[47] „Deine Augen haben gesehen, was der Herr diesen zwei Königen getan hat." (3.21) Alles kommt darauf an, „daß du der Dinge nicht vergissest, die deine Augen gesehen haben (4.9): Denn nicht mit euren Kindern rede ich, welche die Zucht des Herrn, eures Gottes, nicht kennen und nicht erfahren haben seine Größe, seine starke Hand und seinen ausgereckten Arm, seine Zeichen und Taten, die er in Ägypten am Pharao, dem König von Ägypten, und an seinem ganzen Lande getan hat, wie der Herr die Wasser des Schilfmeers über sie hinfluten ließ, als sie euch nachjagten und wie er sie vertilgt hat bis auf diesen Tag und was er dann in der Wüste an euch getan hat, bis ihr an diesen Ort gekommen seid [...], son-

45 Die schon einigen Kirchenvätern sowie Hobbes und Lessing bekannte Gleichsetzung wurde dann erstmals von de Wette in seinen *Beiträgen zur Einleitung in das Alte Testament* I (1806) historisch-kritisch begründet und ist seitdem Gemeinplatz der alttestamentlichen Forschung.

46 Vgl. hierzu auch W. Schottroff 1964, bes. 117 ff. „Zkr" „sich erinnern" im Deuteronomium; B. S. Childs 1962.

47 Vgl. 4 Mose 25.3: „die dem Baal-Peor anhingen, wurden gepfählt".

dern eure Augen haben die großen Taten gesehen, die der Herr getan hat. So haltet denn das Gesetz, das ich euch heute gebe" (11.2–8).

Die Adressaten der in diesem Buch aufgezeichneten Rede werden als Augenzeugen aufgerufen. Sie haben die Wunder und Zeichen des Auszugs mit eigenen Augen gesehen, am eigenen Leibe erlebt, in der eigenen Lebensgeschichte erfahren. Sie sollen dies Zeugnis bewahren und weitergeben. Sie sind als Zeugen gefordert. Darum ist in 2 Kg. 23.3 nicht nur von den „Geboten und Statuten", sondern auch von den „Zeugnissen" dieses Buchs die Rede, darum werden die Buchstaben „^{c}ajin" und „Dalet" im ersten Satz des *Shema^{c}*-Gebets, die das Wort ^{c}ed „Zeuge" schreiben, in jüdischen Bibeln und Gebetbüchern durch Großschrift hervorgehoben:

שְׁמַע יִשְׂרָאֵל יְהוָה אֱלֹהֵינוּ יְהוָה ׀ אֶחָד׃

š^{e}ma^{c} Jisrael, adonaj elohênu adonaj echad
Höre, Israel, der Herr unser Gott, der Herr ist einzig
(Dt. 6.5).

Den letzten Zeitzeugen des Auszugs wird eingeschärft, nicht zu vergessen, was ihre Augen gesehen haben.

40 Jahre sind ein Einschnitt, eine Krise in der kollektiven Erinnerung. Wenn eine Erinnerung nicht verlorengehen soll, dann muß sie aus der biographischen in kulturelle Erinnerung transformiert werden. Das geschieht mit den Mitteln kollektiver Mnemotechnik. Das Buch nennt nicht weniger als acht verschiedene Verfahren kulturell geformter Erinnerung.

1. Bewußtmachung, Beherzigung – Einschreibung ins eigene Herz:
Kap. 6, Vers 6: „Und diese Worte, die ich dir heute gebiete, sollen dir ins Herz geschrieben[48] sein." (6.6 vgl. „So schreibet euch nun diese meine Worte ins Herz und in die Seele." 11.18)

2. Erziehung – Weitergabe an die folgenden Generationen

48 Von „schreiben" ist im hebräischen Text nicht die Rede („sollen dir im Herzen sein"), wohl aber in Jer. 31.33.

durch Kommunikation, Zirkulation – davon Reden allerorten und allerwege:[49]
Vers 7: „Und du sollst sie deinen Kindern einschärfen und sollst davon reden, wenn du in deinem Hause sitzest und wenn du auf den Wegen gehst, wenn du dich niederlegst und wenn du aufstehst." (6.7 vgl. 11.20)

3. Sichtbarmachung – Denkzeichen auf der Stirn (Körpermarkierung):
Vers 8: „Du sollst sie zum Denkzeichen an deine Hand binden und sie als Merkzeichen auf der Stirne tragen." (6.8 vgl. 11.18)

4. Limitische Symbolik – Inschrift auf den Türpfosten (Grenze des Eigenen):
Vers 9: „Du sollst sie auf die Türpfosten deines Hauses schreiben und an deine Tore." (6.9 vgl. 11.21)

5. Speicherung und Veröffentlichung – Inschrift auf gekalkten Steinen:
„Und dann, wenn ihr über den Jordan in das Land ziehet, das der Herr, dein Gott, dir geben will, sollst du dir große Steine aufrichten und sie mit Kalk tünchen und sollst, wenn du hinüberziehst, alle Worte dieses Gesetzes darauf schreiben. (...) Wenn ihr nun über den Jordan gegangen seit, so sollt ihr diese Steine aufrichten, wie ich euch heute gebiete, auf dem Berge Ebal, und du sollst sie mit Kalk tünchen. (...) Und du sollst alle Worte dieses Gesetzes recht deutlich auf die Steine schreiben." (27.2–8)[50]
Ebal ist der „Fluchberg" (27.13 ff.). Von diesem Berg werden Verwünschungen ins Land gerufen gegen diejenigen, die der Arm des Gesetzes nicht erreichen kann. Die Steine mit dem Vertragstext stehen dort als Zeugen für das vergessene Gebot.[51]

49 Vgl. auch die Mahnung des Herrn an Josua nach Moses Tod: „Von diesem Gesetzbuch sollst du allezeit reden und darüber nachsinnen Tag und Nacht." (Jos. 1.8) Das Gesetz soll nicht nur „im Herzen", sondern auch „im Munde" sein. „Conversational Remembering", vgl. dazu aus psychologischer Perspektive D. Middleton/D. Edwards 1990, 23–45. Wichtig für die Rolle des Sprechens bei der Konstruktion gemeinsamer Erinnerung ist auch der Beitrag von Shotter im selben Band, S. 120–138.

50 Die Erfüllung dieser Vorschrift wird in Jos. 8, 30–35 berichtet.

51 Zur Zeugenfunktion der Inschrift vgl. Jos. 24.26 f.: „Und Josua schrieb alles ins Gesetzbuch Gottes und nahm einen großen Stein und richtete ihn auf daselbst unter einer Eiche, die bei dem Heiligtum des Herrn war, und sprach zum ganzen

6. Feste der kollektiven Erinnerung – die drei großen Versammlungs- und Wallfahrtsfeste, an denen „alles Volk, groß und klein" vor dem Angesicht des Herrn zu erscheinen hat:[52]
„Mazzot" (= Pessach) – das Fest zur Erinnerung an den Auszug aus Ägypten („auf daß du dein Leben lang an den Tag deines Auszugs aus Ägypten denkest" 16.3);[53]
„Schawuot" – das Wochenfest, an dem man des Aufenthalts in Ägypten gedenken soll („und du sollst daran denken, daß du Sklave warst im Lande Ägypten" 16.12);[54]
„Sukkot" – das Laubhüttenfest, in dessen Verlauf alle sieben Jahre der gesamte Text des Buches verlesen werden soll (s. u. 8).
Dazu gehört auch die Darbringung der Erstlinge, bei der der Opfernde ein bestimmtes Bekenntnis zu sprechen hatte (Dt. 26). Dieses von G. v. Rad so genannte „Kleine geschichtliche Credo" (v. Rad 1958, 11–20) ist nichts anderes als eine Rekapitulation oder Summierung der um Väter und Landnahme ergänzten Exodusgeschichte (26.5–9).

7. Mündliche Überlieferung, d. h. Poesie als Kodifikation der Geschichtserinnerung:
Das Buch schließt mit einem großen Lied, das die Warnung vor den fürchterlichen Folgen der Untreue und Vergeßlichkeit noch einmal in poetisch verdichteter Form zusammenfaßt. Dieses Lied soll in der mündlichen Überlieferung des Volkes lebendig bleiben und es auf diese Weise ständig an seine Bindungen erinnern: „Und nun schreibt euch dieses Lied auf und lehrt es die Israeliten und legt es ihnen in den

Volk: ‚Siehe, dieser Stein soll Zeuge sein über uns, denn er hat gehört alle Rede des Herrn, die er mit uns geredet hat; und soll ein Zeuge über euch sein, daß ihr euren Gott nicht verleugnet.'"

52 Ursprünglich handelt es sich bei allen drei Festen um Erntefeste („Mazzot": Gerstenernte, „Schawuot": Weizenernte bzw. Abschluß der Getreideernte, „Sukkot": Obsternte). Man nimmt an, daß erst mit dem Verlust des Landes, in der Diaspora, als sich die enge Bindung der Festdaten an den agrarischen Zyklus löste, die Feste zu Erinnerungsfesten umgedeutet wurden. Hier kommt es mir darauf an, zu zeigen, welche Rolle das Motiv der Erinnerung schon in den Einsetzungstexten spielt.

53 Zum Mazzot-Fest als *Zikkaron*, „Gedenkfest" s. Ex. 12,14; Lev. 23, 24. Vgl. die Literatur bei Cancik/Mohr 1990, Anm. 73–77.

54 Schawuot erhält nachbiblisch den Sinn eines Festes zur Erinnerung an die Offenbarung am Sinai und das „Geben der Torah". Vgl. M. Dienemann, „Schawuot", in: F. Thieberger 1979, 280–287.

Mund, daß mir dieses Lied ein Zeuge sei wider Israel. Denn ich werde es nun in das Land bringen, das ich seinen Vätern zugeschworen habe, ein Land, das von Milch und Honig fließt, und es wird sich satt essen und fett werden; dann aber wird es sich anderen Göttern zuwenden und ihnen dienen; mich aber wird es verwerfen und meinen Bund brechen. Und wenn dann viel Unglück und Not zutreffen wird, so soll dieses Lied vor ihm Zeugnis ablegen; denn es wird nicht vergessen werden im Munde seiner Nachkommen" (31.19–21).

8. Kanonisierung des Vertragstextes (Torah) als Grundlage „buchstäblicher" Einhaltung:
„Dann schrieb Mose dieses Gesetz auf ... und gebot seine turnusmäßige Verlesung vor allem Volk, alle sieben Jahre am Laubhüttenfest." (31.9–13)[55] Die Pflicht zur buchstäblichen Einhaltung kommt zum Ausdruck in der mehrfachen Aufforderung, „nichts hinzuzufügen und nichts wegzunehmen" (4.2; 12.32).[56]

Aus der turnusmäßigen Verlesung des Vertragstexts entwickelt sich die synagogale Torahlesung, bei der im Jahreszyklus einmal die gesamte Torah vorgetragen wird. Der Wortgottesdienst auch der christ-

55 Dies entspricht der in hethitischen Verträgen üblichen Anordnung, den Vertragstext in regelmäßigen Abständen zu verlesen, s. V. Korošec 1931, 101 f.; G. E. Mendenhall 1955, 34; K. Baltzer, 1964, 91 f. Für Assyrer: E. Weidner 1954–56. Esra liest beim Laubhüttenfest Tag für Tag, vom ersten bis zum letzten, dem Volk die Torah vor (Neh. 8.1 und 18, vgl. Baltzer, 91–93.). Vgl. auch die Bestimmung am Schluß des „Testaments" des hethitischen Königs Hattušiliš I (16. Jahrhundert v. Chr.): „... und diese Tafel soll man (sc. dem Thronfolger) monatlich immer vorlesen; so wirst du meine Worte und meine Weisheit immer wieder einprägen". (Laroche, *Cataloge des textes hittites,* Nr. 6, nach Cancik/ Mohr 1990, 314)

56 Zur „Kanonformel" und ihren verschiedenen Ausprägungen vgl. Kap. 2, Abschnitt II, Anfang. Im Deuteronomium haben wir es mit der kombinierten „Vertrags-" und „Tradentenformel" zu tun, die dazu auffordert, den Vertrag in allen seinen Einzelheiten gleichsam „buchstäblich" einzuhalten und ihn auch in seiner Textgestalt nicht anzutasten. Diese Verbindung erklärt sich daraus, daß auch die Tradition rechtsförmig begriffen wird als eine Art Vertrag, den ein Autor mit den Schreibern schließt. Zur Einhaltung eines Vertrages gehört auch seine korrekte Überlieferung, und die charakteristischen Fluchformeln, die den Vertrag schützen, sind auch zum Schutz seiner Textgestalt gedacht. So begegnet die Formel in den Kolophonen babylonischer Keilschrifttafeln in derselben imperativischen Form wie im Dt., hier aber klar als Warnung an den Kopisten gerichtet. Vgl. Offner 1950; Cancik 1970, 85 ff.; Fishbane 1972.

lichen Kirchen steht in der Nachfolge einer Institution, die als Organ der kollektiven Erinnerung gedacht war.[57]

Von diesen acht Formen kollektiver Mnemotechnik ist die achte die entscheidende. Sie bedeutet einen Eingriff in die Tradition, der die in ständigem Fluß befindliche Fülle der Überlieferungen einer strengen Auswahl unterwirft, das Ausgewählte kernhaft verfestigt und sakralisiert, d. h. zu letztinstanzlicher Hochverbindlichkeit steigert und den Traditionsstrom ein für alle mal stillstellt. Von nun an darf nichts hinzugefügt, nichts weggenommen werden. Aus dem Vertrag wird der Kanon.[58]

Im Licht der Unterscheidung zwischen *kommunikativem* und *kulturellem Gedächtnis* sind wir in der Lage, das Grundproblem des Deuteronomium präziser zu bestimmen. Worum es geht, ist die Transformation *kommunikativer* – gelebter und in Zeitzeugen verkörperter – Erinnerung in *kulturelle* – institutionell geformte und gestützte – Erinnerung, mithin in *kulturelle Mnemotechnik*. Erinnerung, die nicht mehr im kommunikativen Gedächtnis einer Generation gelebt und verkörpert wird, gerät notwendigerweise in Kontrast zur fortschreitenden Gegenwart, sie wird „kontrapräsentisch" (G. Theißen 1988).

2. *Die Gefährdung der Erinnerung und die sozialen Bedingungen des Vergessens*

Jedem Märchenkenner ist das Motiv vertraut, daß die Mahnung, etwas bestimmtes auf keinen Fall zu vergessen, mit Sicherheit auf das Vergessen genau dieser Sache vorausweist. Mit Vorliebe werden solche Warnungen vor Überschreiten einer Grenze, vor Betreten eines fremden Raumes erteilt. Denn es ist der fremde Rahmen, besonders aber die Einnahme fremder Nahrung, die das Vergessen fördert.

Das Urmodell oder die Urszene solchen vergessensfördernden Rah-

57 Baltzer 1964, 91 ff.; vgl. auch die Deutung des Deuteronomiums als „Gesetzespredigt" bei G. v. Rad 1947, 36f.

58 Vgl. A. u. J. Assmann 1987. Zur Entstehung des hebräischen Kanons und der Bedeutung des Buches Deuteronomium als einer Art Kristallisationskerns des biblischen Kanonisierungsprozesses vgl. darin den Beitrag von F. Crüsemann. Allgemein zur Bedeutung des Prinzips „Kanon" die Beiträge von C. Colpe und A. u. J. Assmann.

menwechsels ist die Reise in die Fremde, die Überschreitung der Grenze. Das Kind vergißt seine Eltern, der Bote seinen Auftrag, der Prinz seine vornehme Herkunft, die Seele ihren himmlichen Ursprung – weil nichts in der neuen Welt die Erinnerung stützt und trägt. Sie hat keine Bezugsrahmen mehr, wird unwirklich und verschwindet.

Genau diese Situation setzt auch das Deuteronomium voraus. Es sind „Worte" (*d^e^barîm,* „Worte" ist der hebräische Titel des Buchs, nach seinem Anfangswort), die an der Grenze gesprochen werden. Kein Rahmenwechsel kann krasser sein als der, der dem Volk Israel am Ende seiner Wanderung bevorsteht. Entsprechend gefährdet sind seine Erinnerungen. Wenn es den Jordan überschreitet und von den Speisen des Landes ißt, „das von Milch und Honig fließt", wird es seine Identität und seinen Auftrag bzw. Vertrag vergessen.

Wenn man das Buch Deuteronomium liest, drängt sich einem der Eindruck auf, daß nichts weniger natürlich und selbstverständlich ist als die Erinnerung an eine Geschichte, die doch eindrucksvoll genug ist und alle Zeichen des Unvergeßlichen hat, und daß nichts natürlicher und selbstverständlicher ist als das vollständige Vergessen aller Erfahrungen der letzten 40 Jahre. Womit begründet der Text diese pessimistische Einschätzung der Haltbarkeit von Vergangenheit und kollektiven Erinnerungen? Zwei Gründe werden immer wieder genannt: Kontrast und Verführung. Das Land, in das Israel ziehen wird, bietet völlig andere Lebensumstände als das, was das Volk bislang gewohnt war: „Ein Land mit Wasserbächen, Quellen, Fluten, die in den Tälern und an den Bergen hervorströmen, ein Land mit Weizen, Gerste, Reben, mit Feigen- und Granatbäumen, ein Land mit Ölbäumen und Honig, ein Land wo du nicht kümmerlich dich nährst, wo es dir an nichts mangeln wird, ein Land, dessen Steine Eisen sind und wo du Erz gräbst aus den Bergen. Und wenn du dich dann satt gegessen hast, so sollst du den Herrn loben für das schöne Land, das er dir gegeben hat. Hüte dich alsdann, des Herrn, deines Gottes, zu vergessen, so daß du seine Gebote, Rechte und Satzungen nicht hieltest, die ich dir heute gebe, daß nicht, wenn du dich satt essen kannst und schöne Häuser baust und darin wohnst, wenn deine Rinder und Schafe sich vermehren und Silber und Gold sich dir häuft, und alles, was du hast, sich mehrt, daß nicht dein Herz sich alsdann überhebe und du des Herrn, deines Gottes, vergissest, der dich aus dem Lande Ägypten, aus dem Sklavenhause, herausgeführt (. . .) und daß du nicht bei dir selber sprechest: ‚Meine Kraft und die Stärke meiner Hand hat mir diesen Reichtum erworben.' Gedenke vielmehr des Herrn, deines Gottes. (...) Doch wenn du des Herrn vergissest und anderen Göttern nachgehst ..., so beteure ich heute, daß ihr zugrunde gehen werdet." (8. 10–19)

„Und wenn dich nun der Herr, dein Gott, in das Land bringt ..., große und schöne Städte, die du nicht gebaut, Häuser voll von allerlei Gut, die du nicht gefüllt, ausgehauene Zisternen, die du nicht ausgehauen, Weinberge und Olivengärten, die du nicht gepflanzt hast, und wenn du davon issest und dich sättigst, so hüte dich, daß du nicht des Herrn vergissest, der dich aus dem Lande Ägypten, dem Sklavenhause, herausgeführt hat." (6.10–12)

Vergessen wird bedingt durch Rahmenwechsel, durch die völlige Veränderung der Lebensbedingungen und sozialen Verhältnisse. Symbol und Inbegriff der neuen Wirklichkeit, in der das Alte nicht mehr gilt, ist das Essen. Daher wird hier die Erfahrung der vierzigjährigen Wüstenwanderung auf das erstaunliche Fazit der Erkenntnis gebracht, daß der Mensch nicht vom Brot allein lebt – „Er demütigte dich und ließ dich hungern und speiste dich dann mit Manna ..., um dir kundzutun, daß der Mensch nicht vom Brot allein lebt, sondern von allem, was das Wort des Herrn schafft." (8.3) Wenn sich die Wirklichkeit um einen herum wandelt, dann liegt nichts näher, als daß alles das in Vergessenheit gerät, was in der früheren Wirklichkeit Geltung hatte. Denn es gerät nun in Gegensatz zu den äußeren Verhältnissen und wird von ihnen nicht mehr bestätigt und getragen.

Die Erinnerung ist aber nicht nur dem gleichsam natürlichen Zerfall wegen Wegfalls der äußeren Rahmenbedingungen ausgesetzt, sondern auch einer destruktiven Einwirkung von außen. Immer wieder ist von „Fallstricken" und „Verführungen" die Rede. Das Land, in das Israel ziehen wird, wird eine verführerische Kraft ausüben. Daher kommt alles darauf an, sich mit den Bewohnern dieses Landes nicht gemein zu machen, sondern eine unüberwindliche Grenze der Fremdheit zwischen sich und die anderen zu legen.

„Du sollst keinen Vertrag mit ihnen schließen und sie nicht verschonen; und du sollst dich mit ihnen nicht verschwägern, nicht deine Töchter ihren Söhnen geben noch ihre Töchter für deine Söhne nehmen. Denn sie werden deine Söhne dem Herrn abwendig machen, daß sie anderen Göttern dienen. ... Vielmehr sollt ihr so mit ihnen verfahren: ihre Altäre sollt ihr niederreißen, ihre Stelen zerschlagen, ihre Ascheren umhauen und ihre Götzenbilder verbrennen.“ (7.2–5) „Du sollst ihrer nicht schonen und sollst ihren Göttern nicht dienen; denn das würde dir ein Fallstrick sein“ (7.16).

Israel soll nicht vergessen und soll sich nicht verführen lassen. „Du sollst dich nicht an die Greuel jener Völker gewöhnen“ (18.9). Das Motiv der Verführung bezieht sich auf Polytheismus und Idolatrie, das religiöse Brauchtum des Landes jenseits des Jordan. Zu diesem Brauchtum steht die von Israel geforderte Lebensform in denkbar krassestem Gegensatz. Keine anderen Götter außer dem Herrn, keine Götterbilder, keine Heiligtümer außerhalb des Jerusalemer Tempels, keine Wahrsager, Sterndeuter, Zeichenleser, Orakelpriester, Zauberer, Beschwörer,[59] keine Hierodulen, keine auch noch so geringfügigen Anpassungen an das, was in diesem Lande Recht und Brauch ist. Denn vor dem Herrn ist dies ein Greuel.[60]

Was Israel nicht vergessen darf, wenn es ins Gelobte Land gelangt und im Wohlstand lebt, sind die Bindungen, die es in der Wüste mit Jahwe eingegangen ist. Vergangenheit und Zukunft verteilen sich in dieser Geschichte wie Wüste und Fruchtland, Wildnis und Zivilisation. Das Gestern setzt sich im Heute nicht fort: ganz im Gegenteil wird zwischen beiden der schärfste Trennungsstrich gezogen. Und trotzdem muß das Gestern im Heute erhalten bleiben. Dem Volk wird das Kunststück einer Erinnerung abverlangt, die durch keine „Rahmen“ der gegenwärtigen Wirklichkeit bestätigt wird. Das heißt, Fremdling bleiben im eigenen Land und in der eigenen Gegenwart. Anpassung wäre Vergessenheit. Man versteht, worum es hier geht, wenn man den Bericht von der Auffindung dieses Buches in 2 Kg. 22–23 hinzunimmt. Denn im Licht der Vorschriften dieses Buches erscheint auf einmal die gesamte, blühende Kultpraxis des Landes als genau das, was darin als Greuel verschrien wird, und muß in einer landesweiten Säuberungsaktion von beispielloser Härte und Grausamkeit mit Stumpf und Stil ausgerottet werden. Die Erinnerung kommt schockartig und wirkt zerstörend.

Die Josianische Reform wird als eine Revolution von oben dargestellt. Sie wird durchgesetzt unter Berufung auf eine vergessene

59 Verbot der Zauberei und Wahrsagerei: 18.9 ff. Vgl. 3 Mose 18.3; 18.21; 19.26; 20.27; 19.31.

60 Zum Konflikt zwischen Monotheismus und Polytheismus in Israel vgl. zuletzt M. Weippert 1990.

Wahrheit. Das Gesetzeswerk wird in Kraft gesetzt als eine schockartig zurückgekehrte Erinnerung, eine „mémoire involontaire" auf kollektiver Ebene. Nur so, als eine Wahrheit, die sich – im Unterschied zur kontinuierlichen Tradition – gerade in der Vergessenheit unverfälscht über die Zeiten erhalten hat, vermag es seine revolutionäre Durchschlagskraft zu entfalten. Von außen, mit den Augen des Historikers gesehen, läßt sich darin eine Strategie erkennen, die für Reformen typisch ist. Das Neue wird als Rückkehr zum Ursprünglichen dargestellt. Die an Morton Smith anknüpfende Schule, der wir uns im ersten Abschnitt dieses Kapitels angeschlossen haben, sieht in der Josianischen Reform den Triumph der „Jahwe-allein-Bewegung", einer von Propheten und einzelnen Bevölkerungsgruppen getragenen Opposition gegen die offizielle Politik und Kultpraxis des Königtums (M. Smith 1987, 11–42). Die monotheistische Idee wäre dieser Deutung zufolge nicht aus der Vergessenheit, sondern aus dem Untergrund heraus zum Durchbruch gekommen und hätte von dem neugewonnenen Terrain aus das bis dahin geltende Brauchtum als „Rückfall" und „Vergessenheit" gebrandmarkt. Die biblische Darstellung geht davon aus, daß dem religiösen Brauchtum der Königszeit die Phase eines reineren Monotheismus vorausging, die in der Großreichszeit durch Anpassung an die kulturelle Umwelt überfremdet und dadurch in der Tat vergessen wurde. Aber diese dem Volk einmal eingebrannte Erfahrung ließ sich auf Dauer nicht verdrängen und brach sich – übrigens in einer Phase höchster politischer Spannung[61] – in der Form einer durchgreifenden „Säuberung" oder „Ausfegung" (Hes. 20.36–38)[62] von beispielloser Härte Bahn. Religionsgeschichte manifestiert sich in dieser Rekonstruktion als Erinnerungsdrama, ganz im Sinne von Freuds religionsgeschichtlicher Theorie. Die Erinnerung an den Exodus ist die Devise dieser Reform, deren Erfolg sich wohl in der Tat nur erklären läßt, wenn man sie als ein Drama der Erinnerung, als Wiederkehr des Verdrängten versteht und davon ausgeht, daß es etwas gab, an das mit

61 In die Regierungszeit des Josia fällt ein rapider Auflösungsprozeß der assyrischen Macht, der das Nordreich 100 Jahre vorher zum Opfer gefallen war und die das Südreich als Vasallenstaat in politische und kulturelle Abhängigkeit gebracht hatte. Der Zugriff lockert sich und gibt der Chance zu größerer Selbstbestimmung Raum. Das Resultat dieser Autonomiebestrebungen ist das Deuteronomium. Zum historischen Hintergrund s. H. Spieckermann, 227 ff.

62 Vgl. M. Walzer 1988, 68 f.

den Erinnerungsfiguren *Exodus, Sinai* und *Landgabe* zu appellieren war.

Die Juden haben in der Not des Babylonischen Exils die Fundamente einer kulturellen Mnemotechnik gelegt, die in der Menschheitsgeschichte beispiellos dasteht. Das besondere und „artefizielle" dieser Erinnerungskunst liegt darin, daß sie eine Erinnerung festhält, die in den Bezugsrahmen der jeweiligen Wirklichkeit nicht nur keine Bestätigung findet, sondern zu ihr in krassestem Widerspruch steht: die Wüste im Gegensatz zum Gelobten Land, Jerusalem im Gegensatz zu Babylon. Mit Hilfe dieser Mnemotechnik haben die Juden es verstanden, über fast zweitausend Jahre hinweg, in alle Weltgegenden verstreut, die Erinnerung an ein Land und an eine Lebensform, die zu ihrer jeweiligen Gegenwart in schärfstem Widerspruch standen, als Hoffnung lebendig zu erhalten: „Dieses Jahr Knechte, nächstes Jahr Freie, dieses Jahr hier, nächstes Jahr in Jerusalem." Solche utopische Erinnerung, die in keinen Bezugsrahmen jeweiliger Gegenwartserfahrungen Anhalt und Stütze findet, nennen wir, mit einem glücklichen Ausdruck G. Theißens (1988) „kontrapräsentisch".

Obwohl es sich bei der im Deuteronomium fundierten kulturellen Mnemotechnik um ein sehr spezifisches und nur aus den besonderen historischen Bedingtheiten Israels erklärbares Phänomen handelt, läßt sich das Prinzip der kontrapräsentischen Erinnerung doch verallgemeinern. Im Judentum ist etwas zur höchsten Steigerung entfaltet, was sich auch sonst findet. In jeder Gesellschaft gibt es „anachrone Strukturen" (Erdheim 1988), Institutionen, die weniger dem Fortschritt als der Bewahrung verpflichtet sind. Die Religion bildet den typischen Fall einer solchen anachronen Struktur. Innerhalb der Kultur, die das Heute gestaltet, hält sie das Gestern gegenwärtig, das nicht vergessen werden darf. Ihre „Funktion ist es, durch Erinnern, Vergegenwärtigen und Wiederholen Ungleichzeitiges zu vermitteln" (Cancik/Mohr 1990, 311). Rück-Bindung, Erinnerung, bewahrendes Gedenken ist der Ur-Akt der Religion.[63] Das Deuteronomium hat diese Struktur narrativ entfaltet und

63 Zur Problematik der Etymologie von „religio" (von „religere", „sorgfältig beachten", oder von „re-ligari" „sich-rückbinden") s. H. Zirker 1986. Die entscheidende Komponente bleibt in jedem Falle das Präfix re-, „Rück-". Vgl. H. J. Fabry 1988.

zu einer bildkräftigen Erinnerungsfigur gehärtet. Das Leben geht ebensowenig im Heute auf, wie der Mensch „vom Brot allein" lebt (Dt. 8.3). Religion in dem vom Deuteronomium erstmals entworfenen und dann zum Maßstab aller späteren Religionen gewordenen Sinne heißt, an einer Bindung festhalten, die unter völlig anderen, extremen Bedingungen eingegangen wurde, auch wenn sie in den Bedingungen der Gegenwart keinerlei Bestätigung findet.

SECHSTES KAPITEL

DIE GEBURT DER GESCHICHTE AUS DEM GEIST DES RECHTS

I. Semiotisierung im Zeichen von Strafe und Rettung

Im Zusammenhang unserer Frage nach dem kulturellen Gedächtnis gilt uns Israel als Paradigma für zwei gleichermaßen zentrale Phänomene: die kanonisierende Engführung des „Traditionsstroms" und die Entstehung von Geschichtsschreibung. Beide Phänomene hängen eng miteinander zusammen. Den gemeinsamen Ort bildet der ethnogenetische Prozeß, die kernhafte Verfestigung einer kollektiven Identität, die sich auf eine zum Kanon geschlossene Überlieferung stützt und ihre Dynamik aus der „Mythomotorik" der verinnerlichten Geschichte bezieht. Dieser theoretischen Deutung entspricht die antike Sicht, die ebenfalls Kanon und Geschichte in engsten Zusammenhang bringt. So lesen wir bei Josephus: „Unsere Bücher . . . sind nur 22 und enthalten den Bericht aller Zeiten. 5 von diesen sind die Bücher Mosis, die die Gesetze und die überlieferte Geschichte von der Entstehung des Menschen bis zum Tod des Gesetzgebers enthalten. Die Geschichte von Moses bis Artaxerxes schrieben die Propheten in 13 Büchern. Die restlichen 4 Bücher enthalten Hymnen an Gott und Vorschriften für die Führung des menschlichen Lebens." (Vgl. Kap. 7, Abschnitt 2, wo wir ausführlicher auf diese Stelle zurückkommen wollen.) Die ersten und wichtigsten Teile des Tenach, Thorah und Propheten, werden hier unter dem Oberbegriff der Geschichtsschreibung zusammengefaßt. Die „kanonisierende Engführung" gilt dem Geschäft der Geschichtsschreibung, der Verwaltung der einen und verbindlichen Erinnerung. Träger dieser Erinnerung sind die Propheten, mit deren Ende auch die Geschichtsschreibung abreißt: „Von Artaxerxes bis in unsere Zeit existiert eine Überlieferung, die aber nicht gleiche Wertschätzung genießt, weil die Folge der Propheten abriß." Die prophetische oder „charismatische" Geschichte reicht von Mose bis Nehemia. Ihre Erinnerung ist in 13 Büchern niedergelegt. Die besondere Erinnerungspflicht, unter die sich Israel gestellt sah, hat einen rechtlichen Ursprung: Sie leitet sich von dem Vertrag her, den Israel mit Gott geschlossen hatte. Von einem Vertrag gehen die stärksten Forderungen an das Gedächtnis aus: Er will in allen Einzelheiten erinnert, bewahrt und erfüllt werden. Wehe dem, der etwas davon wegnimmt, etwas hinzufügt, etwas verändert! Sowohl die berühmte „Kanonformel“[1] als auch der Imperativ *zakhor we shamor!* „Gedenke und Bewahre!“ haben einen ursprünglich rechtlichen Sinn.

Nachdem sich das vorige Kapitel den historischen Rahmenbedingungen der Kanonisierung gewidmet hat, wollen wir in diesem Kapitel nach den Rahmenbedingungen von Geschichte und Geschichtsschreibung fragen. Die These, die wir vertreten wollen, lautet: Sowohl Geschichte als auch Geschichtsschreibung hängen im Vorderen Orient aufs engste zusammen mit der Ausbildung von Rechtsinstitutionen.

Beginnen möchte ich mit einer Begriffsbestimmung von „Geschichte“, die ich in anderem Zusammenhang vorgeschlagen habe: „Geschichte ist die Resultante aus Handeln und Erinnern. Anders als über Erinnerung ist uns Geschichte nicht gegeben; anders als über Handeln ist uns Geschehendes nicht erinnerlich.“[2] Handeln setzt die Existenz eines Handlungsspielraums voraus, der durch Bindungen und Freiheiten, also *rechtlich* strukturiert ist. Handeln findet statt in einem rechtlich strukturierten Raum. Es ließe sich leicht zeigen, würde aber weit über den Rahmen dieser Studie hinausführen, wie sich aus den rechtlich geregelten zwischenstaatlichen Beziehungen der sumerischen Stadtstaaten heraus und im Medium der Keilschriftkultur ein Geschichtsraum entwickelt, der schon im 3. Jahrtausend v. Chr. über Mesopotamien hinausgreift und in der späten Bronzezeit dann die gesamte Alte Welt, Ägypten und die Ägäis eingeschlossen, zu einer Ökumene vereinigt.[3] Hier geht es mir um den Nachweis, daß die Genese der „Alten Welt“ und des „Ökumenischen Zeitalters“[4] mit ihren außen-

1 Vgl. hierzu 103 ff.–201 sowie unten, 236 f.

2 Verf. 1988, 105. Zum Zusammenhang von Geschichts- und Handlungsbegriffen vgl. Bubner 1984.

3 Wichtig sind hier vor allem die Studien von P. Artzi 1969; 1984. Vgl. auch Munn-Rankin 1956.

4 Diesen Ausdruck prägte Voegelin 1974, allerdings in bezug auf eine spätere Epoche, die vom Perserreich bis zum Ende der römischen Kaiserzeit reicht. Für den Begriff der „Ökumene“ ist aber politische Einheit in einem gemeinsamen

politischen Verflechtungen einen Strukturwandel nicht nur der Handlungsspielräume, sondern auch der Erinnerung bewirkt hat, jener Erinnerung nämlich, die an die Selbstverpflichtung auf langfristige Bündnisse und die Geltung hochverbindlicher Verträge und Gesetze geknüpft ist. Die Bindungen, denen die Menschen mit der Herausbildung staatlich organisierter Gemeinwesen nach innen und außen unterworfen wurden, nahmen die Zukunft in Anspruch und schufen, zusammen mit dem sich herausbildenden Handlungsraum „Welt", auch die sozial verfaßte Zeit, in der sich erinnerte Geschichte ereignet.[5]

Dieser Rekonstruktion, die dem Recht eine zentrale Position in der *konnektiven Struktur* früher Gesellschaften einräumt, entspricht der quellensprachliche Befund. Denn das, was wir als *konnektive Struktur* einer Kultur und Gesellschaft bezeichnet und zum Thema dieser Untersuchungen gemacht haben, wird in der Eigenbegrifflichkeit der frühen Kulturen unter den Stichworten *Recht, Gesetz, Gerechtigkeit, Treue, Wahrhaftigkeit* verhandelt.[6] Auf der Geltung rechtlicher Bindungen basiert jenes Vertrauen in die Welt, das als „Reduktion von Komplexität" Handeln und Erinnerung möglich macht (Luhmann 1973).

Mit der Formulierung der Überschrift knüpfen wir nicht von ungefähr an Nietzsche an, denn die These von der Geburt der Erinnerung aus dem Geist des Rechts bildet die zweite Abhandlung und das Kernstück seiner Schrift *Zur Genealogie der Moral.* Wir führen diese These hier nur weiter, indem wir sie von der Ebene der Moral und der individuellen Bindung auf die Ebene der Geschichte und der kollektiven Bindung verlagern. „Du sollst nicht vergessen!", dieser „kulturelle Imperativ" oder Prohibitiv ist auch in Israel an das Kollektiv gerichtet. Zugleich gibt uns die Frage nach dem Zusammenhang von Recht und Erinnerung Gelegenheit zu einem Blick auf die *Keilschriftkulturen,* von denen bisher in diesem Buch noch wenig die Rede war.

Reich nicht entscheidend. Entscheidend ist vielmehr das Bewußtsein davon, daß außerhalb der eigenen Ordnung andere Ordnungen existieren und daß alle Ordnungen und Völker trotz der Verschiedenheit von Sprachen, Sitten und Gesetzen in einer gemeinsamen Welt leben und interkultureller Verständigung fähig sind. So entsteht die Vorstellung der „bewohnten Erde" als eines gemeinsamen, aber plurizentrischen Geschichtsraumes.

5 Bereits Polybios – worauf Tenbruck 1989, 436 aufmerksam macht – hat den Prozeß dieser wachsenden Verflechtung der Ereignisse in der Einleitung seines Geschichtswerks identifiziert und den Zusammenhang von „Ökumene" und „Geschichte" hergestellt.

6 Für Ägypten habe ich das in Verf. 1990 nachzuweisen versucht.

1. *iustitia connectiva*

Dem Menschen stellt sich der Sinn des Geschehenden als Nexus von Tun und Ergehen dar. Dieser Nexus wird gewöhnlich als Kausalität bezeichnet. Damit wird aber die Eigenbegrifflichkeit der frühen Gesellschaften verfehlt. Der Begriff der Kausalität suggeriert die Idee einer naturgesetzlichen Automatik in der Verknüpfung der Ereignisse. Genau diese Vorstellung ist aber das Gegenteil dessen, worum es in den antiken Texten geht. Hier wird vielmehr mit Mächten, Instanzen und Institutionen gerechnet, die über den Zusammenhang von Tun und Ergehen wachen, d. h. darauf achten, daß das Gute sich lohnt und das Böse sich rächt. Es handelt sich in allen Fällen um Vergeltung, nicht um Kausalität.[7] Nur das Funktionieren dieser „Vergeltung“ wird verschieden imaginiert.

Statt von Vergeltung sprechen die Quellen von „Gerechtigkeit.“[8] Gerechtigkeit ist der Zentralbegriff, der die Sphären von Recht, Religion und Moral aneinander bindet. Gerechtigkeit leitet das Urteil der Richter, lenkt das Handeln der Könige, führt die Menschen auf ihren Wegen und ist das Prinzip, das die Folge an die Tat bindet. Sinn und Gerechtigkeit ist also ein und dasselbe. In einer gerechten Welt lohnt sich das Gute und rächt sich das Böse. Das ist der Kern der altorientalischen Weisheit, der es vor allem darauf ankommt, die Menschen daran zu hindern, sich auf eigene Faust zu rächen und aus eigener Kraft nach ihrem privaten Glück zu streben. Der Begriff der *konnektiven,* d. h. der verbindenden, verknüpfenden *Gerechtigkeit* scheint hier auf mehrfache Weise angemessen:

1. Gerechtigkeit verbindet die Menschen miteinander, schafft die Basis für soziale Kohäsion und Solidarität.

2. Gerechtigkeit bindet den Erfolg an die Tat, die Strafe an das

7 Es handelt sich um Fiktionen, konstruierte Zusammenhänge – um „Poesie“ im Sinne von Hayden White. H. Gese unterschied „Sequenz“ und „Konsequenz“ als geschichtstheoretische Konnektoren. Auch der Begriff der Konsequenz geht zu weit. Wie „Kausalität“ eine naturgesetzliche, so suggeriert „Konsequenz“ eine logische Automatik. Das ist frühem Denken unangemessen, wie H. Kelsen 1947 gezeigt hat.

8 S. hierzu H. H. Schmid 1968, sowie unveröff. Maschschr.; Verf. 1990 a, 203–224.

Verbrechen und sorgt so für Sinn und Kohärenz, für *Zusammenhang* im anderenfalls zufälligen, zusammenhanglosen Strom der Ereignisse.

Beide Dimensionen, die Sozialdimension (1) und die Zeitdimension (2), faßt der Begriff der Ver-bindlichkeit zusammen. Hier geht es sowohl um den Sozial- als auch um den Zeithorizont der Geltung von Rechtsnormen. Eine verbindliche Norm bindet die Menschen und bindet die Zeit, indem sie ihren Anspruch auf Geltung in eine befristete oder unbefristete Zukunft hineinstellt.

Gerechtigkeit stiftet dadurch einen „Raum der Erinnerung", in dem heute gilt, was gestern galt, und morgen gelten soll, was heute gilt. In diesem Raum gilt vor allem anderen das Gesetz: „Du sollst nicht vergessen!" Das ist das stärkste und ursprünglichste Inzentiv der Erinnerung.

Diese *konnektive Gerechtigkeit* kann man sich auf vier verschiedene Weisen vorstellen:

a) Die schlichteste und verbreitetste Vorstellung eines Zusammenhangs von Tun und Ergehen stellt die Überzeugung dar, daß das Gute „sich" lohnt und das Böse „sich" rächt. Dies Prinzip einer „immanenten Providenz"[9] setzt weder göttliche noch staatliche Intervention voraus und basiert auf den alltäglichen Erfahrungen funktionierenden Zusammenlebens. Es handelt sich um die Idee einer selbstregulativen Zirkulation von Gut und Böse, die ihren abstraktesten Ausdruck in der „Goldenen Regel" findet,[10] aber auch in der konkreteren Kasuistik der Spruchweisheit („Die Sonne bringt es an den Tag"; „Lügen haben kurze Beine" usw.). Dazu kommen nun drei weitere Formen, in denen diese einfache Weisheit in den vorderorientalischen Hochkulturen spezifiziert wird:

b) Die *soziale* Gerechtigkeit gründet das Funktionieren des Tun-Ergehen-Zusammenhangs auf einen starken Begriff von Solidarität und Gegenseitigkeit. Nicht von sich aus, sondern nur auf der Grundlage eines „Aneinander-Denkens" und „Füreinander-Handelns" (dies sind die ägyptischen Grundbegriffe der sozialen Gerechtigkeit) rächt sich das Böse und lohnt sich das Gute. Sinn ist Sache einer gemeinsamen Gedächtnisleistung, die dem egoistischen Vergessenstrieb gegensteuert. Die Ägypter haben mit ihrem Begriff *Ma'at* vor allem den Aspekt der durch Solidarität aufrechterhaltenen *Ordnung* hervorge-

9 Aleida Assmann 1991, 19.
10 A. Dihle 1962.

hoben; der arabische Historiker Ibn Ḫaldun verwendet den Begriff *'asabiyya,* der mehr die affektive Seite der Solidarität betont.[11] Der Ethnologe Meyer Fortes (1978) hat dafür den Begriff „amity" geprägt.

c) Die *politische* Gerechtigkeit stellt das Funktionieren des Tun-Ergehen-Zusammenhangs dem Staat anheim. Klassische Beispiele für diese Interpretation der Wirklichkeit bieten Ägypten – in deutlicher politischer Überformung der unter (b) charakterisierten *sozialen Gerechtigkeit* – und Indien. Nach dieser Auffassung bricht das Chaos herein, wenn der Staat zusammenbricht. Sinn und Ordnung verschwinden aus der Welt. Das Gute lohnt sich nicht mehr, das Böse rächt sich nicht mehr, die Großen fressen die Kleinen und die Söhne erschlagen die Väter.

d) Die *religiöse* Gerechtigkeit stellt das Funktionieren des Zusammenhangs von Tun und Ergehen dem Walten der Götter anheim. Lohn und Strafe werden nun nicht mehr im Sinne der Selbstregulation als Folgen des Handelns selbst aufgefaßt, das „sich" lohnt oder rächt, sondern als Folgen göttlicher Intervention. Das setzt den Kontext einer „Theologie des Willens" voraus, die den Göttern eine auf die irdisch-menschlichen Geschicke gerichtete Intentionalität zuschreibt.

Erst in dieser Form hat die Lehre von der *konnektiven Gerechtigkeit* als Inzentiv für Erinnerung gewirkt. Die göttliche Gerechtigkeit und die ihr korrespondierende Lehre von der menschlichen Verantwortlichkeit erfüllen das Geschehende mit einem Sinn, auf dessen Kenntnis alles ankommt. Diesen Vorgang kann man als „Semiotisierung durch Theologisierung" identifizieren.

Das Ursprungsland dieser „Theologie des Willens" ist Mesopotamien. Hier finden sich die bei weitem frühesten Texte, die die Geschehnisse auf den Willen der Götter zurückführen. Albrektson (1967) hat zeigen können, daß für die mesopotamischen Götter planvolles Handeln und ein absichtsvolles Eingreifen in irdisch-menschliche Belange mindestens ebenso typisch sind wie für das Gottesbild des Alten Testaments. Was ihm jedoch entging, ist die Tatsache, daß die meisten der von ihm herangezogenen Texte juristischen Charakters sind: Verträge, in denen potentielle Übertreter der göttlichen Vergeltung überantwortet werden. Diese „Fluchformeln"

11 H. H. Biesterfeldt 1991, 284 ff.

bringen am deutlichsten zum Ausdruck, was man sich von den Göttern erwartet: die Gewährleistung der konnektiven Gerechtigkeit.[12] Die Zukunft, in die hinein diese Texte ihre bindende Kraft ausüben, liegt in den Händen der Götter, die dafür Sorge tragen müssen, daß die Gesetze nicht vergessen werden und den Übertreter die Strafe trifft. Der älteste Text dieser Art ist eine Grenzstele zwischen Lagasch und Ummu. Dem Übertreter wird angedroht, daß Enlil und Ningirsu ihn zerstören, und zwar durch politisches Unglück: Sein Volk soll ihm den Gehorsam verweigern und ihn umbringen.

Das Recht konstituiert eine Sphäre normgebundenen Handelns, der auch der Herrscher unterworfen wird. So wie die Untertanen seiner Kontrolle, unterliegt er selbst der Kontrolle der Götter. Einen König, der die Normen verletzt, trifft Unheil. Die Erinnerung an dieses Unheil dient der Einschärfung der Normen. Das ist das Thema der Klage-Literatur und der moralisierenden Königslegenden (besonders über Naramsin). In der unter dem Namen *Fluch über Akkade* bekannten Klage wird erzählt, daß König Naramsin den Enlil-Tempel in Nippur zerstört und Enlil ihm daraufhin die Gutäer ins Land schickt:

> Vom weiten Gebirge ließ er sie insgesamt herabkommen,
> sie, die keinem (sonst bekannten) Volk gleichen, die nicht zu den Völkern gerechnet werden,
> die Gutäer, die nicht wie ein rechtes Volk Bindungen kennen,
> die zwar die Gestalt von Menschen besitzen, deren Worte aber von der Beschaffenheit der Stimme eines Hundes sind,
> ließ Enlil aus dem Bergland herabkommen.
> Massen über Massen bedeckten sie wie Heuschrecken die Erde.[13]

12 Der Fluch stellt die stärkste Form einer Sicherung des Tun-Ergehen-Zusammenhangs dar. Wenn alle sozialen und politischen Institutionen versagen, dann stellt der Fluch sicher, daß den Übeltäter die gerechte Strafe trifft. Das gleiche gilt umgekehrt für den Segen. Fluch und Segen setzen den Kontext religiöser Gerechtigkeit voraus, weil sie die Götter (bzw. Gott) als Agenten des Tun-Ergehen-Zusammenhangs einbeziehen und das wohl auch dort, wo sie in der Sprache der Texte gleichsam selbsttätig auftreten. Leider fehlt eine zusammenfassende Behandlung des antiken Fluchs. Für Bibel und Vorderen Orient immer noch grundlegend ist W. Schottroff 1969.

13 A. Falkenstein 1965, 70; B. Albrektson 1967, 25 f.

Diese nicht dokumentarische, sondern hochpoetische Form der Aufzeichnung und Erzählung von Geschichte setzt ihre Deutung, ihre Semiotisierung voraus. Und die ergibt sich aus dem Prinzip der „iustitia connectiva", der durch Schwurgötter geschützten Rechtssphäre, die die Strafe an die Schuld, allgemeiner formuliert, die Folge an die Tat bindet.[14]

2. *Hethitische Geschichtsschreibung um 1300 v. Chr.*

Auch in den großen hethitischen Geschichtswerken fällt der Zusammenhang von Schuld, Recht und Gerechtigkeit ins Auge. Die klassischen Vergehen, die mit göttlicher Bestrafung geahndet werden, sind Meineid, Eidbruch und Vertragsbruch. Besonders klar ist dieser Zusammenhang in der Šuppiluliuma-Affäre, auf die wir im folgenden noch näher eingehen werden. Hier werden nach Befragung der Orakel zwei „Tafeln" mit verbindlichen Vereinbarungen namhaft gemacht, die von Šuppiluliuma gebrochen wurden. Die eine betrifft die Opfer für den Mala-Fluß (Euphrat), die andere, viel entscheidendere einen Vertrag mit Ägypten. Mit Bezug auf diesen Vertrag beteuert Muršiliš:

> Die[ser] Tafel [abe]r
> fügte ic[h] kein Wo[rt]
> hinzu, noch nahm ich irgend[eines]
> weg. Götter, meine Herren, seh[t!]
> Ich weiß nicht! Früher [aber],
> welche Könige (da) waren –
> o[b] damals irgendeiner hinzufügt[e],
> oder ob er wegnahm,
> so wei[ß i]ch nichts (davon),
> habe auch die Angelegenheit hinterher
> nicht vernommen.[15]

Diese von H. Cancik (1970, 85 f.) als früheste Bezeugung der sogenannten „Wortlautformel" („nichts wegnehmen, nichts hinzufügen")

14 Zur Orientierung in dem weiten Gebiet der vorderorientalischen und griechischen Verträge und Eidesformeln s. den Sammelband Canfora/Liverani/Zuccagnini 1990 (ich verdanke den Hinweis meinem Heidelberger Kollegen K. Deller).
15 E. Laroche, *Collection des textes hittites* Nr. 379=KUB XXXI 121, vgl. Sürenhagen 1985, 11.

bezeichnete Beteuerung bezieht sich nicht auf die getreue Textüberlieferung, sondern auf die „buchstäbliche" Einhaltung des Vertrages.[16] Bezeichnenderweise hat diese Formel hier genau denselben Sinn wie im Deuteronomium (4.2). Auch ihre Vorstufe im Epilog des Codex Hammurabi hat weniger mit der Treue der dokumentarischen Überlieferung zu tun, wie Cancik meint, sondern vielmehr mit der Treue der Einhaltung eingegangener Verpflichtungen. Auch im Ägyptischen beziehen sich alle Belege der (bisher nicht als solche erkannten) Formel auf die Tugend der Zuverlässigkeit. Beamte rühmen sich, „nichts wegzunehmen, nichts hinzuzufügen" (*jnj jṯj* „Bringen, Nehmen"), meinen damit aber nicht Kopistenarbeit, sondern Treue und Zuverlässigkeit in der Ausführung von Aufträgen und Einhaltung von Verpflichtungen.[17]

Neben Annalistik und Königslisten als Instrumenten chronologischer Kontrolle und Orientierung (für Ägypten: Redford 1986), die wir als Medien eines spezifisch „kalten" Gedächtnisses eingestuft haben, entwickeln sich im Alten Orient, in Mesopotamien früher, in Ägypten später, auch Gattungen, die wir, wenn nicht als Geschichtsschreibung, so doch als *historische Texte* einstufen: Tatenberichte der Herrscher in Mesopotamien, sog. Königsnovellen und andere Königsinschriften in Ägypten (Hermann 1938). Sie haben gemeinsam, daß sie nicht in die Vergangenheit zurückgreifen, sondern gegenwärtiges Geschehen für zukünftige Erinnerung bereitstellen wollen. In Mesopotamien gibt es daneben noch eine Fülle weiterer Gattungen wie Grenzstelen (*kudurru:* Steinmetzer 1922), Omina, Pseudostelen, Gottesbriefe, Bauinschriften, die weit über alles in Ägypten in dieser Hinsicht Hervorgebrachte hinausgehen. Der Unterschied zwischen diesen beiden Kulturen hinsichtlich der Erfahrung und Aufzeichnung von Geschichte liegt darin, daß Mesopotamien eine Divinationskultur besaß, Ägypten nicht. Auf die Folgen, die sich aus dieser Tatsache für unsere Frage ergeben, werden wir noch eingehen. Mesopotamien jedenfalls ist führend, was die Formen des Umgangs mit Geschichte

16 Vgl. hierzu o. S. 103 ff. und S. 221. „Buchstäbliche Einhaltung" und „getreue Überlieferung" sind im altorientalischen Denken eng miteinader verbundene Vorstellungen, s. G. Offner 1950.

17 Ein der rechtlichen Sphäre nahestehender Anwendungsbereich dieser Formel ist der Umgang mit Maßen und Gewichten. Auch dort wird dem Beamten eingeschärft: „Nimm nichts weg und füge nichts hinzu!" (Kap. 125 des ägyptischen Totenbuchs usw., s. Verf. 1990, Kap. 5).

und die Ansätze zu Geschichtsschreibung angeht. Aber es handelt sich doch lediglich um Ansätze.

Hier bedeutet nun die zweite Hälfte des 2. Jahrtausends, also die späte Bronzezeit, einen dramatischen Einschnitt. Die Texte werden reicher, greifen weiter in die Vergangenheit zurück, erzählen genauer, konstruieren größere Zusammenhänge. Den Höhepunkt bilden dabei die hethitischen Texte, und unter diesen wiederum drei Werke, die in unmittelbarer zeitlicher Nachbarschaft entstanden sind: die *Taten des Šuppiluliuma,* die *Zehnjahresannalen* und die *Großen Annalen* des Muršiliš. In diesen um 1320 entstandenen Werken legt Muršiliš II. nicht nur Rechenschaft von seiner Regierung, sondern auch von der seines Vaters Šuppiluliuma ab. Das ist ein Unikum, und es ist für uns besonders wichtig, weil hier nun erstmals Vergangenheit zum Gegenstand der Geschichtsschreibung gemacht wird.[18] Allerdings wird meist die hethitische Geschichtsschreibung mit der Kritik abgetan, hier würde nicht „Geschichte um ihrer selbst willen" („history for its own sake") geschrieben und die Hethiter seien „mehr daran interessiert, die Vergangenheit zu verwenden als sie zu dokumentieren" („more interested in using the past than in recording it", J. van Seters 1983, S. 122.). Aber Geschichtserinnerung ist gerade eine Sache des *Gebrauchs* und nicht der *Dokumentation* von Vergangenheit. Die Hethiter unterscheiden sich eben darin von ihren Nachbarn und Vorgängern, daß sie mehr mit der Vergangenheit anfangen, daß sie dem Geschehenden mehr Bedeutung abgewinnen können. Dem „kalten" Gedächtnis der mesopotamischen und ägyptischen Königslisten und Annalen als einer der bloßen chronologischen Orientierung dienenden Dokumentation[19] setzen sie das „heiße" Gedächtnis einer *interessierten* Erinnerung entgegen, die die Vergangenheit braucht, um die

18 Vgl. H. Cancik: „Eine von unmittelbaren politischen Zwecken freie Vergangenheitsgeschichte." Die Kategorie der „Zweckfreiheit", die auch bei Grayson und v. Seters eine so große Rolle spielt, scheint mir unangemessen. Sie erinnert an humanistische, den Griechen zugesprochene Ehrentitel im Zusammenhang der theoretischen Neugierde und bezeichnet ein Ideal, das den meisten Formen von Geschichtsschreibung fremd ist. Mit dem Begriff des kulturellen Gedächtnisses werden demgegenüber gerade der Funktionszusammenhang, die Motive und Ziele des Vergangenheitsbezugs ins Zentrum gerückt.

19 In diesem Zusammenhang verdient die Tatsache Erwähnung, daß die Hethiter keine Königslisten kannten, was ihnen v. Seters ankreidet (S. 113). „Can there be a real historiography without chronology?" Auf welche Königslisten hat sich wohl Thukydides stützen können?

Gegenwart verstehen zu können. Die *Mannestaten des Šuppiluliuma* stellen denn auch den Gipfel hethitischer Geschichtsschreibung dar, und innerhalb des Textes bildet wiederum die VII. Tafel den unverkennbaren Glanzpunkt:[20]

„Während mein Vater sich im Lande Kargamiš aufhielt, sandte er Lupakki und Tarḫunta-zalma in das Land Amka. Sie gingen, griffen das Land Amka an und brachten Deportierte, Rinder (und) Schafe zurück vor meinen Vater.
Wie aber die Ägypter von dem Angriff auf Amka hörten, gerieten sie in Furcht.
Weil ihnen ihr Herr Pipḫururijas überdies gestorben war, sandte die Königin von Ägypten Taḫamunzu (Gemahlin des Königs) einen Botschafter zu meinem Vater und schrieb ihm folgendermaßen:
‚Mein Gemahl ist gestorben, und ich habe keinen Sohn. Die Leute sagen, daß du viele Söhne hast. Wenn du mir einen deiner Söhne sendetest, könnte er mein Gatte werden. Niemals werde ich einen meiner Diener zum Gatten nehmen.‘
Als mein Vater das hörte, rief er die Großen zur Beratung zusammen und sagte: ‚Seit alters ist mir so etwas niemals vorgekommen!‘ Er ging und sandte Ḫattu-zitiš, den Kammerherrn, und sagte: ‚Geh und bring mir verläßliche Kunde! Sie könnten versuchen, mich zu täuschen. Ob sie vielleicht doch einen Prinzen haben, darüber bringe mir verläßliche Kunde!‘ ...
Der ägyptische Gesandte, der ehrenwerte Herr Hanis, kam zu ihm. Weil mein Vater Ḫattu-zitiš beauftragt hatte, als er ihn nach Ägypten sandte mit den Worten: ‚Vielleicht haben sie doch einen Prinzen; sie könnten versuchen, mich zu täuschen und wollen gar nicht wirklich

20 In der Tat finden sich viele Züge der hethitischen Geschichtsschreibung auch in Mesopotamien (bei den von van Seters angeführten Beispielen handelt es sich um jüngere Texte, vor allem um das Tukulti-Ninurta Epos, s. dazu Machinist [1976], aus der 2. Hälfte des 13. Jahrhunderts und den Gottesbrief Sargons II.). Viel wichtiger ist die Tatsache, daß Mesopotamien voll und ganz teilnimmt an der Entwicklung, die in der späten Bronzezeit anhebt und in den hethitischen Texten zuerst in größerem Umfang greifbar wird. Es handelt sich nicht um ein hethitisches, sondern um ein die ganze damalige Welt erfassendes Phänomen. Die babylonischen und assyrischen Texte, die v. Seters gegen Cancik anführt, sind alle später: Sie zeigen, daß die Entwicklung hier weitergeht und daß Ḫatti, Ägypten, Mesopotamien, Israel und schließlich Griechenland (Ḫerodot) Provinzen eines sich einheitlich ausbreitenden Geschichtsdenkens sind.

einen meiner Söhne zum König', antwortete nun die ägyptische Königin in einem Brief wie folgt:
,Warum sagst du: ,Sie möchten versuchen, mich zu täuschen'? Wenn ich einen Sohn hätte, würde ich einem fremden Land in dieser Weise schreiben, die für mich und mein Land erniedrigend ist? Du traust mir nicht und sagst mir so etwas. Er, der mein Mann war, starb und ich habe keine Söhne. Soll ich vielleicht einen meiner Diener zum Mann nehmen? Ich habe keinem anderen Land geschrieben, ich habe nur dir geschrieben. Die Leute sagen, daß du viele Söhne hast. Gib mir einen deiner Söhne, und er ist mein Gemahl und König von Ägypten.'

(Das folgende ist ziemlich zerstört. Šuppiluliuma ist über den Nachdruck befremdet, mit dem die ägyptische Seite von ihm einen Sohn geradezu fordert. Ferner erörtert er seine Bedenken, die Ägypter könnten seinen Sohn vielleicht nur als Geisel mißbrauchen, mit dem ägyptischen Gesandten, der ihn beruhigen kann.)

So beschäftigte sich denn mein Vater ihnen zuliebe mit der Frage eines Sohnes. Und dann forderte mein Vater die Vertragsurkunde ,wie früher der Wettergott den Mann von Kuruštama, den Hethiter, nahm und ihn in das Land Ägypten brachte und sie (die Leute von Kuruštama) zu Ägyptern machte; wie der Wettergott zwischen dem Lande Ägypten und dem Lande Ḫatti einen Vertrag schloß; wie sie auf ewig untereinander befreundet waren; wie man vor ihnen die Tafel vorlas'. Dann sprach mein Vater folgendermaßen zu ihnen: ,Von alters her waren Ḫattuša und Ägypten befreundet. Jetzt hat sich auch dies noch zwischen uns ereignet. Das Land Ḫatti und das Land Ägypten werden weiterhin auf ewig untereinander befreundet sein.[21]

Das ist in der Tat eine Art von Geschichtsschreibung, die an Detailreichtum, Farbigkeit, Nuanciertheit alles weit in den Schatten stellt, was man aus Ägypten und aus dem Vorderen Orient kennt. Besonders außergewöhnlich aber ist die lange und komplexe Verkettung von Ereignissen, die hier vorgeführt wird:

1. Šuppiluliuma steht vor Karkemiš.

2. Gleichzeitig eröffnet er einen Nebenschauplatz und schickt eine Truppe unter Führung zweier Generäle nach Amka, in ägyptisches Gebiet.

21 Siehe hierzu jetzt Verf. (1996), 278–301.

3. Die Ägypter geraten in Furcht, zumal ihr König (Echnaton) gerade gestorben ist.

4. Die ägyptische Königin bittet um einen hethitischen Prinzen als Nachfolger des verstorbenen ägyptischen Königs.

5. Lange Verhandlungen und Erkundigungen, Briefwechsel und Gesandschaften. Offenbar (hier ist eine Lücke im Text) berufen sich die ägyptischen Gesandten auf einen alten Vertrag.

6. Der Vertrag mit Ägypten wird konsultiert.[22]

7. Auf der Grundlage dieses Vertrages gibt Šuppiluliuma schließlich seine Zustimmung.

Dazu wird uns hier Einblick in eine Affäre gewährt, die ebenfalls ihresgleichen sucht. Aus ägyptischen Quellen hätte man hierüber nie etwas erfahren. Eine ägyptische Königin, die einem ausländischen Prinzen eine politische Heirat anträgt, ein Hethiter auf dem ägyptischen Thron: Das sind in der Tat Ungeheuerlichkeiten, die sich allenfalls aus der exzeptionellen Situation der ausgehenden Amarnazeit erklären.[23]

Aber das sind Gesichtspunkte, die diese Affäre für *uns* interessant machen. Wo liegt das hethitische „Inzentiv" für dieses Interesse an der Vergangenheit? Der Schlüssel dafür liegt in einem anderen Text, ebenfalls von Muršiliš, der genau die gleichen Vorgänge behandelt, aber im Rahmen einer anderen literarischen Gattung und das heißt, in anderem Funktionszusammenhang. Es handelt sich um Gebete an den hethitischen Sturmgott, eine Pest abzuwenden, die seit Jahren im Land wütet und der das ganze Volk zum Opfer zu fallen droht. Die Orakel wurden befragt und verwiesen auf zwei alte Tafeln. Die eine behandelt Opferriten für den Fluß Mala, die aufgrund der Pest vernachlässigt wurden. Die andere behandelt den Kuruštama-Vertrag.

„Der Sturmgott von Ḫatti brachte die Leute von Kuruštama nach Ägypten und schloß einen Vertrag über sie mit den Hethitern, so daß

22 Vgl. hierzu Sürenhagen 1985. Nur *en passant* sei hier auf eine für die Hethiter besonders typische Form des Umgangs mit der Vergangenheit hingewiesen. Bevor Šuppiluliuma sich auf das Projekt einer politischen Heirat einläßt, wird die Vergangenheit zwischen beiden Völkern konsultiert. In der Tat zeigt sich, daß sich ein solches Projekt auf eine tragfähige Grundlage in der Vergangenheit berufen kann. So enthalten alle hethitischen Vertragstexte eine mehr oder weniger umfangreiche historische Einleitung, die auf die gemeinsame Vorgeschichte der beiden Vertragspartner eingeht und die Vergangenheit als Grundlage einer gemeinsamen Zukunft reklamiert.

23 S. dazu R. Krauss 1979.

sie ihm unter Eid standen. Obwohl nun sowohl die Hethiter als auch die Ägypter dem Sturmgott eidlich verpflichtet waren, ignorierten die Hethiter ihre Verpflichtungen. Sie brachen den Eid der Götter. Mein Vater sandte Truppen und Wagen, das Land Amka, ägyptisches Gebiet, anzugreifen. Die Ägypter aber erschraken und baten sogleich um einen seiner Söhne, das Königtum zu übernehmen. Aber als mein Vater ihnen einen seiner Söhne gab, töteten sie ihn, während sie ihn dorthin brachten. Mein Vater ließ seinem Zorn freien Lauf, er zog gegen Ägypten in den Krieg und griff es an. Er schlug die Truppen und Streitwagen des Landes Ägypten. Der Sturmgott von Ḫatti, mein Herr, gab meinem Vater durch seinen Ratschluß den Sieg; er besiegte und schlug die Truppen und Wagen des Landes Ägypten. Aber als sie die Gefangenen nach Ḫatti brachten, brach eine Pest unter ihnen aus, und sie starben.
Als sie die Gefangenen nach Ḫatti brachten, brachten diese Gefangenen die Pest in das Land Ḫatti. Von dem Tage an sterben die Menschen im Lande Ḫatti. Als ich nun die Tafel über Ägypten gefunden hatte, ließ ich darüber das Orakel befragen: ‚Diese Vereinbarungen, die der hethitische Sturmgott machte, nämlich daß die Ägypter ebenso wie die Hethiter vom Sturmgott unter Eid genommen wurden, daß die Damnassaras Gottheiten im Tempel anwesend waren, und daß die Hethiter sogleich ihr Wort gebrochen hatten – ist dies vielleicht der Grund für den Zorn des Sturmgottes von Ḫatti, meines Herrn?‘ So wurde es bestätigt.“[24]

In diesem Text wird dieselbe Ereigniskette vorgeführt und noch um die letzten, tragischen Glieder ergänzt:

8. Der König entsendet den Prinzen, der aber auf der Reise umgebracht wird.

9. Šuppiluliuma eröffnet den Krieg gegen Ägypten und gewinnt eine Schlacht.

10. Die ägyptischen Gefangenen schleppen die Pest in Ḫatti ein, die seit 20 Jahren im Lande wütet und der mit einem Großteil der Bevölkerung der König selbst und sein Sohn und Nachfolger Arnuwandas zum Opfer gefallen sind.

Auch nach vorn wird die Ereigniskette um ein entscheidendes Glied ergänzt. Dazu wird weit in die Vergangenheit zurückgegriffen.

24 A. Goetze, in: *ANET*, S. 395.

Wer weiß, wann der Vertrag über die Leute von Kuruštama zwischen Ḫatti und Ägypten geschlossen wurde. Mit diesem Vertrag fängt die Kette an: Hier wurde ein Eid geschworen, und dieser Eid wurde mit dem Überfall auf Amka gebrochen.

Das „Inzentiv" heißt Leiden und Schuld. Nicht das spektakuläre Ereignis des ägyptischen Heiratsangebotes, nicht ein besonderer *historischer Sinn,* sondern eine zwanzigjährige Pest haben diese lineare Geschichtsrekonstruktion in Gang gesetzt. Die Pest und die Überzeugung, daß Tun und Ergehen zusammenhängen und daß Unheil auf Schuld beruht. Der Nexus zwischen Tun und Ergehen liegt in der Hand der Götter, die gutes Handeln belohnen und böses Tun bestrafen.[25]

Die *Pestgebete des Muršiliš* stehen im Zusammenhang eines sakralrechtlichen Verfahrens, das uns ähnlich z. B. aus der Ödipus-Sage bekannt ist. Im Lande herrscht Unheil – Pest, Dürre, Hungersnot oder dergleichen – das nur als Strafaktion einer erzürnten Gottheit gedeutet werden kann. Der König befragt das Orakel, um die Schuld herauszufinden, die Anlaß zu solcher Strafe gegeben hat, und die Maßnahmen zur Entsühnung zu ergreifen. Die Sühne erfordert vor allem drei Schritte: ein großes Opfer, ein öffentliches Bekenntnis der Schuld und ein Lobpreisen der erzürnten Gottheit, deren Macht sich in der erfahrenen Strafe und Gnade so überwältigend erwiesen hat. Daher hat das hebräische Wort *todah,* wie G. Bornkamm 1964 gezeigt hat, genau diese drei Bedeutungen: Lobpreis, Bekenntnis und Opfer. Es bezeichnet den Sühneritus, der in solchen Fällen vorgeschrieben ist.[26]

Im Zeichen der Schuld wird die Geschichte lesbar, d. h. sie erfüllt sich mit Sinn, wird semiotisiert bzw. ent-trivialisiert. Das bedeutet, daß die rituelle Ornamentik der Zeit, der unendliche Rapport der ewigen Wiederkehr des Gleichen, verblaßt und die Diskontinuitäten, die Brüche, Umschwünge, Entwicklungslinien und Ereignisketten hervortreten. In der Verkettung der Ereignisse manifestiert sich nicht

25 Vgl. A. Malamat 1955. Ich halte den Begriff der Kausalität in diesem Zusammenhang für irreführend vgl. o., S. 232.

26 Auf eine Durchführung dieses Ritus beruft sich auch Hattušil in seiner Apologie (Goetze, *Hattušiliš,* 22–23):

> Auch Samuhas, die Gottesstadt, erfüllte er mit Unreinheit.
> Als ich aber aus dem Lande Ägypten zurückgekehrt war,
> da ging ich zur Gottheit um zu opfern
> und ich führte der Gottheit den vorgeschriebenen Ritus aus.

irgendeine abstrakte historische Kausalität, sondern der strafende Wille einer erzürnten Gottheit, die mit jedem Ereignis ein neues, schrecklicheres Zeichen ihres Zornes sendet. Wann hat es angefangen? Womit? Wie hat es sich zur Katastrophe auswachsen können? Wer war schuld? Welcher Gott zürnt? Womit kann man ihn versöhnen? Nicht „historisches", sondern juristisches und theologisches Interesse leitet die rekonstruktive Erinnerungsarbeit.

Da Schuld herausgefunden und öffentlich bekannt, gebeichtet werden muß, wird sie zum Inzentiv für Erinnerung und Selbstthematisierung. Diese Idee kommt wohl zuerst in Mesopotamien auf und verbreitet sich dann über den Vorderen Orient und Ägypten bis nach Rom, schlägt aber bezeichnenderweise in Kleinasien, dem Land der Hethiter, besonders tiefe Wurzeln.[27] Innerhalb dieses Horizonts gilt, daß Leiden grundsätzlich als Strafe gedeutet und durch Versöhnung der erzürnten Gottheit und öffentliches Bekenntnis der Schuld geheilt werden kann.

3. *Semiotisierung der Geschichte im Zeichen der Rettung*

Schuld ist nur *ein*, wenn auch ein besonders mächtiges Inzentiv, das zu Erinnerungsarbeit, Vergangenheitsrekonstruktion, Selbstthematisierung und Geschichtsschreibung führt. Dieses Inzentiv geht aus der Erfahrung des Leidens hervor. Die Erfahrung des Leidens sträubt sich gegen zwei Prämissen: die Prämisse sinnlosen Zufalls und die Prämisse der zyklischen Wiederkehr. Leiden ist 1. Zeichen und 2. Ausnahme. So wird mit der Semiotisierung des Leidens zugleich die Kreisläufigkeit der Zeit und die Kontingenz der Geschichte durchbrochen.

Ereignisse sind göttliche Machterweise. Sie beruhen aber nicht nur auf strafenden, sondern auch auf rettenden Interventionen. Diese sind genauso erinnerungs- und bekenntnispflichtig. Auch dies wird zum

27 „Biblische und babylonische Psalmen, ägyptische und sabäische Bußstelen (sind) Beweise für die einst im gesamten Orient verbreitete Sitte des öffentlichen, schriftlichen Sündenbekenntnisses. (...) Augustinus hat in seinen Confessionen solche religiösen Beichtsitten in die Literatur einmünden lassen", P. Frisch 1983 (mit weiterer Literatur). Vgl. auch G. Petzl 1988. Ich verdanke den Hinweis auf diese Arbeiten meinem Heidelberger Kollegen A. Chaniotis. Eine inzwischen ergänzungsbedürftige Sammlung der lydisch-phrygischen Sühneinschriften gab F. Steinleitner 1913, der darin einen Vorläufer der mittelalterlichen Ablaßpraxis sah.

Inzentiv für eine reiche Literatur öffentlicher Selbstthematisierung. Hierher gehört etwa die Apologie Hattušiliš III. Sie rekonstruiert vergangenes Geschehen genauso als Machterweis der Gottheit wie die Pestgebete des Muršiliš, aber nicht unter dem Vorzeichen des Zorns und der Strafe, sondern der Gnade und des Segens.

> „Dies sind die Worte des Tabarnas Hattušiliš, des großen Königs, des Königs vom Lande Ḫatti,
> des Sohnes des Muršiliš, des großen Königs, des Königs vom Lande Ḫatti,
> des Enkels des Šuppiluliuma, des großen Königs, des Königs vom Lande Ḫatti,
> des Nachkommen des Hattušiliš, des Königs von Kussar.
>
> Der Ištar Walten will ich berichten
> und jedermann soll davon hören.
> Und in Zukunft soll unter den Göttern meiner Sonne,
> des Sohnes, Enkels, des Nachkommen meiner Sonne
> der Ištar besondere Verehrung sein.
> (...)
> Solange ich ein Knabe war, war ich ein eselhafter Mann.
> Und Ištar, meine Herrin, sandte zu Muršiliš, meinem Vater, infolge eines Traumes den Muwatalliš, meinen Bruder:
> ‚Für Hattušiliš sind die Jahre nur noch kurz.
> Er ist nicht gesund. Gib ihn mir;
> er soll mein Priester sein.
> Da wird er gesund sein.'
> Und mein Vater nahm mich, den Kleinen, auf und gab mich der Gottheit zum Dienst.
> Und der Gottheit opferte ich, das Priesteramt versehend.
> Und da erfuhr ich den Lohn in der Hand der Ištar, meiner Herrin;
> und Ištar, meine Herrin, nahm mich an der Hand und waltete über mir." (nach Goetze 1967. 7–9)

Im folgenden wird in der spannendsten und lebendigsten Weise erzählt wie nach dem Tode des Muršiliš der Bruder Muwatalliš König wird und ihn, Hattušil, zum Heerführer einsetzt. Das Glück des Hattušil schafft Neider, er wird beim König verleumdet, der ein Verfahren gegen ihn einleitet. In der Nacht vor dem Prozeß erscheint ihm seine Göttin Ištar im Traum und spricht ihm Mut zu. So gewinnt er den Prozeß und führt weiter das Heer an; in jedem einzelnen Feldzug steht ihm Ištar mit spektakulären Siegen und Errettungen zur Seite. Nach Muwatalliš's Tod setzt er selbst seinen Neffen Urḫi-Tešup zum König ein, der ihn aus Neid sieben Jahre lang unterdrückt. Schließlich fällt Hattušil von ihm ab und fordert ihn vor ein Göttergericht.

Den Bericht des Hattušil wird man wohl am ehesten als eine „Aretalogie" einstufen dürfen. Darunter versteht man eine Wundererzählung, die einen rettenden oder auch strafenden Machterweis der Gottheit verherrlicht. In Ägypten wird diese Gattung „Verkündung der Machterweise" *(sḏd b3w)* genannt. Solche Texte finden sich in der Ramessidenzeit, also in derselben Epoche, in der Muršiliš II. und Hattušil III. in Ḫatti regierten, in Ägypten sowohl unter den Königs- als auch den Privatinschriften.

In Ägypten gibt es seit alters zwei distinkte und mutuell exklusive Formen monumentaler Selbstthematisierung: den königlichen Tatenbericht und die autobiographische Grabinschrift. So wie Privatleute nie einzelne Taten zum Gegenstand einer monumentalen Selbstthematisierung machen, legen Könige nie über ihr ganzes Leben zusammenfassend Rechenschaft ab. Diese traditionelle Dichotomie erfährt nun in den Jahrzehnten um 1300 v. Chr., aus denen auch die hethitischen Textbeispiele stammen, eine einschneidende Veränderung. Jetzt tauchen nämlich Steleninschriften auf, in denen Privatleute nicht über ihre Lebensführung Rechenschaft ablegen, sondern eine einzige Episode berichten, die sie als eine göttliche Intervention deuten. Diese Intervention macht die Episode bedeutsam und aufzeichnungswürdig und grenzt sie als Einheit – nämlich als Ereignis – aus dem Lebensprozeß aus.

Zwei Arten von Interventionen sind für diese Aufzeichnungen typisch: strafende und rettende. Vermutlich gehören diese Aufzeichnungen (Stelenaufstellungen) in den Kontext einer ähnlichen sakralrechtlichen Institution, wie wir sie im Zusammenhang der Pestgebete des Muršiliš kennengelernt haben. Wer Grund hat, eine Erfahrung – eine bedrängende Notlage wie Krankheit oder Unfruchtbarkeit, oder eine wunderbare Rettung – als göttliche Intervention zu deuten, geht zum Tempel, stiftet ein Opfer und läßt eine Stele aufstellen, die im Sinne der Beichte und Buße oder im Sinne des Dankes den erfahrenen Machterweis verkündet. „Verkündung der Machterweise" ist die ägyptische Bezeichnung für diese Gattung.

Im Bereich der Königsinschriften gibt es solche Stelen nicht, und ein Text wie die *Pestgebete des Muršiliš,* in denen ein König die Schuld eines Vaters bekennt und deren Sühnung auf sich nimmt, wäre wohl in Ägypten undenkbar. Was es aber gibt, sind Königsinschriften, in denen die ursprüngliche Form des Tatenberichts umschlägt in den Bericht erfahrener Gotteshilfe, und Stelen mit Gebeten an die Gottheit. Diese Texte verwenden dasselbe Vokabular wie die Privatinschriften, bringen dieselbe Haltung gegenüber der Gottheit zum Ausdruck und zeigen, daß wir es hier mit einem durchgreifenden mentalitätsgeschichtlichen Wandel und nicht mit Volksfrömmigkeit zu tun haben.[28] Die eindrucksvollsten Beispiele sind für die Tatenberichte die Dokumentation Ramses' II. über die Qadesch-Schlacht[29] und für die Gebete der Hymnus Ramses' III. auf Amun (*ÄHG* Nr. 196).

In der Schlacht bei Qadesch ist Ramses II. bekanntlich in einen hethitischen Hinterhalt geraten. Während seine Truppen teils noch auf dem Marsch sind, teils fliehen, ist er mit wenigen Getreuen in einen aussichtslos scheinenden Abwehrkampf gegen die überraschend zuschlagenden Hethiter verstrickt, bis durch einen glücklichen Zufall eine mit Sondermissionen auf anderer Route marschierende Elitetruppe gerade rechtzeitig eintrifft, um ihn zu befreien. Diesen Schlachtverlauf versucht eine landkartenartige Darstellung mit langen Textbeischriften in allen wesentlichen Details wiederzugeben. Schon diese Dokumentation sprengt, was Detailtreue angeht, jeden Rahmen der herkömmlichen Gattung. Dazu aber läßt Ramses noch einen epischen Text vom Umfang (nach ägyptischen Größenordnungen) einer ganzen Buchrolle aufsetzen, in dem er seine glückliche Rettung als göttliche Intervention verkündet. Der Text gipfelt in einem Stoßgebet, das Ramses in höchster Not an Amun richtet, und dessen Erhörung:

> Zu dir rufe ich, mein Vater Amun,
> während ich inmitten der Menge bin, die ich nicht kenne.
> Alle Fremdländer haben sich gegen mich vereint,
> während ich allein bin und niemand bei mir ist.
>
> Ich fand, daß Amun gekommen war, als ich nach ihm rief.
> Er gab mir seine Hand, und ich jubelte.

28 Für eine ziemlich umfassende Sammlung dieser Texte s. Verf., *Ägyptische Hymnen und Gebete* (im folgenden: *ÄHG*), Nr. 147–200.
29 Siehe hierzu jetzt Verf. (1996), 278–301.

„Ich rief zu Gott – ich fand, daß er gekommen war:" das ist genau das Schema der Privatstelen:

> Ich rief zu meiner Herrin,
> und ich fand, daß sie gekommen war in süßem Lufthauch.[30]

Das *Kommen* ist der Ausdruck für die in wunderbarer Errettung, in einer Wende zum Guten erfahrene *(„gefundene")* Gottesnähe. Diese Parallelen zwischen Privatinschriften und Königsinschriften könnte man noch sehr viel weiter vertiefen. Worauf es mir hier ankommt, ist allein die Tatsache, daß kein Unterschied gemacht wird zwischen der Biographie des Einzelnen, in die Gott auf wundersame Weise eingreift, und der großen Geschichte, in der es um Könige, Schlachten und Völkerschicksale geht und in die Gott in genau derselben Form interveniert. Sowohl die biographische wie die politische Geschichte werden zu Feldern göttlicher Intervention.

II. Theologisierung der Geschichte im Zeichen einer Theologie des Willens. Vom „charismatischen Ereignis" zur „charismatischen Geschichte"

1. Zeichen und Wunder: Charismatische Ereignisse als erste Stufe der Theologisierung der Geschichte

Indem menschliches Schicksal und politische Geschichte zu Feldern göttlicher Intervention werden, ändern sie ihre Struktur. Diesen Strukturwandel möchte ich mit dem Begriff des Ereignisses beschreiben. Das historische Ereignis steht im Gegensatz zum mythischen Ereignis. Das unterscheidende Merkmal ist die Einmaligkeit. Das mythische Ereignis ist ein Grundmuster, das sich im unendlichen Rapport der Riten und Feste wiederholt. Das historische Ereignis hat einen aktuellen Ort in Zeit und Raum und kann sich nicht mehr wiederholen. Das mythische Ereignis, indem es sich zyklisch wiederholt, strukturiert bzw. „ornamentalisiert" die Zeit durch den unendlichen Rapport seiner Wiederkehr (Verf. 1983). Das historische Ereignis strukturiert die Zeit, indem es in ihre naturale

30 *ÄHG* Nr. 149.

Kreisläufigkeit einbricht und sie in ein Vorher und Nachher gliedert. Das mythische Ereignis „zyklisiert“, das historische linearisiert die Zeit. Das mythische Ereignis muß begangen, inszeniert, aktualisiert werden. Das historische Ereignis, das ja schon aktualisiert ist, muß veröffentlicht, verewigt, kommemoriert, erinnert werden. Daher wird nur das historische, nicht das mythische Ereignis zum Inzentiv für Erinnerung, Geschichtsbewußtsein, Geschichtsschreibung.

Die Theologisierung der Geschichte setzt zunächst beim historischen Ereignis an. Der Eingriff des Göttlichen in die Sphäre menschlichen Handelns und Erlebens wird nicht als Kontinuität erfahren wie in der Sphäre der biokosmischen Natur, sondern als Diskontinuität. Bertil Albrektson hat 1967 dieses Prinzip einer frühen Geschichtstheologie unter dem programmatischen (Unter)-Titel *Historical Events as Divine Manifestations* dargestellt und den Nachweis geführt, daß nicht nur das israelitische, sondern das gesamte vorderorientalische Geschichtsbild von der Vorstellung bestimmt wird, daß die Götter verursachend in den Ablauf der Geschichte und in die menschlichen Lebensschicksale eingreifen. In der angelsächsischen Welt ist dieses Buch geradezu als Widerlegung der These verstanden worden, daß die Theologisierung der Geschichte („sacred history“, „Geschichte als Offenbarung“) das Proprium des israelitischen Gottes- und Geschichtsbegriffs sei. Zwischen „Divine Intervention“ und „Sacred History“ gibt es aber gewichtige Unterschiede. Anders als Albrektson[31] wollen wir hier drei Konzeptionen scharf unterscheiden:

a) das „charismatische Ereignis“, erzeugt durch göttliche Intervention, die in den Fluß des Geschehens eingreift. Hier teilt sich der Strom des Geschehenden in den trivialen, entsemiotisierten

31 B. Albrektson 1967 behandelt das Konzept „Heilsgeschichte“ im 5. Kapitel („The Divine Plan in History“), worin er dreierlei zeigt: 1. daß im AT verhältnismäßig selten von einem „Plan“ Jahwes die Rede ist („ᶜsh:“ „Plan, Ratschluß, Absicht“) und 2. daß sich diese Stellen lediglich auf die planvolle und absichtsvolle Art des göttlichen Handelns, nicht auf einen einzigen „Heilsplan“ beziehen und 3. daß in genau demselben Sinn absichtsvollen Handelns auch in mesopotamischen Quellen *passim* von den Plänen der Götter die Rede ist. Hier handelt es sich um die Konzeption, die ich unter dem Begriff einer „Theologie des Willens“ zusammenfasse und die in der Tat auch für die mesopotamische Religion kennzeichnend ist. A. will daher den Begriff eines göttlichen Heilsplans der Apokalyptik (Daniel) vorbehalten.

Hintergrund des Regelmäßigen und den semiotisierten Vordergrund der Ausnahmen, der *Ereignisse* („events"), wobei zwischen *historischen* und *natürlichen* Ereignissen nicht unterschieden wird.

b) die „charismatische Geschichte", erzeugt durch das Bündnis, das ein Volk mit einer Gottheit eingeht: Hier wird nun der gesamte „Strom des Geschehenden" als Geschichte dieses Bündnisses lesbar; alles, was dem Volk widerfährt, steht im Zusammenhang mit seiner Treue bzw. Untreue gegenüber dem göttlichen Partner. Nicht der *Plan* ist hier das entscheidende, sondern die gegenseitige Selbstverpflichtung der Bündnispartner. Dadurch wird ein Scheck auf die Zukunft ausgestellt, dessen Einlösung sich als „Geschichte" darstellt.

c) „Zeit und Geschichte", verstanden als eine einzige, das Regelmäßige wie das Außerordentliche umfassende Emanation des planenden Willens einer Gottheit. Erst in diesen Zusammenhang gehört das (christliche) Konzept der *Heilsgeschichte*.

Für die mesopotamische Welt ist die Variante (a) typisch. Das ergibt sich aus der hier seit alters eingebürgerten, äußerst elaborierten Divinationspraxis. Sie hat sich mit der Keilschrift nach Westen bis Kleinasien und dann mit den Etruskern bis Rom verbreitet.[32] Divination setzt voraus, daß die Ereignisse göttlichem Willen entspringen und über die Beeinflussung dieses Willens provoziert oder abgewendet werden können. Das Gegenteil einer Divinationskultur bietet uns Ägypten. Hier ist der Wille der Götter an die In-Gang-Haltung der Welt gebunden und damit an das Regelmäßige und Wiederkehrende. Der Begriff des „Geschehenden" (im Sinne distinkter Ereignisse) ist negativ besetzt und assoziiert eher Unordnung, Sinnlosigkeit und Unglück. Anstelle der Divination haben die Ägypter den Zauber, d. h. die Riten, die ihnen, wie es in der Lehre für Merikare ausdrücklich heißt, der Schöpfer gegeben hat, „um den Schlag der Ereignisse abzuwehren" (P 136–37 s. Verf. 1989, 77 f.). Um den Unterschied auf eine kurze und die Komplexität der geschichtlichen Vielfalt zweifellos ungebührlich verkürzende Formel zu bringen: Ägypten semiotisiert die Regel, Mesopotamien dagegen die Ausnahme.

Im Neuen Reich bricht sich aber auch in Ägypten eine Theologie

32 *La divination en Mésopotamie,* Rencontre assyriologique; J. Bottéro 1974.

des Willens Bahn, die zu einer Theologisierung der Geschichte führt.[33] Das Geschehende wird nun nicht mehr als Einbruch des Chaos empfunden, dem es mit Hilfe der Riten zu begegnen gilt, sondern als göttliche Intervention (im Sinne der Variante a) sowie – auf dem hohen Niveau der (expliziten) Theologie – als Emanation des göttlichen Schöpfungswillens, der nicht nur die Zeit hervorbringt, sondern auch das, was sich in ihr ereignet: „Dein Ka ist alles Geschehende."[34]

Diese Gottes planendem Willen entspringende Gesamtheit des Geschehenden (im Sinne der Variante c) gliedert sich in gute und schlimme Widerfahrnisse, je nachdem, ob sie der Gnade (ägyptisch *ḥzwt*) oder dem Zorn *(b3w)* Gottes entspringen. Gnade oder Zorn sind natürlich nicht der völligen Willkür Gottes anheimgestellt, sonst gäbe es ja keine Schuld auf seiten des Menschen. Der Begriff der Schuld setzt vielmehr eine Art von Recht und Gesetz voraus, gegen das der Mensch verstoßen und dadurch Gottes Zorn erregt hat. Darauf werden wir im letzten Abschnitt näher eingehen.

2. *Charismatische Geschichte als zweite Stufe der Theologisierung der Geschichte*

Eine zweite Stufe in der Darstellung von Geschichte ist erreicht, wenn die Vergangenheit unter dem Gesichtspunkt der Schuld systematisch aufgearbeitet wird, wenn also regelrechte „Geschichtswerke" entstehen, die vergangene Regierungszeiten nach dem Wohlverhalten des Königs und Wohlergehen des Volkes beurteilen.

Auch hier sind es wieder die Hethiter, bei denen wir diesem Prinzip zuerst begegnen. Die *Apologie des Telepinuš* entstand ungefähr um 1500 v. Chr. Hier leitet ein König ein Dekret mit einem historischen Rückblick ein, der weit in die Vergangenheit zurückgreift und sieben Regierungszeiten umfaßt. Drei guten Königen, Labarnaš, Hattušil I. und Muršiliš I., deren Zeit von Einigkeit und Erfolg ge-

33 Diesen Prozeß habe ich in: Verf. 1989 beschrieben. Vgl. auch Verf. 1975, 49–69.

34 Hymnus im Thebanischen Grab Nr. 23 ed. Verf., *Sonnenhymnen in thebanischen Gräbern,* Mainz 1983, Nr. 17, S. 18–23. Viele weitere Stellen dieser Art in: Verf. 1975, 61–69.

kennzeichnet war, folgten vier schlechte Könige, unter denen Intrigen, Morde und Niederlagen sich abwechselten. Telepinuš rechtfertigt seine Usurpation des Thrones als *Wende* zum Besseren und *Rückkehr* zur Heilszeit der Gründerkönige. Dafür braucht er ein doppeltes Stück Vergangenheit: eines, von dem er sich abwendet, und eines, auf das er zurückgreift. In diesem Begründungszusammenhang erscheint der Nexus von Schuld und Erinnerung gleich in doppelter Weise: als die Schuld des Usurpators, der sich rechtfertigen muß, und als die Schuld der Vorgänger, die seinen problematischen Schritt rechtfertigen soll.[35] In beiden Fällen handelt es sich aber um eine Schuld, die nicht theologisch begründet wird. Die Frage, ob sich die frevelhaften Könige gegen göttliche Gebote vergangen haben, bleibt ebenso offen bzw. implizit wie die andere, ob die Usurpation des Thrones dem Willen der Götter entgegensteht. Mit diesem frühen Text befinden wir uns noch auf einer Stufe, die der Theologisierung der Geschichte, wie sie für die späte Bronzezeit charakteristisch ist, deutlich vorausliegt.

Der älteste Text, in dem wir die Vergangenheit unter dem Gesichtspunkt der Schuld in einer theologischen Perspektive aufgearbeitet sehen, ist die *Weidnersche Chronik* aus neubabylonischer Zeit. In dieser weit in die Vergangenheit zurückgreifenden Chronik wird der Regierungserfolg der Könige darauf zurückgeführt, wie sie sich zum Esagila, dem Marduktempel von Babylon, verhalten haben.[36] In verschiedenen Fällen wird der Übergang der Königsherrschaft von einer Dynastie auf die andere „mit einer Schuld begründet, die die Herrscher auf sich geladen haben," und auch der Untergang des Reiches von Ur wird mit Verfehlungen König Šulgis verknüpft (Wilcke 1988, S. 133). Der Gedanke der Schuld bringt Sinn in die Vergangenheit,

35 Die dreihundert Jahre jüngere *Apologie des Hattušil* gehört ebenfalls hierher, denn auch Hattušil ist ein Usurpator. Auch er begründet seinen Schritt mit der Schuld seines Vorgängers. Hattušil greift aber nicht weit in die Geschichte zurück, sondern beginnt bei seiner Kindheit, seiner Krankheit und seiner Erwählung und Errettung durch Ištar. Die inzwischen intensivierte Theologisierung der Geschichte hat neue Deutungsmuster hervorgebracht. Man hat auch unter den Quellen, die im Samuelbuch zu einer Darstellung der Zeit Davids verarbeitet wurden, eine solche Apologie des David vermutet: eine reizvolle Idee, die viel für sich hat. Vgl. H. A. Hoffner 1975.

36 A. K. Grayson 1970 Nr. 19; J. v. Seters, dem die in die Augen springenden Parallelen zum deuteronomistischen Geschichtswerk nicht aufgefallen zu sein scheinen, berührt diesen Text kurz auf S. 85.

Konsequenz in die Sequenz der Könige und Regierungszeiten. Was er sichtbar macht und erklärt, ist Bruch, Wandel und Umschwung. In dieser Form erst wird Vergangenheit bedeutsam, erinnerbar und zukunftsweisend.

Aus Ägypten ist die *Demotische Chronik* hierher zu stellen, ein Text aus sehr viel späterer Zeit (3. Jahrhundert v. Chr.), der in der Form kommentierter Prophezeiungen neun Könige der 28.–30. Dynastie nach ihrer Frömmigkeit und Treue gegenüber dem „Gesetz" bewertet und den Mißerfolg ihrer Regierung mit ihrer „Gottlosigkeit" begründet.[37] In China gibt es die Sitte, daß nach einem Dynastiewechsel die neue Dynastie die Geschichte der vorangegangenen schreiben muß, um sich zu legitimieren. Aus dieser Darstellung muß hervorgehen, wie die vorangegangenen Herrscher das Mandat des Himmels zunächst besessen und erfüllt und dann in zunehmendem Maße verspielt haben, so daß ein Wechsel unausweichlich wurde und das Mandat des Himmels auf die neue Dynastie übergegangen ist. Auch hier wird Vergangenheit im Zeichen der Schuld aufgearbeitet. Am moralischen Maßstab des Mandats des Himmels tritt der Sinn vergangener Geschehnisse und vor allem der Zusammenhang von Vergangenheit und Gegenwart hervor.

Das deuteronomistische Geschichtswerk macht die Frage nach der Gesetzestreue der Herrscher zum leitenden Gesichtspunkt. Auch hier geht es um die Verschuldungsgeschichte, die aber nicht geschrieben wird, um eine neue Dynastie zu legitimieren, die wieder zur Gesetzestreue zurückgekehrt ist und den Segen Gottes wiedergewonnen hat. Hier geht es vielmehr darum, auch die katastrophalen Ereignisse der Gegenwart noch als Handeln Jahwes verstehen und verkraften zu können (G. v. Rad 1958). Unter dem Kriterium der Schuld

37 Johnson 1974. Dies., „Is the Demotic Chronicle an anti-greek text?", in: Festschrift Lüddeckens, 107–124. Auf die Verwandtschaft mit dem deuteronomistischen Geschichtsbild machte schon E. Meyer 1915 aufmerksam. E. Meyer spricht von einer „Ethisierung der Religion", die um die Mitte des 1. Jahrtausends in der ganzen vorderorientalischen Welt um sich griff. Vgl. E. Otto, *Ägypten. Der Weg des Pharaonenreiches,* 249: „Die Vorstellung von der Gebundenheit des Königs an ethische Normen löst die Vorstellung vom König als Träger einer Macht ab, und der Erfolg oder Mißerfolg seiner Regierung wird als Anzeichen seiner Übereinstimmung mit Gottes Willen oder seiner ‚Sündhaftigkeit' gewertet. Wenn die klassische ägyptische Anschauung den Erfolg des Pharao als eine natürliche Folge seiner göttlichen Wesenheit ansah, so sieht der Ägypter der Spätzeit im Mißerfolg der Dynasten einen Beweis für ihre ‚Gottlosigkeit'."

ordnet sich nun die Sequenz der Ereignisse zu einer Geschichte, die mit unausweichlicher Konsequenz auf die Katastrophe zusteuert. Die Geschichte, so wie sie im Buch der Könige erzählt wird, wird durch Schuld generiert, und die Schuld wird durch das Gesetz generiert. Das Gesetz, wie es die Torah kodifiziert, ist der ein für allemal geoffenbarte Wille Gottes, durch dessen Offenlegung alle Wahrsagekunst und Zeichenkunde überflüssig geworden ist.

So wie die 20jährige Pest Muršiliš II. veranlaßte, in den Quellen zu forschen und weit in die Vergangenheit zurückgreifend Rechenschaft abzulegen von seinen und seines Vaters Taten, so setzte die Katastrophe Israels mit dem Fall des Nordreichs durch die Assyrer 722 v. Chr. und dem Fall des Südreichs 586 v. Chr. durch die Babylonier mit dem anschließenden Exil eine Erinnerungsarbeit in Gang, die bis zum Auszug aus Ägypten und darüber hinaus bis zur Weltschöpfung die Ereignisse unter den Gesichtspunkten von Bund und Treue, Gesetz und Gehorsam, Schuld und Verantwortung ausbreitete und zusammenband. Schon der erste Mensch versündigte sich durch Übertretung eines Verbots. Diese erste Schuld hat die Geschichte in Gang gesetzt, denn im Paradies herrscht Vor-Geschichte.

Charismatische Geschichte ist die Geschichte Jahwes und seines Volkes. Das zwischen beiden geschlossene Bündnis hat diese Geschichte gestiftet. Vom Bündnis her wird sie als eine gemeinsame Geschichte erinnerbar, erzählbar, zitierbar. Jedesmal, wenn es um den Bund, seine Schließung und seine Erneuerung geht, wird die Geschichte rekapituliert: Josua 24.2–13, 5 Mose 1.6–3.17 (18–29), 5 Mose 29.1–7, Nehemia 9 und viele andere Stellen, die Baltzer zusammengetragen und ausführlich besprochen hat (1964, 29–70). Diese Geschichte hat (im Unterschied zur „Heilsgeschichte“) einen Anfang und ein Ende. Sie beginnt dort, wo JHWH selbst in der Rolle des Bündnispartners als geschichtliche Person aktiv wird, und endet dort, wo er nicht mehr unmittelbar handelnd den Gang der Ereignisse bestimmt. Das biblische Buch Esther ist der einzige kanonische Text, der sich auf Ereignisse bezieht, die sich *nach* dem Ende der charismatischen Geschichte abgespielt haben. Ansonsten ist die hebräische Bibel geradezu definiert als Kodifikation dieser Geschichte, die „von Moses bis Artaxerxes“ reicht.[38]

38 Z. B. Josephus, *Contra Apionem,* oben S. 229. Vgl. zu diesem Geschichtsverständnis besonders Y. H. Yerushalmi 1982.

Der Erinnerung des Vertragstextes dient die periodische Verlesung. Schon die profanen Staatsverträge verlangen die regelmäßige Verlesung vor dem Vertragsnehmer (Baltzer 1964, 91 f.; Cancik 1978). In Anlehnung an diesen Brauch wird im Deuteronomium eine öffentliche Verlesung der Torah alle sieben Jahre festgesetzt (Dt. 31.9 ff.). Esra liest beim Laubhüttenfest Tag für Tag, vom ersten bis zum letzten, dem Volk die Torah vor (Neh. 8.1 bis 18, Baltzer 1964, 91–93). Daraus entwickelt sich die synagogale Torahlesung, bei der im Jahreszyklus einmal die gesamte Torah vorgetragen wird. Teil dieser liturgischen Erinnerung ist die Rekapitulation der gemeinsamen Geschichte: der Heilstaten Gottes und der Verfehlungen des Volkes. Der Horizont dieser Geschichte ist nicht mehr der des Ereignisses, der Intervention, sondern der der „charismatischen Geschichte" („sacred history"). In einem der Qumran-Texte, der „Sektenrolle", hat sich die Liturgie einer religiösen Gruppe der Jesus-Zeit erhalten, die vermutlich der jüdischen wie der christlichen Liturgie nicht allzu fernstand. Wie Baltzer gezeigt hat, entspricht die Liturgie dem Ritual einer Bundeserneuerung. Die Priester rekapitulieren die Heilsgeschichte: „Dann zählen die Priester auf die Gerechtigkeitserweise Gottes in seinen machtvollen Taten und verkünden all seine barmherzige Treue gegenüber Israel. Und die Leviten zählen auf die Verschuldungen der Israeliten und all ihre schuldhaften Verfehlungen und ihre Sünden unter der Herrschaft Belials." Im Anschluß an diese geschichtliche Rekapitulation wird dann der Bund aufs neue geschlossen (Baltzer 1964, 171–173).

3. Zur Genealogie der Schuld

Die These, die wir in diesem Kapitel vertreten, lautet: Geschichtserinnerung, wie sie im Alten Orient entsteht, hängt mit jener Form von Schuld und Schuldbewußtsein zusammen, wie sie sich an den Bruch von Eiden und Verträgen knüpft. Durch die besondere Heiligkeit der Eide gewinnt auch die Geschichte eine Heiligkeit, die es zur Pflicht macht, sich an sie zu erinnern.

Worin liegt nun die besondere Heiligkeit von Eiden und Verträgen? Darin, daß sie bei Göttern beschworen werden. Das gibt ihnen ihre unbedingte Gültigkeit und unverbrüchliche Verbindlichkeit. Die Götter werden zur Kontrolle ihrer Einhaltung eingesetzt. Wenn also die

Götter im Falle eines Eid- oder Vertragsbruchs strafend eingreifen, dann intervenieren sie in Zusammenhängen, in die sie vorher von seiten der Menschen ausdrücklich eingeschaltet wurden. Die Götter werden also von den Menschen in die Geschichte hineingezogen. Das ist die andere Seite ihrer Intervention.

Hier zeigt sich, daß der Prozeß der Theologisierung der Geschichte, der in der zweiten Hälfte des 2. Jahrtausends im ganzen Vorderen Orient und Mittelmeerraum um sich greift, in direktem Zusammenhang steht mit der diplomatischen Praxis der Zeit. Denn alle kleineren und größeren Staaten der damaligen Welt treten zunehmend in gegenseitige Kontakte ein, die größtenteils vertraglich geregelt werden. Das fängt mit dem schon erwähnten Grenzdeich zwischen Umma und Lagasch an und weitet sich im Laufe eines Jahrtausends zu einem Netz, das die gesamte damalige Ökumene umfaßt. Alle Verträge müssen eidlich beschworen, und Götter müssen zu Schutzmächten der Eide eingesetzt werden (Weinfeld 1976; Tadmor 1982). Die Götterwelt fungiert als eine völkerrechtliche Instanz, die auf die Einhaltung der Verträge achtet. Dahinter steht eine hohe diplomatische Kunst, die auch eine theologische Seite hat. Denn die Götterwelten der beteiligten Länder müssen ineinander übersetzbar sein. Völlig undenkbar wäre in diesem Zusammenhang eine religiöse Intoleranz, die anderen Göttern ihre Existenz abspräche.

In dem Maße nun, wie sich das außenpolitische Handeln der beteiligten Staaten der diplomatischen Ordnung der gegenseitigen Beziehungen unterwirft, werden notwendigerweise die Götter immer stärker in die Geschichte hineingezogen. In diesem System nun hat der Herrscher Recht, der in der Einhaltung der Verträge am gewissenhaftesten vorgeht, und der Unrecht, der einen Vertrag bricht. Vertragsbruch wird zum Urmodell der Sünde.

Von daher wird verständlich, in welch ungeheurem Maß sich eine solche Theologisierung der Geschichte verschärfen mußte, als ein Volk auf die Idee verfiel, seinen Gott nicht nur zum Schutzherrn eines politischen Bündnisvertrages anzurufen, sondern mit ihm selbst einen solchen Vertrag zu schließen, als wäre er der Großkönig von Ägypten oder Assyrien.[39] Dadurch werden zwei völlig neue Größen geschaf-

39 Daß die israelitische Bundestheologie auf der diplomatischen Bündnispraxis der vorderorientalischen Staatenwelt beruht, haben G. E. Mendenhall, D. J. McCarthy und Baltzer nachgewiesen.

fen: der Gott als *Herr* und das *Volk* als Subjekt der Geschichte. Einen solchen Vertrag kann man nicht auf Zeit schließen; es ist evident, daß der hier in Anspruch genommene Zeithorizont in Urzeit und Endzeit ausgreift.[40] Im Rahmen dieser neuartigen theokratischen Konstellation entfaltet sich das Konzept der Heilsgeschichte. Die „iustitia connectiva" wird zur Gerechtigkeit Gottes.[41]

Die mesopotamische Geschichtsdeutung ist ebenso Theodizee wie die biblische. Aber sie steht voll und ganz im Zeichen des *Ereignisses.* Das geschichtliche Handeln der Götter ist okkasionell. Die Einheit der Erinnerung ist das Ereignis. In der biblischen Tradition verliert das Ereignis allmählich seine Konturen und weitet sich zur Welt- geschichte.[42] Im mesopotamischen Geschichtsbild waltet noch ein Rhythmus von Heil und Unheil, Gnade und Zorn. Das biblische Geschichtsbild sieht die profane Geschichte immer radikaler als Ausdruck nur noch des Zorns und stellt ihr die eine und endgültige Erlösung – das Reich Gottes – als Antigeschichte gegenüber.

Geschichte – so möchte ich diese Überlegungen zusammenfassen – ist eine Funktion der „iustitia connectiva". Erst die Konstitution jener Sphäre der Bindung und Verbindlichkeit, die sowohl in der Zeit- wie in der Sozialdimension Ordnung, Sinn und Zusammenhang herstellt, ermöglicht die Rekonstruktion von Vergangenheit, auf der Gedächtnis und Geschichte beruhen. Woran erinnert man sich? An das Verbindend-Verbindliche, an das, was nicht vergessen werden darf. Die

40 Bereits im hethitischen Staatsrecht werden paritätische Staatsverträge auf ewige Zeiten abgeschlossen: Korošec, *Hethitische Staatsverträge,* 106 f.

41 V. Krašovec 1988. Der hebräische Ausdruck für „Heilstaten" Gottes heißt wörtlich „Gerechtigkeiten" oder „Gerechtigkeitserweise": „ṣ^{e}daqot", Plural von „ṣ^{e}daqah", „Gerechtigkeit". Die Heilsgeschichte ist die Geschichte von Gottes Gerechtigkeit.

42 Das Buch Hiob ist dem Problem der „iustitia connectiva" und ihrer Theologisierung gewidmet. In dieser Auseinandersetzung vertreten die *Freunde* den traditionellen Standpunkt, daß alles Leiden auf Schuld beruht und raten Hiob, in gezielter Erinnerungsarbeit die Schuld herauszufinden und sich mit Gott zu versöhnen. Aber Hiob weiß genau, daß in seinem Fall dieser Nexus zerbrochen ist. Sein Leiden ist sinnlos, jedenfalls in den herkömmlichen Kategorien der „iustitia connectiva" nicht unterzubringen. In den Gottesreden, die den Schluß des Buches bilden, gibt ihm Gott recht. In der Welt gibt es Böses, das nicht Gottes strafendem Willen entspringt, ebenso wie andererseits Gottes Wille über die Welt und ihre Ereignisse – das, was in ihr „der Fall ist" – hinausgreift. Auch dies läßt sich als ein Schritt in Richtung „Ent-okkasionalisierung" verstehen.

Erinnerung der Vergangenheit folgt keinem Trieb oder angeborenem Interesse, sondern einer Pflicht, die Teil der Kulturarbeit am Menschen ist. Erst aus der kulturellen Konstruktion der „iustitia connectiva" ergibt sich der kommemorative Imperativ „Du sollst dich erinnern! Du sollst nicht vergessen!", der sich in den einzelnen Kulturen und in den einzelnen Individuen auf je spezifische Weise als historischer Sinn konkretisiert.

SIEBTES KAPITEL

GRIECHENLAND UND DIE DISZIPLINIERUNG DES DENKENS

I. Griechenland und die Folgen der Schriftkultur

1. Das alphabetische Schriftsystem

Griechenland gilt als der Prototyp einer Schriftkultur. „Die erste Gesellschaft", schreiben J. Goody und I. Watt, „die man als ganze mit Recht als literal bezeichnen kann, entwickelte sich erst im sechsten und fünften Jahrhundert vor Christus in den Stadtstaaten Griechenlands und Ioniens."[1] Wenn man die Konsequenzen, die „Folgen der Schriftkultur" auf die Gesellschaft untersuchen will, muß man sich an die altgriechische Kultur halten. Das griechische Alphabet ist, der Schrifttheorie von I. J. Gelb zufolge, der die phönizische Schrift als Silbenschrift deutet, das erste Zeichensystem, das einzelne Sprachlaute darstellt.[2] Dieser Fortschritt bedeutete nicht nur eine ungeheure Vereinfachung, die zu einer bis dahin ungekannten Demotisierung der Schrift führte, während die semitischen Silbenschriften und schon gar die ideographischen Schriften der Ägypter und Chinesen immer einer kleinen professionalisierten Elite vorbehalten waren, er hatte auch bis dahin ungekannte Auswirkungen auf den menschlichen Geist. Die schriftinduzierte „Domestizierung des Geistes" (J. Goody 1977) machte mit der Alphabetisierung der Schrift einen Sprung. Nicht bereits die Schrift als solche, sondern erst die Alphabetschrift bedeutete jene „Disziplinierung" des Geistes, die Eric Havelock in sehr überzeugender Weise als die These von der „Geburt der Philosophie aus dem Geiste der Schrift" darlegte.[3]

1 J. Goody/I. Watt/K. Gough 1986, 83.

2 I. J. Gelb 1952, 166.

3 Havelock 1963 vgl. Ders. 1976; 1982. Aus dem letztgenannten Werk sind die wichtigsten Beiträge in deutscher Übersetzung erschienen: E. A. Havelock,

Die Besonderheit der griechischen Alphabet-Schrift liegt für Havelock in ihrer Abstraktheit. Ein Schriftsystem, das gesprochene Sprache in Atome (Konsonanten und Vokale) zergliedert und damit in Bestandteile, die unterhalb der Artikulations-Einheiten der gesprochenen Sprache liegen, ein solches Schriftsystem vermag mit äußerster Geschmeidigkeit beliebige Lautfolgen zu transskribieren. Die Zertrümmerung von Sprache durch das Alphabet, das durch semantische und phonetische Einheiten hindurchstößt, ermöglicht eine Reorganisation von Elementen, die dann dem Duktus gesprochener Sprache näher kommt als alle anderen Notationssysteme. Die griechische Alphabetschrift, die als einzige in der Lage ist, mündliche Rede unverkürzt, vollständig und fließend wiederzugeben, ist für Havelock ein getreuer Behälter griechischer Oralität.

Seine These von der außergewöhnlichen Leistungsfähigkeit der griechischen Alphabetschrift illustriert Havelock an einem Beispiel.[4] Er stellt den Flutbericht im Gilgamesch-Epos der Behandlung eines ähnlichen Themas in der *Ilias* (XII.17–33) gegenüber. Beide Texte, das stellt er von vornherein klar, „sind Fassungen oral komponierter Rede und daher formelhaft und repetitiv in einem Grad, der für literale Texte untypisch ist". Aber selbst auf dieser gemeinsamen Basis verschriftlichter Oralität ergeben sich signifikante Unterschiede. Diese rechnet Havelock den unterschiedlichen Schriftsystemen zu. Havelock zählt die verwendeten Wörter und stellt das Verhältnis mehrfach vorkommender zur Gesamtzahl fest:

Gilgamesch	Homer
23.3 %	14 %

Sodann untersucht er Sinnwiederholungen (Parallelismen), von denen er bei Gilgamesch eine Menge findet. Das Ergebnis: „Der repetitive, um nicht zu sagen, ritualistische Charakter der Passage ist offensichtlich." Die „alphabetisierte" griechische Flutbeschreibung ist demgegenüber „weniger tautologisch, weniger ritualisiert als die keilschrift-

Schriftlichkeit. Das griechische Alphabet als kulturelle Revolution, Weinheim 1990, mit einer Einführung von A. u. J. Assmann, die eine Bibliographie der einschlägigen Werke Havelocks, W. Ongs und J. Goodys sowie allgemein zum Thema Schrift und Schriftlichkeit enthält. In dieser Einführung wurden Teile des folgenden Abschnitts vorabgedruckt. Zur Schriftlichkeit der Philosophie s. a. Szlezák 1985.

4 E. A. Havelock/Hershbell (Hrsg.) 1978, 3–21.

liche". (S. 8) Das Ergebnis seiner Untersuchung ist die Überlegenheit der griechischen Alphabetschrift über die babylonische Keilschrift. Kein anderes Schriftsystem wäre in der Lage gewesen, den Reichtum mündlicher Dichtung einzufangen. Zum ersten Mal in der Menschheitsgeschichte, so meint Havelock, ist im Homertext der „vollständige, unverkürzte Bericht einer undokumentierten Kultur" vorgelegt worden. „Was wäre aus dem homerischen Flutbericht geworden, wenn er in einer Silben- anstatt in einer Alphabetschrift niedergeschrieben worden wäre?" Die Leistung der Griechen bestand damit weniger in der Hervorbringung von einzigartigen Texten, als in der Erfindung eines Schriftsystems von einzigartiger „Leistungsfähigkeit, (das) den oralen Bericht flüssig und vollständig wiederzugeben" vermochte.

An diesem Beispiel werden Stärken und Schwächen der Havelockschen Vorgehensweise offenbar. Zu den Stärken gehört die Konzentration auf die Medialität der Texte, die er empirisch mit quantifizierenden Methoden zu fassen sucht. Zu den Schwächen gehört die *Verabsolutierung* und *Verzerrung* der Medien-Frage.

Zur Verabsolutierung: Andere Formgesetze und -zwänge, die als Faktoren der Textgestaltung zu berücksichtigen wären, werden gegenüber dem technischen Medienproblem herabgestuft, ausgeschlossen, übersehen. Die nächstliegende Erklärung, daß nämlich den orientalischen Texten eine andere Poetik – der *Gedankenreim* des „Parallelismus membrorum" – zugrunde liegt, hat Havelock explizit verworfen. Die Frage, ob Homer ein bereits in der Komposition und nicht erst in der Niederschrift stärker schriftgeprägter Text ist, wird nicht gestellt.[5] Ebensowenig die andere Frage, ob die beiden Texte vielleicht ganz verschiedenen Gattungen angehören. Möglicherweise verschleiert ja unser Gattungsbegriff „Epos", daß es sich hier um Texte handelt, die jeweils durch ganz verschiedene Funktionen in ihren Gesellschaften geformt sind.[6] Tatsächlich bleiben die politi-

5 Die These, daß der Homertext schon viel entscheidender schriftgeprägt und in einem ganz anderen Sinne „Literatur" ist als das Gilgamesch-Epos, wird neuerdings wieder durch die Forschungen Uvo Hölschers zur *Odyssee* nahelegt, vgl. U. Hölscher 1988. Von einer ursprünglichen Schriftlichkeit des Homertextes gehen auch aus: J. Latacz 1985, und A. Heubeck 1984 sowie Ders. 1979, so daß man konstatieren darf, daß sich zumindest in Deutschland die *communis opinio* des Faches inzwischen dieser Ansicht zugeneigt hat.

6 G. K. Gresseth 1975, den Havelock benutzt, geht so weit, beide Texte tatsächlich der gleichen Gattung zuzuweisen.

schen und sozialen Implikationen beim Vergleich zwischen der *Ilias* und dem Gilgamesch-Epos weitgehend unberücksichtigt.[7] Mit der einseitigen Konzentration auf das Medium kommt es zu einer Verkürzung der Perspektive, die den weiten Horizont sprachlicher Formen und Traditionen ausblendet.

Zur Verzerrung: Es ist nicht zu übersehen, daß der Historiker der Alphabet-Schrift in seiner Euphorie einige Schritte übers Ziel hinausschießt und in seiner Bewunderung für die griechische Einzigartigkeit die Kulturleistungen der umliegenden Gesellschaften unterschätzt. (Das ist freilich nicht nur Havelocks Problem, sondern ein Topos unter okzidentalen Schrifthistorikern.) Havelocks Einschätzung etwa der ägyptischen Hieroglyphen und ihrer Leistungsfähigkeit beruht auf einigen schwerwiegenden Mißverständnissen. So glaubt er allen Ernstes, daß die ägyptische Gesellschaft das hieroglyphische Schriftsystem „kaum für schriftliche Kommunikation verwenden konnte, in irgendeinem bedeutungshaltigeren Sinn dieses Begriffs".[8] Er hält die Hieroglyphen für „Piktogramme". Es ist sicher richtig,

7 Die Kunstform des Epos im allgemeinen, und die des Homerischen im besonderen, impliziert gewisse Voraussetzungen, ohne die es zur Ausbildung einer solchen Form nicht kommt. Wir wollen sie „das Heroische" nennen. Das Heroische ist immer eine Sache der Erinnerung, d. h. eines „Heroischen Zeitalters", das *per definitionem* in der Vergangenheit liegt. Das Epos ist die Form und das Medium ihrer Vergegenwärtigung. In der Tat hat S. N. Kramer von einem „Heroischen Zeitalter Mesopotamiens" gesprochen, das Erinnerungen an die sumerische Landnahme des südmesopotamischen Alluvialbodens aufbewahrt hätte, ähnlich wie die Homerischen Epen die mykenische Kultur und die vedische Epik die arische Einwanderung und die formativen Stadien der vedischen Kastengesellschaft kommemorierten (S. N. Kramer 1956, 227 f.) Ob diese These für Mesopotamien aufrecht erhalten werden kann (was wenig wahrscheinlich ist), soll uns hier nicht weiter beschäftigen. Wichtig ist nur, daß Gattungen wie „Epos" keine metahistorischen Universalien darstellen, sondern an besondere soziale und politische Faktoren gebunden sind.

8 Havelock 1986, 65. In der Tat ist Havelocks Ethnozentrismus höchst auffallend. Für ihn ist es selbstverständlich, daß wir „die Erben einer 2500-jährigen Erfahrung mit dem geschriebenen Wort" sind, als wäre die Schrift um 500 v. Chr. erfunden worden (1978, 4). Dabei blickten die Ägypter und Babylonier um 500 v. Chr. bereits ebenfalls auf eine 2500-jährige Erfahrung mit dem geschriebenen Wort zurück. Auch andere Altphilologen verfallen gern einer ähnlichen Unterschätzung der Leistungsfähigkeit der orientalischen Schriften und Überschätzung ihres exotischen piktographischen Charakters. So meint O. Andersen 1987, 33, daß nur die Griechen in der Lage waren, „alles niederzuschreiben, was sie hörten und dachten", und unterscheidet zwischen „redenaher" und „rebusartiger Kommunikation".

daß die orientalischen Schriften – unter ihnen vor allem die ägyptischen Hieroglyphen und die mesopotamische Keilschrift, wenn wir von den späteren semitischen Alphabetschriften einmal absehen wollen – schwerer zu erlernen und schwerer zu handhaben sind als das griechische Alphabet.[9] Deshalb sind sie aber nicht weniger leistungsfähig in der Wiedergabe gesprochener Rede. Wir müssen hier mit Entschiedenheit betonen: Es gibt keinen Laut, kein Wort, keinen Satz, keinen Gedanken der jeweiligen Sprache, der sich in der zugehörigen Schrift nicht ausdrücken ließe.[10] Havelocks Vorstellung von nicht-alphabetischen Schriften, die schwerfällig im Gebrauch und äußerst reduktiv in ihrer Wiedergabequalität sein sollen, beruht schlicht auf Unkenntnis.[11]

9 Havelock erkennt nur das griechische und die von ihm abgeleiteten Schriftsysteme als alphabetisch an. Die semitischen Schriften, auch die hebräische und arabische, sind für ihn „non-alphabetic", weil sie (darin folgt er Gelb gegen Diringer) nicht Phoneme schrieben, sondern Silben und lediglich von deren Vokalwerten absähen.

10 Zum Beispiel wird in der ägyptischen Erzählliteratur vornehmlich des „Neuen Reichs" (15.–11. Jahrhundert) exakt zwischen „Rede" und „Erzählung" unterschieden. Die eingeblendeten direkten Reden unterscheiden sich nach Lexis und Syntax vom umgebenden Erzähltext und bemühen sich offenbar um eine realistische Wiedergabe gesprochener Sprache, vgl. F. Hintze 1953. Neuägyptische Geschäftstexte verwenden ein anderes Idiom als literarische Texte, das der Umgangssprache zumindest sehr nahe kommt. Die Literatur der Dritten Zwischenzeit, z. B. die *Lehre des Amenemope,* ist in reiner Umgangssprache geschrieben, die sich vom griechisch geschriebenen Koptisch kaum noch unterscheidet.

11 Havelock meint, daß „nicht-alphabetische" Schriften so schwer zu lesen seien, daß sie dem Leser nur Bekanntes zumuten könnten. Daher erginge sich die orientalische Literatur bis heute in Klischees und Formeln, die die Komplexität der Erfahrung auf leicht Wiedererkennbares reduzierten. Für Havelock erklärt sich die einzigartige Leistungsfähigkeit der Alphabetschrift aus deren Besonderheit, auch die Vokale zu schreiben. Keine andere Schrift, und darin ist ihm sicherlich recht zu geben, erzielt eine so kontextunabhängige Wiedergabe von Sprache. Im Hebräischen und Arabischen, das nur die Konsonanten schreibt, ergibt sich die Vokalisierung für den, der die Sprache beherrscht, aus dem Kontext. Griechisch geschriebene Wörter kann man auch ohne Kontext und sogar ohne Kenntnis der Sprache lesen. Damit zeigt sich aber auch, daß die Leistungsfähigkeit dieser Schrift auf ganz anderen Gebieten liegt. In der Wiedergabe der eigenen Sprache stehen die semitischen Konsonantenschriften dem griechischen Alphabet in nichts nach. Sie sind lediglich durch ihre Bezogenheit auf die semitische Sprachstruktur weniger zur Wiedergabe *fremder* Sprachen geeignet. Verbreitbarkeit über den eigenen Sprachraum hinaus ist sicher ein wesentliches Movens der Schriftentwicklung, und es ist alles andere als ein Zufall, daß die Pioniere auf diesem Gebiet seefahrende Händler gewesen sind wie die Phöniker und die Griechen.

Ein ähnlicher Einwand läßt sich von seiten der Orientalistik auch gegen die These erheben, allein die griechische Alphabetschrift hätte aufgrund der sie ermöglichenden Abstraktionsleistung Logik und abstraktes Denken befördert. Gewiß stellt der Gedanke, abstrakte Phoneme und nicht konkrete Laute (wie etwa Silben) oder Lautfolgen (Wörter) zu schreiben, einen Abstraktions- und Rationalisierungsschritt allerersten Ranges dar. Aber auch das ägyptisch-semitische Prinzip der Konsonantenschreibung, also das Absehen von den Vokalen, beruht auf einer Abstraktionsleistung. Wir können sie nur deshalb nicht richtig einschätzen, weil uns die zugehörige Sprachstruktur fremd ist. In den semitischen Sprachen hängt die Bedeutung an Wurzeln mit in der Regel drei Konsonanten. Diese Wurzeln sind als Lexeme ähnlich abstrakt wie die Phoneme. Konkret werden sie erst durch Prä-, In- und Suffixe sowie Vokalisierungsmuster, die aus ihnen Verben oder Nomina in bestimmten Konjugations- oder Deklinationsformen machen. Die Schrift zielt durch die Oberflächenstruktur ausformulierter Sprache hindurch auf die Wurzelstruktur der Lexeme, unterscheidet also zwischen Sinnträgern und Flexionsformen und fördert so ein Bewußtsein für semantische Bezüge, ein Denken in „Sinnwurzeln“, das sich auch im Grundprinzip semitischer Dichtung, dem „Parallelismus membrorum“, niederschlägt. Das Prinzip der Konsonantenschreibung ist altägyptischen Ursprungs und ist von dort in die altkanaanäischen, phönizischen und hebräischen Schriften übernommen worden. Die Methoden rabbinischer und kabbalistischer Exegese haben die einer Konsonantenschrift innewohnenden Möglichkeiten in extreme Höhen spekulativer Schriftmetaphysik getrieben, deren Bedeutung erst vom Standpunkt der Schriftphilosophie J. Derridas aus sichtbar wird. Havelock dagegen sieht in der Nichtschreibung der Vokale nur eine Erschwerung der Kommunikation, nicht eine den Sprachbau reflektierende Abstraktionsleistung.

2. *Schriftsystem und Schriftkultur*

Diese Interpretationen und Wertungen beruhen auf einer Gleichsetzung von Schriftsystem und Schriftkultur, die nicht zulässig ist, auch wenn zweifellos Querverbindungen bestehen. Unter dem Begriff „Schriftsystem“ werden Fragen der Struktur, des inneren Aufbaus und der Funktionsweise einer spezifischen Schrift behandelt, z. B. ob eine Schrift ideographisch oder phonographisch, syllabisch oder alphabetisch ist, ob sie an eine Einzelsprache gebunden ist oder ob sie auch Laute/Wörter/Sätze einer anderen Sprache wiedergeben kann usw. Unter dem Begriff der „Schriftkultur" geht es demgegenüber um Fragen der Institutionen und Traditionen des Schreibens, des Umgangs mit Texten, der Einbettung von Schrift und schriftlich fixierten Texten in die Gesellschaft.[12] Es liegt auf der Hand, daß die Konsequenzen der Schrift auf der Ebene ihrer gesellschaftlichen Einbettung, d. h. der Schriftkultur entschieden werden.

Zu den Aspekten der Schriftkultur gehört auch die gesellschaftliche Bewertung der Schrift und des Schreibens. Deren untergeordnete Rolle in der griechischen Gesellschaft ist bekannt genug. Aufschlußreich hierfür sind auch die philosophischen Einschätzungen der Schrift, nicht nur die bekannten Platonischen Verdikte im *Phaidros* und im *Siebenten Brief,* sondern auch ihre Darstellung bei Aristoteles. Die Sprache gibt nach Aristoteles, *tà en psychê* („das in der Seele"), die Schrift dagegen *tà en phonê* („das in der Stimme") wieder. Die Schrift ist etwas zweifach Äußerliches; ihre Inhaltsseite bezieht sich auf die Ausdrucksseite der Sprache. Eine solche Theorie bringt die Schrift in dreifache Distanz zur Welt: Die Begriffe beziehen sich auf die Welt, die Sprache bezieht sich auf die Begriffe, und die Schrift bezieht sich auf die Sprache, und zwar nicht auf die Ebene der begrifflichen, sondern der phonetischen Artikulation. Das extreme Gegenstück dazu ist die ägyptische Hieroglyphenschrift. Sie bezieht sich mit ihrer realistischen Bildhaftigkeit unmittelbar auf die Welt, und mit ihrer Zeichenfunktion sowohl auf die phonetische als auch auf die semantische Ebene der Sprache. Sie gibt also nicht nur „was in der Stimme ist", sondern auch „was in der Psyche ist" und darüber hinaus auch noch „was in der Welt ist" wieder. Natürlich ist sie als Schriftsystem schwieriger zu handhaben als die griechische Alphabet-Schrift. Aber dafür leistet sie auch ganz anderes und steht in entsprechend höheren Ehren. Die Hieroglyphenschrift geht, was ihre sinnliche Präsenz angeht, weit über das gesprochene Wort hinaus. In ihr gewinnt Sprache eine vielfältigere, bezugsreichere Wirklichkeit als in der Stimme. Die Alphabetschrift ist demgegenüber ein abstraktes Aufzeich-

12 Vgl. G. Elwert 1987. Unterscheidungen wie „politisches System" vs. „politische Kultur" (sc. einer Gesellschaft, eines Landes), „Rechtssystem" („legal system") vs. „Rechtskultur" („legal culture") liegen auf einer vergleichbaren Ebene. Unter dem Begriff der Kultur geht es jeweils um Fragen der Institutionalisierung und des Umgangs mit Politik, Recht . . . usw.

nungsmedium für die Stimme, in der die Sprache ihre eigentliche Präsenz und Wirklichkeit hat. Griechenland wird zur Schriftkultur nur auf dem Wege der Wortkultur, Ägypten dagegen ist auch als Bildkultur und daher in einem viel umfassenderen Sinne eine Schriftkultur. Der Weg zur Schrift führt hier nicht nur über die sprachliche, sondern auch über die bildliche Gestaltung und Aneignung von Welt. Die Schrift gilt hier als der höchste und heiligste Ausdruck, den Sinn gewinnen kann.

Aber auch in Israel, das sich vom Bild abkehrt und eine ausgeprägte Wortkultur darstellt, spielt die Schrift in der kulturellen Wertschätzung eine viel größere Rolle. Gott schreibt; Er ist Autor und Schreiber der am Sinai überreichten Gesetzestafeln, und Er führt Buch über die Taten der Menschen.[13] Ähnlich wie in Ägypten entwickelt sich auch in Israel die Schrift zu einem Schlüssel der Weltauffassung. Man kann sich fragen, ob wirklich die bloße Verbreitung des Schreibenkönnens in einer Gesellschaft das einzige oder auch nur das entscheidende Kriterium für das ist, was man als *Schriftkultur* gelten lassen möchte, und ob nicht die Auswirkungen der Literalität auf das Weltbild und Wirklichkeitsverständnis einer Gesellschaft mindestens ebenso bedeutend sein können, von der zwar nur ein kleiner Teil die Kunst des Schreibens beherrscht, die aber dafür dieser Kunst einen sehr hohen Rang und zentralen Platz zuerkennt.

Für unsere Frage nach dem Zusammenhang von Überlieferung und Identität und nach den Organisationsformen des kulturellen Gedächtnisses ist es nun höchst aufschlußreich, daß zwar auch hier, ähnlich wie in Israel und anders als in Ägypten, „Große Texte“ das Fundament der kulturellen Erinnerung bilden, daß aber andererseits, im Gegensatz zu Israel, sämtliche dieser fundierenden Texte mündliche Rede wiedergeben: die Homerischen Epen, die attischen Tragiker (Ch. Segal 1982) und die Platonischen Dialoge (Th. A. Szlezák 1985). Damit wird natürlich nicht bestritten, daß der Rückgriff auf diese Texte, ja bereits ihre Entstehung ohne Schrift nicht denkbar wären. Aber diese Texte tragen ihre Schriftlichkeit nicht zur Schau,[14] sondern

13 Vgl. allerdings auch die „Tafeln des Zeus“, auf denen die Taten der Menschen verzeichnet sind, und Dike „deltographos“ als Parhedros des Zeus: Pfeiffer 1978, 44–45.

14 Im Gegensatz zur Geschichts*schreibung*, gr. „syn-graphé“ „Zusammenschreibung“, „ana-graphé“ „Aufzeichnung, Dokumentation“ und zur expliziten Begründung der Schriftform bei Thukydides als Konstitution eines „ktêma eìs aeí.“

vielmehr ihr bruchloses Hervorgegangensein aus und Wiedereingehen in körperliche, lebendige Stimme und Interaktion. Offenbar versteht sich die Schrift hier nicht, wie in Ägypten und Israel, als eine ewige, unwandelbar stillgelegte, heilige Gegenwelt zur Flüchtigkeit des mündlichen Worts. Daraus folgen drei sehr charakteristische Züge der griechischen Schriftkultur:

1. Sie steht der Mündlichkeit in anderer Weise offen, drängt sie nicht ab in die Subkultur, sondern nimmt ihre Formen auf und bringt sie zu neuer, gesteigerter Entfaltung.[15]

2. Da die Schrift in Griechenland keinen heiligen Raum erschließt, gibt es keine Heiligen Schriften; heilige Texte werden bei den Griechen – wie bei den Kelten, den zoroastrischen Persern und vor allem im vedischen Indien – gerade nicht der schriftlichen, sondern der mündlichen Überlieferung anvertraut (C. Colpe 1988; H. G. Kippenberg 1987).

3. Da die Schrift in Griechenland keinen offiziellen Raum erschließt, bedarf ihre Handhabung nicht besonderer Bevollmächtigung. Im Vergleich zu Ägypten etwa gilt für die Griechen, was Cicero einmal für die Römer anmerkt: Ihnen ist die „öffentlicher Schrift überantwortete öffentliche Erinnerung“ fremd.[16]

Der Grund für die höhere Präsenz oraler oder allgemein: archaischer Elemente in der griechischen Schriftkultur ist vermutlich anderswo zu suchen als in der Besonderheit des verwendeten Schriftsystems. Wir vermuten sie in der gesellschaftlichen und politischen Eigenart der griechischen Verhältnisse. Die Griechen waren aus

15 Daß eine Gesellschaft ihre mündliche Überlieferung verschriftlicht, ist alles andere als der Normalfall. In der Regel laufen mündliche und schriftliche Überlieferung nebeneinander her, bis sich allmählich die schriftliche durchsetzt und die mündliche zur Folklore oder zum Aberglauben herabgestuft wird. Die älteste griechische Literatur scheint darin ziemlich einzigartig dazustehen, da sie eine mündliche Überlieferung getreulich kodifiziert hat. Das entspricht aber der griechischen Kultur überhaupt, die die magischen, „schamanistischen“, orgiastischen und anderweitig irrationalen Wurzeln ihrer Kultur beim Übergang in die Literalität nicht abgedrängt hat in das Schattendasein einer auf Distanz gehaltenen Subkultur (wie z. B. der kompromittierende Anteil an Heidnischem, der in den geistlichen Spielen des Mittelalters unversehens durchbricht), sondern es verstanden hat, die darin Gestalt gewordenen Bedeutsamkeiten, ästhetischen Schönheiten und anthropologischen Wahrheiten in die rationalen Formen des künstlerischen und wissenschaftlichen Diskurses zu überführen. Vgl. A. u. J. Assmann 1983, 267.

16 Cicero, *De Leg.* 3, 20, 46: „publicis litteris consignatam memoriam publicam nullam habemus.“

Gründen, auf die wir hier nicht im einzelnen eingehen können, befreit von den Schrift-Gesetzmäßigkeiten orientalischer Gesellschaften. Die orientalischen Schriften sind als Instrumente politischer Repräsentation und wirtschaftlicher Organisation entwickelt worden; sie sind untrennbar verbunden mit der Bürokratie, die sich ihrer bedient zur Verwaltung großer Herrschaftsbereiche (für Mesopotamien: M. Lambert 1960). Schreiben heißt soviel wie ordnen, planen, gliedern. Die Schrift ist hier in erster Linie ein Instrument organisierender Wirklichkeitsbewältigung und herrschaftlicher Repräsentation. Was sie schreibt, sind die Diskurse der Macht und der offiziellen Identität, Gesetze, Erlasse, Akten, Rituale, Opferstiftungen. Schreiben heißt festschreiben, sichern, dokumentieren, heißt kontrollieren, beherrschen, ordnen, kodifizieren. Die Schrift ist in erster Linie, mit Foucault zu reden, ein „Dispositiv der Macht" und ein Organ der Weisung. Was geschrieben steht, beansprucht höchste Verbindlichkeit.[17] In dieses Schreiben findet „mündliche Überlieferung" sowie das, was wir „Literatur" nennen würden, nur sehr beschränkt Einlaß. Die Welten, die zwischen den Schreiber-Beamten Ägyptens oder Mesopotamiens und den Sänger-Dichtern Griechenlands liegen, sind Welten nicht allein der Schrifttechnologie, sondern der Schriftkultur: des geschichtlichen Umfelds, des politischen Klimas, der Zuhörerschaften, der Erfahrungen, die man in der jeweiligen Kultur machen und austauschen kann.[18]

Anders wiederum ist es um diese Schriftpraxis in Israel bestellt gewesen. Verglichen mit den Schreiberhierarchien der umgebenden Großreiche lebten die israelitischen Priester und Propheten gewissermaßen in freier Luft. Sie hatten jedenfalls andere Sorgen, als zu ver-

17 Vgl. hierzu vor allem J. Goody 1986. Die Errungenschaften (und Grenzen) der babylonischen und ägyptischen Wissenschaft sind zwar ohne Schrift nicht denkbar, verdanken sich aber weniger dem „Geist der Schrift" als dem „Geist der Bürokratie" und ihres systematischen, inventarisierenden und ordnenden Zugriffs auf die Wirklichkeit, vgl. dazu bes. J. Goody 1977. In Griechenland sind diese gesellschaftlichen Rahmenbedingungen der Wissensgewinnung, -verarbeitung und -vermittlung nicht gegeben. Dafür finden wir hier Institutionen einer forensischen, agonistisch verfaßten Kommunikation. Vgl. auch F. Jürss 1982. Zu Ägypten vgl. A. Schlott 1989.

18 Mit Recht schreibt G. Elwert 1987, 239: „Es ist nicht der Schriftgebrauch an sich, sondern es sind spezifische gesellschaftliche Institutionen (Machtverhältnisse, Verhältnisse der Produktion und des Austauschs), die ihn nutzen und so die gesellschaftliche Transformation erzeugen."

walten und zu organisieren. „Festzuschreiben" gab es dort vor allem eins: das Gesetz, die „Weisung" *(torah),* von der man wußte, daß sie dem Volke gegeben war und durch alle Widrigkeiten hindurch bewahrt und befolgt werden mußte. Der Nexus zwischen Schrift und Verbindlichkeit, Lesen und Gehorchen galt auch hier, jedoch nicht im Kontext eines irdischen Macht-Apparats. In Israel wurde Schrift entpolitisiert und zum wichtigsten Dispositiv der Macht Gottes.

Der Sonderweg griechischer Kulturentwicklung ist nicht allein eine Sache des Schriftsystems, sondern eines viel komplexeren Befundes, in dem es auf die Frage ankommt, wo die Instanzen der Weisung konzentriert sind, wie Verbindlichkeit gesichert und durchgesetzt wird. Das Besondere der griechischen Situation liegt in einer soziopolitischen Verwendung von Schrift, die am besten negativ zu kennzeichnen ist, als Freiraum, der weder von der weisung-gebenden Stimme eines Herrschers noch eines Gottes besetzt ist. Dieses Macht-Vakuum hat das Eindringen von Oralität in die griechische Schriftkultur begünstigt.

Daher ist die griechische Kultur in ganz anderer Richtung schriftgeprägt als etwa die ägyptische, die israelitische und auch die chinesische Kultur. Rudolf Borchardt hat das in einem kleinen Essay mit folgenden Worten hervorgehoben: „Die heilige Grundsprache der Hellenen, ihr „Sanskrit" sozusagen, haftet für spätere Nachfahren nicht wie beim Inder oder wie die klassischen Sprachen Alt-Israels und Alt-Chinas und Alt-Irans an religiösen Urkunden. Nur in der morgenländischen Fügung muß die nationale Ewigkeit als Einheit von Gesetz, Lehre und Geschichte im Gefäße zeitloser Sprache immer wieder übernommen werden. Die nationale Urkunde des Abendlandes heißt Poesie und die von ihr abhängige Geisterwelt der poetisch gezeugten Individualität in Literatur und Forschung. Die Gefahr, daß Homer den Scheingriechen der hellenistischen Völkerwelt zur Bibel hätte werden können, hat nie bestanden. Das Geheimnis, das Hellas zur Nation machte, ging in eine so primitive Formel wie ein Buch oder zwei nicht auf und die Sprache dieses Geheimnisses nicht in das tyrannische Prinzip einer gleichmäßigen Urzeit einer starren Ursprache." (R. Borchardt 1973, 67)

Wenn man bereit ist, sich über die schwer erträglichen Verzeichnungen einer einseitigen Wertperspektive für einen Moment hinwegzusetzen und sich auf den *Befund* einläßt, den Borchardt hier im Blick hat, wird man diesen Worten eine gewisse Berechtigung nicht ganz absprechen wollen. Kürzer, aber im gleichen Sinne, äußert sich Rudolf Pfeiffer: „In der griechischen Welt hat eine ‚Tyrannei des Buchs' sich nie ausbreiten können, wie es in der morgenländischen oder der mittelalterlichen Welt geschah." (R. Pfeiffer 1978, 52)

Es mag aufschlußreich sein, diesen Feststellungen eine Darstellung aus entgegengesetzter Wertperspektive gegenüberzustellen, die den Vorzug hat, aus einer Zeit zu stammen, die den Texten, um die es geht, wesentlich näherstand. In seiner Schrift *Contra Apionem,* entstanden gegen Ende des 1. Jahrhunderts n. Chr. in Rom, vergleicht der jüdische Historiograph Josephus Flavius jüdische und griechische Geschichtsschreibung: „Bei uns steht es nicht allen offen, Geschichte zu schreiben. Darum gibt es im Geschriebenen auch keine Widersprüche. Nur die Propheten hatten dieses Privileg, die ihr Wissen über die fernste Urgeschichte dank göttlicher Inspiration erhielten und einen klaren Bericht der Ereignisse ihrer Zeit niederlegten. Unsere Bücher, denen zu Recht Glauben geschenkt wird, sind nur 22 und enthalten den Bericht aller Zeiten. 5 von diesen sind die Bücher Mosis, die die Gesetze und die überlieferte Geschichte von der Entstehung des Menschen bis zum Tod des Gesetzgebers enthalten. Die Geschichte von Moses bis Artaxerxes schrieben die Propheten in 13 Büchern. Die restlichen 4 Bücher enthalten Hymnen an Gott und Vorschriften für die Führung des menschlichen Lebens. Von Artaxerxes bis in unsere Zeit existiert eine Überlieferung, die aber nicht gleiche Wertschätzung genießt, weil die Folge der Propheten abriß. Nur was diese uns hinterließen, verehren wir als unsere Schriften. Und obwohl so lange Zeit vergangen ist, hat keiner gewagt, auch nur eine Silbe hinzuzufügen, wegzunehmen oder zu verändern." (*Contra Apionem I* §§ 38–41)

Die Griechen dagegen hätten unzählige Bücher, die sich alle widersprächen. Außerdem sei die Überlieferung jung: „Überhaupt aber findet sich zugegebenermaßen bei den Hellenen keine Schrift, die älter ist als die Dichtung Homers. Dieser aber ist offenbar noch später als die Ereignisse um Troia gewesen, und man sagt, daß nicht einmal dieser seine eigene Poesie schriftlich hinterlassen habe, sie sei vielmehr aus den (umlaufenden) Liedern nach dem Gedächtnis später zusammengesetz worden; und deshalb enthalte sie in sich viele Widersprüche *(diaphoniai).*" (*CA* § 12)[19]

19 Nach: H. Cancik 1986. Unsere Bemerkungen zu Josephus stützen sich weitgehend auf diesen Aufsatz sowie weitere Belehrung durch H. Cancik

Diese Kritik an der griechischen Schriftkultur betrifft ihre strukturelle Mündlichkeit. Unzählige Bücher, voller Widersprüche, Streitsucht, Lügen: ein in den Raum der Schrift ausgeufertes Streitgespräch, bei dem es nicht um die Wahrheit, sondern um Wortkunst und politischen Einfluß geht. (Wir werden später noch sehen, daß im Gegenteil gerade diese einem orientalischen Beobachter in die Augen springende widerspruchsvolle Stimmenvielfalt eine spezifische Errungenschaft der *Schriftkultur* darstellt.) Bei den Juden und überhaupt im Orient sei der Raum der Schrift heilig und daher denen vorbehalten, die zum Umgang mit dem Heiligen bevollmächtigt sind: den Priestern, die „die älteste und unverrückbarste Überlieferung *(parádosis)* der Erinnerung besitzen (§ 8), fest, unbewegt, unveränderlich wie der Gott, den sie überliefert".[20] Im Bezug auf die eine Wahrheit sind die Bücher der Juden „widerspruchsfrei" *(symphonoi)*, sie sagen alle dasselbe, und niemand ist befugt, an ihrem Wortlaut das Geringste zu ändern. Das, so scheint die Kritik des Josephus zu implizieren, ist wahre Schriftkultur, und sie ist diejenige Errungenschaft, die der Osten den Griechen voraus hat.

Daß diese Kritik des Josephus ebenso einseitig und bösartig verzeichnet ist wie die neuhumanistische Denunziation der „morgenländischen Fügung" und der „Tyrannei des Buchs", bedarf keiner Worte.[21] Daß aber in diesem ideologischen Streit um die wahre Erinnerung ein Punkt getroffen ist, der einen sehr wesentlichen Unterschied in den möglichen „Konsequenzen der Literalität" zum Vorschein bringt, ist ebenfalls evident. Die Schriftlichkeit, die in Israel zu einer kristallinen Stillstellung und Monolithisierung der Überlieferung führt, führt in Griechenland zur Verflüssigung, zum Strittigwerden und zur Differenzierung der Überlieferung. Beide Prinzipien, der jüdische „Einklang" *(symphonoi)* und der griechische „Widerspruch" *(diaphoniai)*, stehen der Struktur mündlicher Überlieferung gleichermaßen fern.

Im übrigen erinnert die Gegenüberstellung von griechischer und jüdischer Erinnerung bei Josephus in vieler Hinsicht an die Gegenüberstellung von griechischer und ägyptischer Kunst bei Platon. Auch hier geht es ja um den Gegensatz zwischen einer Kultur der ständigen indi-

20 Cancik 1986, 53, als Paraphrase von *CA* §§ 153, 169, 189, 167.

21 Vgl. die sorgfältigen Korrekturen, mit denen H. Cancik, a. a. O., das von Josephus gezeichnete Bild zurechtrückt.

viduellen Innovation im Zeichen ästhetischer Wirkung und einer Kultur der hieratischen und offiziellen Stillstellung im Zeichen der Wahrheit. Platon stellt (*leg.* 656/657) den Griechen Ägypten als Modell eines verantwortungsvollen Umgangs mit der Tradition gegenüber, an der als dem Gefäß einer einmal erkannten Wahrheit „nichts hinzugefügt und nichts verändert werden darf", während es in Griechenland – Platon sagt, die Einzigartigkeit Ägyptens genauso hervorhebend, wie Josephus auf der Einzigartigkeit der Juden besteht, „überall sonst auf der Welt" – den Künstlern freigestellt sei, nach Belieben Neues zu erfinden. Die Parallele ist eklatant, und sie beruht nicht auf der Tradition (Josephus hatte diese Platonstelle gewiß nicht im Sinn, vermutlich nicht einmal gekannt), sondern sie liegt in der Sache, d. h. in der strukturellen Verschiedenheit des Verhältnisses zur Tradition, also des kulturellen Gedächtnisses, bei den Griechen und bei den Juden bzw. Ägyptern.

II. Homer und die griechische Ethnogenese

1. Das Heroische Zeitalter als homerische Erinnerung

Eines der stärksten Argumente, das Josephus für die Wahrheit der jüdischen und die Unzuverlässigkeit der griechischen Überlieferung vorbringt, ist die Behauptung, daß die Juden für ihre heilige Schrift sterben, kein Hellene aber etwa für Herodot.[22] In diesem Punkt aber irrt Josephus. Gerade Herodot überliefert ein entsprechendes Bekenntnis der Athener, für ihr *Griechentum* auch zu sterben bereit zu sein. Dieses Bekenntnis ist sorgfältig inszeniert und in seiner politischen Wirkung genau berechnet. Gegen Ende der Perserkriege hielt sich Alexandros von Mazedonien als Unterhändler in Athen auf, um sie zu einem Bündnis mit dem Perserkönig zu überreden. Die Athener schoben aber die Verhandlung hinaus, „weil sie wußten, daß man in Sparta von der Ankunft des persischen Gesandten und dem beabsichtigten Vertrage hören und schleunigst Gesandte schicken würde. Sie hatten daher absichtlich gewartet, um den Spartanern ihre wahre Gesinnung vor Augen zu führen." Zunächst erhält Alexandros eine scharfe Absage, dann bekommen die mißtrauischen Spartaner ihre

22 *Contra Apionem* I §§ 42–45; Cancik, a. a. O., 59.

Lektion. „Und dann ist da das Griechentum *(tò Hellenikón)*, nämlich die Gleichheit des Blutes und der Sprache *(homaimón te kaì homóglosson)*, die gemeinsamen Heiligtümer und Riten und die gleichgerichteten Sitten *(étheá te homótropa)*."[23] Dieses Zugehörigkeitsbewußtsein wird als Garantie dafür geltend gemacht, daß „solange noch ein Athener am Leben ist, es keine Versöhnung mit den Persern gibt". Also: Sterben für das Griechentum.

Dieses panhellenische Bewußtsein, dessen öffentliche Bekundung die Athener sich so angelegen sein lassen, ist alles andere als eine Selbstverständlichkeit bei einem „Volk", das nicht die geringsten Ansätze zu einer politischen Identität aufweist und dessen verschiedene politische Einheiten untereinander in außenpolitischen Beziehungen stehen. Es ist weitgehend das Werk eines Textes und seiner Verbreitung: der *Ilias*. „Auf der Grundlage dieser epischen Dichtung als einem unschätzbaren nationalen Besitz begann das Gesamtvolk der Griechen, die Panhéllenes, sich als Einheit zu begreifen, allen Unterschieden der Stämme und Stände zum Trotz und ungeachtet der wechselnden politischen und sozialen Verhältnisse."[24]

Wir stehen also in Griechenland vor demselben Phänomen wie in Israel: Beide Nationen formieren sich im Rückgriff auf einen fundierenden Text. Vor dem Hintergrund dieser Parallele ist aber nun vor allem der Kontrast aufschlußreich. In Israel ist es die Erinnerung einer dissidenten Gruppe, einer Sezessionsbewegung, die sich im Zeichen der *Distinktion* auf die Torah gründet. Die zentrale Erinnerungsfigur ist die Geschichte einer Auswanderung, einer Sezession, einer Befreiung aus der Fremde. In Griechenland ist es die gemeinsame Erinnerung vieler zerstreuter Gruppen, die sich im Zeichen der *Integration* auf die *Ilias* stützt. Die zentrale Erinnerungsfigur ist die Geschichte einer Koalition, eines panhellenischen Zusammenschlusses gegen den Feind im Osten.

Das Phänomen ist in doppelter Hinsicht erstaunlich und verlangt zu seiner Aufhellung zwei Untersuchungen. Die eine beträfe die Entstehung des fundierenden Textes und ihre historischen Bedingungen, die andere die Geschichte der erinnernden Rückgriffe. Beide Aspekte die-

23 Herodot VIII 144; vgl. Finley 1975, 120–133.

24 Pfeiffer 1978, 21. Rudolf Borchardt hat also nicht ganz recht, wenn er meint, daß „das Geheimnis, das Hellas zur Nation machte, in eine so primitive Formel wie ein Buch oder zwei nicht aufging" – im Gegenteil kann man die erstaunliche Rolle der *Ilias* bei der griechischen Ethnogenese kaum treffender beschreiben denn als „das Geheimnis, das Hellas zur Nation machte".

ses Prozesses sind im Zusammenhang unserer Frage nach Formen und Funktionen des kulturellen Gedächtnisses aufschlußreich. Was den ersten Aspekt, die Entstehung der fundierenden Texte, betrifft, müssen wir uns klarmachen, daß es sich hier ja nicht um Mythen und Wundererzählungen handelt, sondern um die „Kodifikation von Erinnerung". Unsere Frage lautet: Warum erinnert man sich im Griechenland des 8. Jahrhunderts und in der Form des Heldenlieds an Ereignisse einer 500 Jahre zurückliegenden Epoche? Folgende Erklärung bietet sich an: Der tiefe kulturelle und gesellschaftliche Bruch zwischen der mykenischen und der archaischen Gesellschaft ermöglicht die Konstitution einer „Vergangenheit" im Sinne eines Heroischen Zeitalters. Zum Wesen der Vergangenheit gehört, daß sie vergangen, d. h. nicht fortsetzbar ist. Diese Vergangenheit bildet das Szenario für Geschichten, in denen die aristokratische Gesellschaft des 9. und 8. Jahrhunderts v. Chr. sich selbst erlebt und feiert. Denn sie adoptiert diese Geschichten als ihre eigene Vergangenheit und führt ihre Stammbäume auf die legendären Gestalten der Trojasage und entsprechender Stoffe zurück. Die mykenische Vergangenheit wird also einerseits in den Farben der Alterität und heroischen Überhöhung als eine andere, von den „Sterblichen dieser Tage" weltenweit geschiedene Epoche geschildert, andererseits aber als erinnerte und bewohnte Geschichte zur Grundlage genealogisch aristokratischer Selbstdarstellung und Selbstdefinition gemacht. Es handelt sich um den typischen Fall einer Konstruktion von Kontinuität über den Bruch hinweg.[25]

Die Frage bleibt allerdings, warum man gerade im 8. Jahrhundert diese Erinnerung mobilisiert. Der Bruch, über den hinweg hier eine Kontinuitätsfiktion entworfen wird, lag ja eher um 1200. Könnte es sein, daß auch das Jahrhundert Homers eine Krisen- und Umbruchszeit darstellt? Zunächst gilt es festzuhalten, daß seine Epen das Ende der Heldenepik als einer lebendigen mündlichen Tradition markieren. Das legt die Vermutung nahe, daß sie auch eher ans Ende als in die Blütezeit jenes Lebensstils und Weltverhältnisses gehören, das sie schildern und das mit dem Auftreten von Heldenepik einherzugehen pflegt. Heldenepik ist die bevorzugte Gattung des kulturellen Gedächtnisses im Rahmen einer bestimmten Gesellschaftsform. Diese Gesellschaftsform ist *ritterlich*, d. h. aristokratisch, kriegerisch und individualistisch geprägt. Zum Rittertum gehört, wo überall wir es auf der Welt

25 Vgl. U. Hölscher (1984).

antreffen, ein Superioritätsbewußtsein und ein besonderes, gewissermaßen individualistisches Selbstgefühl, das sich wohl vor allem aus dem für die Pferdezucht notwendigen Landbesitz und aus der „übermenschlichen" Geschwindigkeit der Fortbewegung ergibt.[26]

Aus dem besonderen Landbedarf der *Rittergutsbesitzer* ergeben sich persönlichkeitsprägende Elemente des Lebensstils, die man mit dem Begriff einer „loose society" verbinden kann[27]: Freiheitsbedürfnis, Selbständigkeit, Initiative, Unabhängigkeit, „Ehre" usw. Homer steht vielleicht schon am Ende der Welt, die er beschreibt, und setzt ihr in seiner Dichtung ein Denkmal. Er sichert eine (mündliche) Tradition, deren gesellschaftliche Rahmenbedingungen dem Untergang geweiht sind: eine mündliche Heldenepik, die nicht in mykenischer, sondern in früharchaischer Zeit geblüht hat und in der jene Legenden eine besondere Rolle spielten, die sich um die eindrucksvollen Ruinen und sonstigen Überreste der mykenischen Kultur gerankt hatten. Denn es spricht manches dafür, daß Homer in einer Umbruchszeit gelebt hat, in der sich die griechische Gesellschaft von einer „loose society" zu einer „tight society" gewandelt hat. Das wichtigste Indiz dafür ist das Einsetzen der Kolonie-Bewegung, die man doch wohl als Indiz eines verstärkten Bevölkerungsdrucks im Mutterland zu deuten hat. Die sich herausbildende Polis-Gesellschaft stellt den typischen Fall einer „tight society" und in vieler Hinsicht das genaue Gegenstück zur homerischen Gesellschaft dar. Die Homerischen Epen gehören also als solche schon in den Zusammenhang einer Organisationsform kulturellen Gedächtnisses, in Form einer Rekonstruktion von Vergangenheit, auf die sich das Selbstbild einer Gruppe stützt. Und zwar bilden sie den End- und Höhepunkt dieser Organisationsform, indem sie kurz vor dem sich abzeichnenden Untergang die Summe der Überlieferung in ein Werk völlig neuen Typs einbringen, das nun unabhängig von der tragenden Erinnerungsgemeinschaft bestehen und zum Ausgangspunkt neuer Erinnerung werden kann.

Damit kommen wir zum anderen Aspekt des Phänomens, zur Erinnerung an Homer, zur Überlieferung und Verbreitung des Homertexts selbst. Hier ist aber auf jeden Fall festzustellen, daß sie nicht in den Formen einer Buch- und Lese-, sondern einer festlichen Rezitations-

26 Sehr treffende Bemerkungen hierzu finden sich bei Wolfgang Helck 1969, 290 ff.

27 P. Pelto 1968; vgl. J. W. Berry 1977.

kultur vor sich ging. Die Anfänge einer organisierten Überlieferung und Verbreitung des Homertextes fallen zusammen mit dem Ende der schöpferischen Periode der griechischen Epik in der zweiten Hälfte des 6. Jahrhunderts v. Chr.[28] Diese Koinzidenz ist natürlich kein Zufall. Auch in Israel ist das „Ende der Prophetie" der Anfang der Kanonisierung. Die Rhapsoden des 6. Jahrhunderts v. Chr. sind „berufsmäßige Rezitatoren festliegender dichterischer Werke, die [Homer] zugeschrieben wurden" (Pfeiffer). Sie verbinden von Anfang an Überlieferung *(Textpflege)*, Auslegung *(Sinnpflege)* und Vermittlung, wirken also nicht nur als Unterhalter, sondern auch als Philologen und Erzieher. Denn die Homerischen Epen fungieren zugleich als „encyclopaedias of conduct".[29] „Von Homer haben", wie bereits Xenophanes, selbst ein Rhapsode, feststellte, „alle gelernt." (B 10)[30] Die Institution der wettkampfartigen Homerrezitation begann bei den panathenäischen Spielen und breitete sich auf alle panhellenischen Feste aus. In dieser ersten Phase der Institution und Organisation eines kulturellen Gedächtnisses auf panhellenischer Ebene in Form der nationalen *Einverseelung* des Homertexts hatte die Rezeption ein ausgeprägt festliches, zeremonielles und kommunalistisches, gemeinschaftsbildendes Gepräge. Die Homerischen Epen zirkulieren in der typischen Form der „zeremoniellen Kommunikation" und fundieren in unauflöslichem Zusammenhang mit den panhellenischen Festen das Projekt einer Ethnogenese jenseits oder unabhängig von politischer Identität. Sie werden zur „Großen Tradition", die ähnlich wie in Indien ein Bewußtsein großräumiger bzw. *interlokaler* Zusammengehörigkeit wachhält,[31] über alle kleinräumigen Kämpfe, Kriege, Grenzfehden und Differenzen hinweg, an denen es in Griechenland ebensowenig wie in Indien gefehlt hat. Die panhellenischen Spiele und die Homerische Epik bildeten ein Sammlungszeichen von ähnlicher integrativer Kraft wie später, im Zeitalter der attischen Demokratie, die Großen Dionysien und die Tragödiendichtung für die sich als kollektive Identität erst konstituierende athenische Bürgerschaft.[32]

28 Dies und das Folgende weitgehend nach R. Pfeiffer 1978 und Uvo Hölscher 1987.

29 Havelock 1978 a.

30 Zu Homer als „praeceptor Graecia" vgl. auch Plato, *Prot.* 339 A und *Pol.* 606 E.

31 R. Redfield 1956, bes. 67 ff.; G. Obeyesekere 1963.

32 S. hierzu Chr. Meier 1989.

2. Erinnerung an Homer: Klassik und Klassizismus

Die zweite Phase der Organisation des kulturellen Gedächtnisses der Griechen beginnt in Alexandria. Ihr geht ein tiefer Bruch voraus. Die rhapsodische Rezitationskultur ist einer Buch- und Lesekultur gewichen. Vor allem aber haben sich Zeit- und Geschichtsbewußtsein grundlegend gewandelt. Man blickt jetzt auf die Überlieferung als Werke einer zu Ende gekommenen, nicht fortsetzbaren Vergangenheit. Für den sich im 4. Jahrhundert v. Chr. in der ganzen Mittelmeerwelt vollziehenden Kulturwandel ist der Begriff „Hellenismus" (oder „Hellenisierung") irreführend. Er scheint eine allgemeine Angleichung ans Griechentum zu implizieren, in deren Verlauf sich alle Kulturen wandeln mit Ausnahme der griechischen selbst. In Wirklichkeit verbreitet sich aber im 4. Jahrhundert eine Einheitskultur in der Mittelmeerwelt, die ebensosehr orientalisch wie griechisch geprägt ist und die für die griechischen Stadtstaaten eine ebenso tiefgreifende Veränderung bedeutet wie für den Rest der Alten Welt. Zu den Symptomen dieser Veränderung gehören etwa Monarchie und Bürokratie, Herrschervergottung, Kodifizierung von Rechtsordnungen, Professionalisierung von Politik, Verwaltung, Militär und Wissen, die Entpolitisierung des Individuums und vieles andere mehr. Die meisten dieser Merkmale weisen eher nach Persien als nach Griechenland (vgl. M. Smith 1971, 77 ff.). Man kann sich daher fragen, ob nicht auch der alexandrinische Klassizismus Elemente orientalischer Schriftkultur – der „morgenländischen Fügung" – enthält, die auf der Heiligkeit der Schrift und der Unverrückbarkeit des Buchstabens beruhen.[33] Nicht die Texte, aber der Umgang mit Texten bezeugt östlichen Einfluß.

Wir wollen auch das Phänomen *Klassik* nicht vom Aspekt der Entstehung der klassischen Texte, sondern vom Aspekt des erinnernden

33 Im Licht solcher Überlegungen erhält auch die bei Cicero (*de or.* III 137) und anderen überlieferte Nachricht neues Gewicht, daß unter dem Tyrannen Peisistratos von Athen der erste schriftlich fixierte Text der Homerischen Epen hergestellt und festgelegt worden sei, im Zusammenhang der „Bibliothek", die sich Peisistratos wie auch Polykrates von Samos aufgebaut hätten. Rudolf Pfeiffer hält diese Überlieferung für eine Rückprojektion ptolemäischer Verhältnisse auf das archaische Griechenland. Man könnte darin aber auch eine „orientalisierende" Tendenz der Tyrannen erblicken, die es den büchersammelnden Herrschern des Ostens gleichtun wollten. Vgl. dazu Morton Smith 1971, 139 ff.

Rückgriffs auf sie ins Auge fassen. Zwischen den historischen Bedingungen der Entstehung und denen der Erinnerung liegt der Übergang von der griechischen zur hellenistischen Kultur. Die Gleichheit der Sprache darf über die Tiefe des Bruchs nicht hinwegtäuschen. Im Grunde ist es eine neue und andere Kultur, die von Alexandria aus auf die griechische zurückblickt. Neuheit und Rückblick gehören zusammen. Die Welt der Literatur scheidet sich in „die Alten" *(hoi palaioi, antiqui)* und „die Neuen" *(hoi neoteroi, moderni)*, und es ist die Dialektik der Innovation, die das *Altertum* konstituiert. Nicht die Fortsetzung, sondern der Bruch hebt „das Alte" auf den Sockel unerreichbarer Vollendung.[34] Allerdings darf dieser Bruch nicht vollständig sein. Damit Klassik entstehen kann, muß einerseits ein Bruch eintreten, der die Tradition unfortsetzbar macht und als *Altertum* stillstellt, und muß andererseits ein Akt der Identifikation über diesen Bruch hinweggehen, der die vergangene Vergangenheit als die eigene erkennt und in den Alten die Meister schlechthin. Die Vergangenheit muß vergangen, aber nicht fremd sein.[35]

In gewisser Hinsicht wiederholt sich die homerische Erfahrung. Auch in Alexandria geht es um die Kodifizierung einer Erinnerung, eines Bezugs auf *Vergangenheit* jenseits des Bruchs als Konstruktion kultureller Kontinuität. Daher stand beides, „die Neugeburt der Dichtkunst und die Wiedererweckung der alten Meisterwerke, unter dem Schutz der Töchter der Erinnerung" (Pfeiffer, 125), der Musen, denen das *Musaion* geweiht war, jene Institution, die Ptolemaios I. von Ägypten zur Förderung der Literatur und der Naturwissenschaften in Alexandria gründete. Die alexandrinische Form des Umgangs mit der Tradition ist Textkritik, Auslegung und Vermittlung in höchster, bis dahin ungekannter Verfeinerung und Professionalisierung. Die Texte werden gesammelt, katalogisiert *(pinakes)*, verglichen. Wortlisten werden angelegt, Worterklärungen zusammengestellt, die sich zu Kommentaren entfalten. Der Wortgebrauch der Autoren und Epochen wird untersucht als Grundlage für Textemendationen und Attributionen. Das Ausmaß der Textarbeit zwingt zur Selektion. Die Fülle des Gesammelten wird gewichtet: in die „Behandelten" *(prat-*

34 Vgl. hierzu E. A. Schmidt 1987. Für eine vergleichbare Erscheinung in der ägyptischen Ramessidenzeit s. Verf. 1985, 484 ff.

35 Vgl. Mukarovsky: „ein Werk, das dem Volk fremd ist, hört auf, ein Kunstwerk zu sein", s. R. Wellek, *Grenzziehungen. Beiträge zur Literaturkritik*, Stuttgart 1972, 137.

tómenoi), „Eingereihten" *(enkrithéntes)* Autoren, die in Auswahllisten zusammengestellt werden, und in den Rest der „Ausgeschiedenen" *(ekkrithéntes)*. Am Ende dieses jahrhundertelangen Auswahlprozesses steht der „Kanon der Klassiker" fest.[36]

Damit ist eine Verfestigung kulturellen Sinns erreicht worden, die an Zeitresistenz dem hebräischen Kanon in nichts nachsteht. Die „Große Tradition" der kulturellen Grundtexte wird endgültig aus der „zeremoniellen Kommunikation" der in wesentlichen Bereichen immer noch mündlich verfaßten Polis-Gesellschaft ausgebettet und in die neuartigen Institutionsrahmen der internationalen hellenistischen Bildungsgesellschaft eingestellt. So entsteht eine Kultur, die ihre Kohärenz und Kontinuität ganz auf Texte und deren Auslegung gründet. Institutionen der Interpretation sichern die kulturelle Kontinuität, von den „Philologoi" über die Mönche zu den Humanisten.

Die beiden Prozesse kanonisierender Eingrenzung, Sicherung und Verfestigung von Überlieferung, an deren Ende der 24-Bücher-Kanon der jüdischen „Schriftgelehrten" und der Klassiker-Kanon der alexandrinischen „Philologen" stehen, verlaufen nicht nur fast gleichzeitig, sondern auch in gegenseitigem Kontakt.[37] Dabei spielt für den hebräischen Kanon die Torah dieselbe Rolle eines Kristallisationskerns und Kanons im Kanon wie für den griechischen Klassiker-Kanon Homer. Genau wie in Griechenland die Homer-Überlieferung verläuft auch in Israel die Torah-Überlieferung als ein ethnogenetischer Prozeß. Mit dem Text *verfestigt* sich zugleich ein nationales Zusammengehörigkeitsbewußtsein. Beide Prozesse sind abgeschlossen, bevor, schon in

36 Die Griechen sprechen hier nicht von „Kanon", weder mit Bezug auf die „Auswahllisten", für die es kein griechisches Wort zu geben scheint (lateinisch heißen sie „numerus" und „ordo"), noch mit Bezug auf den Gesamtbestand klassischer Autoren und Texte. Vgl. dazu oben, 112. Dagegen ist der Begriff der Klassik quellensprachlich, auch wenn er erst auf die römische Rezeption der alexandrinischen „Klassiker"-Rezeption zurückgeht. „Classici", d.h. Angehörige der classis, der steuerzahlenden Oberschicht, ist eine witzige Metapher für den griechischen Begriff der „Eingereihten". Für die Einzelheiten s. R. Pfeiffer 1978 und E. A. Schmidt 1987.

37 Letzteres gilt wohl kaum für die ebenfalls ungefähr gleichzeitig verlaufenden Prozesse der Entstehung des buddhistischen und des konfuzianischen Kanons, auf die wir hier nicht näher eingehen. Die zoroastrischen heiligen Texte unterlagen ebenso wie die Veden dem Schriftverbot und wurden erst im 3. Jahrhundert n. Chr. verschriftet. Zur Entstehung des buddhistischen Kanons und seiner auslösenden Wirkung auf andere Kanonbildungen in der östlichen Welt s. C. Colpe 1987.

der Perserzeit, der allgemeine mittelmeerweltliche Kulturwandel einsetzt, in dessen Verlauf sich Griechenland zu einer Buch- und Lesekultur wandelt und im Israel des Zweiten Tempels das Schriftgelehrtentum zum Hüter der Überlieferung und Träger des kulturellen Gedächtnisses wird. Die Schriftgelehrten blicken auf die Propheten, wie die Philologen auf die Klassiker zurück: als eine endgültig abgeschlossene, unfortsetzbare Epoche. In Israel währt sie von „Mose bis Artaxerxes"[38] (Esra und Nehemia), in Griechenland von Homer bis Euripides.

In beiden Fällen kommt es zu einer Verfestigung kulturellen Sinns, die nicht nur zeitresistent, sondern universal anschlußfähig ist. Auf der griechischen Klassik beruht nicht nur das kulturelle Gedächtnis des Abendlandes; inzwischen gibt es auch in China und Afrika Klassische Philologie. Auf der hebräischen Bibel fußen die Heiligen Schriften der Christen und Muslim, denn auch der Koran ist ohne die Bibel nicht denkbar.

III. Hypolepse – Schriftkultur und Ideenevolution in Griechenland

Man ist sich allgemein darüber einig, daß die einzigartige Ideenevolution,[39] aus der im Laufe weniger Jahrhunderte die fundierenden Texte, Traditionen und Denkformen des okzidentalen Rationalismus hervorgingen, weitgehend eine Sache der Schriftkultur, und zwar der griechischen Schriftkultur gewesen ist. Wenn wir Religion (im emphatischen Sinne) und Staat als die spezifischen Errungenschaften der israelitischen bzw. ägyptischen Schriftkultur identifizieren können, dann stellen Philosophie und Wissenschaft, also die Entwicklung eines logischen Regeln der Wahrheitssuche verpflichteten Diskurses, die spezifische Errungenschaft Griechenlands, den griechischen Sonderweg dar.

Die griechische Schriftkultur hat zwei Besonderheiten. Die eine liegt, wie schon erwähnt, darin, daß sie sich nicht gegenüber der

38 So nach Josephus Flavius u. a., s. S. Z. Leiman 1976.

39 Ich übernehme diesen Begriff von N. Luhmann, dem dieses Kapitel in vielfacher Weise besonders verpflichtet ist. Luhmann hat mehrfach auf die Korrelation von Schriftkultur und Ideenevolution hingewiesen und in diesem Zusammenhang die Arbeiten des amerikanischen Altphilologen E. A. Havelock in Deutschland bekannt gemacht. Vgl. Luhmann 1980, 17 ff., 45–71; 1984, 212–241.

mündlichen Tradition absetzt, sondern sie in einem einzigartigen Umfang aufnimmt und weiterführt. Die andere würde ich darin sehen, daß sie eine neue Form intertextueller Bezugnahme ausbildet. Nicht mehr Sprecher reagieren auf Sprecher, sondern Texte reagieren auf Texte. Der schriftliche Text wirkt nicht allein informierend, anweisend, sichernd in den außerschriftlichen Raum gesellschaftlicher, z. B. wirtschaftlicher oder politischer Interaktion hinein, sondern er wirkt zugleich auch bezugnehmend und in diesem Sinne *autoreferentiell* auf andere schriftliche Texte innerhalb des vom jeweiligen Diskurs gesteckten Rahmens. Eine neue Form kultureller Kontinuität und Kohärenz entsteht: die Bezugnahme auf Texte der Vergangenheit in der Form einer kontrollierten Variation, die wir „Hypolepse" nennen wollen. Dabei müssen wir sogleich eingestehen, daß das keinem quellensprachlichen Wortgebrauch entspricht. Am nächsten kommt dem, worauf wir mit dem Begriff „Hypolepse" zielen, der von Aristoteles geprägte Begriff der *epidosis eis hauto* („Hinzufügung zu sich selbst"). Aristoteles verwendet ihn zur Unterscheidung des Menschen gegenüber der Tier- und Pflanzenwelt und zur Bezeichnung der dem Menschen eigenen Form, „an dem Immer und dem Göttlichen teilzuhaben" (*de anima* II.4.2). Johann Gustav Droysen greift in seiner *Historik* diese aristotelische Kategorie auf zur Unterscheidung zwischen „Geschichte und Natur". Die Kontinuität der Natur besteht in Wiederholung. „Das Weizenkorn, in die Erde gelegt, wird durch Halm, Blüte, Ähre zu einer Wiederholung gleicher Körner. Und ähnlich das Tier, ähnlich das Gesamtleben der Erde, die ganze siderische Welt, deren Wesentliches uns ihr regelmäßiges Auf- und Niedergehen ist. Das Moment der Zeit erscheint uns da sekundär, die unendliche Reihe Zeit zerlegt sich in diesen Gestaltungen in gleiche, sich wiederholende Kreise oder Perioden, wie die Algebra es nennt." Die Kontinuität der Kultur dagegen besteht in einer progressiven Variation. „Es ist eine Kontinuität, in der jedes Frühere sich erweitert und ergänzt durch das Spätere *(epidosis eis hauto)*, eine Kontinuität, in der die ganze Reihe durchlebter Gestaltungen sich zu fortschreitenden Ergebnissen summiert und jede der durchlebten Gestaltungen als ein Moment der werdenden Summe erscheint. In diesem rastlosen Nacheinander, in dieser sich in sich steigernden Kontinuität gewinnt die allgemeine Anschauung Zeit ihren diskreten Inhalt, den einer unendlichen Folgenreihe fortschreitenden Werdens. Die Gesamtheit der sich uns so darstellenden Erscheinungen des Werdens und Fortschreitens fassen wir auf als Geschichte."[40] Wir haben schon im zweiten Kapitel, am Ende des ersten Abschnitts, vorgeschlagen, diese einfache Unterscheidung zwischen Natur und Geschichte durch eine rekursive Form zu ersetzen, in der dann innerhalb des Pols *Geschichte* noch einmal nach demselben Kriterium von Repetition und (progressiver) Variation unterschieden wird. So erhalten wir jenen engeren Begriff von Geschichte, den wir „Hypolepse" nennen wollen:

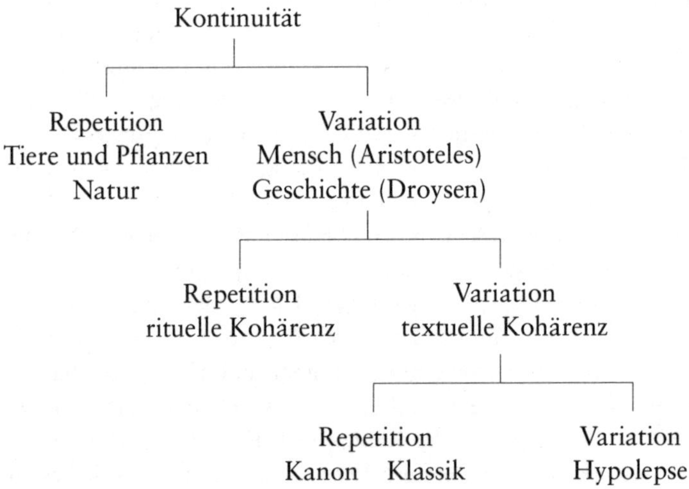

1. Formen hypoleptischer Diskursorganisation

Das griechische Wort „hypólepsis" wird in zwei typischen Kontexten verwendet, an die wir anknüpfen können. Der eine Kontext ist der Rhapsodenwettkampf. Hier bezeichnet man mit dem Wort „hypólepsis" die Regel, daß der nächste Rhapsode genau dort in der Rezitation des Homertextes fortfahren muß, wo sein Vorgänger aufgehört hat.[41] Der andere Kontext ist die Rhetorik. Hier bedeutet „hypólepsis" die Anknüpfung an das, was der Vorredner gesagt hat.[42] In beiden Fällen bezeichnet hypólepsis das Prinzip, nicht von vorn anzufangen, son-

40 J. G. Droysen 1972/1857, 11 f. Ich verdanke den Hinweis auf Droysen Wolfgang Raible.

41 „ex hypólepseos ephexês": Platon, *Hipparch.* 228 B; bei Diogenes Laert. I 57 heißt das Verfahren „ex hypobolês", s. R. Pfeiffer 1978, 24.

42 G. Bien, „Hypolepsis", in: J. Ritter 1969, bes. 64 und 66.

dern sich in anknüpfender Aufnahme an Vorangegangenes anzuschließen und in ein laufendes Kommunikationsgeschehen einzuschalten. Dieses Kommunikationsgeschehen bildet, was man den „hypoleptischen Horizont" nennen könnte. Im Falle des Rhapsodenwettstreits ist es die aktuelle Veranstaltung, im Falle der Rhetorik die laufende Verhandlung, z. B. eine Volksversammlung oder ein Prozeß, in jedem Falle aber ein Interaktionsgeschehen, dessen raumzeitliche Grenzen sich aus den Möglichkeiten menschlicher Interaktion ergeben. Worauf wir uns beziehen, ist die „Dehnung des hypoleptischen Horizonts" über die Grenzen der Interaktion hinaus in die Sphäre interaktionsfreier Kommunikation,[43] d. h. die Konstitution eines Beziehungsraums, innerhalb dessen „das, was der Vorredner gesagt hat", vor mehr als 2000 Jahren gesagt worden sein kann.

Damit ein solcher Beziehungsraum im Sinne eines hypoleptischen Horizonts entstehen kann, müssen drei Dinge gegeben sein: *Schrift, Rahmen* und *Wahrheit.* Wir wollen das im folgenden erläutern.

Über das Prinzip *Schrift* ist nicht viel zu sagen: Es versteht sich von selbst, wo es um interaktionsfreie Kommunikation geht. Damit „das, was der Vorredner gesagt hat", auch bei Abwesenheit des Vorredners präsent und der hypoleptischen „Aufnahme" (nichts anderes heißt „hypólepsis" ihrem Wortsinn nach) und Anknüpfung zugänglich bleibt, muß es fixiert sein. Das ist nur in der Schrift möglich. Auch wenn sich in mündlicher Tradition eine Vor-Rede einmal so fest überliefern sollte, daß einer noch nach Jahrhunderten daran anknüpfen kann – „es ist euch gesagt worden ...", „ich aber sage euch ..." –, handelt es sich um eine Form der Fixierung, die im Raum der Oralität ausgesprochenen Ausnahmecharakter besitzt: Das Gedächtnis wird hier als eine Art Schrift benutzt. Worauf es ankommt, ist nicht das Medium der Schrift, sondern die trans-situative Verfestigung des *Gesagten* zum Text, d. h. seine *Textualität.* Anknüpfen kann man nur an Texte, nicht an Interaktionsereignisse.[44] Textualität entsteht dort, wo die Sprache sich hinreichend aus ihrer *empraktischen* Einbettung in *Situationen* (d. h. soziokulturelle Interaktionstypen, „Sitze im Leben") gelöst hat, um als *Text* eine unabhängige Gestalt zu gewinnen. Diese Gestalt ist in der Regel

43 Wir übernehmen die Unterscheidung zwischen „Interaktion" und „(interaktionsfreier) Kommunikation" von N. Luhmann 1980; 1984.

44 Diesen Textbegriff entwickelt K. Ehlich 1983.

schriftlich fixiert. Es wäre aber wohl voreilig, anzunehmen, daß mit der Schrift allein – und sei es die Alphabetschrift – bereits jenes Phänomen gegeben wäre, für das wir den Terminus „Hypolepse" vorschlagen wollen.[45] Die Schrift ist hier lediglich eine notwendige, aber keine hinreichende Bedingung.

Wir wollen uns nun dem zweiten der zusätzlich erforderten Faktoren zuwenden, dem *Rahmen.* Wir haben gesagt, daß „das Gesagte" als die sprachliche Komponente eines komplexen Interaktionsgeschehens aus seinem konkreten situativen Rahmen ausgebettet und als Text verselbständigt werden muß, um die Interaktionssituation überdauern und späteren Wiederaufnahmen zugänglich werden zu können. Mit solcher Ausbettung würde aber der Sinn des Gesagten verlorengehen, würde nicht zugleich auch die Situation als solche „gedehnt", d. h. ein neuer situativer Rahmen geschaffen werden, der sowohl die Akte der Überlieferung des Gesagten als auch die Akte der hypoleptischen Anknüpfung ans Gesagte steuert und organisiert.[46] Der aus- gebettete, „situationsabstrakt" gewordene und sozusagen schutzlos jedem Mißverständnis und jeder Ablehnung ausgelieferte Text[47] bedarf eines neuen Rahmens, der diesen Verlust an situativer Determination kompensiert. „Wenn die Kommunikation den Kreis der Anwesenden überschreitet, wird das Verstehen schwieriger und

45 Dies scheint die Auffassung von N. Luhmann zu sein, der den Typus der Sachargumentation mit Vorgängertexten, den wir hier „Hypolepse" nennen, als eine Konsequenz des alphabetischen Schriftsystems ansieht und sich darin besonders auf die Publikationen E. A. Havelocks stützt: „Sobald alphabetisierte Schrift es ermöglicht, Kommunikationen über den zeitlich und räumlich begrenzten Kreis der Anwesenden hinauszutragen, kann man sich nicht mehr auf die mitreißende Kraft mündlicher Vortragsweise verlassen; man muß stärker von der Sache selbst her argumentieren. Dem scheint die ‚Philosophie' ihren Ursprung zu verdanken. Sie ist ‚sophia' als das Geschick, das erforderlich ist, um in einer so angespannten Lage doch noch ernsthafte, bewahrenswerte und auf die Reichweite des Alphabets bezogen, universelle Kommunikation zu ermöglichen." (1984, 219 f.) Was die Schrift angeht, genügt der Hinweis auf orientalische Schriftkulturen, in denen dieser Effekt nicht eingetreten ist. Daher begrenzt ihn Havelock auf die Alphabetschrift. Dem läßt sich wiederum mit dem Hinweis auf China entgegnen, wo sich – im Rahmen eines komplizierten ideographischen Schriftsystems – der hypoleptisch organisierte Diskurs einer Philosophie entwickelt hat, die der griechischen nicht nachsteht.

46 Zum Begriff der „zerdehnten Situation" s. Ehlich 1983, bes. 32 und Verf. 1990 b, 3–5.

47 Vgl. hierzu die berühmten Vorbehalte, die Platon im *Phaidros* und im *Siebenten Brief* gegen die Schrift vorgetragen hat.

das Ablehnen leichter; es fehlt die Deutungshilfe und der Annahmedruck der konkreten Interaktion." (N. Luhmann 1984, 219) Mit diesem Problem sind vor allem die Literatur und die Wissenschaft konfrontiert. Im Falle der Literatur ist es der Text selbst, der dadurch Selbständigkeit gewinnt, daß er seine eigenen situativen Rahmenbedingungen in sich aufnimmt und explizit macht. Daher erfahren wir z. B. in den Homerischen Epen so viel über das griechische Bardenwesen und die Aufführungssituation der Heldenepik, oder bei Alkaios über das Symposium als Aufführungsrahmen lyrischer Dichtung. Im Falle der Wissenschaft ist es die Gesellschaft, die für die Ausbildung solcher Rahmen zu sorgen hat. Diese neuen Rahmenbedingungen „interaktionsfreier Kommunikation" (Luhmann) müssen nicht nur die Möglichkeiten dafür bereitstellen, daß die Textgestalt des Gesagten erhalten und verständlich bleibt, sie müssen auch die „Regeln der Wiederaufnahme" festlegen, ebenso wie dies die ursprünglichen Interaktionsrahmen des festlichen Rhapsodenwettstreits und der gerichtlichen oder politischen Rede festgelegt hatten. Das heißt, es müssen „Institutionen" entstehen, in denen ein solcher Dialog mit Texten geführt werden kann.

Solche Institutionen sind die platonische Akademie und der aristotelische Peripatos. Ohne sie, soviel darf wohl ohne Übertreibung festgestellt werden, hätte sich niemals jener „hypoleptische Horizont" abendländischer Philosophie ausbilden können, innerhalb dessen man sich heute ebenso auf Platon und Aristoteles im Sinne von „Vorrednern" beziehen kann wie etwa auf Descartes, Kant und Hegel. Natürlich liegt es nahe, Platon und Aristoteles im Sinne des Prinzips *Klassik* als *klassische,* oder auch im Sinne des Prinzips *Kanon* als *kanonische* Texte zu bezeichnen. Wofür brauchen wir da noch ein drittes Prinzip: *Hypolepse?* Wer Platon und Aristoteles „Klassiker" nennt, betont ihre unerreichbare Vorbildlichkeit. Ihre Schriften haben die Maßstäbe dafür gesetzt, was Philosophieren bedeutet, ebenso wie Homer die Maßstäbe epischer Dichtung gesetzt hat. Wer diese Schriften „kanonisch" nennt, betont ihre absolute Autorität. In der Tat hat sich das Mittelalter in dieser Weise zu Aristoteles verhalten. Daß beide Formen des Rückbezugs dem Wesen des philosophischen Umgangs mit Texten nicht ganz gerecht zu werden vermögen, liegt auf der Hand. Hier handelt es sich um eine dritte Form des Rückbezugs, die man von *Klassik* und *Kanon* scharf unterscheiden muß, auch wenn sich Querverbindungen herstellen können.

2. *Der hypoleptische Prozeß als Institutionalisierung von Autorität und Kritik*

Das dritte Element haben wir *Wahrheit* genannt; wir könnten statt dessen auch *Information* oder *Sache* sagen. Wie N. Luhmann hervorgehoben hat, setzt Kommunikation die Erfahrung der Differenz von Mitteilung und Information voraus. In der mündlichen Interaktion wird diese Differenz jedoch gewöhnlich unsichtbar. Erst die Schrift erzwingt diese Unterscheidung. „Erst Schrift und Buchdruck legen es nahe, Kommunikationsprozesse anzuschließen, die nicht auf die Einheit von Mitteilung und Information, sondern gerade auf ihre Differenz reagieren: Prozesse der Wahrheitskontrolle, Prozesse der Artikulation eines Verdachtes.[48] Schrift und Buchdruck erzwingen also die Erfahrung der Differenz, die Kommunikation konstituiert: Sie sind in genau diesem Sinne kommunikativere Formen der Kommunikation, und sie veranlassen damit Reaktion von Kommunikation auf Kommunikation in einem sehr viel spezifischeren Sinne, als dies in der Form mündlicher Wechselrede möglich ist."[49]

Das Prinzip Hypolepse bezieht sich auf diese Prozesse der Wahrheitskontrolle und der Artikulation eines Verdachtes, die sich auf die Differenz von Mitteilung und Information beziehen. Es sind polemische, agonistische Prinzipien. Sie regeln so etwas wie Wettkampfbedingungen unter den Texten; daher spricht der amerikanische Altphilologe H. v. Staden von „agonistischer Intertextualität".[50] Unter den Bedingungen hypoleptischer Kommunikation wird Schriftkultur zu einer Kultur des Konflikts.[51]

Dieses agonistische Element der griechischen Schriftkultur war es, das Josephus Flavius kritisiert hatte. Im Gegensatz zu den Juden,

48 Vgl. klarer noch Luhmann 1980, 47: „Anders als bei gesprochenem oder im Sprechen reproduziertem Sinn, wo schon das Anhören der Darstellung die Aktivität weitgehend absorbiert, tritt einem Schriftgut geradezu mit der Aufforderung entgegen, es aus der Distanz heraus zu beurteilen."

49 *Soziale Systeme*, 223 f.

50 Ich beziehe mich hier auf mündliche Mitteilungen über ein noch (1991) unpubliziertes Projekt.

51 Dieses Element der griechischen Schriftkultur macht N. Luhmann zu einem der Zentralpunkte seiner allgemeinen Kommunikationstheorie, auf dem die konstitutionelle Unwahrscheinlichkeit von (erfolgreicher) Kommunikation beruht.

deren Überlieferung sich auf ein einziges heiliges Buch stütze, hätten die Griechen unzählige Bücher, die sich alle widersprächen. Was Josephus nicht sehen konnte, ist die Tatsache, daß gerade die dissonante Vielstimmigkeit („Diaphonie") der griechischen Literatur eine exklusive Errungenschaft der Schriftkultur darstellt. Die Einstimmigkeit der biblischen Bücher, die er der griechischen Vielstimmigkeit gegenüberstellt, beruht auf dem Prinzip absoluter Wahrheitsgewißheit. Was eine Textsammlung zum Kanon macht, ist die Entscheidung, die darin niedergelegten Aussagen als letztinstanzliche Wahrheit zu betrachten, über die nicht hinauszukommen und die nicht zu verändern ist. Hypolepse geht demgegenüber davon aus, daß Wahrheit immer nur annäherungsweise zu haben ist. Der hypoleptische Prozeß ist der Prozeß dieser Annäherung. Aus dem Bewußtsein der nie ganz vollständigen, immer vorausliegenden Erkennntis bezieht er seine kinetische Energie. Der Wahrheit kann man aber nur näher kommen – dies ist das Grundprinzip der Hypolepse –, wenn man sich von dem Wahn befreit, jemals von vorne anfangen zu können, erkennt, daß man immer schon in einen laufenden Diskurs hineingeboren ist, sieht, wie die Richtungen verlaufen, und lernt, sich bewußt, verstehend und kritisch auf das zu beziehen, was die Vorredner gesagt haben. Auch wissenschaftliche Revolutionen können auf diese hypoleptische Verortung des Neuen nicht verzichten. Es gehört zu den Rahmenbedingungen der Wissenschaft als organisierter Wahrheitssuche, daß die innovative Relevanz einer Aussage erst in der hypoleptischen Einbindung sichtbar wird.

Jeder hypoleptisch organisierte Text steht also in einem dreifachen Bezug: 1. in bezug auf frühere Texte, 2. in bezug auf die Sache, und 3. in bezug auf Kriterien, anhand deren sich der Wahrheitsanspruch des Textes und die Differenz zwischen Mitteilung und Information kontrollieren läßt. Es handelt sich also nicht um eine rein intertextuell hergestellte Kohärenz, wie in der Literatur. Kohärenz entsteht im hypoleptisch organisierten Diskurs durch die durch gemeinsame Wahrheitskriterien kontrollierte Dreiecksbeziehung zwischen Autor, Vorgänger und Sache. Die *Sache* gehört aber ganz und gar in den Horizont der „zerdehnten" Situation. Man könnte ebensowenig nach Hunderten von Jahren auf diese *Sache* Bezug nehmen wie auf das, was der Vorredner gesagt hat, wenn nicht auch hier spezielle Vorkehrungen zur Institutionalisierung von Permanenz getroffen würden, die diese Sache im Bewußtsein späterer Geschlechter präsent halten.

Worauf es ankommt, ist eine trans-situative Fixierung von Relevanz. Es genügt nicht, aufzuschreiben, was gesagt wurde. Es genügt noch nicht einmal, die Sache im Blick zu behalten, um die es dabei ging, wenn man nicht gleichzeitig den *Belang* dieser Thematisierung mit im Blick behält. Warum ist diese Sache wichtig? Warum kommt es darauf an, in dieser Sache die Wahrheit herauszufinden? Was der „zerdehnten Situation" auf seiten der Semantik entspricht, ist die Konstitution eines „Themenfelds".[52]

Die Form, in die eine Sache, ein Thema gebracht werden muß, damit ihre Bedeutsamkeit die konkrete Situation überdauert und spätere Autoren zu ihr und das heißt zugleich, zu dem Text, der sie behandelt, zurückkehren läßt, ist das „Problem". Probleme bilden das organisierende Element des hypoleptischen Diskurses.[53]Das Problem ist für die Wissenschaft das, was die „Mythomotorik" für die Gesellschaft im Ganzen ist. Das Problem enthält ein Element dynamischer Beunruhigung. Die Wahrheit ist einerseits problematisch, andererseits wenigstens theoretisch lösbar geworden. Der mythische Diskurs ist insofern beruhigt, als er keinen Widerspruch sichtbar werden und alle Aussagen und Bilder gleichberechtigt nebeneinander stehen läßt. Der kanonische Diskurs ist beruhigt, weil er keinen Widerspruch duldet. Der hypoleptische Diskurs ist demgegenüber eine Kultur des Widerspruchs. Er beruht auf einer verschärften Wahrnehmung von Widersprüchen, d. h. Kritik, bei gleichzeitiger Bewahrung der kritisierten Positionen.

Wer in der hypoleptischen Disziplinierung des wissenschaftlichen Denkens zu Hause ist, neigt gewöhnlich dazu, die Widerspruchstoleranz unserer Alltagserfahrung zu unterschätzen. Unser Alltagsleben ist wesentlich widerspruchsreicher, als unser theoretisches Bewußtsein sich das träumen läßt. Vor allem gilt das für vergangene Epochen und „wilde" Kulturen. Lévi-Strauss hat dafür den Begriff des „Wilden Denkens" geprägt. Das Verfahren des Wilden Denkens, das „Basteln" *(bricolage)*, ist ein Umgang mit der Tradition, der der hypo-

52 Vgl. hierzu J. Markowitsch 1979, S. 115 f.; N. Luhmann 1984, 213 ff.

53 Luhmann 1980, 47, sieht in „kognitiven Inkonsistenzen und Problemen, vorzugsweise unlösbaren Problemen" einen „Zusatzmechanismus", der Variationen beschleunigt. „Die entscheidende Absicherung von Ideenevolution, was Wahrscheinlichkeit und Tempo anbelangt, liegt darin, daß Wissen überhaupt nur mithilfe von Problemstellungen systematisiert und zusammengehalten werden kann."

leptischen Disziplin diametral entgegensteht. „Bricolage" ist ein Hantieren mit vorgefundenen Materialien, die in der Umfunktionierung untergehen. „Hypolepse" ist demgegenüber ein Umgang mit vorgefundenen Materialien, der sie nicht umfunktioniert, sondern sich im Rahmen eines gemeinsamen Funktionszusammenhangs bewegt.

3. Hat Denken Geschichte? Geistesgeschichte als hypoleptischer Prozeß

Diese Disziplinierung des Rückbezugs auf Texte ist die Vorbedingung dafür, daß so etwas wie „Ideenevolution" stattfinden kann, und, um es abschließend noch einmal zu betonen, ein höchst voraussetzungsreiches Geschäft, das mit der Schrift – auch der Alphabetschrift – allein noch keineswegs gegeben ist. Es handelt sich freilich auch nicht um eine exklusiv griechische Errungenschaft: Die Blüte der chinesischen Philosophie in der Nachfolge des Konfuzius beruht auf demselben Prinzip der Hypolepse. Der Rückbezug auf fundierende Texte, die Aufnahme dessen, was die Vorredner gesagt haben, die Unterwerfung unter Kriterien der Wahrheit bzw. Plausibilität und unter den Anspruch der Relevanz des Problems ermöglichen jene Art von Fortschritt, die Luhmann „Ideenevolution" nennt und die es mit sich bringt, daß Denken Geschichte hat. Geistes- oder Ideengeschichte kann nur mit Bezug auf jene kulturellen Bereiche geschrieben werden, in denen sich eine derartige Geschichte abgespielt hat.[54] Das wird besonders demjenigen deutlich, der den Versuch unternimmt, das Projekt einer Geistesgeschichte auf Kulturen auszuweiten, die keine hypoleptische Struktur ausgebildet haben. Im Alten Ägypten etwa finden sich nur in Teilbereichen der Überlieferung Ansätze einer hypoleptischen Diskursform: im weisheitlichen Diskurs der „Lebenslehren", die deutlich, wenn auch selten explizit, aufeinander Bezug nehmen,[55] und im „Theologischen Diskurs" der Hymnentexte des Neuen Reichs.[56] In

54 Zur historischen Dimension des Denkens und seiner Geschichtsschreibung s. besonders R. Rorty/J. B. Schneewind/Q. Skinner 1984.

55 Vgl. H. Brunner 1979. Den Versuch einer diskursgeschichtlichen Rekonstruktion unternahm ich im zweiten Kapitel von Verf. 1990.

56 Verf. 1983 a; 1984, 192–285.

beiden Fällen lassen sich die historischen und gesellschaftlichen Rahmenbedingungen der (hier nur ansatzweisen) Entstehung hypoleptischer Diskurse klar erkennen. Sie sind an Institutionen gebunden, wie die Schule (Lebenslehren) und die Tempel (Hymnen). Sie sind an die Ausbildung und Kontinuierung von „Themenfeldern" gebunden, also von Problemen, deren Relevanz als zentral empfunden wird, so z. B. für den theologischen Diskurs das Problem der Einheit Gottes[57] und für den weisheitlichen Diskurs das Problem sozialer Ordnung oder *Gerechtigkeit*. Es handelt sich aber hierbei, wenn man aufs Ganze der ägyptischen Schriftkultur blickt, um Inseln im Traditionsstrom, um Ausnahmeerscheinungen, die die Regel bestätigen. Die Regel aber ist, daß Schriftlichkeit hier weithin eingebettet bleibt in die Institutionen ritueller Kohärenz, deren Prinzip die Wiederholung, nicht die disziplinierte Variation ist.[58]

Die wichtigste Konsequenz dieser Feststellungen sehe ich darin, daß sie eine hinreichende Erklärung für jene Phänomene abgeben, die K. Jaspers unter dem Begriff der „Achsenzeit" berühmt gemacht, aber eher mystifiziert als erhellt hat. In der Achsenzeit „drängt sich Außerordentliches zusammen. In China lebten Konfuzius und Laotse, entstanden alle Richtungen der chinesischen Philosophie, dachten Mo-Ti, Tschuang-Tse, Lie-Tse und ungezählte andere, – in Indien entstanden die Upanishaden, lebte Buddha, wurden alle philosophischen Möglichkeiten bis zur Skepsis und bis zum Materialismus, wie in China, entwickelt, – in Iran lehrte Zarathustra das fordernde Weltbild des Kampfes zwischen Gut und Böse, – in Palästina traten die Propheten auf von Elias über Jesaias und Jeremias bis zu Deuterojesaias, – Griechenland sah Homer, die Philosophen – Parmenides, Heraklit, Plato – und die Tragiker, Thukydides und Archimedes. Alles, was durch solche Namen nur angedeutet ist, erwuchs in diesen wenigen Jahrhunderten annähernd gleichzeitig in China, Indien und dem Abendland, ohne daß sie gegenseitig voneinander wußten."[59]

Das Rätsel der Synchronie löst sich schnell in eine optische Täuschung auf, wenn man etwa Echnaton und Mohammed in diese Reihe hineinstellt (wohin sie zweifellos gehören). Auch Zoroaster

57 S. hierzu Verf. 1986 a.

58 J. Goody setzt sich in 1987, 37 ff. mit den Implikationen der Schriftlichkeit in altorientalischen Religionen auseinander.

59 K. Jaspers (1949), Hamburg 1955, 14 f. Vgl. die kritische Analyse von A. Assmann 1988.

wird heute erheblich früher (um 1000 v. Chr.) datiert. So weitet sich der fragliche Zeitraum vom 14. vorchristlichen bis zum 7. nachchristlichen Jahrhundert und verliert damit jede Signifikanz. Die Zeit ist dem Phänomen offenbar äußerlich. Man muß einfach davon ausgehen, daß es, eine gewisse kulturelle Höhe vorausgesetzt, immer wieder zu solchen Durchbrüchen gekommen ist. Erst im Rahmen einer entwickelten Schrift-, Text- und Auslegungskultur konnten sie ihre umwälzenden Folgen zeitigen. Der Fall Echnaton ist hier besonders aufschlußreich. Seine Vision der Einheit Gottes ist sicher die radikalste aller monotheistischen Revolutionen. Sie hat durchaus ihren Ausdruck in großen Texten gefunden, die zu fundierenden Texten hätten werden können, wenn diese Religion in Ägypten nicht Episode geblieben wäre. So aber sind diese Texte vollkommen in Vergessenheit geraten und erst im vorigen Jahrhundert, zum wachsenden Erstaunen der Ägyptologen, wiederentdeckt worden.

Es handelt sich nicht um eine Epochenschwelle, sondern um eine kulturelle Transformation, die bald früher, bald später einsetzte, mit einer gewissen Häufung im 1. Jahrtausend v. Chr. Was Jaspers beschreibt, die in seinen Augen fast gleichzeitige Entstehung einer geistigen Welt an verschiedenen Punkten der Erde, in der wir bis heute leben, läßt sich präziser fassen. Es handelt sich um die Transformation von ritueller zu textueller Kohärenz, die auf höchst natürliche Weise mit der sich ausbreitenden Schriftkultur ganz verschiedene, untereinander nur in lockerem Kontakt stehende Kulturen ungefähr zur gleichen Zeit, nämlich im 1. Jahrtausend v. Chr. erreicht hat. In dieser Zeit entstehen nicht nur die fundierenden Texte, sondern auch die kulturellen Institutionen, mit deren Hilfe die normativen und formativen Impulse dieser Texte über die sich wandelnden Sprachen, Gesellschaftssysteme, politischen Ordnungen und Wirklichkeitskonstruktionen hinweg in Kraft gehalten und die Rahmenbedingungen eines Dialogs mit den Vorgängern über die Jahrtausende hinweg geschaffen werden. Karl Jaspers, in eigentümlicher Weise blind für die institutionellen und technologischen Rahmenbedingungen geistiger Entwicklungen, hat die Rolle der Schrift bei seiner Rekonstruktion vollkommen vernachlässigt. Andere wie E. A. Havelock, J. Goody und N. Luhmann neigen dazu, diese Rolle überzubewerten. Der entscheidende Punkt liegt auf der Ebene der gesellschaftlichen Einbettung des Schreibens, des Umgangs mit Texten und schriftlich fixiertem Sinn, der voraussetzungsreichen Kunst des Rückbezugs auf fundierende Texte. Sie ist eine Sache nicht des Schriftgebrauchs, sondern der kulturellen Mnemotechnik.

Das zeigt sich nirgends klarer als darin, daß die Kennzeichen „achsenzeitlicher“ oder einfach „axialer“ Kulturen wieder verlorengehen können. Es handelt sich also nicht um evolutionäre Errungenschaften, hinter die schlechterdings nicht wieder zurückgegangen werden kann: „Es ist getan und nicht wieder rückgängig zu machen.“[60] Es ist jederzeit möglich, daß Institutionen der Auslegung verschwinden, fundierende Texte unverständlich werden oder ihre Autorität verlieren, kulturelle Mnemotechniken verschwinden und Kulturen wieder in rituelle Kohärenz zurückfallen.[61] Was Jaspers beschrieb, ist eine Organisationsform des kulturellen Gedächtnisses, die sowohl ungewöhnliche Ideenevolutionen ermöglichte als auch Zeithorizonte des Rückbezugs schuf, in denen die fundierenden Texte des 1. Jahrtausends v. Chr. noch immer zu uns sprechen.

Hat Denken Geschichte? Ja: innerhalb der Rahmenbedingungen kultureller Erinnerung, die wir mit dem Begriff der Hypolepse beschrieben haben. Innerhalb dieser kulturellen Rahmen entfaltete sich die Geschichte, auf deren Ursprünge Jaspers den Begriff der „Achsenzeit“ geprägt hat.

60 K. Jaspers 1973, 832, zit. nach A. Assmann 1988, 192.

61 Von „De-axialisation“ und „Re-axialisation“ sprechen die Autoren des von A. B. Seligman 1989 herausgegebenen Bandes. Die Stimmen häufen sich, die unser eigenes postmodernes Zeitalter im Sinne einer Re-Oralisierung und De-Axialisierung deuten.

DAS KULTURELLE GEDÄCHTNIS
VERSUCH EINER ZUSAMMENFASSUNG

Am Ende dieses Durchgangs durch verschiedene theoretische Ansätze und historische Fallbeispiele stellt sich uns die Aufgabe, in wenigen Sätzen zusammenzufassen, was sich an Antworten auf unsere Frage nach den Wandlungen der konnektiven Struktur von Gesellschaften, dem „kulturellen Gedächtnis", ergeben hat. Dafür wollen wir die historischen Beispiele noch einmal rekapitulieren.

Das spätzeitliche *Ägypten* stand für den Sonderfall eines Kanonisierungsprozesses, der *nicht* auf einen Textkanon zuläuft. Die Endform dieses Prozesses können wir im Tempel der griechisch-römischen Zeit erblicken, der viel mehr ist als nur ein Bauwerk. Er verwirklicht einen hochkomplexen und streng kanonischen Grundriß, ist an seinen Wänden über und über beschriftet und bildet das Gehäuse nicht nur der Riten, von denen nach ägyptischer Auffassung das Leben des Kosmos und der Gesellschaft abhängt – und nach unserer Analyse die „konnektive Struktur" der altägyptischen Kultur –, sondern auch einer Lebensform, die in ihrer strengen Regelgebundenheit bereits alle Züge einer „methodischen Lebensführung" im Sinne Max Webers aufweist. Schon Platon hat den Tempel als eine kanonisierte Kodifizierung der ägyptischen Kulturgrammatik gedeutet, die Handeln und Verhalten sowie alle musischen Produktionen ein für allemal festlegt. In der ägyptischen Einschätzung des Tempels treten zwei typische Kanon-Motive hervor: das Motiv der Offenbarung und das der Schließung. Tempelgrundriß und -dekoration folgen einem vom Himmel gefallenen Buch, und zwar ohne dem heiligen Grundplan etwas hinzuzufügen oder etwas von ihm wegzulassen.

Wenn man nach den historischen Rahmenbedingungen dieser Entwicklung fragt, wird man auf die Situation der Fremdherrschaft verwiesen. Der Traditionsbruch auf der politischen Ebene zwang zu einer durchgreifenden Reorganisation des kulturellen Gedächtnisses. Nach klassisch-ägyptischer Auffassung war der Staat ein Heilsinstitut, das mit der Verwirklichung der „Ma'at" (Ordnung-Wahrheit-Gerechtigkeit) zugleich die Welt in Gang hielt und dem Einzelnen die

Aussicht auf ein Leben nach dem Tode garantierte. Diese Idee einer heilswirksamen Inganghaltung verlagert sich jetzt einseitig in die Tempel. Zwar wird ein beachtliches Ausmaß an Literatur aufgeboten, um das mit den Riten verbundene Wissen zu sichern, aber den Kern der konnektiven Struktur der spätägyptischen Kultur bilden doch die Riten. Was in den Tempeln vergegenwärtigt wird, trägt durchaus die Züge einer kontrapräsentischen Erinnerung. Dazu gehört die Vorstellung einer Goldenen Urzeit, in der die „Ma'at" noch auf Erden herrschte, die Dornen nicht stachen und die Mauern nicht einfielen. Diese Zeit ist unwiederbringlich vergangen, aber man kann sie noch erinnern, indem man den gestorbenen Göttern, die in ihr gelebt haben, einen Totenkult darbringt und indem man die auf Erden nicht mehr heimische „Ma'at" in den heiligen Riten vergegenwärtigt.

An *Israel* läßt sich demgegenüber studieren, was ein *Textkanon* ist und wie es zu dieser spezifisch sprachlichen Engführung, Kodifizierung und Kanonisierung des kulturellen Sinns kommt. Auch hier beobachten wir einen Traditionsbruch auf der Ebene der politischen Repräsentation, zunächst in der vergleichsweise milden Form der Vasallenschaft, dann in der extremen Form der Deportation. Deportation bedeutete in der damaligen Welt das Ende einer kollektiven Identität. Mit dem Verlust der Heimat brachen alle notwendigen Rahmen kollektiver Erinnerung zusammen, die konnektive Struktur der Kultur riß ab, und die deportierte Gruppe ging spurlos in ihrer neuen Umwelt auf. Dies war auch das Schicksal der israelitischen Stämme des Nordreichs, die bereits 722 den Assyrern zum Opfer gefallen waren. Jerusalem schien aus dieser Katastrophe gelernt zu haben. Gingen die Deportierten des Jahres 587 schon mit dem Deuteronomium ins Exil, das die Grundlagen kultureller Mnemotechnik und kontrapräsentischer Erinnerung legt, die Gefahren des Vergessens durch Rahmenwechsel dramatisiert und über die Grenzen des Landes hinauszudenken lehrt? Indem es dem Volk einschärft, in Jerusalem nicht den Auszug aus Ägypten zu vergessen, fundiert es die Hoffnung, aus Babylon nach Jerusalem zurückzukehren. Kontrapräsentische Erinnerung relativiert den gegenwärtigen Ort durch Vergegenwärtigung des anderen Ortes. Wir wollen uns in die Diskussion der Alttestamentler um das Alter des Deuteronomiums und die Historizität der Josianischen Reform nicht einmischen, sondern die Beziehung von Kanon und Exil lieber im Sinne einer gegenseitigen Bedingung und Verstärkung sehen: Ohne den Kanon, in welcher Urform auch immer, hätten die Deportierten das Exil nicht ohne Identitätsverlust überstanden, und ohne das Exil wären vermutlich die mitgebrachten Traditionen nicht zu der Form verfestigt worden, in der sie zur Torah und zum Kern des späteren Bibelkanons wurden. In Israel muß die Geschichte erinnert werden, mit allen Kräften des Herzens und des Handelns, um nicht nach Ägypten zurückzukehren. In Babylonien muß sie erinnert werden, um einst nach Israel zurückkehren zu können.

Die Struktur der gegenseitigen Bedingung und Verstärkung trifft ebenso auf den anderen Faktor zu, der in der Geschichte Israels in paradigmatischer Form deutlich wird: die Ausbildung innerer Konfliktfronten. Aus der biblischen Innenperspektive gesehen geht der Kanon allen diesen Konflikten voraus und bringt sie hervor, indem er das Volk vor die Entscheidung stellt, an seinen Forderungen (und Verheißungen) festzuhalten oder dem äußeren Druck nachzugeben. Aus der Außenperspektive der historischen Rekonstruktion kehrt sich das Verhältnis um, und es ist die nicht abreißende Folge innerer Sezessionen, Oppositionen, Spannungen und Spaltungen, die zu immer schärferer und klarerer Explizierung des kulturellen Sinns zwingt und schließlich die in ihrem Bestand wortlautgetreu stillgestellte und „eingezäunte" Überlieferung in die dreistöckige Architektur des Kanons gießt.

Zu den Kanon-Motiven, die wir schon in Ägypten angetroffen haben, Offenbarung und Schließung, tritt hier ein weiteres hinzu: Auslegung. Auslegung ist eine notwendige Begleiterscheinung jener kulturellen Transformation, die wir als Übergang von ritueller zu textueller Kohärenz beschrieben haben. Wenn das ganze Gewicht der kulturellen Kontinuität auf die fundierenden Texte gelegt wird, kommt alles darauf an, sie lebendig zu erhalten und die unabwendbar wachsende Distanz zwischen ihnen und der sich wandelnden Lebenswirklichkeit zu überbrücken. Zunächst geschieht das textintern, durch Umschreiben und Fortschreiben, durch redaktionelle Anpassung an veränderte Verstehensverhältnisse. Dann, wenn der Text kanonisiert, d. h. in seinem Wortlaut und Umfang unveränderbar festgelegt wird, kann diese Brücke nur noch durch einen Metatext geschlagen werden: den Kommentar. Dabei müssen wir uns darüber im klaren sein, daß die uns vertraute Form des verstehenden Lesens eine späte Stufe in der Geschichte des Lesens darstellt. Die normalen Formen des Lesens waren in der Antike die memorierende Lektüre, vermittels deren der Leser sich den Text einprägt, und die hodegetische Lektüre, in der er sich im Dialog mit einem Lehrer, dem Hodegeten, den Sinn klar macht. Je kanonischer der Text, desto unabdingbarer der Hodeget. Auf die Frage des Philippus: „Verstehest du auch, was du liesest?", antwortet der Kämmerer aus Äthiopien: „Wie kann ich, wenn mir niemand den Weg weist (hodegesei me)?" (Apg. 8.27 ff.) Die Konsequenz dieser Entwicklung ist, daß die Wegweisung genau so geheiligt wird wie der Text selbst, daß sich genealogische Ketten von Auslegern bilden, die parallel zum Text auch dessen Sinn überliefern. Darauf beruht der rabbinische Begriff der „mündlichen Torah" und der katholische Begriff der Tradition.

Mit der Kanonisierung des Textes einher geht die Verpflichtung zur Erinnerung. Die kulturelle Mnemotechnik wird zur Grundlage der Religion; der Opferkult wandelt sich zum reinen Wortgottesdienst. Der Imperativ „Erinnere Dich!" bezieht sich auf zwei Bereiche von gleicher Verbindlichkeit: auf die *Gesetze* des Bundes, die es unter allen Umständen und in allen Einzelheiten zu halten gilt, und auf die *Geschichte*, die diese Gesetze fundiert und begründet. Die Gesetze erhalten ihren Sinn durch die Geschichte. Nur wer den Auszug aus Ägypten nicht vergißt, weiß, daß das Gesetz Freiheit bedeutet, und vermag es zu befolgen. Das ist eine völlig neue Form des Vergangenheitsbezugs. Zwar leben alle Gemeinschaften im Banne fundierender Geschichten, aus denen sie die Ordnung und Richtung ihres Handelns beziehen. Wir haben dieses Prinzip „Mythomotorik" genannt. Diese Geschichten werfen ein Licht auf die Gegenwart, das auch ein Stück weit in die Zukunft fällt und die Richtung von Handeln und Erwartungen vorgibt. Die Geschichte, um deren Erinnerung es in Israel geht, ist ein Mythos völlig neuen Typs. Er hat einen festen Ort in der Zeit, und er setzt sich in die Gegenwart hinein fort. Es geht um Ereignisse, die nicht nur gegenwärtiges Geschehen fundieren; das gilt für alle Mythen. Es handelt sich vielmehr um eine Geschichte, in die die Gegenwart mit hineingehört. Mit den Mythen der vorderasiatischen, ägyptischen und griechischen Götterwelten hat diese Geschichte nichts mehr zu tun. Wo kommt diese neuartige Form von Erinnerung, Vergangenheitsbezug und Mythomotorik her?

Dieser Frage widmet sich der Exkurs in die Welt der Keilschriftkulturen. Er vertritt die These, daß dieser Geschichts- und Erinnerungsbegriff aus der Rechtssphäre stammt und zusammen mit dem politisch-rechtlichen Modell der Gottesbeziehung in Israel zu der Form von Geschichtsschreibung entwickelt wurde, wie sie im deuteronomistischen Geschichtswerk vorliegt. Geschichte in diesem Sinn ist eine Form kollektiver Selbstthematisierung. Sie hat den Charakter einer Beichte. Sie rekapituliert die Verfehlungen des Volkes, um in den Notlagen der Gegenwart den Sinn nicht zu verlieren. Der Sinn des Unheils ist die Strafe. Je katastrophischer und undurchsichtiger die Gegenwart, desto rettender wird die Erinnerung an die Geschichte, deren Logik Licht in das Dunkel wirft. Dieses Modell, das gegenwärtige Notlagen auf das strafende Eingreifen erzürnter Götter zurückführt, tritt uns zuerst in mesopotamischen Quellen entgegen. Im Rechtsinstitut des Eides werden Götter zu Wächtern über menschliches Handeln und Verhalten, d. h. über die Geschichte, bestellt. Wird ein politischer Eid gebrochen, also der Vertrag mit einem anderen Volk, dann kann Unheil über das ganze Land hereinbrechen. Aus diesem Zusammenhang ergibt sich, was wir die „Semiotisierung der Geschichte" genannt haben. Indem die Götter zu Zeugen und Hütern rechtlicher Bindungen und Selbstverpflichtungen angerufen werden, werden sie zu Instanzen der Rechenschaft. Der Mensch hat sich vor ihnen zu verantworten. Alle Widerfahrnisse werden im Rahmen dieses Beziehungshorizonts als Signale segnender oder strafender Gottheiten lesbar, die Geschichte erfüllt sich mit Sinn und Bedeutung: nicht die mythische Urgeschichte, deren Grundmuster die Weltordnung fundieren, sondern die Geschichte der alltäglichen Widerfahrnisse, die in der linearen Zeit spielt, wo alles darauf ankommt, die in der Vergangenheit eingegangenen Bindungen nicht zu vergessen. Auf der Grundlage dieser Verrechtlichung der konnektiven Strukturen wird Sinn als Zusammenhang von Tun und Ergehen lesbar.

Wir haben eine Gruppe hethitischer Texte aus dem 13. Jahrhundert v. Chr. herangezogen, um uns die Formen von Geschichtsrekapitulation zu veranschaulichen, die auf dem Boden solcher Semiotisierung der Geschichte entstehen. Dabei ging es vor allem um die These, daß die erinnernde Repräsentation von Vergangenheit keinem universalen und daher nicht weiter erklärungsbedürftigen „Geschichtssinn" entspringt, sondern grundsätzlich unwahrscheinlich ist und aus den je besonderen Motiven heraus erklärt werden muß. Erinnert wird Vergangenheit nur in dem Maße, wie sie gebraucht wird und wie sie mit Sinn und Bedeutung erfüllt, also *semiotisiert* ist. Als einen wesentlichen Faktor solcher Sinngebung von Vergangenheit haben wir die Lehre der „konnektiven Gerechtigkeit", des Zusammenhangs von Tun und Ergehen, namhaft gemacht.

Mit dem Stichwort „Gerechtigkeit" werden wir nun auch nachdrücklich auf das Thema Schrift und Schriftlichkeit verwiesen. Gerechtigkeit ist das zentrale Thema der altorientalischen und ägyptischen Schriftkultur, die sich in Ägypten und Mesopotamien in den bedeutenden Werken der Weisheitsliteratur, und in Mesopotamien darüber hinaus auch in Rechtsbüchern entfaltet. Weisheit und Recht gehören zusammen und haben ihren gemeinsamen Ort in der Schreibertradition. Man geht sicher nicht fehl, wenn man die Lehre von der „konnektiven Gerechtigkeit" mit den schriftkundigen Beamten und Weisen der „Tafelhäuser" (Babylonien) und „Lebenshäuser" (Ägypten) als ihrer spezifischen Trägergruppe in Verbindung bringt. Dasselbe gilt nun aber auch in ganz besonderem Maße für das Deuteronomium. Wir haben dieses Buch vor allem unter den Fragestellungen der Erinnerungskultur und der politischen Imagination behandelt: als die Grundlegung einer kulturellen Mnemotechnik und kontrapräsentischen Erinnerung und als das Manifest einer Art nationaler *Erweckungsbewegung* am Ende jahrhundertelanger assyrischer Unterdrückung. Wir hätten es mit gleichem Recht aber auch als Markstein einer mediengeschichtlichen Epochenschwelle heranziehen können. Das Deuteronomium, darin sind sich die Alttestamentler seit langem einig, ist aus den Kreisen der „weisen Schreiber" *(sôferîm ḥakhamîm)* hervorgegangen, die auch in Israel mit der Aufgabe, die Überlieferungen zu tradieren, die Ideologie der konnektiven Gerechtigkeit, die Einsicht in den Zusammenhang von Tun und Ergehen verbinden, die als Weisheit gilt. Das Deuteronomium ist ein Rechts- und Weisheitsbuch und in diesem Sinne ein Produkt entwickelter Schriftkultur.[1] Hier wird zum ersten Mal mit Entschiedenheit in die Kolumnen einer Schriftrolle ausgefaltet, was vorher in Brauch und Sitte, Kult und Ritus, mündliche Überlieferung und implizites Wissen eingelassen war. Damit verbindet sich die Hoffnung und das volkspädagogische Programm, ganz Israel zu einem „weisen Volk" zu machen (Dt 4.6), die Idee schriftgestützter Bildung, die die konnektive Struktur der Gesellschaft auf textuelle Kohärenz um- und damit sicherstellen will. Dazu gehört die Kultreform als Abbruch und Umbau der rituellen Kohärenz. Mit dem Deuteronomium treten die Schreiber und Weisen, die Vorfahren der späteren Schrift-

1 Zur Verankerung des Deuteronomiums in den Kreisen der Schrifttradenten s. bes. Weinfeld 1972, 158 ff.

gelehrten, als Repräsentanten Israels hervor, jene Kreise, die Jeremia im Auge hat, wenn er sagt:

> „Wie könnt ihr sagen ‚wir sind weise *(ḥakhamîm)*
> und die Torah des Herrn ist bei uns?'
> Wahrlich, die Feder (der Schreiber) hat umsonst gewirkt
> und vergeblich haben die Schreiber gearbeitet." (Jer 8.8)[2]

Was Jeremia anprangert, ist die naive Gleichsetzung von Textpflege und Sinnpflege, die Vorstellung, die Weisheit und Gerechtigkeit zu *besitzen,* wenn man sie in Buchform gebracht hat. Dieser Tadel trifft zwar das Deuteronomium nicht, denn *Beherzigung,* Verinnerlichung, Einverseelung bildet ja das eigentliche Ziel der darin vorgeschriebenen Mnemotechnik; aber er trifft die typischen Begleiterscheinungen der Schriftgelehrsamkeit, die in jener Situation ausgeprägter „Literatokratie" für besondere Spannungen gesorgt haben muß. Dieselbe Konstellation von Schriftgelehrsamkeit, ethnischer Identitätsverfestigung, historiographischer Erinnerungsarbeit und kultischer Reform wiederholt sich dann unter „Esra dem Schreiber" und in griechisch-römischer Zeit immer wieder.

Ich habe die schriftkulturellen Bezüge dieser Entwicklung hier etwas ausführlicher nachgetragen, weil sie in dem Israel gewidmeten Kapitel unberücksichtigt geblieben sind. Am Beispiel Israels kam es mir vor allem darauf an, den Nexus von Erinnerung und Identität zu veranschaulichen, während ich für die spezifische Phänomenologie schriftkulturell bedingter Wandlungen Griechenland als Beispiel herangezogen habe.

In Griechenland stoßen wir auf genau dieselbe Konstellation wie in Israel und – *mutatis mutandis* – auch in Ägypten: nationale („panhellenische") Identitätsbildung im Zusammenhang der Perserkriege, Entstehung von Geschichtsschreibung als Symptom veränderter Erinnerungskultur, politische Reform und durchgreifende Schriftlichwerdung der konnektiven Struktur. Die Geschichtsschreibung hat hier freilich nicht den konfessorischen Charakter kollektiver Selbstthematisierung wie in Mesopotamien und vor allem in Israel. Das Thema *Schuld* spielt hier nicht die Rolle eines zentralen Prinzips der Sinnge-

2 Übersetzung nach Fishbane. Vgl. hierzu und zur Identifizierung der „Torah des Herrn" mit dem Buch Deuteronomium, Fishbane 1986, 34 (mit weiterer Literatur).

bung. Andererseits ist es allerdings auch alles andere als abwesend. Elemente „konnektiver Gerechtigkeit“ und damit altorientalischer Weisheit sind bei Herodot durchaus präsent. Die ethnographische Weite seines Horizonts sprengt aber den orientalischen Rahmen von „History as National Tradition“ (van Seters 1989).

Was wir am Beispiel Griechenlands veranschaulichen wollten, waren zwei spezifisch schriftkulturelle Entwicklungen, die die konnektive Struktur unserer eigenen Kultur, das kulturelle Gedächtnis der westlichen Welt, bis heute bestimmen. Wir haben sie mit den Stichworten *Klassik* und *Hypolepse* gekennzeichnet. Damit kommen wir auf den Begriff der „zerdehnten Situation“ zurück, von dem wir ausgegangen sind. Denn mit diesen beiden institutionellen Rahmen ist eine *Situation,* ein intertextueller Beziehungshorizont, aufgebaut worden, in dem wir selbst noch stehen. Griechenland stellt einen einzigartigen Fall des allmählichen Schriftlich-Werdens fundierender Texte dar. Sicher spielt dabei auch das neuartige Medium einer vokalisierten Alphabetschrift eine gewisse Rolle, die sich leichter als andere Schriftsysteme der Aufzeichnung komplexer mündlicher Überlieferungen fügt. Wir meinen aber, daß Havelock diese Rolle stark überschätzt bzw. die Aufzeichnungskapazität der orientalischen Schriftsysteme unterschätzt hat. Auch hier wollen wir das monokausale Erklärungsmodell durch eine zirkuläre Struktur, einen „reflexive loop“, ersetzen. Die Schrift verbindet sich hier mit anderen Faktoren zu einem Prozeß wechselseitiger Bedingung und Verstärkung. Diese Faktoren sind zum einen die ausgesprochen pluralistische, plurizentrische Verfaßtheit der politischen Struktur, zum anderen die *agonistische,* kompetitive Grundeinstellung einer ausgeprägten „loose society“ sowie die unausbleiblichen Spannungen und Brüche, die mit ihrer Transformation zur „tight society“ der Polisgesellschaft einhergehen. Schon die von „Homer“ selbst kodifizierte Erinnerung an die spätbronzezeitliche mykenische Lebensform überspannt einen Traditionsbruch und ist zugleich fundierend und kontrapräsentisch. In noch viel stärkerem Maße gilt das aber für die Erinnerung, die sich an den Homertext im Sinne eines „traditum“ knüpft. An Homer als einem fundierenden Text auch im Zeitalter der Polis festzuhalten, bedeutet, in zwei Welten oder zwei Zeiten zugleich zu leben. So kommt es in Griechenland zu einer Form „zitathaften Lebens“, die sich allmählich zu einer Auslegungskultur wie in Israel entfaltet.

Daneben entwickelt sich aber im Zuge des Schriftlich-Werdens eines Projekts, das sich selbst den Namen *Philosophie* gegeben hat, eine ganz andere Form von Intertextualität. Was hier zum Tragen kommt, ist jene in der Schriftlichkeit selbst angelegte Dynamik, die bereits von einem ägyptischen Schriftsteller in der ersten Hälfte des 2. Jahrtausends v. Chr. in ergreifenden Worten beschrieben wurde. Anders als der mündliche *Tradent* muß sich der schriftliche *Autor* vor dem Forum der vorliegenden Texte verantworten und sich durch Neues, Eigenes, bislang Ungesagtes legitimieren. Innerhalb der ägyptischen Überlieferung erscheint Chacheperreseneb als ein vereinzelter Vorposten. In Griechenland entsteht aus diesem Problem eine kritische Intertextualität, eine Disziplin kritischer Bezugnahme auf vorhergehende Texte, die sich zu einem eigenen Rahmen des kulturellen Gedächtnisses, der Wissenschaft, verfestigt. Vergleichbares läßt sich weder in Ägypten und Mesopotamien noch in Israel beobachten, wohl aber in China und Indien. Daher werden wir Havelock und Goody nicht folgen, die in dieser Entwicklung eine Konsequenz der alphabetischen Schriftkultur sehen. Daß aber auch diese Entwicklung nicht ohne Schriftgebrauch denkbar ist, dürfte feststehen. Die Folgen der Schriftkultur sind vielfältig und nehmen in den einzelnen Gesellschaften ganz verschiedene Richtungen. Dabei spielt aber die Struktur des Schriftsystems, ideographisch oder phonographisch, alphabetisch oder syllabisch, konsonantisch oder vokalisiert, eine eher untergeordnete Rolle. Entscheidend ist vielmehr das Zusammenspiel einer Vielzahl von Faktoren, die innerhalb der einzelnen Kulturen und Epochen in jeweils anderen Konfigurationen wirksam werden. Im Rahmen einer Theorie des kulturellen Gedächtnisses haben wir versucht, mit dem begrifflichen Geviert von Traditionsbildung, Vergangenheitsbezug, Schriftkultur und Identitätsbildung das Feld solcher Konfigurationen abzustecken.

ANHANG

Literatur

Abadal i de Vinyals, Ramon d' (1958), „A propos du Legs Visigothique en Espagne", in: *Settimane di Studio del Centro Italiano di Studi sull' Alt.Medioevo* 2, 541–85.

Adamiak, Richard (1982), *Justice and History in the Old Testament. The Evolution of divine Retribution in the Historiographies of the Wilderness Generation,* Cleveland.

ANET = Pritchard, J.B., *Ancient Near Eastern Texts Relating to the Old Testament,* Princeton 1955.

Aland, K. (1970), „Das Problem des neutestamentlichen Kanons", in: Käsemann 1970, 134–158.

Albert, H. (1990), „Methodologischer Individualismus und historische Analyse", in: K. Acham/W. Schulze (Hrsg.), *Teil und Ganzes* (Theorie der Geschichte, Beiträge zur Historik 6), München, 219–39.

Albrektson, B. (1967), *History and the Gods. An Essay on the Idea of Historical Events as Divine Manifestations in the ancient Near East and in Israel,* Lund.

Alliot, M. (1949), *Le culte d'Horus à Edfou au temps des Ptolemées,* Bibl. d'Etud. 20, Kairo.

Andersen, O. (1987), „Mündlichkeit und Schriftlichkeit im frühen Griechentum", in: *Antike und Abendland* 33, 29–44.

Anderson, B. (1983), *Imagined Communities: Reflections on the origin and spread of nationalism,* London.

ÄHG = Assmann, J., *Ägyptische Hymnen und Gebete,* Zürich und München 1975.

Anthes, P./Pahnke, D. (Hrsg.) (1989), *Die Religion von Oberschichten,* Marburg.

Appadurai, A. (Hrsg.) (1986), *The Social Life of Things. Commodities in Cultural Perspective,* Cambridge.

Armstrong, J. (1983), *Nations before Nationalism,* Chapel Hill.

Artzi, P. (1969), „The birth of the Middle East", in: *Proceedings of the 5th World Congreß of Jewish Studies,* Jerusalem, 120–124.

Artzi, P. (1984), „Ideas and Practices of International Co-existence in the 3rd mill. BCE", in: *Bar Ilan Studies in History* 2, 25–39.

Assmann, A. (1986), „Opting In und Opting Out", in: H.U. Gumbrecht/K.L. Pfeiffer (Hrsg.), *Stil. Geschichten und Funktionen eines kulturwissenschaftlichen Diskurselements,* Frankfurt, 127–143.

Assmann, A. (1988), „Jaspers' Achsenzeit, oder Schwierigkeiten mit der Zentralperspektive in der Geschichte", in: D. Harth (Hrsg.), *Karl Jaspers. Denken zwischen Wissenschaft, Politik und Philosophie,* Stuttgart, 187–205.

Assmann, A. (1989), „Fiktion als Differenz", in: *Poetica* 21, 239–60.

Assmann, A. (Ms.), *Erinnerungsräume. Zur Kulturellen Konstruktion von Zeit und Identität,* Habil. Schr. Heidelberg.

Assmann, A. (Hrsg.) (1991), *Weisheit. Archäologie der Literarischen Kommunikation III,* München 1991.

Assmann, A. (1991 a), „Zur Metaphorik der Erinnerung“, in: A. Assmann/D. Harth 1991, 13–35.

Assmann, A. (1991 b), „Kultur als Lebenswelt und Monument“, in: A. Assmann/D. Harth (Hrsg.) 1991 a, 11–25.

Assmann, A. (1991 c), „Was ist Weisheit: Wegmarken in einem weiten Feld“, in: A. Assmann 1991, 15–44.

Assmann, A. u. J./Hardmeier, Chr. (Hrsg.) (1983), *Schrift und Gedächtnis,* München.

Assmann, A. u. J. (Hrsg.) (1987), *Kanon und Zensur,* München.

Assmann, A. u. J. (1988), „Schrift, Tradition und Kultur“, in: W. Raible (Hrsg.), *Zwischen Festtag und Alltag,* Tübingen, 25–50.

Assmann, A. u. J. (1990), „Kultur und Konflikt. Aspekte einer Theorie des unkommunikativen Handelns“, in: J. Assmann/D. Harth (Hrsg.), *Kultur und Konflikt,* Frankfurt, 11–48.

Assmann, A. u. J. (1991), „Das Gestern im Heute. Medien des sozialen Gedächtnisses“, Studienbegleitbrief zur Studieneinheit 11 des Funkkollegs *Medien und Kommunikation,* Weinheim.

Assmann, A./D. Harth (Hrsg.) (1991), *Mnemosyne,* Frankfurt.

Assmann, A./D. Harth (Hrsg.) (1991 a), *Kultur als Lebenswelt und Monument,* Frankfurt.

Assmann, J. (1975), *Zeit und Ewigkeit im Alten Ägypten,* Heidelberg.

Assmann, J. (1977), „Die Verborgenheit des Mythos in Ägypten“, in: *Göttinger Miszellen* 25, 1–25.

Assmann, J. (1983), „Das Doppelgesicht der Zeit im altägyptischen Denken“, in: A. Peisl/A. Mohler (Hrsg.), *Die Zeit,* München.

Assmann, J. (1983 a), *Re und Amun. Zur Krise des polytheistischen Weltbilds im Ägypten der 18.–20. Dynastie,* OBO 51, Fribourg.

Assmann, J. (1983 b), „Tod und Initiation im altägyptischen Totenglauben“, in: H. P. Duerr (Hrsg.), *Sehnsucht nach dem Ursprung. Zu Mircea Eliade,* Frankfurt, 336–59.

Assmann, J. (1984), *Ägypten – Theologie und Frömmigkeit einer frühen Hochkultur,* Stuttgart, 192–285.

Assmann, J. (1985), „Die Entdeckung der Vergangenheit. Innovation und Restauration in der ägyptischen Literaturgeschichte“, in: H. U. Gumbrecht/U. Link-Heer, *Epochenschwellen und Epochenstrukturen im Diskurs der Literatur- und Sprachhistorie,* Frankfurt, 484–499.

Assmann, J. (1986), „Viel Stil am Nil? Ägypten und das Problem des Kulturstils, in: H. U. Gumbrecht/K. L. Pfeiffer (Hrsg.), *Stil. Geschichten und Funktionen eines kulturwissenschaftlichen Diskurselements,* Frankfurt, 522–524.

Assmann, J. (1986 a), „Arbeit am Polytheismus. Die Idee der Einheit Gottes und die Entfaltung des theologischen Diskurses in Ägypten“, in: H. v. Stietencron, *Theologen und Theologien in verschiedenen Kulturkreisen,* Düsseldorf 1986, 46–69.

Assmann, J. (1987), „Sepulkrale Selbstthematisierung im Alten Ägypten", in: A. Hahn/V. Kapp (Hrsg.), *Selbstthematisierung und Selbstzeugnis: Bekenntnis und Geständnis,* Frankfurt, 208–232.

Assmann, J. (1987 a), „Hierotaxis. Textkonstitution und Bildkomposition in der ägyptischen Kunst und Literatur", in: J. Osing/G. Dreyer (Hrsg.), *Form und Mass. Beiträge zu Sprache, Literatur und Kunst des alten Ägypten* (Fs. Gerhard Fecht), Wiesbaden, 18–42.

Assmann, J. (1988), „Stein und Zeit. Das monumentale Gedächtnis der altägypt. Kultur", in: J. Assmann/T. Hölscher 1988, 87–114.

Assmann, J. (1988 a), „Kollektives Gedächtnis und kulturelle Identität", in: J. Assmann/T. Hölscher 1988, 9–19.

Assmann, J. (1989), „State and Religion in the New Kingdom", in: W. K. Simpson (Hrsg.), *Religion and Philosophy in Ancient Egypt,* New Haven, 55–88.

Assmann, J. (1990), *Ma'at: Gerechtigkeit und Unsterblichkeit im alten Ägypten,* München.

Assmann, J. (1990 a), „Der leidende Gerechte im alten Ägypten. Zum Konfliktpotential der ägyptischen Religion", in: C. Elsas/H. G. Kippenberg (Hrsg.), *Loyalitätskonflikte in der Religionsgeschichte,* Würzburg 1990, 203–224.

Assmann, J. (1990 b), „Die Macht der Bilder. Rahmenbedingungen ikonischen Handelns im alten Ägypten", in: *Visible Religion* VII, 1–20.

Assmann, J. (1991), „Gebrauch und Gedächtnis. Die zwei Kulturen Ägyptens", in: A. Assmann/D. Harth 1991 a, 135–152.

Assmann, J. (1991 a), „Der zweidimensionale Mensch. Das Fest als Medium des kulturellen Gedächtnisses", in: J. Assmann/T. Sundermeier (Hrsg.), *Das Fest und das Heilige. Religiöse Kontrapunkte zur Alltagswelt,* Studien zum Verstehen fremder Religionen 1, Gütersloh 1991, 11–30.

Assmann, J. (1991 b), „Das ägyptische Prozessionsfest", in: J. Assmann/T. Sundermeier (Hrsg.), *Das Fest und das Heilige. Religiöse Kontrapunkte zur Alltagswelt,* Studien zum Verstehen fremder Religionen 1, Gütersloh 1991, 105–122.

Assmann, J./T. Hölscher (Hrsg.) (1988), *Kultur und Gedächtnis,* Frankfurt.

Assmann, J. (1996), *Ägypten – eine Sinngeschichte.* München.

Assmann, J./B. Gladigow (Hrsg.) (1995), *Text und Kommentar,* München.

Baczko, B. (1984), *Les imaginaires sociaux, mémoires et espoirs collectifs,* Paris.

Balandier, G. (1988), *Le désordre. Éloge du mouvement,* Paris.

Baltzer, K. (1964), *Das Bundesformular,* Neukirchen, 2. Auflage.

Barrow, R. (1976), *Greek and Roman Education,* London.

Bartlett, F. C. (1923), *Psychology and Primitive Culture,* Cambridge.

Bartlett, F. C. (1932), *Remembering: a Study in Experimental Social Psychology,* Cambridge.

Basset, J. C. et alii (1988), *La mémoire des religions,* Genf.

Bauer, W. (1980), *China und die Fremden,* München.

Baumann, G. (Hrsg.) (1986), *The Written Word,* Oxford.

Beauchard, J. (Hrsg.) (1979), *Identités collectives et travail social,* Toulouse.

Beck, F. A. G. (1964), *Greek Education 450–350 B. C.*, London.
Bergson, H. (1896), *Matière et mémoire,* Paris.
Berry, J. W. (1977), „Nomadic Style and Cognitive Style", in: H. M. McGurk (Hrsg.), *Ecological Factors in Human Development,* Amsterdam, New York, Oxford, 228–245.
Bertrand, P. (1975), *L'oubli, révolution ou mort de l'histoire,* Paris.
Bethge, H. G. (1975), *„Vom Ursprung der Welt": die fünfte Schrift aus Nag Hammadi Codex II* (Diss. Berlin [Ost]).
Bien, G., „Hypolepsis", in: J. Ritter (Hrsg.), *Historisches Wörterbuch der Philosophie* 4, 1252–1254.
Biesterfeldt, H. H. (1991), „Ibn Ḫaldun: Erinnerung, historische Reflexion und die Idee der Solidarität", in: A. Assmann/D. Harth 1991, 277–288.
Blenkinsopp, J. (1977), *Prophecy and Canon,* Notre Dame.
Bloch, M. (1925), „Mémoire collective, tradition et coutume", in: *Revue de Synthèse Historique,* 73–83.
Blum, H. (1969), *Die antike Mnemotechnik,* Diss. 1964=Spudasmata 15.
Bolkestein, H. (1939), *Wohltätigkeit und Armenpflege im vorchristlichen Altertum,* Utrecht.
Borchardt, R. (1973), „Die Tonscherbe", in: *Prosa* IV, Stuttgart, 62–68.
Borgeaud, Ph. (1988), „Pour une approche anthropologique de la mémoire religieuse", in: Basset, J. C. et alii, 7–20.
Bornkamm, G. (1964), „Lobpreis, Bekenntnis und Opfer", in: *Apophoreta* (Fs. E. Haenchen), Berlin, 46–63.
Bottéro, J. (1974), „Symptômes, signes, écritures en Mésopotamie ancienne", in: J. P. Vernant et alii, *Divination et rationalité,* Paris, 70–197.
Bottéro, J. (1987), *Mésopotamie. L'écriture, la raison et les dieux,* Paris.
Bourdieu, P. (1982), *La distinction. Critique social du jugement.* Paris 1979, dt.: *Die feinen Unterschiede.* Frankfurt 1982.
Boylan, P. (1922), *Thoth, the Hermes of Egypt,* Oxford.
Brandon, S. G. F. (1967), *The Judgment of the Dead,* New York.
Bremmer, J. (1982), „Literacy and the Origins and Limitations of Greek Atheism", in: J. den Boeft/A. H. Kessels (Hrsg.), *Actus. Studies in Honour of H. L. W. Nelson,* Utrecht, 43–55.
Brunner, H. (1970), „Zum Verständnis der archaisierenden Tendenzen der ägyptischen Spätzeit", in: *Saeculum* 21, 150–161.
Brunner, H. (1979), „Zitate aus Lebenslehren", in: E. Hornung/O. Keel (Hrsg.), *Studien zu altägyptischen Lebenslehren,* OBO 28, Fribourg, 105–171.
Brunner, H. (1983), „Seth und Apophis – Gegengötter im ägyptischen Pantheon?", in: *Saeculum* 34, 226–234.
Brunner, H. (1988), *Altägyptische Weisheit,* Zürich und München
Bubner, R. (1984), *Geschichtsprozesse und Handlungsnormen,* Frankfurt.
Burckhardt, J. (1984), *Die Kunst der Betrachtung. Aufsätze und Vorträge zur bildenden Kunst,* v. Henning Ritter, Köln.
Burke, P. (1991), „Geschichte als soziales Gedächtnis", in: A. Assmann/D. Harth 1991, 289–304.
Burkert, W. (1984), *Die orientalisierende Epoche in der griechischen Religion und Literatur,* SHAW.

Burns, A. (1981), „Athenian Literacy in the Fifth Century B. C.“, in: *Journal of the History of Ideas* 42, 371–87.

Calvet, J.-L. (1984), *La tradition orale,* Paris.

Cancik, H. (1970), *Mythische und historische Wahrheit,* Stuttg. Bibelstudien 48.

Cancik, H. (1978), *Grundzüge der hethitischen und alttestamentlichen Geschichtsschreibung, Abh. d. DPV,* Wiesbaden.

Cancik, H. (1985/6), „Rome as a Sacred Landscape. Varro and the End of Republican Religion in Rome“, in: *Visible Religion* IV/V, 250–65.

Cancik, H. (1986), „Geschichtsschreibung und Priestertum. Zum Vergleich von orientalischer und hellenischer Historiographie bei Flavius Josephus, contra Apionem, Buch I“, in: E. L. Ehrlich/B. Klappert/U. Ast (Hrsg.), *Wie gut sind deine Zelte, Jaakow . . .,* (FS zum 60. Geburtstag von Reinhold Mayer), Gerlingen, 41–62.

Cancik, H. (1990), „Größe und Kolossalität als religiöse und ästhetische Kategorien. Versuch einer Begriffsbestimmung am Beispiel von Statius, Silvae I 1: Ecus Maximus Domitiani Imperatoris“, in: *Visible Religion* VII, *Genres in Visual Representations,* Leiden, 51–68.

Cancik, H./H. Mohr (1990), „Erinnerung/Gedächtnis“, in: *Handbuch religionswissenschaftlicher Grundbegriffe* 2, Stuttgart, 299–323.

Cancik-Lindemaier, H./Cancik, H. (1987), „Zensur und Gedächtnis. Zu Tac. Ann. IV 32–38“, in: A. u. J. Assmann 1987, 169–189.

Canfora, L./Liverani, M./Zaccagnini, C. (Hrsg.) (1990), *I Trattati nel Mondo Antico. Forma, Ideologia, Funzione,* Rom.

Cassirer, E. (1923), *Philosophie der symbolischen Formen II. Das mythische Denken,* Nachdr. Darmstadt 1958.

Castoriadis, C. (1975), „Temps identitaire et temps imaginaire“; „L'institution sociale du temps“, in: C. Castoriadis, *L'institution imaginaire de la société,* Paris.

Childs, B. S. (1962), *Memory and Tradition in Israel,* SBT 37, Naperville, Ill.

Classen, P. (Hrsg.) (1977), *Recht und Schrift im Mittelalter,* Sigmaringen.

Claus, David B. (1981), *Toward the Soul: an Inquiry into the Meaning of Soul before Plato,* New Haven, London.

Colpe, C. (1986), „Die Ausbildung des Heidenbegriffs von Israel zur Apologetik und das Zweideutigwerden des Christentums“, in: R. Faber/R. S. Schlesier (Hrsg.), *Restauration der Götter,* 1986, 61–87.

Colpe, C. (1987), „Sakralisierung von Texten und Filiationen von Kanons“, in: A. u. J. Assmann 1987, 80–92.

Colpe, C. (1988), „Heilige Schriften“, in: *Reallexikon für Antike und Christentum,* Lieferung 112, 184–223.

Conrad, D. (1987), „Zum Normcharakter von ‚Kanon‘ in rechtswissenschaftlicher Perspektive“, in: A. u. J. Assmann 1987, 46–61.

Crüsemann, F. (1987), „Das ‚portative Vaterland‘. Struktur und Genese des alttestamentlichen Kanons“, in: A. u. J. Assmann 1987, 63–79.

Davis, N. Z./Starn, R. (1989), *Memory and Counter-Memory,* Sonderband *Representations* 26, Berkeley.

Davis, Wh. M. (1982 a), „Canonical representation in Egyptian Art", in: *Res* 4: Anthropology and aesthetics, 20–46.
Davis, Wh. M. (1982 b), „The Canonical Theory of Composition in Egyptian Art", in: *Göttinger Miszellen* 56, 9–26.
Davis, Wh. M. (1989), *The Canonical Tradition in Egyptian Art,* Cambridge 1989.
Deiber, A. (1904), *Clément d'Alexandrie et l'Égypte,* Mémoires de l'Inst. Français d'Arch. Orient. 10, Kairo.
Delling, G. (1987), *Die Bewältigung der Diasporasituation durch das hellenistische Judentum,* Berlin.
Dentan, R. C. (Hrsg.) (1955), *The Idea of History in the Ancient Near East,* New Haven.
Derrida, J. (1972), *L'ecriture et la différence,* Paris 1967; dt. *Die Schrift und die Differenz,* Frankfurt.
Derrida, J. (1974), *De la grammatologie,* Paris 1967; dt. *Grammatologie,* Frankfurt.
Détienne, M. (Hrsg.) (1988), *Les savoirs de l'écriture. En Grèce ancienne,* Lille.
Diamond, St. (1971), „The Rule of Law Versus the Order of Custom", in: R. P. Wolf (Hrsg.), *The rule of Law,* New York.
Diebner, B. J. (1991), „Gottes Welt, Moses Zelt und das Salomonische Heiligtum", in: Th. Römer (Hrsg.), *Lectio Difficilior Probabilior? Mélanges offerts à Françoise Smyth-Florentin,* Dielheimer Blätter zum Alten Testament und seiner Rezeption in der Alten Kirche, Beiheft 12, Heidelberg, 127–154.
Dihle, A. (1962), *Die Goldene Regel,* Göttingen 1962.
Diringer, D. (1962), *Writing,* London, New York.
Diringer, D. (1968), *The Alphabet. A key to the history of mankind,* London, New York, 3. Auflage.
Douglas, M. (1966), *Purity and Danger.*
Douglas, M. (1970), *Natural Symbols: Explorations in Cosmology.*
Douglas, M. (1975), *Implicit Meanings. Essays in Anthropology.*
Droysen, J. G. (1972), *Vorlesungen zur Enzyklopädie und Methodologie der Geschichte,* hg. v. R. Hübner, Darmstadt (Erstfassung 1857).
Eco, U. (1988), „An Ars Oblivionalis? Forget it!", in: *PMLA* 103, 254–61 (ital. „Ars Oblivionalis", in: *Kos* 30, 40–53).
Ehlich, K. (1983), „Text und sprachliches Handeln. Die Entstehung von Texten aus dem Bedürfnis nach Überlieferung", in: A. Assmann/J. Assmann/Chr. Hardmeier 1983, 24–43.
Eibl-Eibesfeldt, I. (1975), *Krieg und Frieden aus der Sicht der Verhaltensforschung,* München.
Eibl-Eibesfeldt, I. (1976), *Liebe und Haß. Zur Naturgeschichte elementarer Verhaltensweisen,* München.
Eickelmann, D. F. (1978), „The Art of Memory: Islamic Education and its Social Reproduction", in: *Comparative Studies in Society and History* 20, 485–516.
Eisenstadt, S. N. (1987), *Kulturen der Achsenzeit,* 2 Bde, Frankfurt.
Eiwanger, J. (1983), „Die Entwicklung der vorgeschichtlichen Kultur in

Ägypten", in: J. Assmann/G. Burkard, *5000 Jahre Ägypten. Genese und Permanenz pharaonischer Kunst,* Nußloch b. Heidelberg, 61–74.

Eliade, M. (1953), *Der Mythos der ewigen Wiederkehr,* Düsseldorf; frz. *Le mythe de l'éternel retour,* Paris 1950; wiederabgedr. als *Kosmos und Geschichte,* Reinbek 1966.

Elwert, G. (1987), „Die gesellschaftliche Einbettung von Schriftgebrauch", in: D. Becker et al., *Theorie als Passion,* Frankfurt, 238–68.

Elwert, G. (1989), „Nationalismus und Ethnizität. Über die Bildung von Wir-Gruppen", in: *Kölner Zeitschr. f. Soziologie und Sozialpsychologie* 440–64.

Engel, H. (1979), *Die Vorfahren Israels in Ägypten,* Frankfurt.

Erdheim, M. (1984), *Die gesellschaftliche Produktion von Unbewußtheit,* Frankfurt.

Erdheim, M. (1988), *Die Psychoanalyse und das Unbewußte in der Kultur,* Frankfurt.

Erikson, E. H. (1966), „Ontogeny of Ritualization in Man", in: *Philosoph. Trans. Royal Soc.,* 251 B, 337–49.

Fabry, H. J. (1988), „Gedenken und Gedächtnis im Alten Testament", in: Ph. Gignoux (Hrsg.), *La Commémoration,* Paris, Louvain, 141–154.

Fairman, H. W. (1958), „A Scene of the Offering of Truth in the Temple of Edfu", in: *Mitt. d. Dt. Arch. Inst. Kairo* 16, 86–92.

Falkenstein, A. (1965), „Fluch über Akkade", in: *Zeitschr. f. Assyriologie* 57, (NF 23), 1965, 43 ff.

Finley, M. I. (1975), „The Ancient Greeks and their Nation", in: *The Use and Abuse of History,* London, 120–133.

Finley, M. I. (1986), *Das politische Leben in der antiken Welt,* München.

Finnegan, R. (1977), *Oral Poetry. Its nature, significance and social context,* Cambridge.

Finnestad, R. B. (1985), *Image of the World and Symbol for the Creator. On the Cosmological and Iconological Values of the Temple of Edfu,* Wiesbaden.

Finscher, L. (1988), „Werk und Gattung in der Musik als Träger des kulturellen Gedächtnisses", in: J. Assmann/T. Hölscher (1988), 293–310.

Fischer, H. G. (1986), *L'écriture et l'árt de l'Égypte ancienne,* Paris.

Fishbane, M. (1972), „Varia Deuteronomica", in: *Zeitschr. f. d. alttestamentl. Wiss.* 84, 349–52.

Fishbane, M. (1986), *Biblical Interpretation in Ancient Israel,* Oxford.

Fortes, M. (1945), *The Dynamics of Clanship among the Tallensi,* London.

Fortes, M. (1978 a), „Pietas in Ancestor Worship", dt. in: F. Kramer/C. Sigrist (Hrsg.), *Gesellschaften ohne Staat I. Gleichheit und Gegenseitigkeit,* Frankfurt, 197–232.

Fortes, M. (1978 b), „Verwandtschaft und das Axiom der Amity", in: F. Kramer/C. Sigrist (Hrsg.), *Gesellschaften ohne Staat II. Genealogie und Solidarität,* Frankfurt, 120–164.

Fowden, G. (1986), *The Egyptian Hermes. A historical approach to the late pagan mind,* Cambridge.

Fränkel, H. (1960), „EPHEMEROS als Kennwort für die menschliche Natur", in: *Wege und Formen frühgriechischen Denkens,* München, 23–39.

Frankfort, H. (1948), *Kingship and the Gods,* Chicago.

Frei, P./Koch, K. (1984), *Reichsidee und Reichsorganisation im Perserreich,* OBO 55, Fribourg.

Frisch, P. (1983) „Über die lydisch-phrygischen Sühneinschriften und die ‚Confessiones' des Augustinus", in: *Epigraphica Anatolica* 2, 41–45.

Frisk, H. (1973), *Griechisches Etymologisches Wörterbuch,* Heidelberg.

Gadamer, H. G. (1960), *Wahrheit und Methode. Grundzüge einer philosophischen Hermeneutik,* Tübingen.

Gardiner, A. H. (1909), *The Admonitions of an Egyptian Sage,* Leipzig.

Gardiner, A. H. (1959), *The Royal Canon of Turin,* Oxford.

Geertz, C. (1983), „Common Sense as a Cultural System", in: C. Geertz, *Local Knowledge,* New York, 73–93.

Gehlen, A. (1961), *Anthropologische Forschung,* Hamburg.

Gelb, I. J. (1952), *A Study of Writing,* Chicago.

Gellner, E. (1983), *Nations and Nationalism,* Oxford.

Gellrich, Jesse M. (1985), *The Idea of the Book in the Middle Ages: Language Theory, Mythology, and Fiction,* Ithaca.

Gerhardsson, B. (1961), *Memory and Manuscript: Oral Tradition and Written Transmission in Rabbinic Judaism and Early Christianity,* Uppsala.

Gese, H. (1958), „Geschichtliches Denken im Alten Orient und im Alten Testament", in: *Zeitschr. f. Theol. u. Kirche* 55, 127–55.

Gignoux, Ph. (Hrsg.) (1988), *La commémoration, Colloque du centenaire de la section des sciences religieuses de l'EPHE,* Louvain, Paris.

Goelman, H./Oberg, A./Smith, F. (Hrsg.) (1983), *Awakening to Literacy,* New York.

Goetze, A. (1929), „Die Pestgebete des Mursilis", in: *Kleinasiatische Forschungen* I, 204–235.

Goetze, A. (1933), *Mursilis II. König der Hethiter: Die Annalen, hethitischer Text und deutsche Übersetzung,* Darmstadt 1967=Leipzig 1933.

Goetze, A. (1967), *Hattusilis. Der Bericht über seine Thronbesteigung, nebst den Paralleltexten,* Darmstadt 1967.

Goffman, E. (1977), *Rahmen-Analyse. Ein Versuch über die Organisation von Alltagserfahrungen.* Frankfurt.

Gombrich, A. (1984), *Aby Warburg. Eine intellektuelle Biographie,* Frankfurt.

Goody, J. (1977), *The Domestication of the Savage Mind,* Cambridge.

Goody, J. (1986), *The Logic of Writing and the Organization of Society,* Cambridge.

Goody, J. (1987), *The Interface Between the Written and the Oral,* Cambridge.

Goody, J. (Hrsg.) (1981), *Literacy in Traditional Societies;* dt. *Literalität in traditionalen Gesellschaften,* Frankfurt.

Goody, J./Watt, I./Gough, K. (1986), *Entstehung und Folgen der Schriftkultur,* mit einer Einl. von H. Schlaffer, Frankfurt.

Graefe, E. (1990), „Die gute Reputation des Königs ‚Snofru' " in: *Studies in Egyptology,* (Fs. Lichtheim), Jerusalem, 257–263.

Grayson, A. K. (1970), *Assyrian and Babylonian Chronicles.* Texts from Cuneiform Sources 5, Locust Valley.

Grayson, A. K. (1980), „Histories and Historians in the Ancient Near East", in: *Orientalia* 49, 140–194.

Gresseth, G. K. (1975), „The Gilgamesh Epic and Homer", in: *Cuneiform Journal* 70, Nr. 4, 1–18.

Grieshammer, R. (1971), *Das Jenseitsgericht in den Sargtexten,* Ägyptol. Abh. 20, Wiesbaden.

Grieshammer, R. (1974), „Zum ‚Sitz im Leben' des negativen Sündenbekenntnisses", in: *ZDMG Supplement* II, 19 ff.

Griffiths, J. Gw. (1960), *The Conflict of Horus and Seth,* Liverpool.

Griffiths, J. Gw. (1979), „Egyptian Nationalism in the Edfu Temple Texts", in: *Glimpses of Ancient Egypt* (Fs. H. W. Fairman), Warminster, 174–79.

Güterbock, H. G. (1934), „Die historische Tradition und ihre literarische Gestaltung bei Babyloniern und Hethitern I", in: *ZA* 42, 1934.

Güterbock, H. G. (1956), „The Deeds of Suppiluliuma as told by his son Mursili II", in: *JCS* 10, 1956, 41–50, 59–68, 75–85, 90–98, 107–130.

Güterbock, H. G. (1986), „Hittite Historiography: A Survery", in: H. Tadmor/M. Weinfeld (Hrsg.), *History, Historiography and Interpretation. Studies in Biblical and Cuneiform Literatures,* Jerusalem, 21–35.

Gunnell, John G. (1968), *Political Philosophy of Time,* Middletown.

Gurvitch, G. (1950/1963–67), *La vocation actuelle de la sociologie,* 2 Bde., Paris, 1. Aufl. 1950, 2. Aufl. 1963–1967.

Habermas, J. (1976), „Können komplexe Gesellschaften eine vernünftige Identität ausbilden?", in: *Zur Rekonstruktion des Historischen Materialismus,* Frankfurt, 92–126.

Hadas, M. (1949), „III Maccabees and the Tradition of the Patriotic Romance", in: *Chronique d'Égypte* 47, 97 ff.

Hadas, M. (1981), *Hellenistische Kultur. Werden und Wirkung,* Frankfurt, Berlin, Wien.

Hahn, A./Kapp, V. (Hrsg.) (1987), *Selbstthematisierung und Selbstzeugnis. Bekenntnis und Geständnis,* Frankfurt.

Halbwachs, M. (1941), *La topographie legendaire des évangiles en Terre Sainte,* Paris.

Halbwachs, M. (1985 a), *Das Gedächtnis und seine sozialen Bedingungen,* Frankfurt (französisches Original: *Les cadres sociaux de la mémoire,* Paris 1925).

Halbwachs, M. (1985 b), *Das kollektive Gedächtnis,* Frankfurt; zuerst dt. Stuttgart 1967; frz. *La mémoire collective,* Paris 1950.

Hallo, W. W. (1986), „Sumerian Historiography", in: Tadmor, H./Weinfeld, M. (Hrsg.), *History, Historiography and Interpretation. Studies in Biblical and Cuneiform Literatures,* Jerusalem, 9–20.

Hartog, F. (1989), „Écriture, Généalogies, Archives, Histoire en Grèce ancienne", in: *Histoire et conscience historique (CCEPOA 5),* 121–132.

Harvey, F. D. (1966), „Literacy in the Athenian Democracy", in: *Révue des Études Grecques* 79, 585–635.

Haug, W./R. Warning (Hrsg.) (1989), *Das Fest* (Poetik und Hermeneutik XIV), München.

Havelock, E. A. (1963), *Preface to Plato,* Cambridge, Mass.

Havelock, E. A. (1976), *Origins of Western Literacy,* Toronto.

Havelock, E. A. (1978), *The Greek Concept of Justice from its Shadow in Homer to its Substance in Plato,* Cambridge, Mass.

Havelock, E. A. (1978 a), „The Alphabetisation of Homer“, in: E. A. Havelock/Hershbell (Hrsg.), *Communication Arts in the Ancient World,* New York, 3–21.

Havelock, E. A. (1980), „The Oral Composition of Greek Drama“, in: *Quaderni Urbinati di Cultura Classica* 35, 61–113.

Havelock, E. A. (1982), *The Literate Revolution in Greece and its Cultural Consequences,* Princeton.

Havelock, E. A. (1984), „The Orality of Socrates and the Literacy of Plato“, in: E. Kelly (Hrsg.), *New Essays on Socrates,* Washington D. C., 67–93.

Havelock, E. A. (1986), *The Muse Learns to Write: Reflections on Orality and Literacy from Antiquity to the Present,* New Haven.

Havelock, E. A. (1990), *Schriftlichkeit. Das griechische Alphabet als kulturelle Revolution,* Weinheim.

Haverkamp, A./R. Lachmann (Hrsg.) (1991), *Gedächtnis als Raum. Studien zur Mnemotechnik,* Frankfurt.

Helck, W. (1964), „Die Ägypter und die Fremden“, in: *Saeculum* 15, 103–114.

Helck, W. (1969), „Überlegungen zur Geschichte der 18. Dynastie“, in: *Oriens Antiquus* 8, 281–327.

Helck, W. (1986), *Politische Gegensätze im alten Ägypten. Ein Versuch,* (HÄB 23) Hildesheim.

Hellholm, D. (1983), *Apocalypticism in the Mediterranean World and in the Near East,* Tübingen.

Hengel, M. (1973), *Judentum und Hellenismus: Studien zu ihrer Begegnung unter besonderer Berücksichtigung Palästinas bis zur Mitte des 2. Jh. v. Chr.,* Tübingen, 2. Auflage.

Hengel, M. (1976), *Juden, Griechen und Barbaren. Aspekte der Hellenisierung des Judentums in vorchristlicher Zeit,* Stuttgart 1976.

Hermann, A. (1938), *Die ägyptische Königsnovelle,* Leipzig 1938.

Heubeck, A. (1979), *Schrift* (Archaeologia Homerica III.X), Göttingen.

Heubeck, A. (1984), „Zum Erwachen der Schriftlichkeit im archaischen Griechentum“, in: *Kleine Schriften zur griechischen Sprache und Literatur* (Erlanger Forschungen, Reihe A 33), Erlangen, 57–74.

Hintze, F. (1953), *Untersuchungen zu Stil und Sprache neuägyptischer Erzählungen,* Berlin.

Hobsbawm, E./Ranger, T. (Hrsg.) (1983), *The Invention of Tradition,* Cambridge.

Hoffner, H. A. (1975), „Propaganda and Political Justification in Hittite Historiography“, in: H. Goedicke/J. J. M. Roberts (Hrsg.), *Unity and Diversity. Essays in the History, Literature, and Religion of the ancient Near East,* Baltimore, 49–64.

Hoffner, H. A. (1980), „Histories and Historians of the Near East: The Hittites", in: *Orientalia* 49, 283–332.
Hofstätter, P. R. (1973), *Einführung in die Sozialpsychologie,* Stuttgart, 5. Auflage.
Hölscher, T. (1988), „Tradition und Geschichte. Zwei Typen der Vergangenheit am Beispiel der griechischen Kunst", in: J. Assmann/T. Hölscher (Hrsg.) 1988, 115–149.
Hölscher, U. (1987), „Über die Kanonizität Homers", in: A. u. J. Assmann 1987, 237–245.
Hölscher, U. (1988), *Die Odyssee. Epos zwischen Märchen und Roman,* München.
Hölscher, U. (1994), „Kontinuität als epische Denkform. Zum Problem der ‚dunklen Jahrhunderte' ", in: *Das nächste Fremde. Von Texten der griechischen Frühzeit und ihrem Reflex in der Moderne,* München, 6–70.
Hornung, E. (1966), *Geschichte als Fest. Zwei Vorträge zum Geschichtsbild der frühen Menschheit,* Darmstadt.
Hornung, E. (1975), „Seth. Geschichte und Bedeutung eines ägyptischen Gottes", in: *Symbolon* N. F. 2, 49–63.
Hornung, E. (1982), *Der ägyptische Mythos von der Himmelskuh. Eine Ätiologie des Unvollkommenen,* OBO 46, Fribourg.
Hornung, E. (1982 a), „Zum altägyptischen Geschichtsbewußtsein", in: *Archäologie und Geschichtsbewußtsein. Kolloquien zur allgemeinen und vergleichenden Archäologie* 3, München, 13–30.
Identité et regions, Union des Associations Internationales, Brüssel 1981.
Illich, I./Sanders, B. (1988), *The alphabetization of the popular mind,* San Francisco; dt. *Das Denken lernt schreiben,* Hamburg.
Iversen, E. (1975), *Canon and Proportions in Egyptian Art,* Warminster, 2. Auflage.
Jacobson-Widding, A. (Hrsg.) (1983), *Identity: personal and sociocultural,* Uppsala.
Jaspers, K. (1949), *Vom Ursprung und Ziel der Geschichte,* München.
Jaspers, K. (1973), *Philosophie,* 3 Bde., Berlin, Heidelberg, New York.
Jeffery, L. H. (1961), *The Local Scripts of Archaic Greece. A Study of the Origin of the Greek Alphabet and Its Development from the Eigth to the Fifth Centuries B. C.,* Oxford.
Johnson, J. H. (1974), „The Demotic Chronicle as a historical Source", in: *Enchoria* 4, 1–18.
Johnson, J. H. (1984), „Is the Demotic Chronicle an Anti-Greek Text?", in: *Grammata Demotica,* Fs. E. Lüddeckens, Würzburg, 107–124.
Johnston, A. (1983), „The Extent and Use of Literacy. The Archaeological Evidence", in: R. Hägg (Hrsg.), *The Greek Renaissance of the Eigth Century B. C., Tradition and Innovation,* Stockholm, 63–68.
Jousse, M. (1925), *Le style oral rhythmique et mnémotechnique chez les Verbo-moteurs,* Paris.
Junge, F. (1984), „Zur Sprachwissenschaft der Ägypter", in: *Studien zu Sprache und Religion Ägyptens,* (Fs. W. Westendorf), 257–272.
Jürss, F. (Hrsg.) (1982), *Geschichte des wissenschaftlichen Denkens im Alter-*

tum, Veröffentlichungen des Zentralinstituts für Alte Geschichte und Archäologie der Akademie der Wissenschaften der DDR, Berlin.

Käsemann, E. (Hrsg.) (1970), *Das Neue Testament als Kanon,* Göttingen.

Kaiser, O. (Hrsg.) (1983), *Texte aus der Umwelt des Alten Testaments,* vol. I fasc. 2: R. Borger/M. Dietrich/E. Edel/O. Loretz/O. Rössler/E. v. Schuler, *Staatsverträge,* Gütersloh.

Kakosy, L. (1981), „Ideas of the Fallen State of the World in Egyptian Religion: Decline of the Golden Age", in: *Studia Aegyptiaca* VII, 81–92.

Karady, V. (1972), „Biographie de Maurice Halbwachs", in: M. H., *Classes sociales et morphologie,* Paris, 9–22.

Kaufmann, Y. (1988), *Christianity and Judaism. Two Covenants,* Jerusalem.

Kees, H. (1941), *Der Götterglaube im alten Ägypten,* Leipzig.

Kelsen, H. (1947), *Vergeltung und Kausalität,* Den Haag.

Kemp, B. (1989), *Ancient Egypt. Anatomy of a Civilization,* London.

Kippenberg, H. G. (1986), „Die jüdischen Überlieferungen als patrioi nomoi", in: R. Faber/R. Schlesier (Hrsg.), *Die Restauration der Götter. Antike Religion und Neo-Paganismus,* Würzburg, 45–60.

Kippenberg, H. G (1987), „Codes and Codification", in: M. Eliade (Hrsg.), *The Encyclopaedia of Religion* III, New York, 352–358.

Kirk, G. S. (1977), *The Songs of Homer,* Cambridge, 2. Auflage.

Knox, B. M. W. (1968), „Silent Reading in Antiquity", in: *Greek, Roman and Byzantine Studies* 9, Durham, N. C., Duke University Press, 421–35.

Koch, K. (1986), „Auf der Suche nach der Geschichte", in: *Biblica* 67, 109–117.

Koch, K. (1988), „Qädäm. Heilsgeschichte als mythische Urzeit im Alten (und Neuen) Testament", in: J. Rohls/G. Wenz (Hrsg.), *Vernunft des Glaubens,* (Fs. W. Pannenberg), Göttingen, 253–88.

Koch, K., et al. (1980), *Das Buch Daniel,* Darmstadt.

Kötting, B. (1965), *Der frühchristliche Reliquienkult und die Bestattung im Kirchengebäude,* Köln, Opladen.

Koller, H. (1963), *Dichtung und Musik im frühen Griechenland,* Bern, München.

Korošec, V. (1931), *Hethitische Staatsverträge. Ein Beitrag zu ihrer juristischen Wertung,* Leipziger rechtswissenschaftliche Studien 60, Leipzig.

Koselleck, R. (1979), „Kriegerdenkmale als Identitätsstiftungen der Überlebenden", in: O. Marquard/K. Stierle, 255–276.

Kramer, F. (1977), *Verkehrte Welten.* Frankfurt.

Kramer, S. N. (1956), *From the Tablets of Sumer,* Colorado

Krašovec, J. (1988), *La justice (sdq) de dieu dans la bible hébraique et l'interprétation juive et chrétienne,* OBO 76, Fribourg.

Krecher, J./Müller, H. P. (1975), „Vergangenheitsinteresse in Mesopotamien und Israel", in: *Saeculum* 26, 1975, 13–44.

Kurth, D. (1983), „Eine Welt aus Stein, Bild und Wort – Gedanken zur spätägyptischen Tempeldekoration", in: J. Assmann/G. Burkard (Hrsg.), *5000 Jahre Ägypten – Genese und Permanenz pharaonischer Kunst,* Nußloch b. Heidelberg, 89–101.

Kvanvig, H. S. (1988), *Roots of Apocalyptic. The Mesopotamian Background of the Enoch Figure and the Son of Man,* WMANT 61, Neukirchen.

Lachmann, R. (1987), „Kanon und Gegenkanon in der russischen Kultur", in: A. u. J. Assmann 1987, 124–137.

Lachmann, R. (1990), *Gedächtnis und Literatur,* Frankfurt.

Lambert, M. (1960), „La naissance de la bureaucratie", in: *Rev. hist.* 84, 1–2.

Lambert, W. G. (1957), „Ancestors, Authors and Canonicity", in: *Journal of Cuneiform Studies* 11, 1–14.

Lang, B. (Hrsg.) (1981), *Der Einzige Gott,* München.

Lang, B. (1983), „The Yahweh-Alone Movement and the Making of Jewish Monotheism", in: *Monotheism and the Prophetic Minority,* Sheffield, 13–59.

Lang, B. (1986), „Vom Propheten zum Schriftgelehrten. Charismatische Autorität im Frühjudentum", in: H. v. Stietencron, *Theologen und Theologien in verschiedenen Kulturkreisen,* Düsseldorf, 89–114.

Lanternari, V. (1960), *Movimenti religiosi di libertà e di salvezza dei popoli oppressi,* Rom 1960; dt. *Religiöse Freiheits- und Heilsbewegungen unterdrückter Völker* (Soziol. Texte), Neuwied. Engl. New York 1963.

Latacz, J. (1985), *Homer,* München, Zürich.

Lauterbach, J. (1913), „The Sadducees and the Pharisees", in: *Studies in Jewish Literature* (in Honor of K. Kohler), Berlin.

Layton, R. (Hrsg.) (1989), *Who Needs the Past? Indigenous Values and Archaeology,* London.

Lebram, J. C. H. (1968), „König Antiochus im Buch Daniel", in: *Vetus Testamentum* 18, 737–773.

Ledderose, L. (1988), „Die Gedenkhalle für Mao Zedong. Ein Beispiel für Gedächtnisarchitektur", in: J. Assmann/T. Hölscher 1988, 311–39.

Leiman, Sid Z. (1976), *The Canonization of Hebrew Scripture: The Talmudic and Midrashic Evidence,* Hamden.

Leipoldt, J./Morenz, S. (1953), *Heilige Schriften. Betrachtungen zur Religionsgeschichte der antiken Mittelmeerwelt,* Leipzig.

Leroi-Gourhan, A. (1965), *Le geste et la parole II. La mémoire et les rhythmes,* Paris.

Lévi-Strauss, C. (1948), *Les structures élémentaires de la parenté,* Paris.

Lévi-Strauss, C. (1962), *La pensée sauvage,* dt. *Das wilde Denken,* Frankfurt, 1973.

Lévi-Strauss, C. (1975), *Strukturale Anthropologie* II, Frankfurt.

Lévi-Strauss, C. (Hrsg.) (1977), *L'identité, séminaire interdisciplinaire,* Paris (wieder abgedr. 1983 in der Reihe Quadriga der PUF).

Lichtheim, M. (1973), *Ancient Egyptian Literature* I, Berkeley.

L'identité, Actes de la recherche en sciences sociales No. 35, Paris 1980 (Beiträge von G. Scholem, P. Bourdieu, R. Chartier u. A.)

Lloyd, A. B. (1982), „Nationalist Propaganda in Ptolemaic Egypt", in: *Historia. Zeitschrift für Alte Geschichte,* Wiesbaden, 31, 33–55.

Lloyd, A. B. (1982 a), „The Inscription of Udjahorresnet, A Collaborator's Testament", in: *Journal of Egyptian Archaeology* 68, 166–180.

Lord, A. B. (1965), *Singer of Tales,* Cambridge, Mass. 1960; dt. *Der Sänger erzählt,* München.

Lorenz, K. (1977), *Die Rückseite des Spiegels,* München.

Lotman, J./Uspenskij, B. (1977), „Die Rolle dualistischer Modelle in der Dynamik der russischen Kultur (bis zum Ende des 18. Jahrhunderts)", in: *Poetica* 9, 1–40.

Luft, U. (1978), *Beiträge zur Historisierung der Götterwelt und zur Mythenschreibung,* Stud. Aeg. IV.

Luhmann, N. (1971), „Sinn als Grundbegriff der Soziologie", in: J. Habermas/N. Luhmann, *Theorie der Gesellschaft oder Sozialtechnologie,* Frankfurt, 25–100.

Luhmann, N. (1973), *Vertrauen. Ein Mechanismus der Reduktion sozialer Komplexität,* Stuttgart, 2. Auflage.

Luhmann, N. (1975), „Einführende Bemerkungen zu einer Theorie symbolisch generalisierter Kommunikationsmedien", in: ders., *Soziologische Aufklärung* 2, Opladen, 170–92.

Luhmann, N. (1979), „Identitätsgebrauch in selbstsubstitutiven Ordnungen, besonders Gesellschaften", in: O. Marquardt/K. Stierle (Hrsg.), *Identität,* München, 315–345.

Luhmann, N. (1980), *Gesellschaftsstruktur und Semantik* I, Frankfurt.

Luhmann, N. (1984), *Soziale Systeme,* Frankfurt.

Luhmann, N. (1990), „Gleichzeitigkeit und Synchronisation", in: *Soziologische Aufklärung* 5, Opladen, 95–130.

Lucas, J. (1985), *Historical Consciousness or the remembered past,* New York.

Luria, A. R. (1976), *Cognitive Development: its Cultural and Social Foundations,* Cambridge, Mass.

Maas, U. (1986), „ ‚Die Schrift ist ein Zeichen für das, was in dem Gesprochenen ist'. Zur Frühgeschichte der sprachwissenschaftlichen Schriftauffassung: das aristotelische und nacharistotelische (phonographische) Schriftverständnis", in: *Kodikas/Code* 9, 247–292.

Machinist, P. (1976), „Literature as Politics. The Tukulti-Ninurta Epic and the Bible", in: *Catholic Biblical Quarterly* 38, 455–482.

Machinist, P. (1985), „The Assyrians and their Babylonian Problem", in: *Jb. des Wissenschaftskollegs zu Berlin* 84/85, 353–364.

Macmullen, R. (1964), „Nationalism in Roman Egypt", in: *Aegyptus* 44, 179–99.

Mahé, J. P. (1978), *Hermès en Haute-Égypte. Les textes hermétiques de Nag Hammadi et leurs parallèles grecs et latins* I, Quebec.

Malamat, A. (1955), „Doctrines of Causality in Hittite and Biblical Historiography: A Parallel", in: *Vetus Testamentum* 5, 1–12.

Marcuse, H. (1967), *Der eindimensionale Mensch,* Darmstadt.

Markowitsch, J. (1979), *Die soziale Situation,* Frankfurt.

Marquard, O./Stierle, K. (Hrsg.) (1979), *Identität* (Poetik und Hermeneutik VIII), München.

Marrou, H. I. (1977), *Geschichte der Erziehung im klassischen Altertum,* München.

Mauss, M. (1966), *Essai sur le don: forme et raison de l'échange dans les sociétés archaïques, Sociologie et anthropologie,* Paris.

Mbunwe-Samba, P. (1989), „Oral Tradition and the African Past", in: R. Layton 1989, 105–118.

McCarthy, D. J. (1978), *Treaty and Covenant*, Analecta Biblica 21 Rom.
Mead, G. H. (1934), *Mind, Self, Society. From the Standpoint of a Social Behaviorist*. Chicago, dt. *Geist, Identität und Gesellschaft*, Frankfurt 1968.
Meier, Chr. (1978), „Die Entstehung einer autonomen Intelligenz bei den Griechen", in: S. N. Eisenstadt 1987, I, 89–127.
Meier, Chr. (1989), „Zur Funktion der Feste in Athen im 5. Jh. v. Chr.", in: R. Warning/W. Haug (Hrsg.), *Das Fest* (Poetik und Hermeneutik XIV), München, 569–91.
Mendenhall, G. E. (1955), *Law and Covenant in Israel and in the Ancient Near East*, Pittsburgh; dt. *Recht und Bund in Israel und im Alten Vorderen Orient*, Theologische Studien 64, 1960.
Mentré, F. (1920), *Les générations sociales*, Paris.
Merkelbach, R. (1968), „Ein ägyptischer Priestereid", in: *Zeitschr. f. Papyrol. u. Epigraphik* 2, 7–30.
Meyer, E. (1915), *Ägyptische Dokumente aus der Perserzeit*, SPAW XVI.
Meyer, E. (1928), *Gottesstaat, Militärherrschaft und Ständewesen in Ägypten*, SPAW.
Michaud, G. (Hrsg.) (1978), *Identités collectives et relations interculturelles*, Paris 1978.
Middleton, D./Edwards, D. (Hrsg.) (1990), *Collective Remembering*, London.
Millar, Fergus (1978), „The Background to Maccabaean Revolution", in: *Journal of Jewish Studies* 29, 1–21.
Millard, A. R. (1986), „The Infancy of the Alphabet", in: *World Archaeology* 17, 390–98.
Mol, H. (1976), *Identity and the Sacred. A Sketch for A New Social-Scientific Theory of Religion*, Oxford 1976.
Mol, H. (Hrsg.) (1978), *Identity and Religion. International, Crosscultural Approaches*, London 1978.
Montet, P. (1950), „Le fruit défendu", in: *Kêmi* 11, 85–116.
Morenz, S. (1965), „Der Alte Orient. Von Bedeutung und Struktur seiner Geschichte", in: *Summa Historica*. Propyläen Weltgeschichte 11, Berlin, 25–63.
Mühlmann, W. E. (1961), *Chiliasmus und Nativismus: Studien zur Psychologie, Soziologie und historischen Kasuistik der Umsturzbewegungen*, Berlin.
Mühlmann, W. E. (1985), „Ethnogonie und Ethnogenese. Theoretisch-ethnologische und ideologiekritische Studie", in: *Studien zur Ethnogenese*, Abh. der Rheinisch-Westfälischen Akademie der Wissenschaften 72.
Müller, K. E. (1987), *Das magische Universum der Identität. Elementarformen sozialen Verhaltens. Ein ethnologischer Grundriß*, Frankfurt, New York 1987.
Munn-Rankin, J. (1956), „Diplomacy in Western Asia in the Early 2nd Mill. BC", in: *Iraq* 18, 68–110.
Muszynski, M. (1974), „Le droit égyptien à travers la documentation grecque", in: *Le droit égyptien ancien. Colloque organisé par l'Institut des Hautes Études de Belgique*, Brüssel, 163–180.
Nagel, T. (1988), *Die Festung des Glaubens. Triumph und Scheitern des islamischen Rationalismus im 11. Jh.*, München.

Nagy, I. (1973), „Remarques sur le souci d'archaïsme en Égypte à l'époque Saite", in: *Acta Antiqua Scient. Hungar.* 21, 53–64.

Namer, G. (1987), *Mémoire et société,* Paris.

Neisser, U. (1982), *Memory Observed,* Oxford.

Neisser, U./Winograd, E. (1988), *Remembering Reconsidered: Ecological and Traditional Approaches to the Study of Memory,* Cambridge.

New Literary History: *Aspects of Orality* VIII, Nr. 3 (1977).

New Literary History: *Oral and Written Traditions in the Middle Ages* XVI, Nr. 1 (1984).

Nieddu, G. F. (1984), „La metafora della memoria comme scrittura e l'imagine dell'animo come deltos", in: *Quaderni di storia* 19, 213–219.

Niethammer, L. (Hrsg.) (1985), *Lebenserfahrung und Kollektives Gedächtnis. Die Praxis der „Oral History",* Frankfurt.

Nora, P. (1990), *Zwischen Geschichte und Gedächtnis,* Berlin.

Nora, P. (Hrsg.) (1984), *Les lieux de mémoire I: La république,* Paris.

Nora, P. (Hrsg.) (1986), *Les lieux de mémoire II: La Nation.* Paris.

Nora, P. (Hrsg.) (1992), *Les lieux de mémoire III: Les France.* Paris.

Notopoulos, James A. (1938), „Mnemosyne in Oral Literature", in: *Transactions of the American Philosophical Association* 69, 465–93.

Notopoulos, J. A. (1953), „The Introduction of the Alphabet into Oral Societies. Some Case Histories of Conflict between Oral and Written Literature", in: I. Th. Kakrides (Hrsg.), *Profora eis Stilpona P. Kyriakiden (= Hellenika.* Pararthema 4). Thessalonike, 516–24.

Obeyesekere, G. (1963), „The Great Tradition and the Little Tradition in the Perspective of Singhalese Buddhism", in: *Journal of Asian Studies* 22, 139–153.

Ockinga, B. G. (1983), „The Burden of Kha^{c}kheperre^{c}sonbu", in: *Journal of Egyptian Archaeol.* 69, 88–95.

Oexle, O. G. (1976), „Memoria und Memorialüberlieferung im frühen Mittelalter", in: *Frühmittelalterliche Studien* 10, 79 ff.

Oexle, O. G. (1983), „Die Gegenwart der Toten", in: H. Bruet/W. Verbeke (Hrsg.), *Death in the Middle Ages,* Mediaevalia Lovanensia, Series I, Studia 9, Leuven, 48 ff.

Oexle, O. G. (1985), „Die Gegenwart der Lebenden und der Toten. Gedanken über Memoria", in: K. Schmidt 1985, 74–107.

Offner, G. (1950), „A propos de la sauvegarde des tablettes en Assyro-Babylonie", in: *Revue d'Assyriologie* 44, 135–43.

Ong, W. (1977), „African Talking Drums and Oral Noetics", in: *New Literary History* 8.3, 409–429.

Ong, W. J. (1967), *The Presence of the Word,* New Haven.

Ong, W. J. (1982), *Orality and Literacy. The Technologizing of the Word,* London.

Ong, W. J. (1986), „Writing is a Technology That Restructures Thought", in: G. Baumann 1986, 25–50.

Oppel, H. (1937), „KANON. Zur Bedeutungsgeschichte des Wortes und seinen lateinischen Entsprechungen (regula – norma)", in: *Philologus,* Suppl. XXX H.4, Leipzig.

Oppenheimer, L. (1964), *Ancient Mesopotamia. Portrait of a Dead Civilization.* Chicago, London.

Otto, E. (1938), „Die Lehre von den beiden Ländern Ägyptens in der ägyptischen Religionsgeschichte“, in: *Studia Aegyptiaca* I=*Analecta Orientalia* 17, 10–35.

Otto, E. (1966), „Geschichtsbild und Geschichtsschreibung im alten Ägypten“, in: *Die Welt des Orients* 3.

Otto, E. (1969), „Das ‚Goldene Zeitalter‘ in einem ägyptischen Text“, in: *Religions en Égypte hellénistique et romaine (BCESS)*, Paris, 92–108.

Otto, W. (1908), *Priester und Tempel im hellenistischen Ägypten* II, Leipzig, Berlin.

Overbeck, F. (1919), *Christentum und Kultur,* Basel 1919.

Parry, M. (1971), *The Making of Homeric Verse.* The Collected Papers of M. Parry, ed. A. Parry, Oxford.

Pelto, P. (1968), „The difference between ‚tight‘ and ‚loose‘ societies“, in: *Transaction,* April, 37–40.

Peterson, E. (1926), *Εἷς θεός. Epigraphische, formgeschichtliche und religionsgeschichtliche Untersuchungen,* Göttingen.

Petzl, G. (1968), „Sünde, Strafe, Wiedergutmachung“, in: *Epigraphica anatolica* 12, 155–166.

Pfeiffer, R. (1982), *Die klassische Philologie von Petrarca bis Mommsen,* München.

Pfeiffer, R. (1978), *Geschichte der Klassischen Philologie I. Von den Anfängen bis zum Ende des Hellenismus,* München.

Pfohl, G. (Hrsg.) (1968), *Das Alphabet. Entstehung und Entwicklung der griechischen Schrift,* Darmstadt.

Piekara, F. H./Ciesinger, K. G./Muthig, K. P. (1987), „Notizenanfertigen und Behalten“, in: *Zeitschrift für Pädagogische Psychologie* 1, H.4, 267–280.

Posener, G. (1956), *Littérature et politique dans l'Égypte de la xii.e dynastie,* Paris.

Pury, A. de/Römer, Th. (1989), „Mémoire et catechisme dans l'Ancien Testament“, in: *Histoire et conscience historique* (*CCEPOA* 5), 81–92.

Quaegebeur, J. (1980/81), „Sur la ‚loi sacrée‘ dans l'Égypte grécoromaine“, in: *Ancient Society* 11/12, 227–240.

Quecke, H. (1977), „Ich habe nichts hinzugefügt und nichts weggenommen. Zur Wahrheitsbeteuerung koptischer Martyrien“, in: *Fragen an die altägyptische Literatur* (Gedenkschrift E. Otto), Wiesbaden, 399–416.

Rad, G. von (1947), *Deuteronomium-Studien,* FRLANT N. F. 40, Göttingen.

Rad, G. von (1958), „Die deuteronomistische Geschichtstheologie in den Königsbüchern“, in: G. v. Rad, *Gesammelte Studien zum Alten Testament* I, München, 189–204.

Rad, G. von (1961), „Der Anfang der Geschichtsschreibung im alten Israel“, in: *Gesammelte Studien zum Alten Testament* II, München.

Raible, W. (Hrsg.) (1988), *Zwischen Festtag und Alltag. Zehn Beiträge zum Thema ‚Mündlichkeit und Schriftlichkeit‘*, Tübingen.

Redfield, R. (1955), *The Little Community,* Chicago.

Redfield, R. (1965), *Peasant Society and Culture: An Anthropological Approach to Civilization,* Chicago.

Redford, D. B. (1986), *Pharaonic King-Lists, Annals and Day Books,* Mississauga.

Reshef, U. (1988), „Une commémoration impossible: l'holocauste en Israel", in: Gignoux 1988, 351–367.

Reventlow, H. Graf (1961), *Das Heiligkeitsgesetz, formgeschichtlich untersucht,* WMANT 6.

Reymond, E. A. E. (1969), *The Mythical Origin of the Egyptian Temple,* Cambridge.

Riessler, P. (1928), *Altjüdisches Schrifttum außerhalb der Bibel,* Augsburg.

Ritschl, D. (1967), *Memory and Hope. An Inquiry Concerning the Presence of Christ,* New York, London.

Ritschl, D. (1985), „Die Erfahrung der Wahrheit. Die Steuerung von Denken und Handeln durch implizite Axiome", in: *Heidelberger Jahrb.* 29, 35–49.

Ritter, A. M. (1987), „Die Entstehung des neutestamentlichen Kanons", in: A. u. J. Assmann 1987, 93–99.

Ritter, J. (1969), *Metaphysik und Politik. Studien zu Aristoteles und Hegel,* Frankfurt.

Robertson, R./Holzner, B. (Hrsg.) (1980), *Identity and Authority. Explorations in the Theory of Society,* Oxford.

Röllig, W. (1985), „Über die Anfänge unseres Alphabets", in: *Das Altertum* 3, 83–91.

Rorty, R./J. B. Schneewind/Q. Skinner (Hrsg.) (1984), *Philosophy in Context. Essays on the historiography of philosophy,* Cambridge.

Rossi, L. E. (1989), „I poemi omerici come testimonianza di poesia orale", in: *Origini e sviluppo della città. Il medievo greco, Storia e civiltà dei Greci.* Diretto da R. Bianchi Bandinelli, Mailand, 73–147.

Sahlins, M. (1972), *Stone Age Economics,* London.

Said, E. W. (1978), *Orientalism,* New York; dt. *Orientalismus,* Frankfurt, Berlin, Wien 1981.

Sanders, E. P. (1981), *Jewish and Christian Self-Definition,* 3 Bde., Philadelphia 1980 ff; Bd. 2: *Aspects of Judaism in the Graeco-Roman Period,* Philadelphia.

Schachermeyr, F. (1984), *Die griechische Rückerinnerung,* Wien.

Schaeder, H. H. (1930), *Esra, der Schreiber.* Beiträge zur historischen Theologie 5, Tübingen.

Schlott, A. (1989), *Schrift und Schreiber im Alten Ägypten,* Becks Archäologische Bibliothek, München.

Schmale, F. J. (1985), *Funktionen und Formen mittelalterlicher Geschichtsschreibung,* Darmstadt.

Schmid, H. H. (1968), *Gerechtigkeit als Weltordnung,* Tübingen.

Schmid, H. H. (unveröff.), *Gerechtigkeit als Thema biblischer Theologie* (unveröff. Maschschr.).

Schmidt, E. A. (1987), „Historische Typologie der Orientierungsfunktionen von Kanon in der griechischen und römischen Literatur", in: A. u. J. Assmann 1987, 246–258.

Schmidt, K. (Hrsg.) (1985), *Gedächtnis, das Gemeinschaft stiftet,* Freiburg.
Schmidt, K./Wollasch, J. (Hrsg.) (1984), *Memoria. Der geschichtliche Zeugniswert des liturgischen Gedenkens im Mittelalter.* Münstersche Mittelalter-Schriften 48, München.
Schott, R. (1968), „Das Geschichtsbewußtsein schriftloser Völker", in: *Archiv für Begriffsgeschichte* 12, 166–205.
Schottroff, W. (1964), *‚Gedenken' im Alten Orient und im Alten Testament. Die Wurzel zakar im semitischen Sprachkreis,* Neukirchen.
Schottroff, W. (1969), *Der altisraelitische Fluchspruch,* WMANT 30, Neukirchen.
Schreiner, J. (Hrsg.) (1987), *Unterwegs zur Kirche. Alttestamentliche Konzeptionen* (Quaestiones Disputae 110), Freiburg.
Schuster, M. (1988), „Zur Konstruktion von Geschichte in Kulturen ohne Schrift", in: Ungern-Sternberg, J. v./H. Reinau, (Hrsg.), *Vergangenheit in mündlicher Überlieferung,* Colloquium Rauricum I, Stuttgart, 57–71.
Segal, Ch. (1982), „Tragédie, oralité, écriture", in: *Poétique* 13, 131–54.
Segal, Ch. (1984), „Greek Tragedy: Writing, Truth, and the Representation of Self", in: H. Evjen (Hrsg.), *Mnemai. Studies K. Hulley,* Chico.
Seligman, A. B. (Hrsg.) (1989), *Order and Transcendence. The Role of Utopias and the Dynamics of Civilizations,* Leiden.
Seters, J. van (1983), *In Search of History,* New Haven.
Seters, J. van (1989), „Tradition and History: History as National Tradition", in: *Histoire et conscience historique* (*CCEPOA* 5), 63–74.
Sevenster, J. N. (1975), *The Roots of Pagan Anti-Semitism in the Ancient World,* Leiden.
Shils, E. (1981), *Tradition,* Chicago.
Shotter, J. (1990), „The Social Construction of Remembering and Forgetting", in: Middleton, D./Edwards, D., 120–38.
Smend, R. (1968), *Elemente alttestamentlichen Geschichtsdenkens,* ThS 95, Zürich.
Smith, A. D. (1986), *The Ethnic Origins of Nations,* Oxford.
Smith, M. (1971), *Palestinian Parties and Politics That Shaped the Old Testament,* New York.
Smyth-Florentin, F. (1989), „Modèles de recits d' origine et structures du pouvoir", in: *Histoire et conscience historique* (*CCEPOA* 5), 41–48.
Social Memory, Sonderheft *Communication* 11(2).
Spicer, E. H. (1971), „Persistent Cultural Systems. A Comparative Study of Identity Systems That Can Adapt to Contrasting Environments", in: *Science* 174, Nr. 4011, 795–800.
Spieckermann, H. (1982), *Juda unter Assur in der Sargonidenzeit,* FRLANT 129, Göttingen.
Spiegel, J. (1935), *Die Idee des Totengerichts in der ägyptischen Religion,* LÄS 2, Leipzig.
Spiegelberg, W. (1914), *Die sogenannte Demotische Chronik* (DemST 7), Leipzig.
Stadelmann, H. (1980), *Ben Sira als Schriftgelehrter,* WUNT 2. Reihe 6, Tübingen.

Staudacher, W. (1942), *Die Trennung von Himmel und Erde. Ein vorgriechischer Schöpfungsmythos bei Hesiod und den Orphikern,* Tübingen.

Steinleitner, F. (1913), *Die Beicht im Zusammenhang mit der sakralen Rechtspflege in der Antike,* München.

Steinmetzer, F. X. (1992), *Die babylonischen Kudurru. Grenzsteine als Urkundenform,* Paderborn.

Stone, M. (Hrsg.) (1984), *Jewish Writings of the Second Temple Period,* Assen.

Stone, M.E. (1987), „Eschatologie, Remythologisierung und kosmische Aporie", in: Eisenstadt (Hrsg.) Bd. 2, 19–37.

Street, B. (1987), „Orality and Literacy as Ideological Constructions: some problems in cross-cultural studies", in: *Culture and History* 2, 7–30.

Strehlow, T. G. H. (1970), *Totemic Landscapes,* London.

Sürenhagen, D. (1985), *Paritätische Staatsverträge aus hethitischer Sicht,* Pavia.

Svenbro, J. (1987), „The ‚Voice' of Letters in Ancient Greece: On silent reading and the representation of speech", in: *Culture and History* 2, S. 31–47.

Szlezák, Th. A. (1985), *Platon und die Schriftlichkeit der Philosophie,* Berlin.

Tadmor, H. (1982), „Treaty and Oath in the Ancient Near East: An Historian's Approach", in: G. M. Tucker/D. A. Knight (Hrsg.), *Humanizing America's Iconic Book,* Chico, 127–152.

Tadmor, H./Weinfeld, M. (Hrsg.) (1986), *History, Historiography and Interpretation. Studies in Biblical and Cuneiform Literatures,* Jerusalem.

Tenbruck, F. H. (1986), *Geschichte und Gesellschaft,* Berlin.

Tenbruck, F. H. (1989), „Gesellschaftsgeschichte oder Weltgeschichte?", in: *Kölner Zeitschrift für Soziologie und Sozialpsychologie* 41, 417–439.

Theißen, G. (1977), *Soziologie der Jesusbewegung. Ein Beitrag zur Entstehungsgeschichte des Urchristentums,* Tübingen, 3. Auflage 1981.

Theißen, G. (1988), „Tradition und Entscheidung. Der Beitrag des biblischen Glaubens zum kulturellen Gedächtnis", in: J. Assmann/T. Hölscher (Hrsg.) 1988, 170–196.

Thienemann, F. (1979), *Jüdisches Fest und jüdischer Brauch,* Nachdruck der 2. Aufl. (1967), zuerst 1937, Königstein/Ts.

Thomas, K. (1988), *Vergangenheit, Zukunft, Lebensalter. Zeitvorstellungen im England der frühen Neuzeit,* Berlin.

Ungern-Sternberg, J. v./H. Reinau (Hrsg.) (1988), *Vergangenheit in mündlicher Überlieferung,* Colloquium Rauricum I, Stuttgart.

Unnik, W. C. van (1949), „De la règle mäte prostheinai mäte aphelein dans l'histoire du canon", in: *Vigiliae christianae* 3, 1–36.

Vansina, J. (1985), *Oral Tradition as History,* Madison.

Veblen, Th. (1899), *A Theory of the Leisure Class,* New York, dt. *Die Theorie der feinen Leute,* München 1981.

Veenhof, K. R. (Hrsg.) (1986), *Cuneiform Archives and Libraries,* Leiden.

Velde, H. te (1967), *Seth, God of Confusion,* Leiden.

Velde, H. te (1977), „The Theme of the Separation of Heaven and Earth in Egyptian Mythology", in: *Stud. Aeg.* 3, 161–170.

Vidal-Naquet, P. (1981), *Les juifs, la mémoire et le présent,* Paris.

Vidal-Naquet, P. (1989), „Flavius Josephe et les prophètes“, in: *Histoire et conscience historique* (CCEPOA 5), 11–32.

Voegelin, E. (1956–1974), *Order and History*, 4 Bde, Baton Rouge.

Voegelin, E. (1974), *Order and History. Bd. IV. The Ecumenic Age*, Baton Rouge.

Voegelin, E. (1966), *Anamnesis. Zur Theorie der Geschichte und Politik*, München.

Vollrath, H. (1979), „Gesetzgebung und Schriftlichkeit. Das Beispiel der angelsächsischen Gesetze“, in: *Historisches Jahrbuch* 99, 28–54.

Wachtel, N. (1986), „Memory and History: Introduction“, in: *History and Anthropology* 2.2, 207–224.

Walzer, M. (1988), *Exodus und Revolution*, Berlin; engl. *Exodus and Revolution*, New York 1985.

Watanabe, K. (1987), *Die adê-Vereidigung anläßlich der Thronfolgeregelung Asarhaddons*, Baghdader Mitteilungen Bh. 3, Berlin.

Way, Th. v. d. (1984), *Die Textüberlieferung Ramses' II. zur Kadeschschlacht*, Hildesheim 1984.

Weber, H. J. (1986), *Kanon und Methode. Zum Prozeß zivilisatorischer Begründung*, Würzburg.

Weber, M. (1947), *Wirtschaft und Gesellschaft*, Tübingen, 3. Auflage.

Wehler, H. U. (1989), „Geschichtswissenschaft heutzutage: Aufklärung oder ‚Sinnstiftung'“, in: *Zwischenbetrachtungen. Im Prozeß der Aufklärung* (Jürgen Habermas zum 60. Geburtstag), Frankfurt, 775–793.

Weidner, E. (1954–56), „Hof- und Haremserlasse assyrischer Könige“, in: *Archiv für Orientforschung* 17, 257–93.

Weinfeld, M. (1972), *Deuteronomy and the deuteronomic school*, Oxford.

Weinfeld, M. (1976), „The Loyalty Oath in the Ancient Near East“, in: *Ugaritische Forschungen* 8, 379–414.

Weinfeld, M. (1990), „The Common Heritage of the Covenantal Traditions in the Ancient World“, in: Canfora, L. et al. 1990, 175–191.

Weippert, M. (1990), „Synkretismus und Monotheismus. Religionsinterne Konfliktbewältigung im alten Israel“, in: J. Assmann/D. Harth (Hrsg.), *Kultur und Konflikt*, Frankfurt, 143–73.

Wilcke, C. (1988), „Die Sumerische Königsliste und erzählte Vergangenheit“, in: J. v. Ungern-Sternberg/H. Reinau (Hrsg.) 1988, 113–140.

Wildung, D. (1977), *Imhotep und Amenhotep. Gottwerdung im Alten Ägypten*, München.

Will, E./Orrieux, Cl. (1986), *Ioudaïsmos – Hellenismos, essai sur le judaïsme judéen à l'époque hellénistique*, Nantes.

Winter, E. (1989), „Hieroglyphen“, in: *Reallexikon f. Antike u. Christentum*, Lieferung 113, Stuttgart, 83–103.

Woodbury, L. (1983), „The Literate Revolution: A Review Article“, in: *Classical Views/Echos du monde Classique* 27, 329–52.

Worsley, P. (1968), *The Trumpet Shall Sound. A Study of ‚Cargo'-Cults in Melanesia*, New York.

Yates, F. (1968), *The Art of Memory*, London 1968, dt. *Gedächtnis und Erinnerung*, Weinheim 1990.

Yerushalmi, Y. Ch. (1982), *Zakhor. Jewish Memory and Jewish History,* Washington 1982. frz. Paris 1984, dt. Berlin 1988.

Young, J. E. (1986), „Memory and Monument“, in: G. H. Hartman (Hrsg.), *Bitburg in Moral and Political Perspective,* Bloomington, 103–113.

Yoyotte, J. (1961), „Le jugement des morts dans l'Égypte ancienne“, in: *Sources Orientales* 4, Paris.

Zirker, H. (1986), „Religion“, in: G. Bitter/G. Miller (Hrsg.), *Handbuch religionspädagogischer Grundbegriffe* 2, München, 635–643.

Zumthor, P. (1983), *Introduction à la poésie orale,* Paris.

Namenregister

Sachregister

Buchanzeigen

Antike Religionsgeschichte

Jan Assmann
Ma'at

Gerechtigkeit und Unsterblichkeit im Alten Ägypten
2. Auflage. 1995. 319 Seiten mit 13 Abbildungen. Broschiert

Walter Burkert
Antike Mysterien

Funktionen und Gehalt
3., durchgesehene Auflage. 1994. 153 Seiten mit 12 Abbildungen. Gebunden

Manfred Clauss
Mithras

Kult und Mysterien
1990. 215 Seiten mit 124 Abbildungen. Gebunden

Fritz Graf
Gottesnähe und Schadenzauber

Die Magie in der griechisch-römischen Antike
1996. 273 Seiten. Leinen
(C.H.Beck Kulturwissenschaft)

Louise Bruit Zaidman/Pauline Schmitt Pantel
Die Religion der Griechen

Kult und Mythos
Aus dem Französischen von Andreas Wittenburg
1994. 256 Seiten mit 23 Abbildungen. Leinen

Günter Stemberger
Midrasch

Vom Umgang der Rabbinen mit der Bibel
Einführung – Texte – Erläuterungen
1989. 242 Seiten. Leinen

Verlag C.H.Beck München